权威·前沿·原创

皮书系列为
"十二五""十三五""十四五"国家重点图书出版规划项目

BLUE BOOK

智库成果出版与传播平台

粤港澳大湾区蓝皮书

BLUE BOOK OF GUANGDONG-HONG KONG-MACAO GREATER BAY AREA

中国粤港澳大湾区改革创新报告（2022）

REPORT OF REFORM AND INNOVATION OF GUANGDONG-HONG KONG-MACAO GREATER BAY AREA IN CHINA (2022)

主　编／涂成林　田　丰　李罗力
副主编／谭苑芳　王先庆　梁士伦

社会科学文献出版社
SOCIAL SCIENCES ACADEMIC PRESS (CHINA)

图书在版编目(CIP)数据

中国粤港澳大湾区改革创新报告.2022/涂成林,田丰,李罗力主编.--北京:社会科学文献出版社,2022.6
(粤港澳大湾区蓝皮书)
ISBN 978-7-5228-0145-2

Ⅰ.①中… Ⅱ.①涂…②田…③李… Ⅲ.①城市群-区域经济发展-研究报告-广东、香港、澳门-2022 Ⅳ.①F299.276.5

中国版本图书馆 CIP 数据核字(2022)第 090616 号

粤港澳大湾区蓝皮书
中国粤港澳大湾区改革创新报告（2022）

主　　编／涂成林　田　丰　李罗力
副主编／谭苑芳　王先庆　梁士伦

出 版 人／王利民
组稿编辑／任文武
责任编辑／方　丽　高振华
责任印制／王京美

出　　版／社会科学文献出版社
　　　　　地址：北京市北三环中路甲29号院华龙大厦　邮编：100029
　　　　　网址：www.ssap.com.cn
发　　行／社会科学文献出版社（010）59367028
印　　装／天津千鹤文化传播有限公司
规　　格／开　本：787mm×1092mm　1/16
　　　　　印　张：27.75　字　数：415千字
版　　次／2022年6月第1版　2022年6月第1次印刷
书　　号／ISBN 978-7-5228-0145-2
定　　价／168.00元

读者服务电话：4008918866

▲ 版权所有 翻印必究

广东省决策咨询基地广州大学粤港澳大湾区改革创新研究院、广州市新型智库广州大学广州发展研究院、广州市粤港澳大湾区（南沙）改革创新研究院研究成果

《中国粤港澳大湾区改革创新报告（2022）》
编委会

主　　编　涂成林　田　丰　李罗力
副 主 编　谭苑芳　王先庆　梁士伦

本 书 编 委 （以姓氏笔划为序）：

王先庆　孔泾源　左连村　田　丰　丘树宏
刘　斌　关　锋　李克伟　李罗力　杨石光
杨　英　谷辽海　张家茂　陈　林　陈　松
陈凤翔　陈鸿宇　林广志　易行健　岳经纶
周泳宏　郑子殷　胡　波　徐印州　郭万达
唐　杰　涂成林　黄剑辉　梁士伦　彭晓刚
葛淳棉　董小麟　蒋述卓　温　洋　蔡新华
廖　东　谭苑芳

编辑部成员　周　雨　曾恒皋　粟华英　于晨阳　臧传香

主要编撰者简介

涂成林 广州大学二级研究员、博士研究生导师；广州大学智库建设专家指导委员会常务副主任，广东省区域发展蓝皮书研究会会长，广州市粤港澳大湾区（南沙）改革创新研究院执行院长；广东省政府重大行政决策论证专家，广州市政府第三、四届决策咨询专家；国家社科基金项目成果评审专家，教育部社科基金项目评审专家；获国家"万人计划"领军人才、中宣部"文化名家暨四个一批"领军人才、广东省"特支计划"领军人才、广州市杰出专家等称号，享受国务院政府特殊津贴。目前主要从事城市综合发展、文化科技政策、国家文化安全及马克思主义哲学等方面的研究。在《中国社会科学》《哲学研究》《教育研究》等刊物上发表论文100余篇，出版专著10余部；主持和承担国家社科基金重大项目两项，主持国家社科基金一般项目、省市社科规划项目、省市政府委托项目60余项。获国家教育部及省、市哲学社会科学奖项和人才奖项20余项，获得多项"优秀皮书奖"和"优秀皮书报告奖"，2017年获"皮书专业化20年致敬人物"，2019年获"皮书年会20年致敬人物"。

田 丰 研究员，博士研究生导师，广东省社科联原主席、广东省社科院原党组书记，广东省政协文化文史委员会原主任，现任广东省企业文化研究会会长、广东省区域发展蓝皮书研究会名誉会长等，主要研究文化产业、企业文化以及粤港澳文化生态圈建设等。在《马克思主义研究》《新华文摘》《人民日报》《光明日报》《学术研究》《广东社会科学》等发表学术论文70多篇；组织和主持了有关加快发展高等教育、粤港澳文化创意产业合作发展、产业和劳动力双转移、幸福广东建设等多项重大课题；多项学术成果分别荣获中国图书奖、广东社会科学优秀成果政府奖一等奖、二等奖。

李罗力　现任深圳市马洪经济研究发展基金会创会理事长，《南方大视野》杂志社社长，深圳市政府决策咨询委员会委员、中国经济体制改革研究会资深高级研究员，南开大学兼职教授、博士研究生导师。1985年起先后在南开大学、国家物价总局、深圳市委工作。研究领域涉及中国改革开放、中国宏观经济、中国区域经济、东亚经济、港台经济、国际区域经济合作、全球化及国际经济战略等许多方面。多年来发表或出版《转轨时期的中国经济研究》《深入欧元：欧元运行框架与政策体系》《繁荣与衰落——CDI眼中的香港》《创新与学习——工业集群与经济增长》等数百万字的论文与专著（包括编著、合著）。

谭苑芳　博士，现任广州大学广州发展研究院副院长、教授、硕士研究生导师，广州市番禺区政协常委，兼任广东省区域发展蓝皮书研究会副会长、广州市粤港澳大湾区（南沙）改革创新研究院理事长、广州市政府重大行政决策论证专家等。主要从事宗教学、社会学、经济学和城市学等的理论与应用研究，主持国家社科基金项目，教育部人文社科规划项目，其他省市重大、一般社科规划项目10余项，在《宗教学研究》《中国社会科学内部文稿》《光明日报》等发表学术论文30多篇，获广东省哲学社科优秀成果奖二等奖及"优秀皮书报告奖"一等奖等多个奖项。

王先庆　现任广东财经大学流通经济研究院院长、教授、硕士研究生导师；广州市商贸流通现代化重点研究基地主任，广州市政府决策咨询专家；兼任广东省区域发展蓝皮书研究会副会长、广东省商业联合会专家委员会主任、中国流通研究网总编辑。主要研究领域是流通现代化、区域流通业合作、城市商业规划、零售企业战略、商业资本运作等。在《新华文摘》《人民日报》《南方日报》等报刊上发表论文200多篇，出版各类著作30余部；

主持和参与了30多个政府委托研究项目；有10多篇（部）作品在全国各类论文比赛中获奖。

梁士伦 经济学博士，现任电子科技大学中山学院教授、中山市政协委员、中山市政府法律顾问、中山市社会建设专家咨询委员会副主席；兼任中山市经济研究院院长、广东省区域发展蓝皮书研究会副会长等。主要研究领域是当代企业管理理论与实践、市场营销、微观经济学等；出版教材、专著12部；发表学术论文70余篇；先后主持完成省厅级以上科研项目13项、横向课题近100项；主持完成中山市委、市政府及部分镇区、企业的委托研究课题60余项；成果获得省部级奖项一等奖1项、二等奖1项、三等奖5项，市厅级奖项15项。

摘　要

《中国粤港澳大湾区改革创新报告（2022）》由广州市粤港澳大湾区（南沙）改革创新研究院会同广东省区域发展蓝皮书研究会、广州大学广州发展研究院等共同主持研创。报告在内容结构上分为总报告、体制融合篇、联动发展篇、产业协同篇、数字湾区篇、科技创新篇和金融专题篇七个部分。本书汇集了粤港澳大湾区研究领域高端专家研创团队的最新研究成果，是关于粤港澳大湾区经济社会运行情况和相关专题分析与预期的重要参考资料。

2021年，面对复杂多变的内外部环境，大湾区人民克服了新冠肺炎疫情多地散发的困难，经济实现了较为明显的恢复性增长，经济总量站上12万亿元台阶。投资、消费和出口"三驾马车"均保持良好水平，财政收入同比增速加快，支出则在2020年为应对疫情超额支出的基础上明显回落。存贷款余额稳步增长，粤九市存贷款余额占整个大湾区总额的比重小幅上升，内地金融业在大湾区中的重要性再次提高。

展望2022年，大湾区仍将面临多重机遇与挑战。新冠肺炎疫情对大湾区经济的影响仍不能忽视，全球创纪录的高通胀将通过国际大宗商品价格向大湾区传导，造成输入型通胀压力，制约消费需求，并对大湾区企业构成盈利冲击。建议粤港澳大湾区进一步完善区域合作协调机制，加强粤港澳三地疫情联防联控，在大湾区框架下促进香港与澳门的转型发展，通过科技创新、数字化转型和绿色基础设施建设积极推动大湾区绿色融合和高质量发展。

关键词： 粤港澳大湾区　联动发展　数字化　绿色低碳

目 录

Ⅰ 总报告

B.1 粤港澳大湾区2021年经济形势分析与2022年展望
………广州市粤港澳大湾区（南沙）改革创新研究院课题组 / 001
    一 2021年粤港澳大湾区经济形势分析…………………… / 002
    二 2022年粤港澳大湾区经济形势展望…………………… / 023
    三 政策建议……………………………………………………… / 029

Ⅱ 体制融合篇

B.2 粤港澳大湾区社会救助政策区域统筹衔接调研报告
………………………………………………………… 岳经纶 陈 沁 / 032
B.3 粤港澳大湾区跨境保险服务新模式探索研究
………广州市粤港澳大湾区（南沙）改革创新研究院、
东莞社会经济发展研究院联合课题组 / 051
B.4 关于横琴、前海双合作区海事争议适用港澳法律的现存
问题和对策建议………………………………………… 谭国戬 / 061

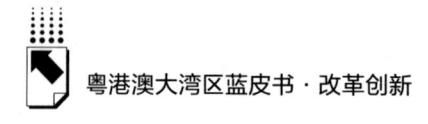

B.5 广州南沙推动与港澳规则衔接典型案例研究

………广州市粤港澳大湾区（南沙）改革创新研究院课题组 / 070

Ⅲ 联动发展篇

B.6 打造深港高科技产业合作区的战略构想……………李罗力 / 081

B.7 关于在南沙建设"广深产业合作园"的建议

………广州市粤港澳大湾区（南沙）改革创新研究院课题组 / 088

B.8 "三城联合"趋势下的穗莞融合发展策略研究

王静雯　夏玲玲 / 098

B.9 城市群空间功能分工视野下粤港澳大湾区绿色发展战略研究

………广州市粤港澳大湾区（南沙）改革创新研究院课题组 / 112

B.10 深圳融入国内国际双循环的发展路径研究

张　猛　闵　静　陈金金 / 137

B.11 中山"南联"珠澳共建优质生活圈对策研究

中山市经济研究院课题组 / 150

B.12 区域协同发展的国际经验借鉴研究……………黄剑辉 / 161

Ⅳ 产业协同篇

B.13 粤港澳大湾区沉浸产业发展现状与趋势研究

徐印州　龚思颖 / 176

B.14 关于深圳率先推进"双链融合"发展的建议………乐　正 / 193

B.15 新发展格局下粤港澳文化产业合作发展研究

陈孝明　田　丰 / 200

B.16 支持中山打造粤港澳大湾区办公家私产业集群的建议

………广州市粤港澳大湾区（南沙）改革创新研究院课题组 / 215

B.17 后疫情时代深化澳琴旅游合作的建议

································· 袁　超　刘章洋 / 225

B.18 粤港澳大湾区背景下中山市健康医药产业高质量发展研究

································· 梁士伦　郭璞漪 / 239

Ⅴ 数字湾区篇

B.19 粤港澳大湾区数字化人才队伍建设研究

································· 葛淳棉　林冰儿　姜军辉 / 254

B.20 粤港澳大湾区数字治理创新实践研究

············ "数治湾区"粤港澳大湾区数字治理研究课题组 / 276

B.21 粤港澳大湾区中小企业数字化信用信息系统建设路径

································· 臧　博 / 287

B.22 广州市民数字技术应用体验与期望调查报告 ········· 梁　居 / 300

Ⅵ 科技创新篇

B.23 粤港澳大湾区城市高新技术产业国际竞争力研究
——以广深为例 ························· 刘　胜　纪佳敏 / 315

B.24 粤港澳大湾区背景下中山市东部环湾创新发展带建设研究

································· 中山市经济研究院课题组 / 333

B.25 落实"前海方案"促进深港创新链对接联通的建议

································· 郭万达 / 350

Ⅶ 金融专题篇

B.26 粤港澳大湾区碳排放权交易市场建设思路研究

································· 陈向阳　陈　昊 / 358

B.27 关于广州打造"风投之都"和"低碳绿谷"的建议
　　　　　………………………………………… 谭苑芳　温　洋 / 376
B.28 湛江融入粤港澳大湾区构建省域副中心金融体系的对策探讨
　　　　　………………………………………………… 廖　东 / 384

Abstract ……………………………………………………………… / 397
Contents ……………………………………………………………… / 399

总 报 告
General Report

B.1
粤港澳大湾区2021年经济形势分析与2022年展望[*]

广州市粤港澳大湾区（南沙）改革创新研究院课题组[**]

摘　要： 2021年，面对复杂多变的内外部环境，大湾区人民克服了新冠肺炎疫情多地散发的困难，全年经济增长实现新的突破。经济总量站上12万亿元台阶，并且实现了7.7%的快速增长。投资、消费和出口"三驾马车"均保持良好水平，各市财政状况明显改善，金融业实现稳健发展。展望2022年，大湾区仍将面临多重

---

[*] 本文是广东省决策咨询基地广州大学粤港澳大湾区改革创新研究院、广州市新型智库广州大学广州发展研究院的研究成果。

[**] 课题组成员：谭苑芳，博士，广州大学广州发展研究院副院长、教授，广州市粤港澳大湾区（南沙）改革创新研究院理事长；涂成林，广州大学二级研究员，博士研究生导师，广州市粤港澳大湾区（南沙）改革创新研究院执行院长；黄剑辉，广州市粤港澳大湾区（南沙）改革创新研究院首席专家，全国工商联智库委员会委员，中国民营经济研究会副会长；应习文，博士，广州市粤港澳大湾区（南沙）改革创新研究院研究员，中国民生银行研究院宏观研究中心高级研究员；周雨，博士，广州大学广州发展研究院政府绩效评价中心主任，广州市粤港澳大湾区（南沙）改革创新研究院副院长、讲师；粟华英，广州市粤港澳大湾区（南沙）改革创新研究院社会调查总监，经济师。执笔人：谭苑芳、应习文。

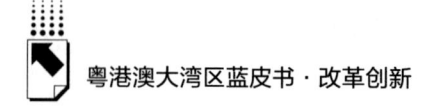

机遇与挑战。新冠肺炎疫情对大湾区经济的影响仍不能忽视，全球创纪录的高通胀水平将从多个方面冲击大湾区经济。建议进一步完善粤港澳大湾区合作协调机制，加强粤港澳三地疫情联防联控，在大湾区框架下促进香港与澳门的转型发展，加快推动大湾区实现绿色发展。

关键词： 粤港澳大湾区　经济形势　绿色发展

一　2021年粤港澳大湾区经济形势分析

2021年，粤港澳大湾区经济发展实现了许多新的突破。经济总量站上12万亿元台阶，并且实现了7.7%的快速经济增长。投资、消费和出口"三驾马车"均保持良好水平，各市财政状况明显改善，金融业实现稳健发展。

（一）整体经济：走出疫情，实现快速发展

1. 经济总量突破12万亿元

2021年粤港澳大湾区克服新冠肺炎疫情输入型病例多地散发的困难，科学统筹疫情防控和经济社会发展，扎实做好"六稳"工作，全面落实"六保"任务，加大实体经济支持力度，实现了经济的恢复性增长。全年粤港澳大湾区（粤九市[①]+香港+澳门）整体实现地区生产总值12.63万亿元，略高于全国第一经济大省广东12.44万亿元的规模。

其中，粤九市GDP连续突破9万亿元和10万亿元大关，一举达到10.06万亿元（见图1），较2020年猛增1.11万亿元，占广东省地区生产总

[①] 指所属广东省的9个城市，即广州、深圳、珠海、中山、佛山、东莞、江门、惠州、肇庆，下同。

值的80.88%，比重较2020年提升0.05个百分点，在省内的经济地位进一步加强；占全国GDP的8.80%，较2020年小幅下降0.03个百分点。

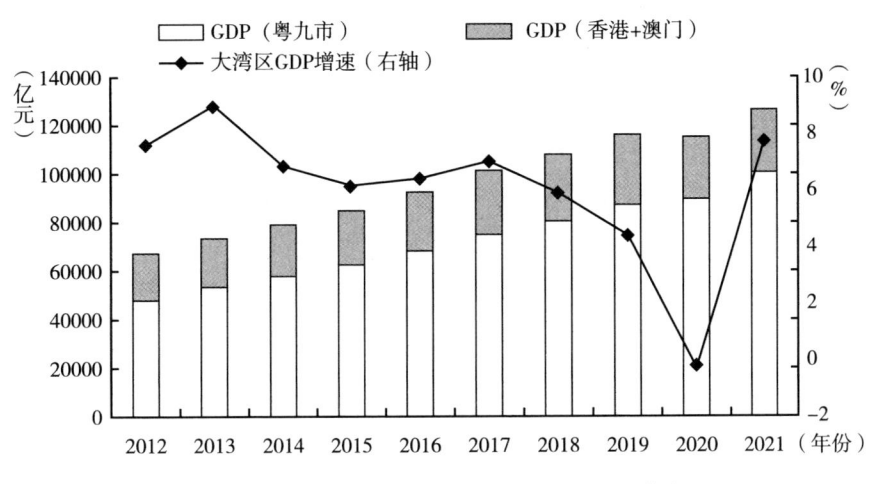

图1　2012~2021年粤港澳大湾区GDP及增速

数据来源：CEIC，经课题组加工测算。

2021年深圳市实现地区生产总值3.066万亿元，较2020年增加2994亿元，首次站上3万亿元台阶，连续第五年位居大湾区首位。继2020年GDP超越香港后，2021年广州市实现地区生产总值2.823万亿元，继续保持粤港澳大湾区第二位，较2020年增加3213亿元，增量位居大湾区之首。香港经济从新冠肺炎疫情中恢复，2021年实现2.862万亿港元的GDP，较2020年增加1863亿港元。但受制于人民币对港元明显升值的影响，人民币口径下2021年香港GDP调整为2.374万亿元，比2020年反而略有下降。

前三位之后，各地GDP排名依次是佛山（1.216万亿元）、东莞（1.086万亿元）、惠州（4977亿元）、江门（3601亿元）、中山（3566亿元）、肇庆（2650亿元），排名与2020年相比未发生明显变化。值得注意的是，东莞GDP首次跨越1万亿元大关，增幅明显。受新冠肺炎疫情对旅游、博彩业的大幅冲击，2020年澳门GDP出现"腰斩"，但2021年有所恢复，全年实现2394亿澳门元，约合人民币1928亿元，较2020年约增加210

亿元。

从图2描述的各市占粤港澳大湾区的GDP比重来看，2021年粤九市在大湾区中的GDP占比继续提升，由2020年的77.8%上升至80%。2011年大湾区以GDP衡量的前三大城市依次为香港、广州和深圳，分别占大湾区GDP的26%、20%和19%。到2021年，前三大城市的顺序已变为深圳、广州和香港，分别占大湾区GDP的24%、22%和19%。2021年粤九市在大湾区中占比进一步上升，一方面是因为新冠肺炎疫情对香港与澳门经济增长形成了一定的冲击，而内地在严防严控的情况下经济实现更快的恢复性增长，另一方面则是人民币汇率明显升值带来的汇兑效应使香港与澳门在人民币计价下GDP有所下调。

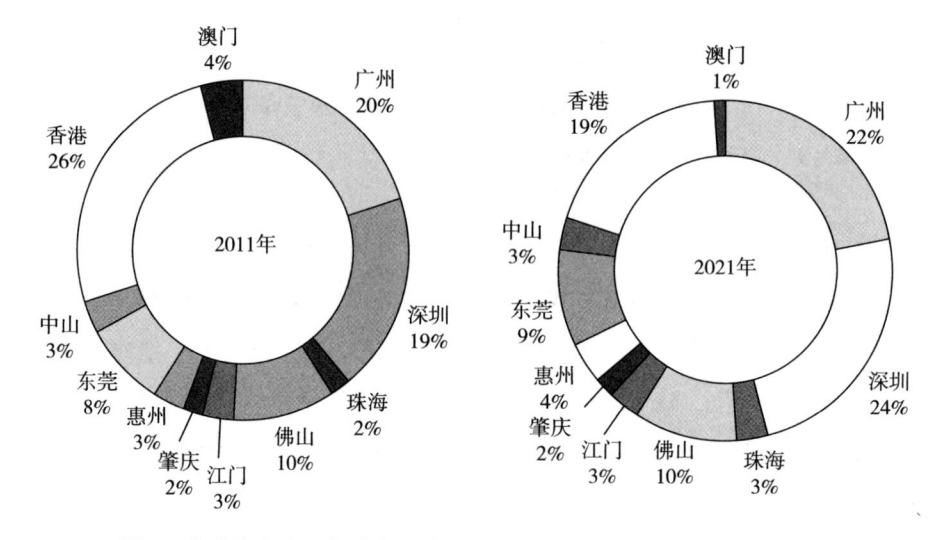

图2 粤港澳大湾区各城市经济总量占比的变化（2011年和2021年）

数据来源：Wind，各地统计部门。

粤九市人均GDP保持增长，澳门从疫情中恢复增长，如图3所示。2020年粤港澳大湾区人均GDP水平达到14.77万元①（约2.29万美元），

---

① 2021年人均GDP数据在计算过程中，由于人口数据滞后公布，使用的是2020年人口数据，在一个人口持续增长的地区，这种方法存在一定的高估。下同。

高于 2020 年的 13.46 万元（约 1.95 万美元）。从大湾区各市来看，2021 年香港人均 GDP 约为 36.36 万元（约 5.64 万美元），排名第一。澳门人均 GDP 在 2020 年受疫情影响大幅下滑退居第二，2021 年有所恢复，约为 28.23 万元（约 4.38 万美元）。粤九市人均 GDP 继续保持上升，由 2020 年的 11.44 万元①（约 1.66 万美元）升至 2021 年的 12.86 万元（约 1.99 万美元），与港澳差距有所缩小。其中，最高的深圳市为 17.39 万元（约 2.70 万美元），尽管在国内属于第一阵营，但仍仅为香港的一半左右。粤九市中最低的肇庆人均 GDP 仅为 6.44 万元（约 1.00 万美元），低于全国人均水平。粤港澳大湾区内部区域发展水平仍有待均衡。

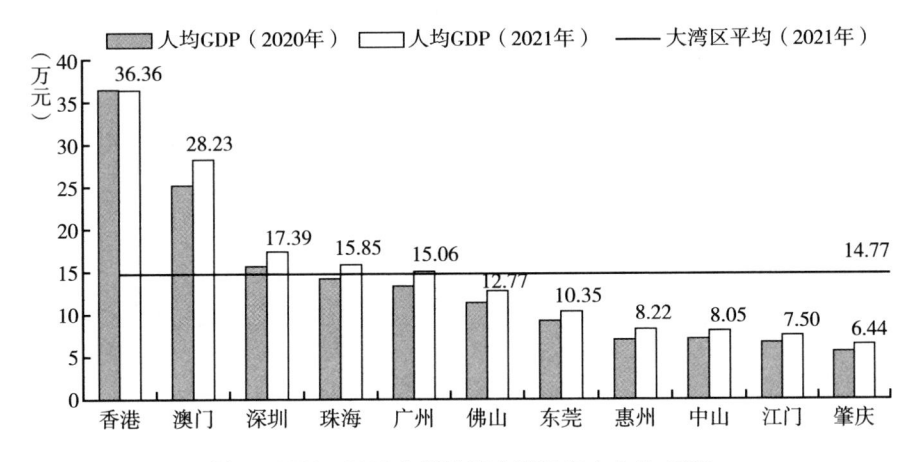

图 3　2020、2021 年粤港澳大湾区各市人均 GDP

数据来源：课题组根据各地公布的初值测算。

2. 粤港澳大湾区 GDP 增速显著回升

随着疫情的缓和，2021 年粤港澳大湾区经济实现了较为明显的恢复性增长。2021 年全年大湾区整体 GDP 同比增长 7.7%，较 2020 年-0.3%的水平明显好转，不过两年平均增速为 3.6%，仍低于疫情前水平。

---

① 此项数据与上年同期报告有一定差异，主要原因有两点：一是上年报告出版时数据尚未公布，采用 2019 年各市人口为分母计算；二是人口数据根据第七次人口普查进行了更新，而广东省是本次人口普查中上修人口最多的省份，因此出现人均 GDP 的向下调整。下同。

其中，粤九市2021年GDP实际同比增长7.8%，略低于全国平均水平，较2020年加快5.4个百分点，两年平均增速为5.1%。考虑到粤九市（主要是深圳和珠海）面对比全国大部分地区更大的输入型新冠肺炎疫情压力，取得这样的成绩实属不易。香港与澳门也实现了较为明显的经济反弹，其中香港2021年GDP同比增长6.4%，澳门2021年GDP同比增长18%左右。

从珠三角各市情况来看，经济增速位次较上年出现较大变动。肇庆市地区生产总值同比增长10.5%，较上年加快7.5个百分点，增速位列粤九市第一；惠州市同比增长10.1%，较上年加快8.6个百分点，增速列粤九市第二；江门、佛山、东莞、中山与广州5市GDP增速高于8%，分别为8.4%、8.3%、8.2%、8.2%和8.1%。受输入型疫情管控影响，珠海、深圳（分别为连接澳门与香港的口岸）GDP增速排名靠后，分别为6.9%和6.7%，如图4所示。

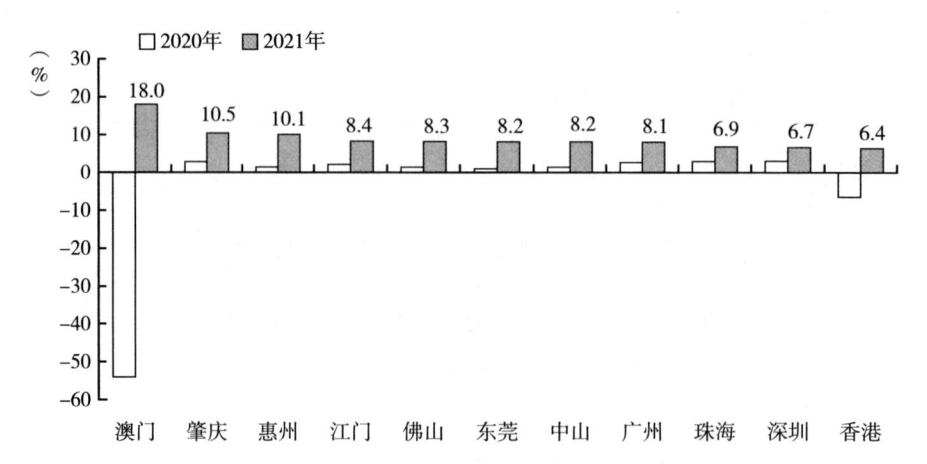

图4　2020、2021年粤港澳大湾区各市GDP实际增速

数据来源：CEIC，Wind。

3. 粤九市产业结构呈现第二、三产业"双支柱"

2021年，粤九市第二产业随着复工复产占比回升，较2020年上升了0.7个百分点，第三产业因疫情冲击，占比回落，较2020年下降了0.7个百分点。从2010年以来的更大时间跨度来看，粤港澳大湾区粤九市第一产业占经济的比重已由2010年的2.0%逐步下降到2021年的1.7%,第二产业占比由2010年的49.1%逐步下降到2020年的40.7%,第三产业占比则由2010年的48.9%逐步上升到2021年的57.6%,第二、三产业已形成明显的"双支柱"特点,如图5所示。

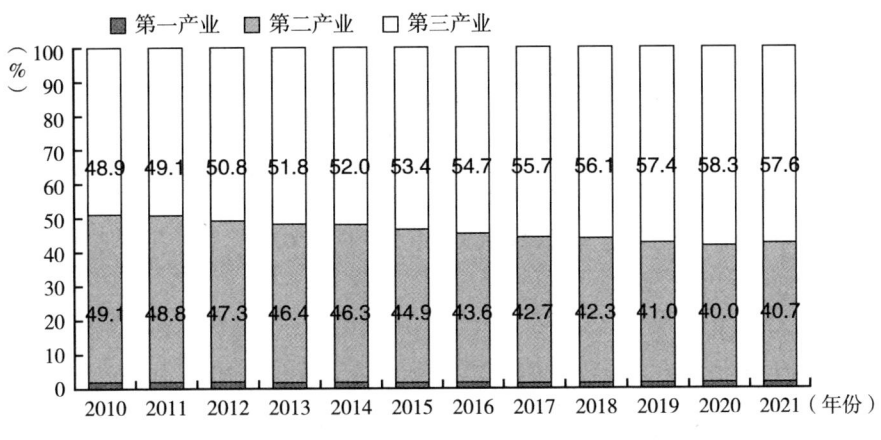

图5　2010~2021年粤九市三次产业结构变化

数据来源:CEIC,Wind。

从各市情况来看,随着粤港澳大湾区从核心向外扩展,产业结构也出现了明显的梯度变化。如图6所示,位居大湾区核心区域的广州、深圳、珠海三市第三产业占比较高,其中广州主要发挥国际商贸中心、综合交通枢纽以及科技教育文化中心功能,服务业占比超过70%。深圳作为经济特区、全国性经济中心城市和国家创新型城市,服务业占比超过60%,仅次于广州。佛山、中山与东莞三市作为紧邻大湾区核心区的制造业基地,第二产业占比进一步提升。而处于大湾区最外围的惠州、江门与肇庆三市,第一产业占比显著上升,是粤港澳大湾区的重要初次产品保障基地。

(二)投资与消费:内需增长动力逐渐恢复

1. 粤九市2021年固定资产投资增速略有下滑

2021年粤港澳大湾区中的粤九市固定资产投资同比增长8.53%,较

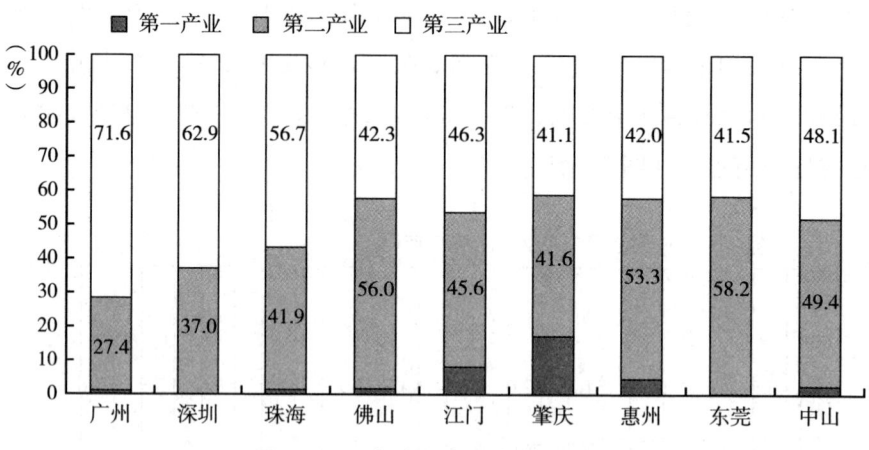

图6　2021年粤九市三次产业结构

数据来源：CEIC，Wind。

2020年放缓0.97个百分点，但仍高于广东省6.3%的水平，同时也高于全国4.9%的水平，具体见图7。从全年走势看，粤九市全年固定资产投资完成额同比增速呈现前高后低的态势。

图7　2013~2021年粤九市固定资产投资同比增速

数据来源：广东省统计局，根据粤九市固定资产投资完成额汇总计算。

高新技术投资成为粤九市投资领先城市的主要推动力。从图8描述的各市情况来看，2021年固定资产投资完成额同比增速最快的城市为惠州市，全年增长21.8%，主要得益于工业投资同比增长50.5%，其中高技术产业、先进制造业投资分别同比增长48.3%和68.5%。排名第二位的是中山市，全年同比增长15.3%，主要得益于制造业投资同比增长29.5%，其中高新技术制造业投资增长25.1%。第三位为广州，全年同比增长11.7%，也主要得益于高新技术制造业投资同比增长41.5%。投资排名较为靠后的是珠海市，全年固定资产投资同比下降3.1%，主要原因是基础设施投资同比大幅下降28.4%。此外，2020年较高的投资基数也造成了同比下滑。若从两年平均增速看，珠海市投资增速达到了4.7%，基本恢复至疫情前水平。

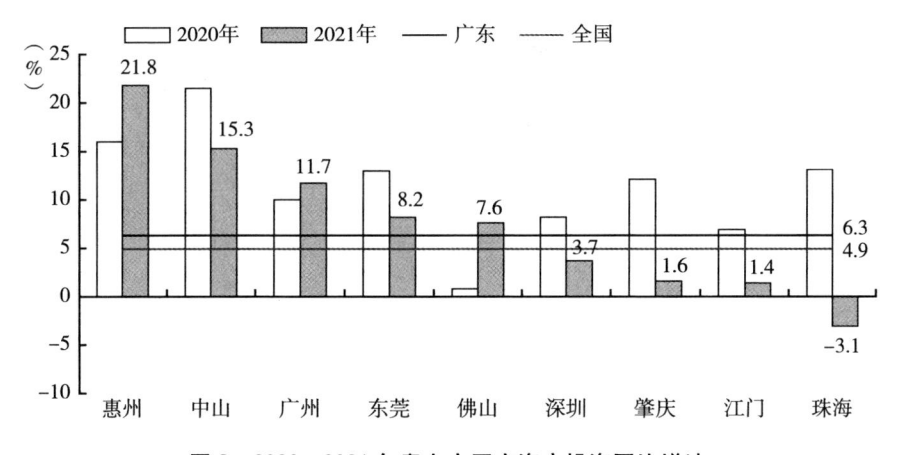

图8 2020、2021年粤九市固定资产投资同比增速

数据来源：Wind。

如图9所示，港澳投资有所恢复。其中，香港投资转为正增长，但仍不及疫情前水平。2021年香港本地固定资本形成总额同比增长10.1%，相较2019年、2020年连续两年的双位数负增长有明显复苏。四个季度依次同比增长5.6%、23.9%、13.1%和0.1%。不过，总体看固定资本形成总额仍低于2018年的水平。澳门投资降幅收窄。2021年全年固定资本形成总额同比微降1.8%，尽管未实现正增长，但在疫情较为缓和后，对比2020年14.2%的降幅已明显收窄。

─◆─ 香港本地固定资本形成总额当季同比（不变价）
─■─ 澳门本地固定资本形成总额当季同比（不变价）

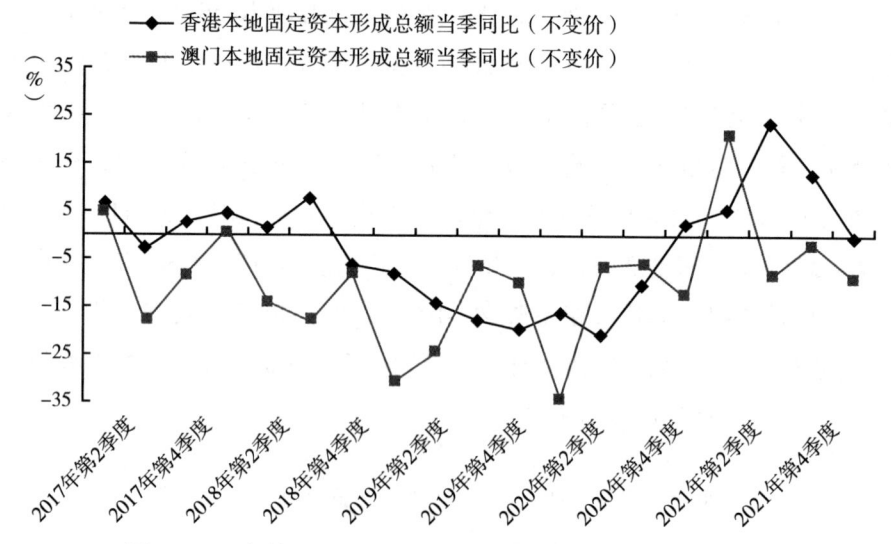

图9　2017年第2季度~2021年第4季度香港和澳门固定资本形成总额当季同比增速

数据来源：Wind。

2.疫情影响消退，粤九市消费逐渐回暖

2021年，粤港澳大湾区消费从疫情中明显复苏。如图10所示，全年粤九市社会消费品零售总额合计约3.44万亿元，占广东省的比重达到77.88%，占全国的比重达到7.81%。网上零售延续高速增长态势，消费升级类商品快速增长，汽车、文化旅游、通信器材、金银珠宝类消费实现高增长。从增速来看，消费对大湾区经济增长仍发挥着重要作用。粤九市2021年社会消费品零售总额同比增长10.3%，虽低于全国水平（12.5%），但高于广东省水平（9.9%），较2020年加快16.4个百分点。两年平均增长1.8%，仍未完全恢复到疫情前水平。

从图11具体来看粤九市情况，总量方面，广州和深圳以9000亿元以上的社会消费品零售总额稳居第一梯队；东莞和佛山分别以4239亿元和3557亿元位于第二梯队；惠州、中山、江门、肇庆和珠海社会消费品零售总额在1000亿~2000亿元之间，位于第三梯队。增速方面，2021年珠海、惠州、东莞的消费品零售总额分别实现13.8%、13.3%和13.3%

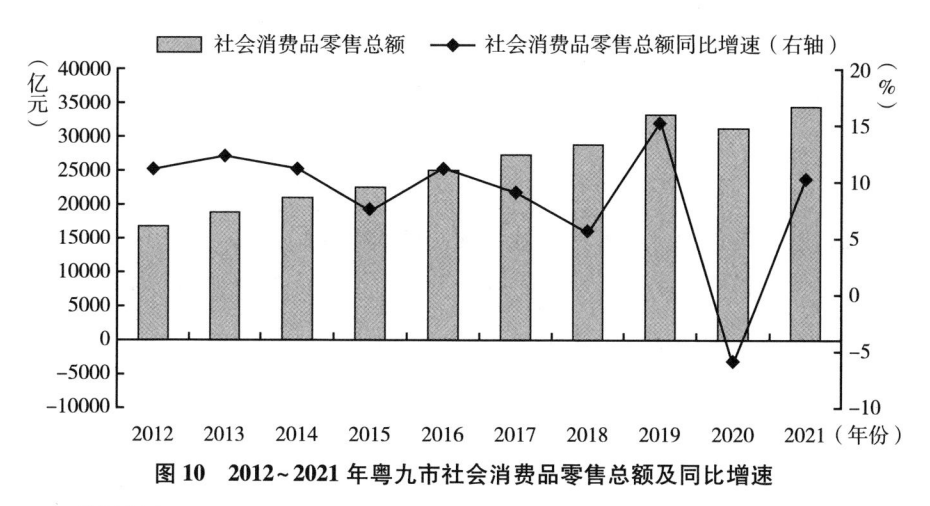

图 10　2012~2021 年粤九市社会消费品零售总额及同比增速

数据来源：Wind。

的同比增长，均快于粤九市、广东省和全国水平。广州和深圳分别同比增长 9.8%和 9.6%，略低于全省水平。

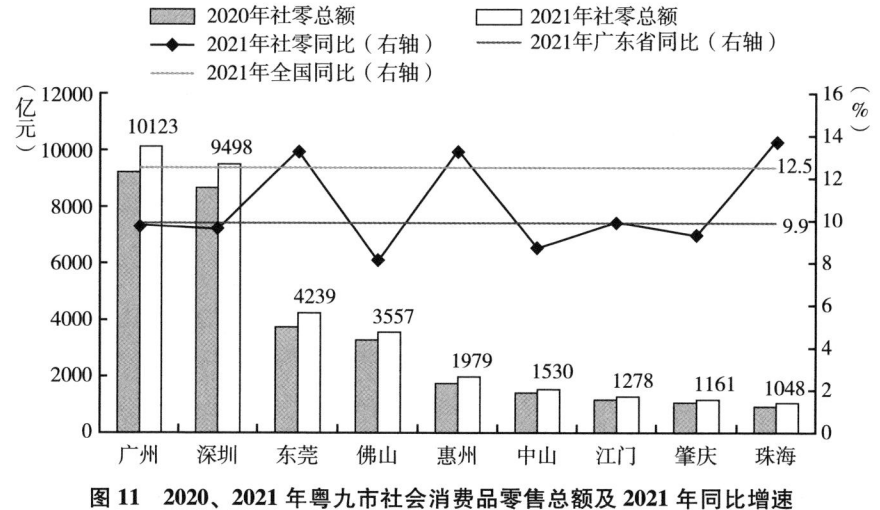

图 11　2020、2021 年粤九市社会消费品零售总额及 2021 年同比增速

数据来源：Wind。

香港与澳门消费有所复苏，但未恢复到疫情前水平，如图 12 和图 13 所示。2021 年，香港私人消费开支在疫情稳定、劳工市场情况改善及消费券

011

计划推出之下复苏，全年私人消费开支同比增长5.6%。不过香港消费尚未回到疫情前水平，旅游业依然低迷是重要的拖累因素。政府消费开支同比增长4.6%，低于2020年疫情期间7.9%的水平。2021年澳门私人消费开支同比增长7.0%，较2020年疫情中的-15.2%的增速明显回升，经济活动受到疫情的影响显著消退。政府消费开支同比微弱增长0.1%，主要由于2020年为应对疫情而扩大政府支出推升了基数。不过澳门的旅游和博彩业依然受到疫情的影响，对本地消费支出形成了一定的抑制。

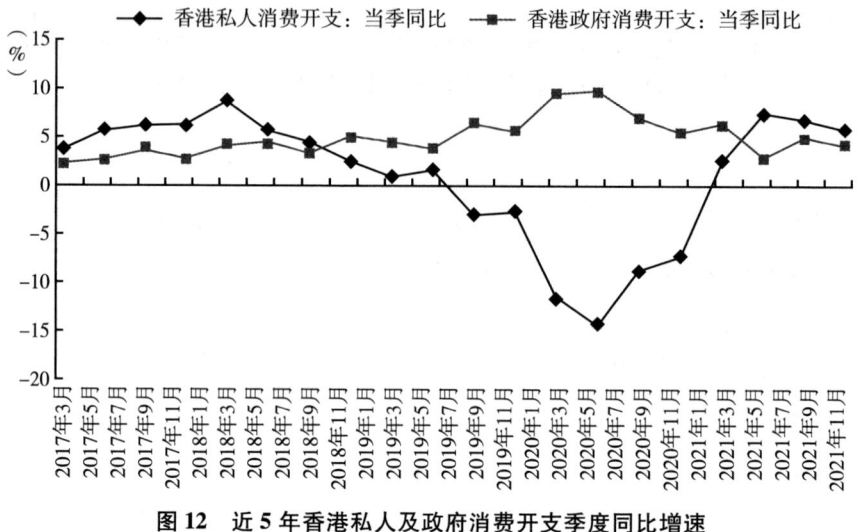

图12　近5年香港私人及政府消费开支季度同比增速

数据来源：Wind。

（三）外贸形势：整体实现两位数增长

2021年粤港澳大湾区整体（粤九市+香港+澳门）进出口总额达到16.54万亿元，同比增长17.0%，较2020年同比下降1.3%的情况大幅好转。其中，出口8.76万亿元，同比增长16.9%。进口7.78万亿元，同比增长17.1%。

1. 粤九市外贸再创新高

2021年，全球经济仍在新冠肺炎疫情冲击下艰难前行，由于病毒多次变异导致的病例高峰和随之而来的各国防疫措施收紧，全球产业链、供应链

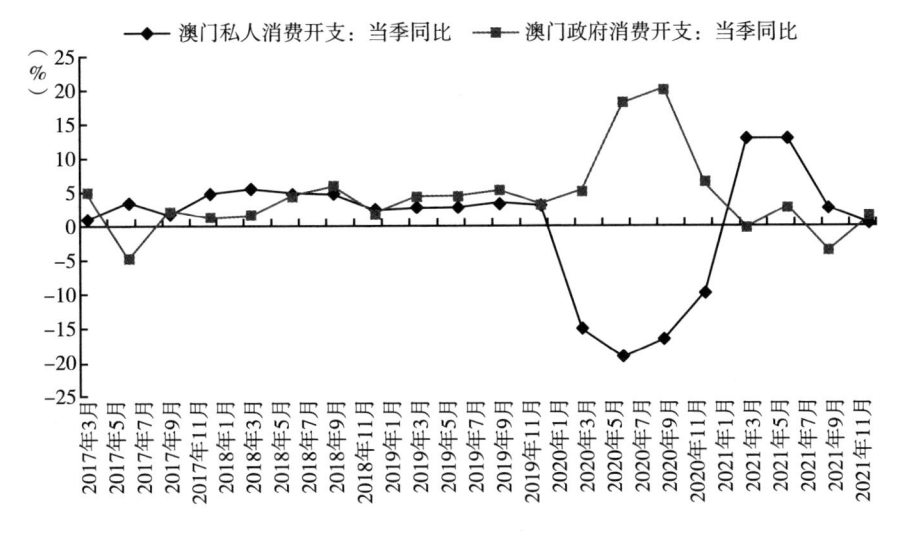

图 13　近 5 年澳门私人及政府消费开支季度同比增速

数据来源：Wind。

受损严重影响了全球贸易。我国依靠严格的疫情防控政策，依旧在全球贸易活动中扮演非常重要的角色。同时，"一带一路"、RCEP 等重大全球区域战略继续对我国发挥稳外需、促外贸的作用。据海关统计，2021 年广东贸易总额达到 8.27 万亿元，规模继续稳居全国第一。粤九市外贸进出口总额为 7.89 万亿元，比上年增长 16.7%，占广东全省外贸进出口总额的 95.4%。其中，粤九市出口 4.64 万亿元，同比增长 16.1%，进口 3.25 万亿元，同比增长 17.4%。

2021 年粤九市除肇庆外均实现快速增长，外贸进出口排名格局未变。其中，深圳以 3.54 万亿元的外贸进出口总额继续位居第一，东莞排名第二，为 1.52 万亿元，广州位列第三，为 1.08 万亿元。肇庆进出口总额位列粤九市最后，为 405.4 亿元，全年同比下降 1.9%（见表 1）。

2021 年深圳市进出口总额继续创下新高，出口 1.92 万亿元，增长 13.5%，出口规模连续第 29 年居内地外贸城市首位；进口 1.62 万亿元，增长 19.5%。出口产品结构进一步优化，消费类电子电器产品出口明显增长，

表1 2020、2021年粤九市外贸进出口

	年份	出口金额（亿元）	进口金额（亿元）	进出口同比增速(%)	出口同比增速(%)	进口同比增速(%)
广州	2020	5427.7	4102.4	-4.8	3.2	-13.6
	2021	6312.2	4513.7	13.5	16.4	9.6
深圳	2020	16972.7	13529.9	2.4	1.5	3.6
	2021	19263.4	16172.2	16.2	13.5	19.5
珠海	2020	1608.8	1121.8	-6.1	-2.8	-10.5
	2021	1886.1	1434.0	21.5	17.3	27.5
佛山	2020	4131.2	929.1	4.8	10.8	-15.6
	2021	5007.4	1153.3	21.7	21.2	24.1
惠州	2020	1688.1	801.0	-8.1	-7.3	-9.8
	2021	2132.3	922.8	22.8	26.3	15.3
东莞	2020	8281.5	5021.5	-3.8	-4.4	-2.9
	2021	9559.8	5687.2	14.6	15.4	13.3
中山	2020	393.9	1815.2	-7.4	-14.0	-5.9
	2021	463.3	2231.6	22.0	17.6	23.0
江门	2020	1125.9	303.0	-0.9	4.7	0.2
	2021	1465.6	323.8	25.2	30.2	6.7
肇庆	2020	299.5	113.1	2.1	10.3	-14.8
	2021	272.0	133.4	-1.9	-9.3	17.8

数据来源：Wind。

机电产品出口1.54万亿元，增长18.8%，占同期深圳出口总值的80.2%。劳动密集型产品出口1782.8亿元，下降23%，占9.3%。民营企业进出口规模为2.16万亿元，增长19%，占全市外贸比重首次突破六成。

东莞、佛山、惠州在外贸增速上均实现了高增长。其中，东莞市外贸进出口1.52万亿元，同比增长14.6%。出口9559.8亿元，同比增长15.4%；进口5687.2亿元，同比增长13.3%。劳动密集型产品出口增长33.6%，成为东莞出口增长的主力军，玩具、家具、塑料制品、服装、纺织纱线、箱包、鞋类出口分别同比增长60.6%、19.9%、33.9%、35%、10.9%、39.5%和40.7%。

佛山2021年进出口6160.7亿元，同比增长21.7%。其中，出口5007.4亿元，增长21.2%；进口1153.3亿元，增长24.1%。民营经济表现不俗，民营企业进出口比重近七成，充分展现了佛山市外贸进出口的灵活性、韧性和创造力。随着市场采购、跨境电商等新兴贸易业态飞速发展，外贸新业态对佛山外贸增长贡献率高达21.1%。

惠州外贸从疫情的低迷中迅速恢复。2021年惠州进出口3055.1亿元，增长22.8%，其中出口2132.3亿元，增长26.3%；进口922.8亿元，增长15.3%。惠州正在构建的"2+1"现代产业集群出口表现良好，全年出口机电产品1659.7亿元，增长25%。液晶电视机、手机、平板电脑、无线耳机等电器电子产品合计出口429.1亿元，拉动整体出口6.5个百分点。锂离子蓄电池、汽车零配件合计出口138.2亿元，拉动3.8个百分点。

2. 香港进出口明显复苏

2021年香港整体商品出口货值同比增长26.3%，商品进口货值同比增长24.3%。商品贸易总额达102685亿港元，首次突破10万亿港元大关，同比上升25.3%，较2018年的高位也增长了15.6%，创历史新高。其中，进口53078亿港元，同比增长24.3%，出口49607亿港元，同比增长26.3%（见图14）。全年有形贸易逆差3471亿港元，相等于商品进口货值的6.5%。

香港作为中国内地货物中转站的作用进一步强化。2021年香港进出口的繁荣主要得益于疫情恢复下全球对商品贸易的需求回升，特别是由于中国内地出色的防疫能力，在全球商品贸易中的地位大大提升，香港作为中国内地商品贸易的重要节点，其作用也进一步强化。

从香港出口商品的方向看，2021年向中国内地出口29520亿港元，占到整体出口的59.5%，同比增长27.0%，超过整体出口增速，是出口增长的绝对主力，实现强劲增长得益于内地的需求猛增。除中国内地外，香港向中国台湾、韩国、印度的出口分别同比增长46.0%、42.7%和36.6%，增幅惊人，也反映出亚洲地区需求的强劲增长。

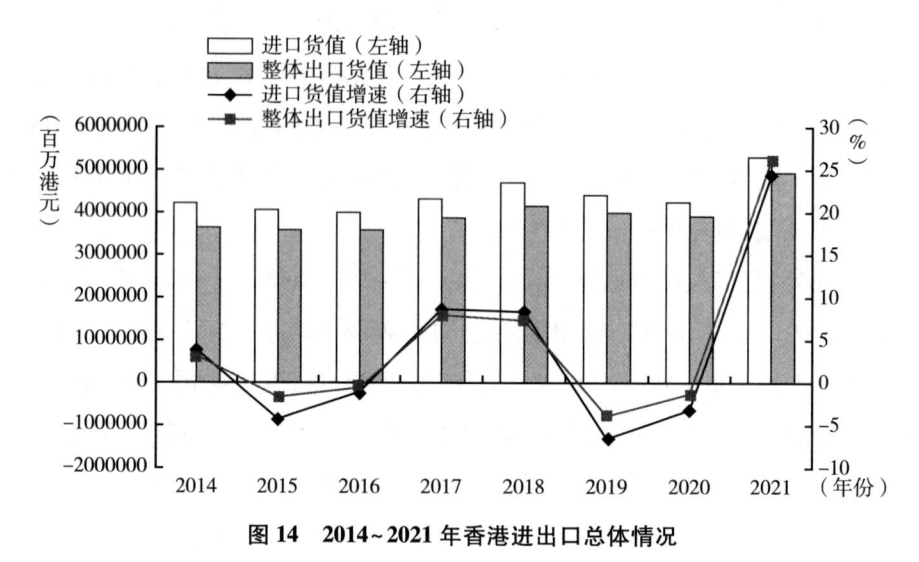

图 14　2014~2021 年香港进出口总体情况

数据来源：Wind。

3. 疫情复苏下澳门进出口大幅增长

2021 年澳门特区对外商品贸易总额为 1668.4 亿澳门元，较 2020 年的 1033.7 亿澳门元增长 61.4%。全年总出口货值为 129.6 亿澳门元，按年上升 19.9%；再出口（109.6 亿澳门元）及本地产品出口（20 亿澳门元）分别增加 18.5% 和 28.1%（见图 15）。总进口货值为 1538.8 亿澳门元，增长 66.2%。全年货物贸易逆差为 1409.1 亿澳门元，较 2020 年（817.5 亿澳门元）增加 591.7 亿澳门元。

按出口目的地统计，全年输往内地货值（18.1 亿澳门元）按年上升 12.3%，出口至中国香港（91.6 亿澳门元）、美国（6.8 亿澳门元）与欧盟（1.9 亿澳门元）分别上升 22.7%、22.8% 和 6.1%。输往共建"一带一路"国家的货值（3.1 亿澳门元）上升 1.5%。

按货物原产地统计，全年产自欧盟（498 亿澳门元）及内地（485.2 亿澳门元）的进口货值按年分别上升 74.5% 和 75.7%，产自共建"一带一路"国家（253.1 亿澳门元）及葡语系国家（7.2 亿澳门元）的亦上升 68.6% 和 3.7%。

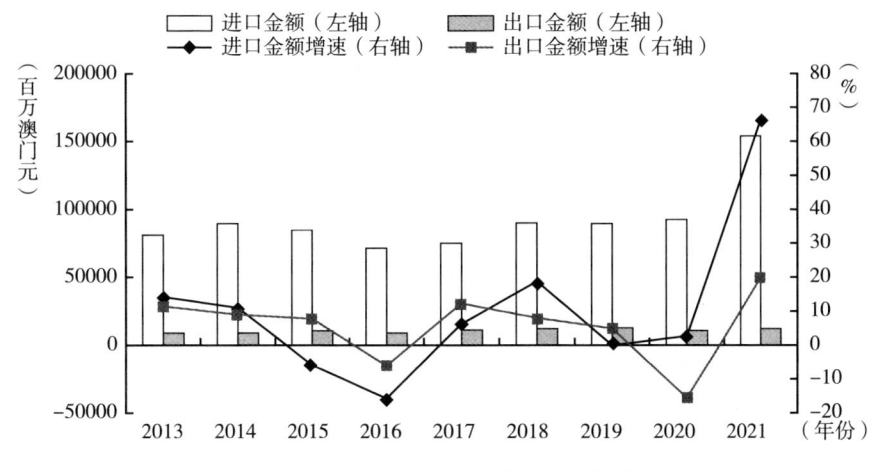

图 15　2013~2021 年澳门进出口总体情况

数据来源：Wind。

（四）财政情况：收入增长，支出回落，赤字改善

2021 年随着疫情较上年出现明显好转，粤港澳大湾区整体财政情况改善，财政收入同比增速加快，支出则在 2020 年为应对疫情的超额支出基础上明显回落，如图 16 所示。2021 年全年大湾区①整体财政收入 1.58 万亿元，占大湾区 GDP 的 12.5%；财政支出 1.85 万亿元，占 GDP 的 14.7%。增速方面，2021 年大湾区整体财政收入同比增长 11.3%，较 2020 年加快 10.6 个百分点，主要得益于疫情恢复下经济活动的普遍复苏；财政支出同比下降 5.1%，而 2020 年为增长 13.5%，由增转降主要是源于港澳两地为应对疫情所增加的财政开支在 2021 年开始退出。2021 年大湾区整体的财政赤字为 2734 亿元，赤字率为 2.1%，比 2020 年显著降低 2.5 个百分点，财政改善明显。

图 17 描述了粤九市的情况，2021 年财政收入和支出均保持增加。2021 年全年粤九市财政收入 9365 亿元，约占 GDP 的 9.3%；财政支出 12309 亿元，约占 GDP 的 12.2%。财政支出和收入占 GDP 的比重比粤港澳大湾区整

---

① 粤九市均采用一般公共预算财政收入与支出，香港为政府综合财政收入和支出，澳门全年财政收入和支出因数据公布较晚，为预估值。香港与澳门根据年度平均汇率折算为人民币。

图16 2014~2021年大湾区整体年度财政收支与同比增速

数据来源：CEIC，Wind。

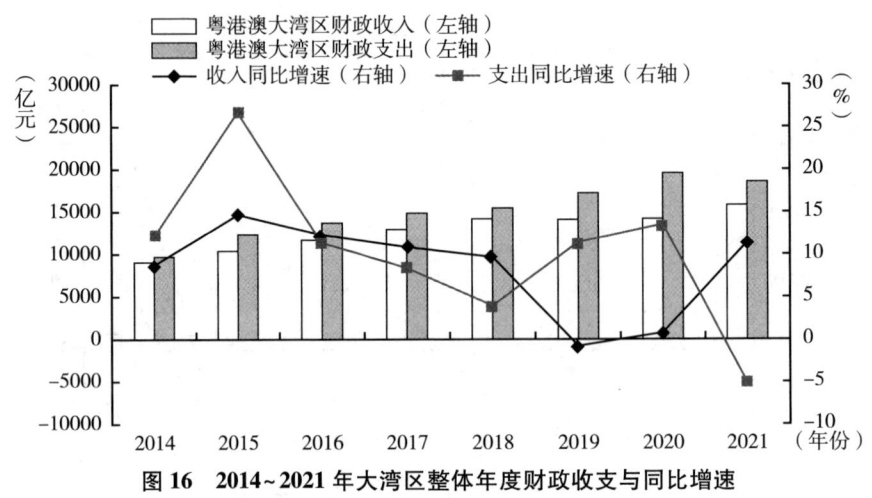

图17 2014~2021年粤九市年度财政收支与同比增速

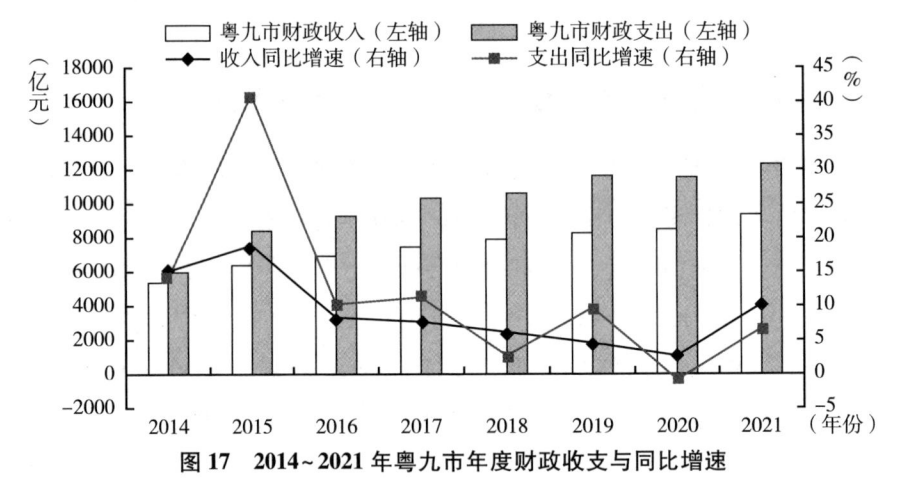

数据来源：CEIC，Wind。

体有所降低，主要是香港与澳门的财政收支占GDP的比重要明显高于粤九市。从增速看，2021年粤九市财政收入同比增长10.2%，较2020年加快7.6个百分点；财政支出同比增长6.7%，较2020年提升7.5个百分点。粤九市财政支出在2020年并未因疫情而显著扩大，财政收支的增速变化在2020年和2021年两年中基本是同步的，财政状况也相对平衡。2021年粤九市地方口径（不考虑中央转移支付）的财政赤字为2944亿元，赤字率为

2.9%，比2020年降低0.2个百分点。

如图18所示，从粤港澳大湾区各城市来看，财政收入规模排序前三位为香港、深圳和广州。其中，香港2021年①政府综合收入7154亿港元（约5935亿元），同比增长22.1%；政府综合支出6775亿港元（约5620亿元），同比减少16.9%。政府综合盈余379亿港元（约315亿元），是大湾区中唯一实现盈余的城市。同时，香港政府收入和支出占其GDP的比重分别达到25.0%和23.7%，相比内地要高出不少。与其类似的是澳门，2021年财政收入和支出分别占其GDP的26.3%和31.8%。

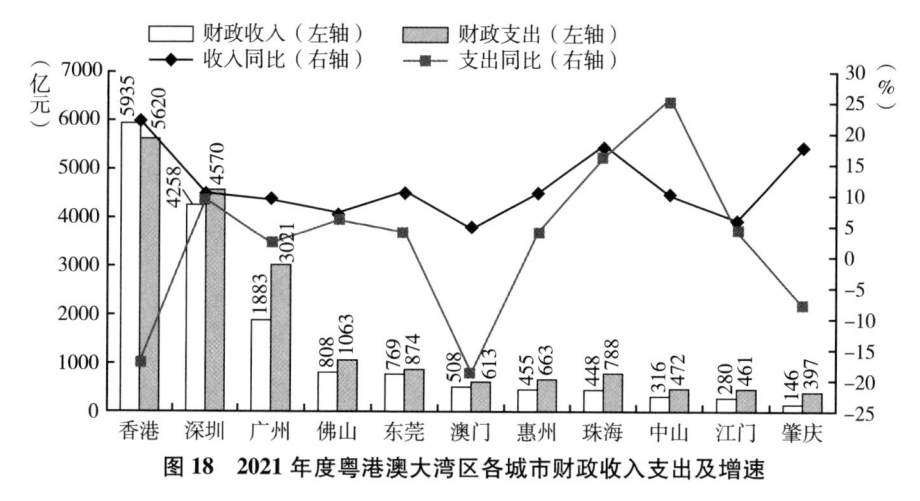

图18　2021年度粤港澳大湾区各城市财政收入支出及增速

数据来源：CEIC，Wind。

财政收入排第二位的是深圳，2021年全年一般财政收入4258亿元，同比增长10.4%；一般财政支出为4570亿元，同比增长9.4%。深圳之后，依照财政收入规模排序依次为广州、佛山、东莞、澳门、惠州、珠海、中山、江门和肇庆。这些城市2021年财政收入都实现了增长，且除中山外收入增速均高于支出增速，澳门和肇庆的财政支出还出现了同比下降。可以看出粤港澳大湾区各城市2021年的财政平衡状况都出现了好转。

---

① 这里为方便与内地加总计算，2021年指2021年1月至12月的自然年，与香港政府采用的财年概念不同。

（五）金融情况：存贷款保持增长，资本市场融资稳步攀升

1. 存贷款余额稳步增长，内地贡献份额持续提升

2021年年末，粤港澳大湾区存贷款余额①分别为38.91万亿元和29.52万亿元，体量巨大，存贷供需平衡。存贷款余额较上年年末分别增长4.8%和7.5%，增速分别回落4.6个百分点和0.7个百分点。具体见图19和图20。

粤九市存款余额为25.49万亿元，较2020年年末增长6.5%，但增速回落9.6个百分点。粤九市存款占大湾区存款整体的65.5%，较上年提升1.1个百分点。粤九市贷款余额为19.59万亿元，较2020年年末增长10.6%，增速回落6个百分点。粤九市贷款占大湾区贷款整体的66.4%，较上年提升1.9个百分点。粤九市存贷款余额在粤港澳大湾区的比重小幅上升，表明内地金融业在粤港澳大湾区中的重要性再次提高。

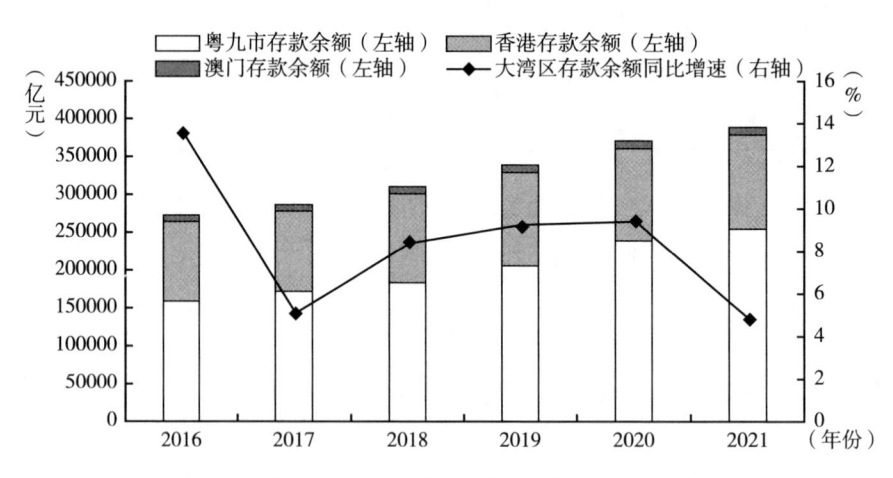

图19　2016~2021年粤港澳大湾区存款余额及同比增速

数据来源：CEIC，Wind。

---

① 粤九市除东莞外，均采用年末时点的本外币存款、贷款余额数据，受限于统计发布口径，东莞为人民币存款、贷款余额数据。香港与澳门分别为年末时点的以港币计价和澳门元计价的存款、贷款余额数据，用对应时点的汇率换算成人民币。

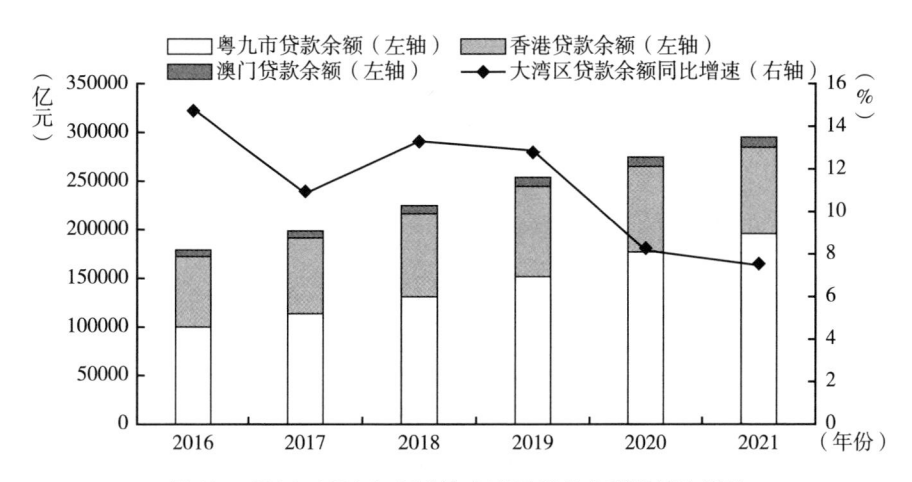

图 20　2016～2021 年粤港澳大湾区贷款余额及同比增速

数据来源：CEIC，Wind。

香港存贷款余额保持增长。2021 年年末，香港存款余额达到 15.19 万亿港元（约合 12.40 万亿元），较 2020 年年末增长 4.6%，增速同比放缓 0.8 个百分点。贷款余额达到 10.90 万亿港元（约合 8.90 万亿元），较 2020 年年末增长 3.8%，增速同比回升 2.6 个百分点。如图 21 所示。

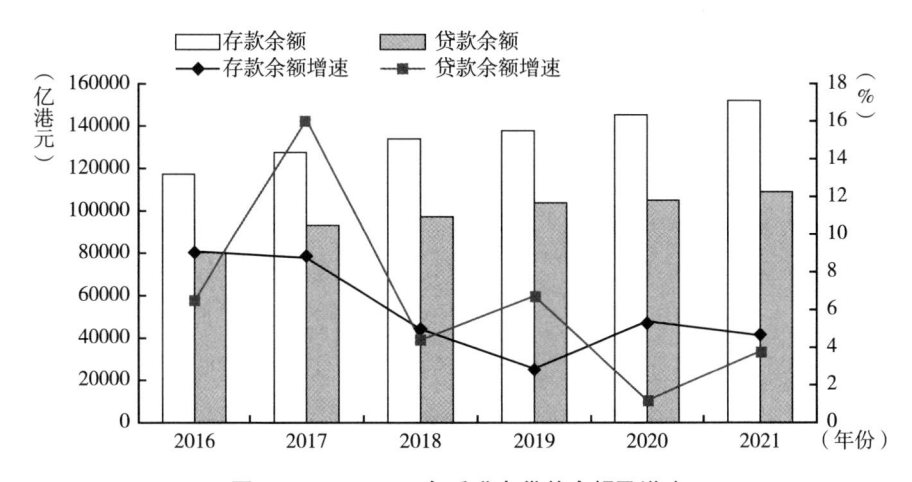

图 21　2016～2021 年香港存贷款余额及增速

数据来源：CEIC，Wind。

澳门贷款增长提速，存款增长放缓。2021年年末，澳门存款余额达到12865亿澳门元（约合10214亿元），较2020年年末增长2.1%，增速同比放缓6.2个百分点。贷款余额达到13034亿澳门元（约合10348亿元），较2020年年末增长11.1%，增速同比回升1.7个百分点，如图22所示。这是澳门自1988年以来贷款规模首次超过存款规模，从结构看，主要是在疫情影响下，澳门居民存款余额出现了负增长。

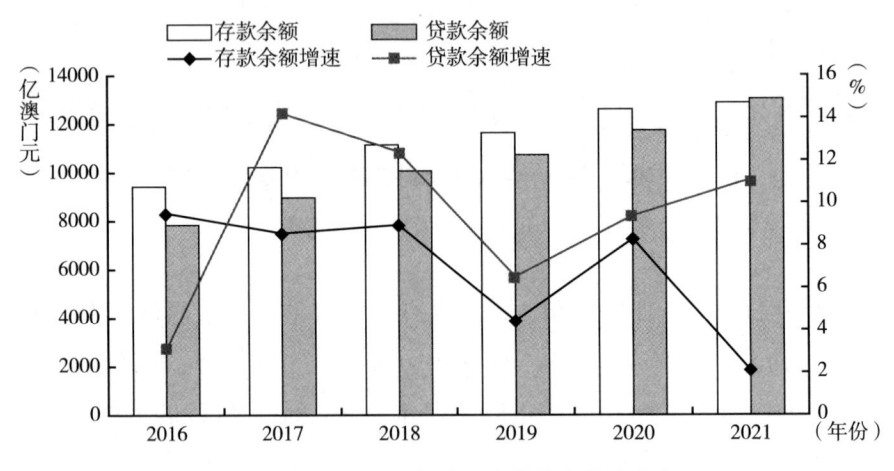

图22 2016~2021年澳门存贷款余额及增速

数据来源：CEIC，Wind。

2.两大交易所直接融资规模稳步攀升

2021年，深交所深入推进落实全面深化资本市场改革任务，全力维护创业板注册制高质量运行，全年股票、债券融资额2.6万亿元，注册制下新增上市公司近九成为高新技术企业；顺利合并深市主板与中小板，深市主板时隔21年恢复发行上市功能；成功推出基础设施公募REITs试点，创新基础设施投融资机制；扩大深港通投资标的范围，实现深日ETF互通。

截至2021年年底，深交所上市公司为2614家，比上年增加224家，其中主板A股1481家，B股43家，创业板A股1090家。总股本为24457亿股，较上年增加1602亿股。总市值为39.64万亿元，较上年增加5.45万亿元，同比增长15.9%。总市值与我国GDP之比为34.7%，较上年提高0.9个百分点。

2021年港交所港股市场全年成交总额达41.2万亿港元，比2020年同比增长28.3%，创历史新高。香港现货市场标的平均每日成交金额达1667亿港元，同比增长29%，创新年度纪录。2021年沪深股通的成交总额为27.6万亿元，较2020年增长30.8%。其中，港股通的成交额为9.3万亿港元，较2020年增长69.1%；港股通成交金额占港股总成交金额比重持续提升至13.7%。

截至2021年年底，港交所证券市场上市公司达2572家，较上年增加34家，总市值约为42.38万亿港元，较上年下降5.14万亿港元，下降10.8%（新股计算在内）。共计98家公司IPO上市，首次公开发行筹资额达3314亿港元，较上年下降17.2%，不过仍属于历年较高水平。恒生指数于2021年年底收报23397.67点，较2020年年底下跌14%。

二 2022年粤港澳大湾区经济形势展望

（一）新冠肺炎疫情对新一年粤港澳大湾区经济的冲击展望

2020年伊始，突如其来的新冠肺炎疫情对全球造成了史无前例的重大影响。截至2022年3月中旬，新冠肺炎疫情在全球已累计感染4.5亿人，累计造成死亡600多万人，给人类社会造成了不可估量的损失。

2021年是全球面对新冠病毒疫情暴发的第二年，除了中国执行严格的"动态清零"措施外，各国视具体国情实施了有限的防疫政策，并根据疫情程度进行周期性的松紧防疫策略调整。同时，新冠疫苗的推出和大规模接种陆续展开，为各国的逐步放松防控提供了一定的基础保障。

然而新冠病毒也在不断变异之中，并由两次重要的变异毒株在全球掀起两次疫情高峰。一次是德尔塔变异毒株，造成2021年夏秋季节的感染高峰，全球单日新增感染病例最高超过70万例，单日死亡超过1万人，致死率在1%~2%；另一次是奥密克戎变异毒株，造成2021年年底2022年年初的感染高峰，全球单日新增感染病例最高超过400万例，单日死亡超过1.2万人。虽然奥密克戎病毒体现出了高传染性，但致死率并不高，仅为0.2%~0.3%。因此除中国外，面对完全失控的局面，各国相继放开疫情防控措施。至2022年3月，英国、韩国等一些国家已完全恢复到疫情前的无管控状态。

新冠肺炎疫情进入第二年，全球经济的关键词是"复苏"和"通胀"。从复苏情况来看，在2020年全球出现疫情导致经济大衰退后，2021年各国逐步放松防疫管制，经济呈现逐步复苏态势。据IMF数据显示，2021年全球GDP约增长5.9%，较2020年收缩3.1%的情况显著好转。从主要国家来看，2021年美国GDP增长5.7%，比2020年加快9.1个百分点；欧元区19国GDP增长5.3%，比2020年加快11.7个百分点；英国GDP增长7.5%，比2020年加快16.9个百分点；日本GDP增长1.6%，比2020年加快6.1个百分点。从通胀情况看，2020年各国为应对疫情释放的大量流动性，与疫情对全球供给能力的伤害相叠加，导致全球通胀率居高不下。至2022年第一季度，各国通胀水平都创下20世纪70年代以来的新高。如美国2022年2月CPI达到创纪录的7.9%；欧元区2月CPI达到创纪录的5.8%；英国1月CPI达到5.5%，为30年来新高；连长期陷入通缩的日本，2021年12月的CPI也达到0.8%。

面对复杂纷乱的全球形势，2021年粤港澳大湾区积极防控疫情，力争将新冠肺炎疫情的影响减到最弱。2021年全年，广东省全省累计感染新冠病例1411例，其中本土病例200例，输入型病例1211例。可以说大部分时间均保持在"清零"状态。香港与澳门疫情防控基本到位，2021年全年分别新增3803例和33例，分别死亡65例和0例。可以说，良好的疫情防控效果对粤港澳大湾区2021年的经济高增长功不可没。

（二）复杂地缘政治下的全球大通胀对粤港澳大湾区的影响

1. 疫情与地缘政治因素显著推高全球通胀水平

2020年下半年以来，全球告别曾经连续多年的低通胀时代，从疫情初期伴随经济活动急剧收缩所形成的快速通缩，突然扭头转为全球高通胀。进入2022年，在新冠肺炎疫情和地缘政治骤然紧张的双重压力下，全球正在进入自20世纪70年代以来最严重的大通胀时期。我国和粤港澳大湾区的经济发展面临新的外部环境。

（1）新冠肺炎疫情推高了全球通胀水平。为应对疫情，主要国家均开启"放水"模式，美联储和欧洲央行资产负债表比疫情前扩大了一倍左右，日本央行则扩大了近40%。财政政策与货币政策相互配合，欧美通过QE印钱买国债，通过财政直接向消费者发放补助，力挺需求复苏。同时，西方国家无法坚决贯彻社交隔离政策，政策落地犹豫冗长，执行力度时松时紧，在疫情后期甚至直接"躺平"，在这种情况下，服务业中的文化、娱乐、餐饮、旅行等均显著复苏。

与此同时，全球供给复苏相对缓慢。一是劳动力市场供给受阻，以美国为例，通过大规模发放消费补助，居民收入在疫情期间不降反升，形成了"养懒人"效应，导致目前美国劳动参与率仍未恢复至疫情前水平。为了吸引就业，雇主不得不大幅加薪，反而形成劳动力成本和物价的螺旋上升。二是能源等上游产品供给不足，疫情对主要资源国的生产形成供给冲击，如巴西、智利和东南亚的一些国家一度面临病例大幅上升导致产出下降的局面。三是全球供应链受阻导致严重的供给约束，由于疫情对全球贸易服务产生重大影响，加之全球造船产能周期下滑，国际贸易与物流成本大幅上升，波罗的海干散货指数、货运FBX指数一度飙升，苏伊士运河堵船等突发事件也给脆弱的全球供应链火上浇油。

（2）地缘政治巨变造成全球大宗商品价格飙升。2022年2月下旬俄乌冲突正式升级为战争，全球通胀预期显著上升。俄罗斯是全球重要的油气生产国和出口国，其原油产量约为1100万桶/日，占全球原油产量的11%。同时，俄罗斯是欧洲天然气的主要供应来源，产量近700亿立方米/月，欧洲天然气进口量中约40%来自俄罗斯。随着俄乌战争爆发，俄罗斯潜在的能源供应势必受到阻碍，从而推高国际能源价格。

有色金属方面，铝、镍、锌都将受到明显冲击。从铝看，由于能源价格上涨导致欧洲电价飙升，欧洲地区铝厂面临巨大的成本压力，同时俄罗斯是世界第二大原铝生产国，2020年俄铝产量约占全球原铝产量的6%。从镍看，俄罗斯、乌克兰两国出口镍占全球镍出口总贸易量的7%，俄乌两国出口至欧洲的镍占全球镍出口至欧洲总贸易量的42%。从锌看，主要成本上升压力来自天然气价格上涨对电解锌的影响。而作为化石能源的替代方案，新能源需求的暴增也将导致非主要有色金属和稀有金属价格上升，包括锂、钴等。

农产品方面，乌克兰及俄罗斯均为主要农作物的主产区。两国2021~2022年度小麦出口总量占到全球出口总量的29%，俄乌冲突可能导致黑海谷物出口受阻，对国际小麦市场产生影响。在中东地区，俄乌两国出口的产品被制成面包、面条和动物饲料。特别是埃及，人多地荒，上亿人口所需的小麦高达85%依赖进口，可谓是当前形势最严峻的国家。在不久的将来，粮食危机或引发新一轮的中东地区骚乱。

2. 全球高通胀对中国及粤港澳大湾区经济的影响

全球创纪录的高通胀水平将从多个方面冲击中国经济，并对粤港澳大湾区产生多重影响。

（1）全球高通胀将通过国际大宗商品价格向国内传导，造成输入型通胀压力。首先是能源价格的输入，主要是进口原油、天然气、煤炭价格的上涨，此外国际原油价格也将直接传导至我国的成品油定价。能源价格将由上游向化工、有色、钢铁、建材等中游行业传导，进而传导至下游制造业。综合看，2022年我国PPI虽然因基数效应将整体下行，但下行幅度可能会明显小于预期。其次是农产品，我国稻谷、小麦和玉米三大主粮的自给率一直超过90%，预计受到的冲击较小。但大豆自给率仅为15%，是我国粮食安全短板，将导致饲料粮豆粕价格上升，并可能向肉类价格传导。受肉价下跌和饲料涨价影响，目前我国猪粮比跌破5，可能引发生猪新一轮去产能，市场已预期2022年秋冬季猪肉价格将重新进入上涨周期。整体看，我国及粤港澳大湾区的通胀水平都会随着全球大宗商品的涨价而水涨船高。

（2）我国通胀压力的上升或对货币政策形成制约。2021年年末，中央经济工作会议对我国经济形势概括为面临"需求收缩、供给冲击、预期转弱"三重压力。面对内外部环境的巨大变化，2022年我国财政和货币政策将更加注重稳定宏观经济大盘。货币政策方面已明确要加大稳健的货币政策实施力度、扩大新增贷款规模、推动降低实际利率等。受货币政策推动，2022年以来广州、深圳等地实际贷款利率已有所下行，特别是房贷利率出现了明显下调。不过年初以来，我国通胀压力相对温和，为货币政策宽松提供了较大空间。但随着未来数月我国输入型通胀压力的上升，以及美联储进入加息周期，我国货币政策的宽松空间正在缩小。预计2022年粤港澳大湾区实际融资成本下行的大趋势不会改变，但幅度可能受到通胀压力的制约。

（3）我国通胀压力的上升，将制约消费需求，并对大湾区企业构成盈利冲击。从需求端来看，通胀压力的上升将造成居民实际收入下降，从而影响实际消费支出（尽管名义消费支出会随物价上升而升高）。从供给端看，在输入型通胀压力下，企业将面临上游价格上升的成本压力，同时下游需求下降则会造成成本无法转嫁，从而侵蚀企业利润。从粤港澳大湾区的主要产业来看，新能源相关产业首当其冲，目前全球新能源相关的有色金属价格明显上涨，已导致动力电池涨价，新能源汽车制造业成本显著上升；石化类产业也将受到明显影响，主要体现在上游原油、煤炭等原材料价格的上涨；电子、电器等机电类制造业受到的影响略小于上游，主要是能源价格上升，部分中游材料成本上升等，盈利空间也会受损；消费类制造业产品，如纺织服装、玩具、灯饰、卫浴等下游行业将主要受到间接影响，包括能源和劳动力成本的上升；软件和互联网行业受到的影响较为轻微。整体看，由于缺乏大型资源类企业，输入型通胀对于粤港澳大湾区的整体企业盈利水平将造成一定的负面影响。

（4）国内外通胀差的扩大，对人民币汇率起到支撑作用，有利于促进外商投资，但不利于外贸企业出口。2022年开年以来，人民币汇率保持了一定的强势，在全球避险情绪主导美元走强的情况下，人民币兑美元依旧坚挺，体现了一定的避险特性，对以欧元为主导的非美货币则明显升值。人民币的避险属性与国内疫情防控下稳健的生产供给能力相关，相对于全球的低通胀环境保障了人民币的实际购买力。尽管从全年看由于中美息差收窄人民币可能会阶段性贬值，但目前高通胀的全球环境与国内相对温和的通胀水平，决定了人民币汇率不具备长期贬值基础。人民币汇率的相对坚挺一方面将继续提高粤港澳大湾区的外商投资吸引力，特别是随着大湾区金融的进一步开放和跨境投融资便利化的提升，预计吸引外资的环境将更为有利。不过同时，粤港澳大湾区的出口企业可能面临一定压力。

（三）2022年粤港澳大湾区经济形势展望

2022年，我国发展面临的风险挑战明显增多，全球疫情仍在持续，奥密克戎对我国疫情防控造成了巨大挑战，疫情多点散发更为频繁，年初以来多地加大了防控力度，社会需求恢复或多或少受到一定冲击。世界经济复苏动力不足，地缘政治冲突更为猛烈，大宗商品价格高位波动，外部环境更趋复杂严峻和不确定。

2022年《政府工作报告》设定的全国GDP增长目标为5.5%，较上年6.0%的目标有所回落。同时，广东省的经济增长目标也为5.5%，与全国水平持平。参考2020年和2021年两年平均增速（全国、广东省、粤港澳九市的两年平均增速恰好均为5.1%），正如《政府工作报告》所述，5.5%的增速需要付出艰苦努力才能实现。

从2022年1~2月的经济情况来看，各项数据显著回暖，表明在各项政策的助推下，我国经济发展仍有韧性。不过也要看到，由于香港、深圳疫情的爆发，3月开始我国经济的压力骤然增大，给完成全年经济目标造成了一定困难。同样，广东省与粤九市受到疫情的直接冲击更大，经济增速更有可能低于全国平均水平。

从外需看，在地缘政治剧烈冲突和全球大通胀的影响下，全球经济将出现明显的"滞胀"，俄乌冲突如何演变成为全球经济发展方向的最大不确定性因素。在全球放开疫情管控的前提下，部分国家供给有望复苏，但全球产业链在地缘政治的影响下依旧很不稳定，各国对我国需求的依赖不太可能出现快速回落。与2021年的形势类似，出口将成为我国稳增长的重要支柱。对粤港澳大湾区来说，由于外向型经济程度更高，出口的稳定增长更是至关重要。

从内需来看，在疫情的持续冲击下，消费增长难以乐观。就业压力增加、居民收入下降与老龄化加剧都将成为消费增长的不利因素，预计消费可能是2022年拖累我国及粤港澳大湾区经济增长的重要原因。投资方面，基建投资超前发力，将有助于托底经济，同时制造业投资将继续向高技术转型，但房地产开发投资大概率延续回落，预计投资对于经济增长的支撑力度会好于消费。

整体看，2022年粤港澳大湾区虽然面临着复杂多变的内外部环境，但大湾区处在我国南方内外循环交汇点，拥有完备的产业体系、较强的创新实力和良好的营商环境，拥有"双区"和横琴、前海两个合作区建设等国家重大发展战略叠加利好，是新的一年奋进新征程的优势所在、信心所在、底气所在。相信在党中央的科学领导下，在大湾区人民的努力奋斗下，2022年粤港澳大湾区将围绕推进"双区"建设、实施深圳综合改革试点、建立科技自强和具备竞争力的核心产业、多措并举扩大内外需、统筹有序推进碳达峰碳中和等各项重点任务，加快推进制造业数字化转型和绿色低碳转型，适度超前开展基础设施投资，加快建设"轨道上的大湾区"，以加快推进广州、深圳建设国际消费中心城市为重点，更大力度激发大湾区消费潜力，加强规则衔接、机制对接，支持港澳更好地融入国家发展大局。粤港澳大湾区一定能克服困难，战胜挑战，实现高质量发展。

三　政策建议

（一）进一步完善粤港澳大湾区合作协调机制

粤港澳大湾区在密度、力度、广度和优先级等方面都具备优良的条件，发展空间和发展潜力不亚于长三角、京津冀地区，更有望成为全国面积、人口、科技创新、市场化等方面综合水平最高的国家级重点发展区域。不过，粤港澳大湾区在面临重大发展机遇的同时，也面临着挑战。其中最重要的就是"一国两制"下的城市协同发展。但是，粤港澳大湾区建设不同于纽约湾区、旧金山湾区和东京湾区，以"一个国家、两种制度、三种货币、三个关税区、四个核心城市"的格局建立世界级城市群的粤港澳大湾区，其社会制度、人文差异、交通运输、协调管治、实施机制等方面的问题更为复杂，跨区域治理也成了大湾区建设的重点和难点。

新时期粤港澳大湾区各地协同发展的主要任务，就是以市场为主导，打破行政区域规划限制，树立协同发展意识，通过政府与市场的有机协同推进，在跨境金融、交通等关键领域形成动态促进区域协调发展的新体制机制，使落后地区补齐发展短板、发达地区克服瓶颈制约，最终实现粤港澳大湾区高质量发展。

（二）做好粤港澳大湾区三地疫情联防联控

新冠肺炎疫情给我国经济造成了严重影响，在粤港澳大湾区内部，涉及广东、香港、澳门三地，在不同的社会制度下更容易形成防控落差，必须探索协调机制，携手同行，共抗疫情。

2022年以来，香港地区的奥密克戎疫情大规模暴发，也给大湾区疫情防控带来一定压力。特别是紧邻香港的深圳，人口密度高、交通便捷，更容易成为疫情重灾区。面对新的防疫形势，对大湾区来说，一是要依靠疫苗，大湾区生活水平高、人口结构年轻，因此理应做到更高的疫苗接种率；二是对深港往来通道进行更加严格的管控，从源头上缓减输入型压力；三是严格执行"动态清零"策略，通过精准排查、快速溯源、快速封控，尽可能在疫情传播初期封死传染链；四是利用大数据手段，进行科学防疫；五是配合采用新冠抗原自检手段，做到疫情早发现、早防控；六是加快口服特效药的研发力度；七是做好大湾区内部的防疫物资调配和供应保障，做好内地对港澳疫情的支援工作。

(三)在粤港澳大湾区框架下加快香港与澳门的转型发展

港澳地区由于将轻工业转移至内地，又错失发展信息产业的良机，存在产业空心化问题，一些曾经被隐藏的深层次经济问题和矛盾开始浮出水面，主要包括制造业萎缩、产业单一化，严重窒碍经济转型。此外，香港、澳门作为开放的小型经济体，对外部经济环境具有极高的依赖性。近年来，受新冠肺炎疫情影响，进入港澳的游客数量呈断崖式下跌，经济显著收缩，预计全年经济较大幅度下降，一些中小企业甚至大型企业的正常经营都面临着巨大的挑战。此外，受疫情影响，居民的正常就业和生活也面临着诸多不利因素。各方都承受着巨大的压力。

粤港澳大湾区除了拥有独特的制度优势，在科技、金融等领域也具备比较优势，产业链相对完整。按照《粤港澳大湾区发展规划纲要》，未来香港、澳门都将迎来新一轮的"再工业化"升级。为不断增强香港、澳门地区畅通国内大循环、联通国内国际双循环的功能，两地需要准确把握自身角色和定位，以粤港澳大湾区高质量发展为契机，发挥独特优势，在大湾区框架下加速港澳地区"再工业化"进程，调整港澳经济结构，带动经济适度多元发展。

(四)推动粤港澳大湾区绿色发展

作为中国建设密度最高、经济活力最强的区域之一，对粤港澳大湾区而言，"双碳"既是应对全球气候与环境危机的必要途径，也是实现高质量发展的重要举措。近年来，粤港澳大湾区紧跟国家布局，积极探索"双碳"先锋之路。2022年广东省政府工作报告指出，要大力推动绿色低碳转型，制定碳达峰碳中和实施意见和碳达峰实施方案。在实施目标上，香港已于2014年实现"碳达峰"，低碳试点城市广州、深圳、中山也提出了分别在2020年、2020~2022年、2023~2025年达到碳排放峰值的目标，明显超前于国家部署。下一步，粤港澳大湾区要通过科技创新、数字化转型和绿色基础设施建设，推动大湾区绿色融合和高质量发展。

体制融合篇
System Integration

B.2
粤港澳大湾区社会救助政策区域统筹衔接调研报告

岳经纶　陈　沁*

摘　要： 粤港澳大湾区建设启动以来，粤港澳大湾区通过发挥重点城市带头作用，改革服务供给方式，加强信息化建设，搭建交流平台和开展特定救助，开启了从探索大湾区粤九市社会救助工作的深度合作到粤港澳三地跨境社会救助协同的尝试。但是，这种政策区域统筹的努力受到各城市社会救助制度差异大、福利可携性程度低、财政负担轻重不一、信息共享存在障碍、社会组织发展制约因素较多等因素的影响。为此，应建立合作平台，推动福利可携，探索信息共享，优化资金负担机制，积极发挥社会组织的作用，进而实现粤港澳大湾区社会救助政策的区域统筹衔接。

---

* 岳经纶，博士，中山大学政治与公共事务管理学院教授，博士研究生导师，主要研究方向为社会政策、社会服务与社会治理；陈沁，中山大学政治与公共事务管理学院博士研究生，主要研究方向为社会服务、贫困治理。

关键词： 粤港澳大湾区　社会救助　统筹衔接　跨境可携

《粤港澳大湾区发展规划纲要》明确提出，要"研究建立粤港澳跨境社会救助信息系统，开展社会福利和慈善事业合作"。在广东省民政厅的支持下，作者所在的课题组于2021年9~11月期间，在粤港澳大湾区粤九市民政局、香港社会服务联会、澳门社工局等部门就大湾区社会救助政策区域统筹衔接问题展开调研。调研期间，通过座谈、访谈、问卷调查等形式，了解近年来粤港澳大湾区城市间社会救助政策统筹衔接的发展情况，并收集了相关数据。根据这次调研的结果，本文在梳理大湾区社会救助政策区域统筹衔接工作进展的基础上，分析统筹衔接工作中面临的主要问题及原因，并提出推进大湾区社会救助政策区域统筹衔接工作的路径选择。

一　粤港澳大湾区社会救助政策区域统筹衔接工作的进展

粤港澳大湾区建设启动以来，在国家民政部的推动下，粤港澳大湾区一方面积极探索大湾区粤九市社会救助工作的深度合作，另一方面尝试开展粤港澳三地跨境社会救助政策协同，社会救助政策区域协同取得了一定的进展。

（一）发挥大湾区内地重点城市在社会救助政策统筹衔接中的示范作用

广州、深圳是广东省乃至全国民政工作的领头军。在广东省民政厅的推动下，作为粤港澳大湾区核心城市的广州和深圳，积极发挥政策统筹衔接的示范作用。首先，广州和深圳在社会救助领域积极进行"双城联动"，开展深度合作。2020年12月30日，广东省民政厅召开推动广州、深圳民政部门深度合作协同发展座谈会，会议期间广州和深圳两市民政局共同签订了

《深化两地民政事业协同发展合作框架协议》（以下简称《合作框架协议》）。《合作框架协议》内容涵盖九大领域，包括社会组织、养老服务、社会救助、困境儿童救助保护、婚姻登记、殡葬管理、慈善事业、队伍建设及其他事项，致力于搭建高层面的合作平台，健全高水平的合作机制，共同实施高水平的合作项目。以这次签约为新起点和契机，广深两地在社会政策领域开始深化合作、协同发展。目前，广深两市之间已经建立了社会救助异地申请和审核的统一信息平台，开展低保申请、审核和互认工作。

其次，深圳和广州积极与粤港澳大湾区其他城市进行社会救助领域的合作。为深入贯彻中央及广东省关于改革完善社会救助制度的决策部署，切实为群众办实事解实难，推进深圳、珠海、中山（以下简称"三市"）社会救助政策区域统筹衔接试点工作，2022年1月，珠海、深圳、中山三市民政局联合出台《关于开展社会救助政策区域统筹衔接创新试点实施方案》（以下简称《方案》）。按照统筹、联通、协同三市社会救助的目标，《方案》旨在建立健全三市社会救助信息互联互通、社会救助政策统筹衔接的高效工作机制，推进三市社会救助协同办理，居住地和户籍地通力合作，实现困难群众在居住地办理社会救助业务，更加有力地保障困难群众的基本生活。而《方案》更深层次的目标是为做好粤港澳大湾区社会救助政策区域统筹提供改革经验。根据《方案》，今后在珠海、深圳、中山任一城市居住满3个月的三市户籍居民，可直接在居住地申办社会救助事项。[1]

据了解，广州、深圳民政部门将进一步发挥领头作用，通过两地合作释放"1+1>2"的合作效应。同时，还将继续通过与大湾区其他城市签订合作协议，进一步促进城市间社会救助政策统筹衔接。

（二）改革创新粤港澳大湾区社会救助服务供给方式

面对区域、城乡人口流动频繁、人户分离等情况，广东积极推动社会救

---

[1] 深圳市民政局：《深圳市民政局、珠海市民政局、中山市民政局印发〈关于开展社会救助政策区域统筹衔接创新试点实施方案〉的通知》，深圳民政在线网，2022年1月5日，http://mzj.sz.gov.cn/cn/xxgk_mz/tzgg/content/post_9501861.html。

助服务供给方式改革,这些改革主要体现在社会救助的申请方面。2018年,广东已在全省范围实现异地申请社会救助。这也意味着在大湾区粤九市,群众可直接向九市内任一社会救助窗口提交最低生活保障或特困人员救助供养、医疗救助、临时救助等一项或多项救助的申请。粤九市各社会救助工作窗口会及时受理、转办申请事项,并通过社会救助管理信息系统将申请人的相关资料转交到申请人户籍所在地或者居住地乡镇人民政府、街道办事处进行受理、调查核实。得益于这种创新改革,粤九市困难群众也可以直接向全省范围内任一乡镇(街道)提交申请材料,由系统转办至户籍所在地窗口受理,无须返回原户籍地。

2019年12月,广东省民政厅与省政务服务数据管理局、中国人民银行广州分行、省银保监局联合印发《关于在"粤省事"移动政务服务平台增加社会救助家庭经济状况信息平台电子授权模式的通知》。为落实该通知的精神,广东省选择清远和粤九市中的深圳、肇庆、惠州共四个地市进行试点,依托"粤省事"微信小程序,通过部门合力打造,开发建设了最低生活保障、特困人员救助供养在线申请功能,供4个地市试点使用。[①] 2020年的新冠肺炎疫情危机给社会经济发展带来前所未有的挑战,在此特殊时期,社会救助在线申请功能给试点城市的群众带来便利。之后,广东省加速推进救助申请线上化。广东省民政厅决定于2020年3月18日起,将在线办理社会救助业务的覆盖范围从原来4个试点城市扩展至全省,让困难群众在疫情防控期间"足不出户"申请社会救助,实现防疫更安心、办事更省心、服务更暖心。这也意味着在粤九市范围内居民均可实现线上办理社会救助业务,从而提升了困难群众申请救助的便利性和享受救助服务的可及性。

(三)积极搭建粤港澳大湾区社会救助工作交流平台

为全面推动粤港澳大湾区社会救助政策的协同合作和创新发展,大湾区

---

① 广东省民政厅:《关于在"粤省事"移动政务服务平台增加社会救助家庭经济状况信息平台电子授权模式的通知》,广东省民政厅网站,2020年1月7日,http://smzt.gd.gov.cn/zwgk/tzgg/content/post_2857464.html。

各地市之间开始搭建社会救助工作交流平台。2019年3月,由广州市民政局发起和主办的粤港澳大湾区城市民政部门联席会议在广州召开,标志着粤港澳大湾区城市民政部门联席会议制度正式建立。这次会议明确了联席会议制度的具体职责、议事决策规程等,并建立起一年一轮换的轮值及重大问题磋商等制度。① 在这次联席会议上,香港特别行政区政府劳工及福利局/社会福利署、澳门特别行政区政府社会工作局以及粤九市的市民政局还达成了"促进粤港澳大湾区城市民政事业协同发展行动"的共识,签署了《粤港澳大湾区城市民政事业协同发展合作框架协议》,其中提及的特殊群体互助关爱、慈善事业等方面的计划,都是社会救助政策领域的重要内容。

除了建立联席会议制度和签订合作协议,粤港澳大湾区各地还积极促进社会救助服务交流。《粤港澳大湾区城市民政事业协同发展合作框架协议》规定的11项"行动清单"中就有推进社会工作交流合作。为此,深圳牵头实施推进社会工作交流合作,举办大湾区社工交流活动,邀请港澳社会工作专业专家学者、资深社工传授先进经验,深化社工人才培养,推动大湾区内社会服务资源的整合。② 社工组织和专业社工是社会救助服务的重要参与者。这些社工交流活动包括了社会救助的内容,例如交流社工如何需要救助者链接资源、讨论社工如何在教育救助和提高受助者自身积极性等方面发挥作用等。社会工作交流平台的建立,有利于实现大湾区各地市之间社工交流的常态化。社工通过参与相互交流,可以提高服务能力,更好地参与社会救助服务工作,提升社会救助服务质量。

(四)开展面向跨境流动人口的特定救助服务

我国的社会救助政策具有明显的属地化特征。③ 由于社会救助属于地方

---

① 《粤港澳大湾区城市民政部门联席会议在广州召开》,新华网,2019年4月3日,http://m.xinhuanet.com/gd/2019-04/03/c_1124323864.htm。
② 《粤港澳大湾区民政领域合作签订协议,共促养老慈善等民生保障》,读特网,2019年4月9日,https://www.dutenews.com/gangtai/p/175245.html
③ 岳经纶、方珂:《福利距离、地域正义与中国社会福利的平衡发展》,《探索与争鸣》2020年第6期。

事权,需要地方财政的支持,因此居民只能享受户籍所在地民政部门提供的社会救助服务。这一特征制约了社会救助制度在社会流动方面发挥更大的效能。2021年2月,广东省率先打破社会救助政策属地化的桎梏,在临时救助政策领域突破了户籍身份的限制,体现这一突破的政策文件是《广东省人民政府办公厅关于印发广东省临时救助办法的通知》(以下简称《通知》)。根据《通知》,在粤居住的港澳居民遭遇突发困难的,可向经常居住地或困难发生地提出临时救助申请,经认定后符合条件的给予临时救助。同时,非本地户籍且无法提供有效居住证明或个人身份信息的,可按生活无着人员救助管理有关规定提供救助。① 这就意味着,在粤港澳大湾区内,港澳居民可以在粤九市享受临时社会救助,粤九市的居民也能在九市中的任一城市享受临时救助。为了增强救助时效性,《通知》还规定对急难型临时救助实行"先行救助",事后补充说明情况。近年来,大湾区内居民异地接受临时救助的案例有增加趋势。深圳不仅给予因新冠肺炎疫情而长期无法领取综援的香港人临时生活救助,而且还帮助在内地没有户口且父亲为香港居民的儿童链接资源,解决户口问题和教育问题;珠海则通过澳门街坊会联合总会广东办事处横琴综合服务中心为需要救助的澳门居民提供服务;佛山则致力于给予异地户籍的流浪乞讨人员集中供养与照顾。这些案例表明,在粤港澳大湾区内社会救助政策正在发挥托底线、救急难的作用,为有需要的民众提供临时性基本生活救助。

二 粤港澳大湾区社会救助政策区域统筹衔接面临的主要问题

粤港澳大湾区是唯一的在同一个国家拥有两种社会制度、三个关税区的世界级城市群,这种制度差异决定了实现粤港澳三地社会救助政策统筹衔接

---

① 广东省人民政府:《广东省人民政府办公厅关于印发广东省临时救助办法的通知》,广东省人民政府网站,2021年2月10日,http://www.gd.gov.cn/zwgk/wjk/qbwj/yfb/content/post_3225714.html。

的复杂性和难度。事实上，不仅粤港澳三地之间的社会救助政策统筹衔接有难度，就是在大湾区粤九市中要实现社会救助政策的统筹衔接也有许多困难需要克服。

（一）粤港澳大湾区内部社会救助政策差异大，难以统筹

在粤港澳大湾区中，港澳和粤九市的社会救助政策在救助资格设定、救助具体内容和救助标准上存在差异，使大湾区内社会救助政策难以统筹。在救助资格设定上，粤九市低保对象必须拥有本省户籍，以家庭为申请单位，家庭人均可支配收入和资产低于规定限额，方可以享受低保待遇。在香港，申请社会救助必须拥有香港居民身份且取得香港居民身份不少于一年，资产评估则以家庭总资产为评估对象，家庭资产不超过规定限额（不同类别人群限额不同）的，可以申请社会救助。在澳门，申请者需要拥有澳门居民身份且最近18个月连续居住在澳门，还要低于最低维生指数和家庭资产规定限额这两个指标方能进行救助项目的申请。仅从三地救助资格的设定来看，虽然三地都要求本地户籍的居民方可申请社会救助，但是具体规定和对象认定标准差异较大。由于各地申请资格中对地域限制的规定，使得对象审核的认定结果在粤港澳三地之间难以实现互认，设定三地均认可的救助资格则更是难上加难。

在社会救助的具体内容上，粤九市的社会救助项目包括最低生活保障、特困人员救助供养、流浪乞讨人员救助、临时救助以及教育救助、灾害救助等专项救助；[1] 香港的社会救助项目包括综援计划、高龄津贴、长者生活津贴、广东计划、伤残津贴、交通意外伤亡援助计划等；[2] 澳门的社会救助项目则有经济援助、残疾津贴、灾难性援助、社会融合计划等。可以发现，三地的社会救助项目在概念上存在着明显的区别。虽然对于粤港澳三地来说社

---

[1] 广东省人民政府：《广东省社会救助条例》，广东省人民政府网站，2019年6月24日，http://www.gd.gov.cn/zwgk/wjk/zcfgk/content/post_2521449.html。

[2] 香港特别行政区社会福利署：《综合社会保障援助计划》，香港特别行政区社会福利署网站，2022年3月31日，https://www.swd.gov.hk/sc/index/site_pubsvc/page_socsecu/。

会救助的重点都是经济救助，但是香港和澳门较粤九市更加重视社会救助服务。在具体的操作过程中，三地社会救助项目有更多的差异，这种政策内容的差异也直接导致三地在社会救助政策衔接过程中难以抓准着力点。

在社会救助标准上，粤九市之间存在着城乡和地域两个维度的标准差异。截至2021年6月底，广东全省月人均城乡低保标准分别为900元和734元，城乡特困人员基本生活供养标准分别为1528元和1274元，此外2021年广东省"两残补贴"分别为每人每月181元和243元。[①] 在港澳两地，社会救助的标准也有巨大差异。2021年2月起，香港广东计划下高龄津贴为每月约1211元[②]，普通长者生活津贴为每月约2336元，高额长者生活津贴为每月约3111元。[③] 而在澳门，以残疾人津贴为例，2019年普通残疾津贴为每年约7176元[④]，特别残疾津贴为每年约14353元。[⑤] 尽管社会救助项目不同，但是从上述基础的项目数据可以发现，港澳两地的救助标准仍存在一定的差异。虽然三地的救助标准都是根据当地的经济发展水平来设置的，但是三地救助金额的差异不利于三地社会救助政策的统筹衔接。

（二）社会救助权益可携性低，不适应流动性

粤港澳大湾区社会救助待遇的可携带程度较低。大湾区内地各个城市对于彼此民政部门认定的救助对象还没有实现结果互认，加上特困人员、生活无着流浪乞讨人员等困难群体的认定方法存在差异，客观上导致大湾区的流动人口难以有效、及时地享受到居住地提供的救助服务，有时候不得不返回户籍所在地，或需要居住一段时间（如港澳）才能进行福利的申领。

在粤九市，当前社会救助项目涵盖低保对象、特困人员、生活无着流浪乞讨人员等群体，由于不同类别救助对象的属性差异，其认定办法也不相

---

① 《数字赋能广东民生兜底保障：2021年低保标准同比提升至少3.5%，建设大救助信息平台推进精准救助》，腾讯新闻，2021年7月27日，https://view.inews.qq.com/a/20210727A0FI4800。
② 该补贴的数据为香港货币根据现有的汇率换算得到。
③ 数据来源：香港特别行政区社会福利署官方网站，https://www.swd.gov.hk/tc/index/。
④ 该补贴的数据为澳门货币根据现有的汇率换算得到。
⑤ 数据来源：澳门特别行政区社会工作局官方网站，https://www.ias.gov.mo/ch/home。

同。虽然2019年广东省民政厅制定的《广东省最低生活保障家庭经济状况核对和生活状况评估认定办法》统一了全省低保对象的认定办法,要求设立统一的救助受理窗口和评估管理机制[1],与此同时也建立了省级社会救助信息系统,但是粤九市各个城市对于彼此民政部门认定的救助对象并没有实现结果互认,加上特困人员、生活无着流浪乞讨人员等困难群体的认定方法存在差异,客观上导致大湾区粤九市的救助对象在异地申请和接受社会救助中存在困难。

在待遇申请方面,尽管广东已经实现了社会救助的异地申请和受理服务,但是由于地方财政投入占据地方社会救助支出的绝大部分[2],粤九市在地方财政的压力之下,最终的社会救助资格审核和待遇发放还是主要由申请者的户籍所在地民政部门负责,尚不能实现异地申请异地发放。由于粤九市之间的经济发达程度有所差异,这种情况造成生活在经济较发达城市的外地救助对象只能领取经济相对较弱地区的救助待遇。例如,中山户籍但生活在深圳的救助对象只能按照中山的标准领取待遇,而这个待遇往往不适应深圳的经济发展水平。随着粤港澳大湾区不同城市之间的人口流动速度加快和规模不断扩大,社会救助可携性程度低将成为制约人口要素顺畅流动的障碍,这也直接关系到大湾区居民的安全感、幸福感和获得感的提升。

在粤港澳三地,由于各地申请资格中对地域限制的规定,使得对象审核的认定结果在粤港澳三地难以实现互认。港澳特区政府奉行"福利不过境"的理念。香港强调需要一定的居港期限、本人亲自回港甚至具备齐全的证件(身份证、回乡证)才能申请社会保障。不少依赖"生果金"(高龄津贴)在内地生活的港澳长者须每半年回港向社会福利署报到或者回澳门居住一段时间,这些都给港澳居民在内地生活造成极大不便。在调研过程中就发现深

---

[1] 广东省民政厅:《广东省民政厅关于印发〈广东省最低生活保障家庭经济状况核对和生活状况评估认定办法〉的通知》,广东省民政厅网站,2019年10月25日,http://smzt.gd.gov.cn/zwgk/zcfg/xzgfxwjgb/content/post_2654402.html。

[2] 类承曜:《我国地方政府债务增长的原因:制度性解释框架》,《经济研究参考》2011年第38期。

圳有类似个案，一位50岁的香港居民在香港领取综援，由于新冠肺炎疫情香港封关不能返港领取综援金，在深圳陷入困境，不得不向当地民政局求助。

此外，香港澳门的伤残津贴、公共医疗服务、长者生活津贴等都不可跨境携带。以医疗为例，香港居民可以在香港享受免费医疗，但是在粤九市则不能享受此待遇。虽然港大深圳医院医疗券已经推广了一段时间，但是享受此政策的香港居民人数不多，同时享受医疗服务的过程也不如在香港方便。因此，居住在粤九市的绝大多数香港同胞需定期或不定期往返香港看病求医，仅有小病在内地治疗。而在香港领取综援的社会救助对象则更是如此。澳门的情况与香港类似，在珠海生活的澳门居民，若有医疗需求，会因为医疗费用问题返回澳门医治，而很少在珠海接受医疗服务。因此，在珠三角居住的港澳人士特别希望在所在城市有就医定点医院，也希望港澳免费医疗的覆盖范围能逐步扩展至珠三角。在访谈中，也有被访者提出，随着粤港澳大湾区建设的推进，港澳居民的生活空间得到了扩展和延伸，港澳特区政府应该改变政策思维，相应地扩展相关社会政策，包括社会救助政策的实施范围。

（三）信息难以共享，阻碍政策统筹

粤港澳大湾区社会救助信息共享存在障碍，主要表现在以下几个方面。

1. 部门利益症结导致信息共享受阻

一方面，相关部门担心关键信息在共享过程中会发生泄露，这是阻碍信息共享的"避责"逻辑[①]；另一方面，信息化时代的数据即权力，共享意味着部门在日后业务开展的过程中可能会面临部门权力弱化的风险，即信息实现互联互通之后，其他相关职能部门可能不再像过去那样对该部门产生相应的业务需求，导致其地位的削弱和权力的弱化。这是阻碍信息共享的"固

---

① 陈涛等：《推进"互联网+政务服务"提升政府服务与社会治理能力》，《电子政务》2016年第8期。

权"逻辑。双重逻辑作用下，相关职能部门缺乏足够的积极性和主动性参与信息互联共享的工作。此外，三地之间的信息共享还受到三地在隐私方面的文化和法律差异的制约。由于信息难以共享，大湾区各地市之间无法进一步实现社会救助政策制定和实施过程中的互动和交流，这就严重阻碍了大湾区社会救助的统筹衔接。

2. 粤九市信息化建设的统筹程度有待提升

当前，深圳和广州在低保领域使用的是自建系统，其他七市均使用省民政厅开发的低保系统和家庭经济状况核对系统，香港和澳门两个特别行政区也有各自的系统。可见，目前大湾区各城市社会救助领域存在多个系统。其中，广东省省级政务服务网中的救助信息录入和全国民政系统的救助信息录入内容和口径不尽一致，广州和深圳自建系统的相关数据也与省级系统存在差别。这种情况导致基层民政工作人员在认定低保对象时不知道应该依据哪个系统较为合适，从而加重了工作负担。除此之外，当前粤九市社会救助的相关数据未能实现及时、准确、精准的共享，部分数据还停留在数据比对阶段，同时信息系统中的预警功能有待完善。

3. 粤港澳三地跨境信息流动的限制性因素较多

目前，粤港澳三地在社会救助领域尚未建立起跨境流动人口的家庭收入、财产情况、健康状况等基本信息的交流和共享机制，导致跨境救助申请的审核环节难度提升。例如，当香港居民在深圳陷入困境时，香港特别行政区政府劳工及福利局/社会福利署很难跟深圳分享领取综援人员的相关信息，理由是这类信息属于个人隐私，不能随意泄露。除了数据安全的考虑之外，由于粤港澳三地社会救助体系的构成不同，三地社会救助信息的统计名目和口径也存在较大差异，这客观上加大了三地进行社会救助信息的联通和共享。

（四）社会救助资金来源地方化，各地负担不均

粤九市的地方财政投入占据地方社会救助支出的绝大部分[1]，且在地方

---

[1] 类承曜：《我国地方政府债务增长的原因：制度性解释框架》，《经济研究参考》2011年第38期。

资金构成中来源于省级财政的资金拨付比例也相对较少,资金筹措的责任主体主要是各地市,乃至县(区)。而大湾区粤九市财政能力参差不齐,例如广州、深圳作为经济发展的引领者,财政收入的规模可观,因此在社会救助资金的保障方面有着相对雄厚的物质基础。但是,江门、肇庆、惠州等地财政能力相较于广深较弱,相应地,社会救助开支的绝对数量和占当地GDP和财政支出的比例就较高。而且,从总体上来说,财政能力相对较弱的地区,社会救助需求更大。社会救助资源与社会救助需求之间存在的这种矛盾,直接增加了大湾区粤九市社会救助政策实现统筹衔接的难度。

同时,要实现粤港澳三地社会救助的统筹衔接,还面临着跨域跨境救助对象的资金来源待明晰的问题。尽管当前广东全省已经建立了社会救助的异地申请受理机制,珠海、深圳、中山三市民政局也联合出台了《关于开展社会救助政策区域统筹衔接创新试点实施方案》,但是由于未能建立起面向跨域流动人口救助资金的分担机制,异地受理的申请最终还是会流转到申请对象的户籍所在地进行审核和救助金的发放。而且,若真的实现了低保的异地申请和待遇的异地发放,对于经济较为发达的地区来讲,会导致经济欠发达地区的救助对象"争先恐后"地到发达地区领取低保。最新出台的《广东省人民政府办公厅关于印发广东省临时救助办法的通知》指出在粤居住的港澳居民遭遇突发困难的,可向经常居住地或困难发生地提出临时救助申请,经认定后符合条件的给予临时救助。[①] 从当前的救助实践来看,港澳地区在粤申请社会救助的人数总体上相对较少,仅有个别的港澳居民需要粤九市的社会救助,因此目前的救助资金主要是由居住地的民政部门负担,尚未出现面向港澳人员的救助资金紧张的情况。但是,随着未来粤港澳大湾区建设的深度推进,无论是大湾区内地城市的流动人口还是在粤居住的港澳居民,都会产生越来越多的

---

① 广东省人民政府:《广东省人民政府办公厅关于印发广东省临时救助办法的通知》,广东省人民政府网站,2021年2月10日,http://www.gd.gov.cn/zwgk/wjk/qbwj/yfb/content/post_3225714.html。

救助需求。因此，如何确定这方面资金的来源以及资金分担机制是一个亟待解决的问题。

（五）社会组织发展滞后，难以助力社会救助政策区域统筹

社会组织作为社会治理的重要力量，可以在粤港澳大湾区社会救助统筹衔接中发挥资源链接、跨域交流、提供服务等作用。但是，当前社会组织的发展滞后于社会的发展。在大湾区粤九市，部分城市对社会组织参与社会救助的认知有待提高。当前，社会组织参与社会救助政策体系相对薄弱，尤其是在经济相对落后的地区，地方政府作为社会救助的主要行为者，通常会向社会组织购买事务性服务，如帮助识别社会救助对象、进行救助对象寻访等。在调查中，有民政部门的工作人员指出，事务性工作比较复杂，例如救助对象的识别，连有经验的民政干部都觉得力有不逮，很难想象社会组织工作人员可以胜任。2020年11月，广东首创兜底民生服务社会工作双百工程。在调查中发现，"双百工程"的社工要参与到社会救助事务中，但由于社工专业能力不足和社会救助事务本身较为复杂，社工的参与难以尽如人意。此外，在社会救助领域提倡的"社工+义工"参与社会救助的模式也未能形成常态化的机制，更不要说发挥有效的作用。在这种情况下，社会组织在普通的社会救助事务上都难以发挥作用，更不要说助力大湾区社会救助的统筹衔接了。

与此同时，粤港澳大湾区粤九市慈善活动的氛围也不够浓厚，存在慈善组织和其他公益组织联动不足，慈善资源分布不均衡等问题。在港澳地区，社会组织是政府在社会救助领域的重要合作者，港澳发达的社会组织和公益慈善事业是其社会救助制度有效运行的重要支撑。相比之下，广东省的社会组织仍在成长发展之中，短期内难以承担协同政府实施社会救助的重任。同时，境外社会组织在境内注册往往面临门槛高、难以获得合法身份的"入境难"问题。因此，社会组织在粤九市难以像在港澳那样制度化地融入承接政府的社会救助职能之中。而且，当前三地的社会组织也缺乏协同和融入的平台，导致社会组织作为社会救助重要补充力量的作用被大幅削弱。

三 粤港澳大湾区社会救助政策统筹衔接的路径选择

如何解决粤港澳大湾区内不同社会保障制度下社会救助政策的统筹衔接是一个现实性的难题，也是高质量推动粤港澳大湾区建设必须予以解决的问题。需要从建立协调机制出发，从建立合作交流平台、待遇可携性、信息共享、资金分担和社会组织发展等方面解决大湾区社会救助统筹衔接过程中遇到的问题，最终实现粤港澳三地社会救助政策的融合发展。

（一）建立社会救助政策合作平台和协调机制

粤港澳大湾区社会救助政策的统筹衔接是一项复杂的系统工程，面对"两种制度""三个关税区""三种法律制度"造成的三地社会救助政策存在差异的问题，应搭建合作平台和协调机制，建立相应的沟通协作机制并予以制度化，以保证各地民政部门能够围绕统筹衔接中遇到的问题进行经常性磋商并予以解决，这是实现大湾区社会救助政策统筹衔接的重要内容。正如当前大湾区内地部分城市之间（如广州和深圳）建立了相对独立的合作框架，这种小范围的合作可以被视为大湾区粤九市社会救助统筹衔接的良好开端。

下一步，应扩大粤港澳大湾区内社会救助区域合作的范围。可以由深圳、珠海分别与香港和澳门率先建立联席会议机制，在试行成功的基础上，成立粤港澳大湾区社会救助政策统筹衔接工作领导小组，建立联席会议制度，并明确联席会议制度的具体职责、议事决策规程，以及建立重大问题磋商等制度。同时，要保证联席会议的常态化运行，各市可以围绕社会救助的相关业务，不断促进更多城市签订社会救助领域的合作协议，支持城市之间共同出台相关合作政策，拓展统筹和衔接的事项数量与覆盖范围，协调解决合作中遇到的困难和问题。

在建立联席会议机制的过程中，还要建立粤九市之间和粤港澳三地之间的沟通联系与信息通报机制，定期整合更新各市社会救助的相关数据与信息，促进各市政府加强对社会救助工作的全面规划和管理，从而合理配置社会资源，提高资源的使用效率，共同推进粤港澳社会救助信息互联共享和区域社会救助政策统筹衔接。

另外，针对粤港澳三地社会救助内容、标准等差异大而难以统筹的现实困难，联席会议可开展粤港澳三地社会救助政策研究、协作机制共融、重点个案研判等工作，结合现行三地社会救助政策法规，对三地居民特别是在粤生活的港澳居民在救助对象认定、资格审查、救助标准等方面研究出台合理、规范、精准的解决方案，推动出台科学、精准、高效的支持性政策。

（二）推动粤港澳大湾区社会救助领域的福利可携性

当前广东省实施的社会救助异地申请受理服务主要是让困难群众在居住地提交社会救助（低保）申请，申请的审核和救助金的发放依旧是申请对象的户籍所在地民政部门负责。下一步，粤九市可以考虑在完善现有低保系统和家庭经济状况核对系统的基础上，由省民政厅主导，推动建立粤港澳大湾区粤九市之间的审核和评估互认机制，即申请人在居住地提交救助申请，由户籍所在地的民政部门协助居住地的县（区）民政部门进行救助资格的审核，继而将审核的结果信息通过系统转介到申请者户籍所在地的民政部门进行保障金的发放。考虑到大湾区粤九市之间在经济发展水平上的差异，可以先在广州和深圳两个城市进行试点，探索这种协同审核机制的可行性、可能存在的问题与应对策略，为全面铺开总结经验。

当前福利跨境的不可携带给在粤居住的港澳居民享受和申领港澳社会救助服务造成较大的不便，尤其是在疫情危机的影响下，居民在粤港澳三地的自由流动受到较大的限制，造成部分港澳居民无法享受港澳救助服务的困境。建议中央和广东与港澳特区政府进行协商，论证逐步破除地域限制，推动在大湾区内地城市居住的港澳居民在居住地即可享受港澳救助服务的可行性。其内在逻辑是：粤港澳大湾区的建设是由中央提出来的，应该由中央政府作为"裁决者""发动者""推动者"，全面统筹指导大湾区的各项统筹衔接工作。①

---

① 娄成武、于东山：《西方国家跨界治理的内在动力、典型模式与实现路径》，《行政论坛》2011年第1期。

同时,可以考虑引入社会组织帮助解决福利不可携带的问题。社会组织属于民间组织,粤港澳三地可以通过协商购买社会组织的服务。例如,当港澳居民在粤九市需要申请救助时,社会组织不仅可以帮助引导这些居民申请粤九市的临时社会救助,还可以与港澳两地的社会组织取得联系,与港澳社会组织共同帮助有需求的港澳居民获得港澳地区的社会救助。

(三)探索粤港澳大湾区社会救助数据信息共享机制

探索粤港澳大湾区社会救助数据信息共享机制,需要切实推动救助数据的互联共享。在粤九市,省级层面上可以由省政府主管领导担任组长、社会救助领域的各部门作为成员单位,组建数据共享推进工作组,明确部门进行信息共享的依据,进一步加快推动数据共享工作。在部门配合履职上,明确由民政部门统筹设立工作专班,牵头负责制定专门的规范性文件,加强数据共享的统一规划和协调,推进包括住建、教育、医疗、人社、保险、银行(包括支付宝、微信等理财平台)等在内的各个行业及部门的信息互联共享工作。在工作机制上,依托联席会议制度,各市之间民政部门定期沟通和协商,对数据共享的范围、方式、频率等加以明晰和制度化。另外,还要建立数据共享工作的监督机制,定期或者不定期开展数据共享工作评估,防止数据的再度"部门化",并建立相应的惩罚和激励机制。在资源配置上,可以考虑从省级层面进一步优化当前的系统功能,也可以建立粤九市专门的社会救助信息系统,秉持用户友好型的操作原则,提升工作人员在信息录入、处理和使用过程中的使用体验,系统模块的界面设计应简洁、易懂。

粤九市与香港、澳门之间的有效沟通是关键。要致力于打破粤港澳三地跨境信息流动的限制。粤九市要通过联席会议等交流平台与港澳两地商议社会救助信息交流的范围、标准、方式等。在此基础上,开展三地困难群众信息协查,构建更具安全性和保密性的社会救助信息交互平台和信息通报系统。其中,救助信息交互平台应定期更新各地在完成社会救助工作时所需要的信息,保证三地间社会救助政策信息的顺畅交流。信息通报系统则包括定期通报与紧急通报两种机制,主要负责利用信息化手段及时掌握港澳地区居民在粤申请低保、特困、临时救助等的人员及家庭信息、收入和财产状况等,并将纳入保障范围人员的情况反馈给港澳负责部门。

此外,还可以考虑探索三地困难群众生活情况信息实时更新、救助和援助待遇衔接、内地救助家庭经济状况核对信息与港澳综援自行申报及调查情况比对、三地困难群众需要的其他社会救助业务自动转办等方向。与此同时,发挥微信小程序在粤港澳居民中广受欢迎的优势,帮助用户方便快捷地享受社会救助各项功能,实现数据信息"多跑路",困难群众"零跑腿"的数字便民服务。

(四)优化各级各地社会救助资金的负担机制

鉴于实现粤港澳大湾区社会救助标准统一化目标任重道远,在粤九市,可以考虑在空间上分层次展开,如把大湾区粤九市分为三类:广州和深圳两个超大城市为第一类,第二类城市包括珠海、中山、佛山、东莞,第三类则有江门、肇庆、惠州。由于不同类别内部城市之间的发展差异相对较小,同类别的城市之间可以率先探索社会救助政策的统筹衔接,如统一社会救助资格、待遇标准及调整机制。

除了在空间上的分类之外,值得一提的是,还可以在粤九市引入贫困治理实践中的结对帮扶理念,在大湾区粤九市社会救助的统筹衔接工作中建立结对帮扶的机制,通过建立城市区县之间的结对关系,如实现广佛中、深莞惠、珠肇江三组结对帮扶,推出社会救助"互利模式"①,以社会救助发展水平较高的地区帮助发展水平较低的地区。在帮助水平与标准方面,考虑将大湾区粤九市社会救助的人均支出设定为基准线,基准线两侧的市可以建立结对关系。结对帮扶的内容可以是现金转移,也可以直接以服务的方式进行帮扶。这样有利于打破粤九市社会救助资源与社会救助需求之间的矛盾,解决经济发达城市资源多社会救助需求少而经济较弱的地区社会救助资源少需求多的问题。

---

① 汪伟全:《论地方政府间合作的最新进展》,《探索与争鸣》2010年第10期。

在粤港澳三地之间，社会救助政策统筹衔接也可以分层次推进，如以当前打破户籍限制的临时救助（救急难）为切入点，随着粤港澳大湾区中跨市跨域接受临时救助的案例增多，大湾区可以在救急难方面最先实现统筹衔接乃至一体化。在低保、综援金等长期救助待遇的领取方面，可以探索建立跨境的资金转移支付机制，如三地考虑设定面向流动人口的专项救助项目和资金，在年终进行社会救助支出的结算和转移支付。这种跨境的资金转移可以通过先试点后铺开的方式进行，如先在深圳、珠海分别尝试深圳与香港、珠海与澳门社会救助资金转移。此外，还可以加强与本地金融机构沟通合作，为港澳居民办理内地金融账户提供便利，推动大湾区"账户通"的使用，推动出台面向港澳特殊群体的跨境转账、结售汇等银行手续费减免优惠政策。为大湾区粤九市的港澳救助对象破除异地申领救助资金的金融屏障，简化收付款程序，可以考虑以居民对币种的需求为出发点，加强三地与金融机构的沟通与合作，或者直接购买金融机构的服务，商定社会救助资金的跨境支付方案，细化操作流程，打通为港澳救助对象服务的"最后一米"，支持港澳居民更好地融入大湾区粤九市的生活与发展，增进在粤港澳居民的获得感、幸福感和安全感。

（五）积极引入社会力量参与跨境服务的供给

社会组织作为社会救助政策实施的间接主体，实现粤港澳大湾区社会救助统筹衔接，需要充分发挥三地社会组织和慈善事业的积极作用，共同构建粤港澳社会救助服务多元共治新格局。[①] 鼓励粤港澳三地社会组织合作交流，建立粤港澳三地社会组织事务对话协商机制，促进三地政府间、政府与商会及行业协会的常态化沟通。在中央政府指导之下，推动三地社会组织在登记管理、资格认证、税收体系、资金往来等核心问题上达成共识，进一步畅通三地社会组织信息互联互通渠道。深入挖掘三地社会组织的资源优势，

---

① 张成福、李昊城、边晓慧：《跨域治理：模式、机制与困境》，《中国行政管理》2012年第3期。

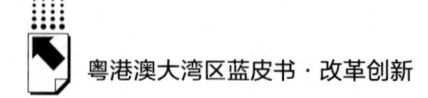

就社会热点、难点、重点问题展开互利共享合作，促进先进理念和专业服务的快速传播。

建立粤港澳慈善公益合作平台。加快推动三地建立粤港澳大湾区慈善公益信息合作平台和协调指导机制，实现资源共享，提高慈善活动的公开性、透明度和公共性。开展大湾区内各级各类慈善公益组织的经验交流和研讨活动，相互学习借鉴，推动先进理念传播。

此外，专业交流与人才引进是推动粤港澳大湾区社会服务高质量发展的关键环节。[①] 因此可以加强三地社会救助专业的培训交流，与港澳特区政府部门及相关培训机构建立人才交流和培训机制，开展粤港澳社会救助工作人才互动交流、高层次人才培训、专家督导团队共享、成果交流转化和项目合作，以港澳专业优势带动和提升粤港澳大湾区社会救助专业水平，促进社会救助人才发展。同时，三地民政部门可以在社工人才的吸引和稳定等机制建设方面取得突破。一方面，港澳政府可以提供补助，鼓励港澳社工到内地参与社会救助的发展建设，并将港澳社会服务机构与港澳政府部门的合作经验带到内地。另一方面，广东省政府可以考虑在深圳前海、珠海横琴开展试点工作，建立完善的社工晋升激励及保障制度，合理提高社工的待遇，让社工人才扎根社会服务、安心发展。

---

① 杨容滔、刘成昆：《大数据分析下的粤港澳大湾区社会治理》，《中央社会主义学院学报》2020年第1期。

B.3
粤港澳大湾区跨境保险服务新模式探索研究*

广州市粤港澳大湾区（南沙）改革创新研究院、
东莞社会经济发展研究院联合课题组**

摘　要： 保险业是经济的助推器、社会的稳定器。探索粤港澳大湾区跨境保险服务新模式，是积极落实国家战略部署的实际举措，也是切实加强跨境保费外汇管理、促进港澳同胞更好融入湾区发展的需要，对有效遏制"地下保单"发展、加快推进粤港澳协同发展都具有极为重要的价值和意义。为了更好地保障投保人的权益，同时把风险降到最低，跨境保险服务建议采取逐步扩大试点范围、封闭式资金管道运作的方式稳妥推进，同时要加快建立起统筹协调的管理机制和完善的审核机制。

关键词： 跨境保险服务　新模式　粤港澳大湾区　广州南沙

《粤港澳大湾区发展规划纲要》2019年2月正式实施以来，在中央、广

---

* 本文为广东省决策咨询基地广州大学粤港澳大湾区改革创新研究院、广州市新型智库广州大学广州发展研究院的研究成果。

** 课题组成员：涂成林，广州大学二级研究员、博士研究生导师，广州市粤港澳大湾区（南沙）改革创新研究院执行院长；杨石光，东莞市人民政府驻广州办事处主任，东莞社会经济发展研究院顾问；谭苑芳，博士，广州大学广州发展研究院副院长、教授，广州市粤港澳大湾区（南沙）改革创新研究院理事长；曾恒皋，广州大学广州发展研究院所长，广州市粤港澳大湾区（南沙）改革创新研究院研究总监；王静雯，东莞社会经济发展研究院研究人员；谭应能，东莞社会经济发展研究院研究人员。执笔人：涂成林、杨石光。

东省与大湾区各城市的共同努力下，粤港澳大湾区金融业在金融业务数字化、金融业态多元化、粤港澳三地金融产品互认互通等诸多领域已取得显著发展，但在跨境保险服务方面却依然进展不大，"跨境保险通"研究仍处于初步阶段。

课题组通过对香港特区政府驻粤经济贸易办事处的专题调研，与粤、港、澳三地的保险行业协会、保险从业人员及投保人的广泛深度访谈，认为粤港澳大湾区完全可以依托广州南沙建设粤港澳全面合作示范区的有利条件，率先探索线上线下联动的跨境保险服务新模式，在依法合规前提下加快推进大湾区跨境金融创新合作的发展进程。这样，一方面可以更好地发挥广东自贸试验区在促进粤港澳大湾区深度协同发展、打造高水平对外开放门户枢纽方面的示范引领作用，为大湾区更高水平参与国内大循环和国内国际双循环提供更有力支撑；另一方面，实施线上线下联动的大湾区跨境保险服务新模式，可以为大湾区市民提供更加高效便捷的全方位跨境保险服务，为港澳同胞融入国家发展大局创造更加便利的基础条件。

一 推进粤港澳大湾区跨境保险服务新模式的重要意义

粤港澳大湾区跨境保险服务新模式，是指探索通过线上线下联动的方式，为有需要购买港澳保险的粤港澳大湾区居民提供更为便捷的涵盖售前、售中、售后的全方位服务。探索推进跨境保险服务新模式，对有效遏制"地下保单"发展、加快推进粤港澳协作发展都具有极为重要的价值和意义。

（一）推进粤港澳大湾区跨境保险服务新模式，是积极落实国家战略部署的实际举措

《粤港澳大湾区发展规划纲要》提出，支持粤港澳保险机构合作开发创新型跨境机动车保险和跨境医疗保险产品，为跨境保险客户提供便利化

承保、查勘、理赔等服务。2020年5月，中国人民银行、银保监会、证监会、国家外汇管理局四部委联合发布的《关于金融支持粤港澳大湾区建设的意见》也提及，将进一步便利粤港澳大湾区内地银行为已购买港澳地区保险产品的内地居民提供理赔、续保、退保等跨境资金汇兑服务，支持符合条件的港澳保险机构在深圳前海、广州南沙、珠海横琴设立经营机构，研究在内地与香港、澳门《关于建立更紧密经贸关系的安排》（CEPA）协议框架下支持香港、澳门保险业在粤港澳大湾区内地设立保险售后服务中心。广东省政府于2021年9月印发的《广东省深入推进资本要素市场化配置改革行动方案》和《中国（广东）自由贸易试验区发展"十四五"规划》也明确，将率先在广东自贸试验区设立粤港澳大湾区保险服务中心，为在内地居住或工作并持有港澳保单的客户提供售后服务，探索在自贸区内开展相互制保险公司等新型保险公司试点，积极发展再保险市场。可见，在广州南沙率先探索大湾区跨境保险服务新模式，是广州市乃至广东省积极推动大湾区跨境金融创新的具体举措，是积极主动落实国家战略部署的实际行动。

（二）"地下保单"绕开监管有重大风险，急需粤港澳大湾区进一步探索跨境保险服务新模式

根据香港、澳门保险监管机构的有关规定，非港、澳居民应当到香港、澳门当地办理投保手续，在内地购买的香港保险属于"地下保单"，是违反《保险法》相关规定的。2016年，保监会下发《关于加强对非法销售境外保险产品行为监管工作的通知》，要求各保监局严厉打击非法销售境外保险产品，高度关注变相到境内非法销售保险产品的情况，但"地下保单"的问题还是屡禁不止。"地下保单"不受监管，不仅容易助长"地下钱庄"乱象，还因为境外保险公司在内地没有设立合法的营业机构，如果原来的推销人员已脱离该保险公司，内地投保人的售后服务难以得到保障。

同时，根据我国《保险法》规定，境外保单不受内地法律的保护。内地投保人难以鉴别保单和保费收据的真伪，也无法查验保险代理人的资质，容易被误导、欺骗。在不熟悉境外保险公司索赔手续的情况下，投保人提供境内的证明材料可能会被境外保险公司视作无效。如果投保人与境外保险公司发生争议，通过司法途径解决，诉讼地在港澳就要适用港澳地区的法律，而且诉讼费用极高，律师费、出庭费、跨境交通费等成本很高，不利于内地投保人争取合法权益。

（三）推进粤港澳大湾区跨境保险服务新模式，是切实加强跨境保费外汇管理的需要

港澳保险的保费、赔款以港币、美元等货币结算，但银联卡境外刷卡额度限制为每次交易最高5000美元，消费者需自行承担外币汇兑风险，且目前银联基本关闭了购买港澳保险的通道，因而滋生出多种违规操作。资深香港保险从业人员表示，一般客户将人民币转交业务员代缴；大额客户则选择汇兑型地下钱庄进行"对敲"操作，即在境内收取客户人民币，计算汇率和佣金后，通过境外合伙人将相应的外币划转至客户指定的境外账户，属于非法买卖外汇行为。据国家外汇管理局透露的消息，现阶段地下钱庄在东南沿海地区分布较为集中，经营方式多为家族型。通过地下钱庄转移资金，不但不受法律保护，而且可能面临财产损失和法律责任风险。

探索推进跨境保险服务新模式，首先通过开发以数字人民币为主的数字资产交易平台，实现数字支付境外保单保费，进一步打击"地下钱庄"的非法汇兑行为。其次，能够整体提升内地保险行业的从业人员素质，港澳保险从业人员进入内地市场可以给内地保险行业产生积极的"鲶鱼效应"，长远而言，有助于推动内地保险业进一步国际化，为内地保险企业的专业服务和管治水平提供参考。再次，能够提升内地保险产品竞争力，港澳保险与内地保险比较，具有相同保额下保费低、理赔条件宽松、免责条款宽松、保障范围宽泛、分红高等优势。通过引进港澳保险产品设计规则，提升内地保险产品的竞争力，能够吸引更多外币保单投资内地金融产品，拓展港澳等境外资金通过资本市场投资内地的渠道。

（四）推进粤港澳大湾区跨境保险服务新模式，是推动港澳同胞更好融入湾区发展的需要

以改革创新为根本动力，推进粤港澳跨境要素高效便捷流动，促进港澳更好地融入国家发展大局，三地携手共建国际一流湾区和世界级城市群，这是国家赋予粤港澳大湾区的重大战略任务。在广州南沙率先推进跨境保险服务新模式，一方面有利于吸引港澳青年在大湾区乐业。因为保险行业是港澳青年的重要择业方向。截至2020年9月底，香港共有86351名持牌个人保险代理，以及26777名持牌业务代表（代理）和10780名持牌业务代表（经纪）。截至2020年12月底，澳门保险中介从业人员达7628人。① 但是受新冠肺炎疫情影响，香港失业率创近17年新高，据港府最新公布的数据，2020年11月至2021年1月的失业率升至7%，有25.33万人失业，以劳动人口总数388.4万计算，平均约14人就有一人失业。② 大湾区恰能为专业保险人才提供更多就业机会。2020年粤港澳大湾区经济总量达到11.59万亿元，覆盖约7000万人口，集聚企业总量超640万家，但内地9个城市的保险渗透率仅为6%，这个潜力巨大、亟待开发的市场能为港澳青年提供更多元的发展机会、更广阔的就业空间。另一方面，有利于留住港澳青年在大湾区安居。第七次全国人口普查公报显示，居住在内地的香港居民逾37万人，占香港人口总数的5%。③ 为这部分人提供境外保单的续交保费、更改保单、办理理赔等售后服务，能让港澳青年更顺利融入内地生活，构建"大湾区人"的身份认同感，促进粤港澳三地经济融合、民生融合直至全面融合发展。

---

① 数据来源：香港特别行政区保险业监管局官网，https：//www.ia.org.hk/sc/infocenter/statistics/market.html。
② 《香港11月至1月失业率升至7%，创17年新高》，人民咨询百家号，2021年2月18日，https：//baijiahao.baidu.com/s？id=1692033008386262087&wfr=spider&for=pc。
③ 《「香江观察」三十七万"内地港人"的分量》，中国经济网百家号，2021年6月5日，https：//baijiahao.baidu.com/s？id=1701684307586035362&wfr=spider&for=pc。

二 粤港澳大湾区跨境保险服务新模式的设计思路

（一）模式设计：线上线下联动

1. 在线上，以移动端应用程序的形式设立粤港澳大湾区跨境保险数字服务平台

客户通过 App 平台，足不出户即可轻松享受实人认证及登记、保费咨询、更改保单数据、保单查询下载、续保、理赔进度查询等一站式服务。以数字科技赋能服务，结合互联网、大数据等新技术融合创新，连接港澳保险公司的用户数据，创新采用视频连线的方式，为身处内地的个人客户与港澳保险代理人之间搭建一个可靠的官方中介平台。如今，随着广东银保监局准入备案管理系统（湾区试用版）上线，备案流程从 5 个工作日缩短到 5 分钟，大湾区地市银行业、保险业准入备案工作迈入线上办理的新时代，构建线上跨境保险数字服务平台是完全可行的。

2. 在线下，参照国内保税区的设计思路设立实体的粤港澳大湾区跨境保险服务中心

保税区指一国海关设置的或经海关批准注册、受海关监督和管理的可以较长时间存储商品的区域，具有保税加工、保税仓储、国际贸易、商品展示等四项基本功能。境外货物入区保税（不用缴纳进口关税），境内区外（在保税区外但仍在关境内的）货物入区，视同出境，但货物要实际离境（出区出境）才能进行出口退税（即保税区不具备入区退税功能），即货物从国内进入保税区等同于出口，货物再从保税区出来进到国内等同于进口。

参照以上思路，设立实体粤港澳大湾区跨境保险服务中心可规定由香港、澳门特别行政区管理，适用香港、澳门特别行政区有关制度和规定。从中国内地进入跨境保险服务中心办理业务时，相当于临时出境至香港、澳门特别行政区，提前签证或进行医学隔离，具有相对便利的通关流程。粤港澳大湾区居民在跨境保险服务中心投保港澳保单，等同于亲赴港澳投保，所签署相关保险合同和相关摄像、录音均合法有效，受属地保险法保护，符合监管要求。

在跨境保险服务中心，粤港澳大湾区居民可便利化享受办理投保手续、提交理赔申请、查勘理赔、金融服务、体检验身及其他客户服务。内设 24 小时全天候自助服务窗口，并邀请保险中介机构入驻人工窗口。此外，跨境保险服务中心内设有法律咨询服务窗口，派驻熟悉两地保险法律的法律人士为投保人提供专业的法律咨询，对出现问题与纠纷的保单及时进行调解、协助。

（二）平台设计：最佳设置区域为广州南沙

广东自贸试验区是促进粤港澳大湾区融合发展的高水平对外开放门户枢纽，是适合先行先试推进跨境保险服务新模式的发展区域。而在三个自贸片区中，广州南沙又是最为合适的。其理由有以下四个方面。

第一，与国家赋予的战略任务完全契合。《粤港澳大湾区发展规划纲要》要求广州南沙加快建设大湾区国际航运、金融和科技创新功能的承载区，建设金融服务重要平台，探索建立与粤港澳大湾区发展相适应的账户管理体系，在跨境资金管理、人民币跨境使用、资本项目可兑换等方面先行先试，促进跨境贸易、投融资结算便利化。服务中心选址南沙，是深入贯彻落实《粤港澳大湾区发展规划纲要》的具体表现。

第二，广州南沙的功能定位更利于跨境保险服务的深入开展。深圳前海和珠海横琴分别面向香港与澳门，而国家赋予广州南沙的功能定位是面向全球的粤港澳全面合作示范区，服务中心设置在南沙可以更好地兼顾香港、澳门以及全球市场。据了解，现在已有境外保险公司初步选址广州南沙设立售后服务中心。

第三，广州南沙在打造金融业对外开放试验示范窗口方面已有很好的基础条件。近年来，广州南沙的金融业发展迅猛，已形成了跨境金融、商业保理、金融科技、融资租赁、股权投资、期货交易等八大特色金融板块，落户金融企业超 6630 家，全国首个线上航运保险要素交易平台、全国首个地方金融风险监测防控平台、广州期货交易所、国际风险投资中心等一批重点金融平台相继落地，已初步形成以明珠金融创新集聚区为先导区、以南沙国际金融岛为远期发展空间的金融发展功能布局。与港澳金融创新合作也在不断向纵深拓展,现在南沙累计落户港澳资金融类企业占比已超过1/4,在全国率先实现香港电子支票跨境托收,落地了"香港+保税港区"飞机跨境转租赁项目等多个全国首创业务,并正在加快推进港澳保险服务中心筹设工作。

第四,广州南沙更需要重大平台资源的注入。广州南沙在广东省三个自贸片区中属于后发展区域,基础相对薄弱,可用抓手不多,对重大战略平台资源的注入需求更加急迫。跨境保险服务中心落户广州南沙,进而带动跨境保险、国际金融产业的全面发展,支持南沙打造粤港澳全面合作示范区,高水平建设南沙粤港深度合作园,以南沙为主阵地打造广州高质量发展新引擎就有了更有效的工作抓手。

三 粤港澳大湾区跨境保险服务新模式的实施路径

粤港澳大湾区跨境保险服务新模式做出多项创新制度安排,能在守好跨境金融风险底线的基础上,最大限度地优化跨境保险服务体验,具有可操作性。但为了更好地保障投保人的权益,同时把风险降到最低,该跨境保险服务新模式建议采取以下方式强化机制保障。

(一)控制风险,逐步扩大试点范围

跨境保险服务平台建议先以粤港澳大湾区内户籍居民作为试点范围,按照先行试点、逐步推开的原则进行稳步推进,根据试点效果与未来市场需求再逐步扩展至广东省全域。对服务险种同样采取先行试点、逐步推开的原则有序推进。考虑到复杂的税务、法务因素,建议先期试点的保险种类只包括人寿保险、健康保险、意外伤害保险等传统保险业务,不包括具有较高投资风险的投资连结型保险。投保范围也限制在回归传统功能的保险,且必须向中国银保监会备案后才能够销售,避免境外洗钱或转移不法资产的行为。

(二)建立封闭式资金管道,确保金融安全

为加强资金流动管理,建议指定在港澳设有分行的内地中资银行作为保

费资金的流通平台，如创兴银行、平安银行、建设银行、工商银行，并参考现行"港股通""深港通""沪港通"的封闭式资金管道做法，由大湾区的服务中心代为收取保费。将来理赔、取消保单时取回的现金价值，或保单期内提取自部分现金价值及红利，将通过封闭式资金管道，经大湾区跨境保险服务平台赔偿或退回投保人，所得款项直接汇入客户在大湾区的银行账户中。这样能有效地实现风险隔离，保持三地不同法律背景、不同监管模式下原有的金融秩序，不涉及金融机构的跨境经营，且能有效地规避外汇风险。

（三）加快完善审核机制，规范业务开展

建议邀请香港保险业监管局、澳门金融管理局和澳门保险业中介人协会对提供服务的保险中介人牌照进行认证，并通过视频录入人脸识别数据，确保人证合一。每年进行合规性审核，规范业务销售行为，加强从业人员队伍管理。提供服务的经纪人必须熟悉两地保险法律法规，在为客户提供专业保险中介服务时对两地保险的差异点应当进行尽职解释，并同时接受广东银保监局及香港保监局或澳门金融管理局管理。

（四）建立统筹协调机制，强化日常监管

建议由广东省银保监局和广州市银保监局负责对其辖区内销售的港澳跨境保险产品进行日常监管，包括销售行为管理、销售情况监测分析、投诉纠纷处理，以及与其他政府机构、监管部门的沟通交流等。所有的港澳保险产品仍受香港保监局、澳门金融管理局管理，若服务过程中有任何异议或投诉，按照港澳当地相关法律法规执行。

参考文献

[1] 王小波、房文彬、朱艳霞：《在服务大湾区建设中实现保险业高质量发展》，《中国银行保险报》2021年12月23日。

［2］李杰晖：《粤港澳大湾区保险业变革重塑》，《中国外汇》2021年第6期。

［3］万鹏、贾立文：《大湾区保险服务中心的探索与思考——基于寿险业售后服务的分析》，《科技智囊》2020年第11期。

［4］马勇、李秋、张舒宜、王宇文：《保险服务粤港澳大湾区建设研究》，《保险理论与实践》2020年第10期。

［5］彭敏静、吴杰庄：《建设大湾区保险科技及售后服务中心 推动跨境支付及数字人民币应用场景试点》，《21世纪经济报道》，2021年3月9日。

［6］万鹏：《数字化时代大湾区保险跨境服务平台中的科技应用——基于区块链在跨境保险业融合发展的实践探索》，《金融科技时代》2020年第7期。

［7］张释文、王剑君、杨健达、肖逸凡：《粤港澳大湾区背景下深圳保险创新发展试验区建设探索》，《保险理论与实践》2020年第3期。

［8］《粤港澳大湾区发展规划纲要》，新华网，2019年2月18日，http：//www.xinhuanet.com/politics/2019-02/18/c_1124131474_5.htm。

［9］《中国人民银行、中国银行保险监督管理委员会、中国证券监督管理委员会 国家外汇管理局关于金融支持粤港澳大湾区建设的意见》，国家外汇管理局网站，http：//www.safe.gov.cn/safe/2020/0514/16195.html。

［10］广东省人民政府：《广东省人民政府关于印发广东省深入推进资本要素市场化配置改革行动方案的通知》，广东省人民政府网，2020年5月14日，http：//www.gd.gov.cn/zwgk/wjk/qbwj/yfh/content/post_3518060.html。

［11］广东省人民政府：《广东省人民政府办公厅关于印发中国（广东）自由贸易试验区发展"十四五"规划的通知》，广东省人民政府网，2021年9月22日，http：//www.gd.gov.cn/xxts/content/post_3533835.html。

B.4
关于横琴、前海双合作区海事争议适用港澳法律的现存问题和对策建议

谭国戬*

摘　要： 在海事争议中如何正确适用港澳法律与仲裁规则，对横琴、前海双合作区建设多元海事解纷平台与机制具有探索作用，有助于构建开放创新型的湾区产业体系。本文建议积极完善涉港澳海事争议多元解决机制，加强横琴、前海双合作区与港澳特区海事争议解决的合作，以更好地维护海商主体的合法权益，推动海事争议多元解决机制的融合发展，完善市场经济体制和现代社会法治管理格局。

关键词： 横琴、前海双合作区　海事争议　港澳仲裁规则

一　横琴、前海双合作区海事争议适用港澳法律的背景与意义

（一）横琴、前海双合作区海事争议适用港澳法律的经济背景

香港、澳门与内地海运业关系密切，横琴、前海双合作区的海运发展为重要节点。在国际海运贸易方面，就主要船舶的价值而言，香港是全球第五大船籍登记地；就船舶的载重吨位而言，香港是全球第四大主要船籍

---

* 谭国戬，广东南方软实力研究院副院长，广州仲裁委员会仲裁员、专家咨询委员会委员、数字贸易纠纷专业委员会召集人，广州市全面优化营商环境咨委会委员，民盟中央研究院特邀研究员，华南师范大学法学院/律师学院硕士研究生导师、兼职教授。

登记地。在中国科学院预测科学研究中心发布的《2021年全球Top20集装箱港口预测报告》中，全球前20大集装箱港口中国仍占近半数，前10大集装箱港口有7个来自中国，其中粤港澳大湾区占三席，深圳位列第四，广州位列第五，香港位列第九，而且深圳、广州和香港均超过1700万国际标准箱。另外，根据香港特别行政区海事处于2022年1月公布的《香港海运业统计摘要》中的表6《香港主要海运业组别的业务收益及其他收入的统计数字》显示，往来香港与珠江三角洲港口的轮船船东及营运者在2020年的业务收益及其他收入为379.7千万港元。① 从侧面显示了香港与珠江三角洲海运贸易往来频繁，在此过程中，各类要素不断集聚，容易产生海事争议。

（二）横琴、前海双合作区海事争议适用港澳法律的法治化背景

《粤港澳大湾区发展规划纲要》指出，粤港澳大湾区应"加强法律事务合作，合理运用经济特区立法权，加快构建适应开放型经济发展的法律体系""构建多元化争议解决机制，联动香港打造国际法律服务中心和国际商事争议解决中心""加强粤港澳司法交流与协作，推动建立共商、共建、共享的多元化纠纷解决机制，为粤港澳大湾区建设提供优质、高效、便捷的司法服务和保障，着力打造法治化营商环境。完善国际商事纠纷解决机制，建设国际仲裁中心，支持粤港澳仲裁及调解机构交流合作，为粤港澳经济贸易提供仲裁及调解服务"。对此，《深圳经济特区前海深港现代服务业合作区条例》（2020修订）② 做了专门规定，支持人民法院、仲裁机构加强境内外合作，共同构建调解、仲裁、诉讼有机衔接的纠纷解决平台，完善国际化的

---

① 香港特别行政区海事处：《港口及海事统计资料》，香港特别行政区海事处网站，https://www.mardep.gov.hk/sc/fact/portstat.html#3，最后访问时间为2022年2月15日。
② 《深圳经济特区前海深港现代服务业合作区条例》（2020修订）第六十条规定："支持人民法院、仲裁机构加强国际合作，共同构建调解、仲裁、诉讼有机衔接的纠纷解决平台，完善国际化的多元化纠纷解决机制。支持司法行政机关推进法律服务业对外开放，支持登记备案的境外商事纠纷解决机构依法合规开展业务。依法支持涉外仲裁案件当事人提出的财产保全、证据保全、行为保全以及强制执行申请。"

多元化纠纷解决机制。《珠海经济特区横琴新区条例》① 中亦明确规定横琴新区内涉港澳合同或者涉港澳财产权益纠纷的当事人，可以用书面协议选择香港或者澳门地区仲裁机构进行仲裁。涉港澳的民商事案件，可以由当事人自行确定仲裁员。涉港澳的商事案件当事人还可以选择适用港澳实体法律进行仲裁。另外，根据《中华人民共和国涉外民事关系法律适用法》第四条、第五条规定，在不违反我国法律基本原则或者损害国家主权、安全和社会公共利益的前提下，可以适用香港法或澳门法。因此，横琴、前海双合作区海事争议适用港澳法律具有坚实的法治化背景。

（三）横琴、前海双合作区海事争议适用港澳法律的意义

随着粤港澳大湾区建设的深入推进，前海深港现代服务业合作区、横琴粤澳深度合作区和南沙自由贸易区高质量建设不断发展，涉外经济贸易频繁，海商主体间容易产生纠纷。海事纠纷多元化解决机制是以诉讼、仲裁、调解等多元化方式处理海事争议的解决程序与制度体系。在横琴、前海双合作区海事争议解决中，构建及完善香港、澳门法律适用机制，对驻于横琴、前海双合作区的港澳企业具有不可忽视的重要意义。同时，适用港澳法律对横琴、前海双合作区建设海事纠纷解决平台与机制具有探索作用，可进一步促进横琴、前海双合作区开发建设，增强横琴、前海双合作区法治核心竞争力，深化与香港、澳门的紧密合作，构建开放创新型产业体系，维护海商主体的合法权益，完善市场经济体制和现代社会法治管理格局，增强发展的活力和动力。② 设立前海深港现代服务业合作区、横琴粤澳深度合作区的海事

---

① 《珠海经济特区横琴新区条例》第五十四条规定："横琴新区内涉港澳合同或者涉港澳财产权益纠纷的当事人，可以用书面协议选择香港或者澳门地区仲裁机构进行仲裁。鼓励香港、澳门的仲裁机构在横琴新区设立联络点，为当事人提供民商事仲裁咨询服务。"第五十五条规定："珠海仲裁委员会以及在珠海的其他仲裁机构可以依法从具有经济贸易、科学技术、港澳法律等专门知识的港澳人士中聘任仲裁员。涉港澳的民商事案件，可以由当事人自行确定仲裁员。涉港澳的商事案件当事人还可以选择适用港澳实体法律进行仲裁。"

② 曾寅：《广东海事局：主动作为靠前服务，助力粤港澳大湾区建设》，《中国海事》2021年第4期。

争议解决机制,能加强双合作区与香港、澳门的海事争议解决合作,推动海事争议解决机制的融合发展,促进海事争议公正高效处理,为港澳企业到横琴、前海双合作区发展提供市场化、国际化、法治化营商环境。

二 横琴、前海双合作区海事争议适用港澳法律的现存问题

横琴、前海双合作区出台了涉港澳争议适用港澳法律的规定,如《深圳经济特区前海深港现代服务业合作区条例》《珠海经济特区横琴新区条例》等。但实际执行中,现存问题仍然突出,亟待完善。

(一)域外海事法律查明与适用机制未能系统化

香港是国际海事组织联系成员,签订了许多重要的国际海事规则、公约,这些规则与公约构成了香港海事法律的一部分。在"一国两制"下,按《基本法》的规定,香港可自行制定有关航运的法例,而香港的海事法律在国际间被公认为最先进,达到最高水平。香港的高等法院亦特别设有海事法庭,由资深的海事法官主管,处理海事及海商法的诉讼。[①]

香港回归后,保留了其原有的普通法法律体制,而澳门则适用大陆法法律体制,粤港澳三地的民商事法律制度及诉讼程序均存在差异,域外法查明与适用是涉港澳司法实践中的重要难题。根据《中华人民共和国涉外民事关系法律适用法》第十条第二款的规定,如不能查明域外法内容,则适用中国法律。该条规定意味着,海事争议当事人选择适用香港、澳门法律的,在缺乏系统指引的情况下,因查明困难、无法查明等原因未能提供香港、澳门法律的,适用内地法律。基于此,适用香港、澳门法律作为准据法的选择可能会失去法律意义,当事人对法律适用内容的预判度亦会因此降低。因香

---

① 香港特别行政区海事处海事法律服务,https://www.hkmpb.gov.hk/tc/marine-legal-services.html,最后访问时间为2022年2月15日。

港的法律制度属英美法系，法律文牒繁复，其法律渊源包括成文法、判例法、衡平法、习惯法等，因此粤港澳大湾区在域外法法律查明与适用时，除了存在查明渠道有限、理解适用难的问题，还存在混淆域外法提供与域外法查明、域外法查明标准认定模糊及法官自由裁量权较大等问题。①

（二）粤港澳大湾区内海事诉讼仲裁协同合作水平待提升

横琴、前海双合作区海事仲裁方面与港澳仲裁机构、国际组织的合作范围较小。由于"一国两制"框架下粤港澳三地具有不同的法律制度，横琴、前海双合作区与港澳海事司法协助制度仍有完善的空间，在粤港澳大湾区三地诉讼、仲裁、调解合作机制上，三地诉讼、仲裁、调解机制客观上存在协调难、耗时长、落地难等问题。

通过中国海事仲裁委员会 2020 年度工作报告可知，中国海仲受案量情况为：全年受理各类案件 111 件，同比增加 20 件。其中，涉外案件 29 件，国内案件 82 件。案件类型主要包括提单运输争议、船员劳务争议、船舶建造争议、船舶碰撞争议等，当事人来自美国、挪威、中国香港等 21 个不同国家和地区。② 海事仲裁委员会受案量与其他类型的仲裁机构，以及与海事法院都对比悬殊，如何尽可能发挥海事仲裁委员会的作用也是重点需要解决的问题。

（三）海事解纷专业人才储备未能满足社会需求

在《香港法律执业者和澳门执业律师在粤港澳大湾区粤九市取得内地执业资质和从事律师职业试点办法》实施过程中，港澳法律从业者实际前往试点地报名人数与预期数据具有差距。鉴于司法体制不同，普通法系和大陆法

---

① 黄晖、黄天云：《论粤港澳大湾区域外法查明与适用制度的完善》，中华人民共和国广州海事法院官方网站，https://www.gzhsfy.gov.cn/hsmh/uploadfile/files/2020/20201110/201110122532923630.pdf，最后访问于 2022 年 2 月 19 日。
② 中国海事仲裁委员会：《中国海事仲裁委员会 2020 年工作报告》，中国海事仲裁委员会官方网站，http://www.cmac.org.cn/data/upload/image/20211105/1636102588279473.pdf，最后访问时间为 2021 年 11 月 6 日。

系的思维习惯差异是阻碍港澳律师前往内地执业的主要因素之一。

在横琴、前海双合作区海事争议解决的人才梯队上，存在建设不足、结构不合理的情况。这也间接影响了海事争议当事人适用港澳法律解决纠纷的成本。在横琴、前海双合作区海事案件审判机制中，依然存在不够熟悉香港、澳门或其他国家地区海事法律、行业规则的情况，难以明确规范查明的内容、主体、途径、程序等，导致海事争议当事人在解决海事争议时成本偏高。

三 横琴、前海双合作区海事争议适用港澳法律的对策建议

（一）建立系统的港澳法律查明与适用体系，设立港澳法律查明中心

建立系统的港澳法律查明与适用体系，可以指引海事争议当事人正确适用港澳法，充分保障海事争议当事人的合法权利。海事争议当事人依法自由选择适用港澳法律或国际商事惯例、国际贸易规则的，依法予以支持。建立法律查明的官方公共平台，适用海事域外法查明机制，确立法律查明的"充分努力原则"，充分保障海事争议当事人选择适用港澳法的合法权利。此外，明确查明的情形、原则、途径、内容、主体、责任、程序，保证法律查明的权责有机统一。

同时，可以委托域外专家对有关法律进行释明，引导海事争议当事人对纠纷处理进行评估，增加结果的可预期性。例如，2021年11月，深圳前海合作区人民法院开庭审理一件涉港知识产权案件，该案合议庭成员中有一名香港地区陪审员，庭审中，香港律师作为法律查明专家，在香港通过法院在线庭审平台，线上出庭对案涉香港法律查明情况进行说明。这是全国法院案件审理中首次引入香港法律专家通过视频在线的方式出庭提供香港法律查明协助。在涉港澳海事法律查明中，亦可参考借鉴港澳法律专家线上出庭提供

法律查明协助的做法。突破海事纠纷解决的空间"壁垒",完善常态化的港澳专业人士参与案件办理机制,有助于粤港澳大湾区海事司法协助和交流,推动粤港澳三地法律规则衔接。① 再者,建立法律查明研究基地,引导海事争议当事人合法维权,提升横琴、前海双合作区海事争议适用港澳法律的社会公信力。

(二)深化粤港澳大湾区内海事诉讼仲裁合作,促进大湾区规则和机制衔接

海事仲裁程序灵活、形式便利、一裁终局,基于仲裁制度的特殊性,横琴、前海双合作区海事争议适用港澳仲裁规则的过程中,应扩大与港澳仲裁机构、国际组织的合作。要关注市场需求和集群效应,吸引国外权威海事仲裁机构入驻,在满足一定条件及标准的情况下通过合作方式尽可能地引进港澳当地的仲裁机构、国际组织,如香港海事仲裁协会、香港船东会等,纳入横琴、前海双合作区海事仲裁合作机制中,签订战略合作框架协议。鼓励香港、澳门的仲裁机构在横琴、前海设立联络点,为当事人提供海事仲裁咨询服务,建立健全粤港澳海事协同合作机制,实现海事仲裁领域全方位全流程全覆盖,优势互补、资源共享。②

香港拥有约900家公司和机构为业界提供广泛的海事服务,包括海事法律、仲裁、保险和船舶管理等服务,海事仲裁是香港仲裁服务的核心优势,成立于2014年的海仲香港仲裁中心具有丰富的经验和广受认可的海事仲裁专长。而贸仲香港仲裁中心和海仲香港仲裁中心是贸仲、海仲分别在中国内地以外设立的首家分支机构。波罗的海国际航运公会(BIMCO)于2020年9月宣布通过《BIMCO2020法律及仲裁条款》,将香港列为四个指定仲裁地之一。此外,首届大湾区国际航运论坛于2021年11月召开,签署了《粤港

---

① 《为法治中国建设提供深圳样本》,中国人大网,2021年12月31日,http://www.npc.gov.cn/npc/c30834/202112/cef2dceaa12f4311ad0e5bfa2c58b9fd.shtml。
② 李蕤、张庆元:《多元共治与软硬兼施:粤港澳大湾区纠纷解决机制的演进及展望》,《地方法制评论》2020年第6期。

澳大湾区促进国际海事仲裁合作备忘录》①，将有效促进横琴、前海双合作区与港澳海事争议解决服务的进一步发展，增进区内海事仲裁合作，完善区内海事仲裁制度，为横琴、前海双合作区经济贸易提供海事仲裁及调解服务。

另外，通过制度、机制和规则的互认、共生、衔接与融合，深化粤港澳合作，促进大湾区规则衔接和机制融合。② 例如，拓宽海事争议当事人维护其合法权益的渠道。根据《关于内地与香港特别行政区相互执行仲裁裁决的安排》、2019年10月生效的《关于内地与香港特别行政区法院就仲裁程序相互协助保全的安排》，在内地或香港作出的仲裁裁决可以相互执行。2020年11月《关于内地与香港特别行政区相互执行仲裁裁决的补充安排》签署，在签署当天，内地与香港双方以中英文双语发布相互执行仲裁裁决的10宗典型案例书，其中一宗与海事争议有关。③ 案中当事方成功向广州海事法院申请认可和执行在香港做出的两份仲裁裁决，包括首次终局裁决和费用终局裁决。这同时也体现了香港司法协助机制在跨境海事争议解决中的重要作用。

（三）构建港澳海事司法联动机制，形成专业化的海事争议解决队伍

横琴、前海双合作区在海事法律人才的培养上要取得长足进步，可以通过聘用域外法专家，适用港澳籍陪审员、仲裁员、调解员，选任曾在香港、澳门修读法律的法官，组建专业化的海事纠纷解决队伍，也可聘请港澳退休法官、现职法官担任非常任（非全职）法官，聘请港澳律师担任暂委或特委法官。如，仲裁机构可依法从具有经济贸易、科学技术、港澳法律等专门知识的港澳人士中聘任仲裁员。

---

① 《首届大湾区国际航运论坛召开并签署〈粤港澳大湾区促进国际海事仲裁合作备忘录〉》，中国海事仲裁委员会官方网站，2021年11月3日，http://www.cmac.org.cn/index.php?id=549。
② 谭学文：《粤港澳大湾区海事司法合作的实践与展望》，《中国海商法研究》2019年第30期。
③ 郑若骅：《期望更多海事仲裁在香港进行》，人民网百家号，2021年1月8日 https://baijiahao.baidu.com/s?id=1688278100610844651&wfr=。

同时，加强与高校和研究机构的深度合作，支持横琴、前海双合作区高校法学院联合培养高素质人才，建立以法学专家、高校学者为主的专家库、法律库、案例库，建立专题研讨机制，出具海事纠纷解决意见，设立横琴、前海双合作区海事专业纠纷解决会议。成立横琴、前海双合作区海事争议解决学院，如国际仲裁海事学院，聘请专家定期开展海事纠纷解决培训，夯实法律人才队伍基础。在海事司法方面，注重海事司法信息集聚与利用功能，通过完善"数据法院"等司法信息功能，构建海事司法联动机制，加强海关、海事局等行政机关的配合。

（四）对涉港澳海事诉讼、调解进行优化分流，遵循共同的司法理念

统筹海事诉讼、海事调解、海事仲裁的关系，提升海事争议的一站式纠纷解决力度。将海事调解与诉讼、仲裁相结合，扩大委托海事调解主体的范围和覆盖程度。对海事争议，先调解后诉讼，将调解交由横琴、前海双合作区内专业调解机构、仲裁中心。可借鉴广州南沙国际仲裁中心、深圳国际商事调解中心的经验，如由仲裁委员会、香港和澳门地区的仲裁机构及法律专家共同组建设立非营利性的国际商事仲裁平台解决争议。涉及仲裁的，可借鉴采取行业共建、民主自律的管理模式。由理事会决策、监事会监督、仲裁庭独立行使裁决权，理事会、监事会及仲裁员由粤港澳三地推荐及选聘的法律、经贸领域专家学者组成。决策权、监督权、裁决权三权之间互相支持制约，坚持权力独立的同时保持公平运作。对于达成的调解协议，横琴、前海双合作区法院依法制发调解书，海事争议当事人要求的，可制发判决书。仲裁庭根据和解协议内容制作裁决书，解决调解的执行力问题。

通过完善横琴、前海双合作区适用港澳法律的海事争议解决机制，建立系统的港澳法律查明与适用体系，促进粤港澳大湾区规则衔接和机制融合，构建港澳海事司法联动机制，形成专业化的海事争议解决队伍，并进行合理的涉港澳海事诉调分流，以达到助力海事争议解决机制融合发展，促进海事争议公正高效处理，营造横琴、前海双合作区法治化经商环境的目的。

B.5
广州南沙推动与港澳规则衔接典型案例研究*

广州市粤港澳大湾区（南沙）改革创新研究院课题组**

摘　要： 规则衔接是粤港澳大湾区建设的重点和难点。《粤港澳大湾区发展规划纲要》明确提出，要充分发挥广州南沙等重大合作平台在进一步深化改革、扩大开放、促进合作中的试验示范作用，引领带动粤港澳全面合作。本文通过剖析研究近期广州南沙在推动与港澳规则衔接改革创新中的十大典型案例，探索分析其中的创新思路、关键举措与改革成效，希望通过广州南沙的先行示范效应带动粤港澳全面深化务实合作，促进大湾区跨境要素流动更加便捷高效。

关键词： 规则衔接　典型案例　粤港澳大湾区　广州南沙

中央建设粤港澳大湾区战略实施以来，广州南沙以建设粤港澳全面合作示范区、打造内地与港澳规则相互衔接示范基地为引领，不断深化体制机制

---

* 本文为广东省决策咨询基地广州大学粤港澳大湾区改革创新研究院、广州市新型智库广州大学广州发展研究院的研究成果。

** 课题组成员：涂成林，广州大学二级研究员、博士研究生导师，广州市粤港澳大湾区（南沙）改革创新研究院执行院长；谭苑芳，博士，广州大学广州发展研究院副院长、教授，广州市粤港澳大湾区（南沙）改革创新研究院理事长；曾恒皋，广州大学广州发展研究院所长，广州市粤港澳大湾区（南沙）改革创新研究院研究总监、副研究员；周雨，博士，广州大学广州发展研究院政府绩效评价中心主任，广州大学广州发展研究院政府绩效评价中心主任、讲师，广州市粤港澳大湾区（南沙）改革创新研究院副院长；臧传香，广州市粤港澳大湾区（南沙）改革创新研究院科研助理。执笔人：涂成林。

改革创新，在与港澳科研资金跨境流动、金融市场互联互通、工程建设管理、职业资格认可、专业服务合作等方面取得了一系列突破性改革成果，形成了一批代表性、示范性的典型案例。为促进粤港澳大湾区跨境要素流动更加便捷高效，本文特选取近期广州南沙在规则衔接方面的十个典型案例进行剖析研究，探索分析其中的创新思路、主要亮点与改革成效，总结提炼广州南沙在推动与港澳规则机制"软联通"方面的创新经验，希望能为推进我国更高水平开放、不断深化粤港澳互利合作提供有益参考借鉴。

一 引入香港规划标准打造港式国际化社区案例

2021年，广州南沙以推动香港融入国家发展大局为目标，选择粤港深度合作园庆盛枢纽区块作为先行示范区，高标准规划、高品质建设港式国际化社区。港式国际化社区在城市品质、体制机制、产业动能等领域全面对接港澳，规划充分借鉴香港城市运营经验，打造沿大学路、创智路的功能复合活力灵感轴，强化庆盛枢纽、港式国际化社区、港人子弟学校、香港科技大学（广州）之间的联系，建设体现南沙水乡特色、市民亲水休闲的滨水休闲绿道，同时还引入粤港澳双创产业园等港澳元素项目，为港澳人士提供一流的国际化城市空间环境，打造"校区-园区-社区"融合的优质生活圈标杆区域。粤港深度合作园庆盛枢纽区块总面积6.15平方公里，近期重点推进1.02平方公里港式国际化社区规划设计。

本案例的主要创新亮点有以下三个方面。（1）采用国际化设计理念。坚持以人为本、紧凑高效、低碳生态、慢行优先的规划理念，以推动两地理解和包容的文化价值为设计目标，为港澳人士提供一流的国际化城市空间环境。邀请香港本土设计机构参与相关规划、设计工作，遴选具有丰富香港开发经验的企业参与项目实施建设，营造宜居宜业有归属感的新一代港式国际化社区。（2）坚持高标准高起点规划设计标准。规划设计工作对标香港规划设计标准和规范，充分吸取内地规划设计优秀做法，创新自贸区规划审批制度改革，探索香港标准在南沙落地实施的方法和途径。（3）充分落实两地合作、共同参与。通过设立粤港合作咨询委员会，充分发挥两地专业优势，紧密做好技术对接，推动全流程理念传导、质量保障和成果解读。

二 规划建设南沙港人子弟学校案例

南沙港人子弟学校为内地首所非营利港人子弟学校，由南沙区政府选址并负责规划建设，按照南沙区公办配套学校的标准，以"交钥匙"的方式提供给香港校方，参照外籍人员子女学校进行管理。学校办学规模为十二年一贯制，全校共计36个班，共可录取学生1620人，小学12个班，每班35人，中学24个班，每班50人，计划于2022年9月正式招生。南沙港人子弟学校于2021年9月正式开工建设，预计2022年5月30日前完成全部建设任务节点目标，9月与香港科技大学（广州）同步投入使用。

本案例的主要创新亮点是港人子弟学校办成后采用香港学制，与香港本地课程实现无缝对接，为湾区港人子女提供优质优价的基础教育。其重要创新意义在于：在粤港澳大湾区"一国两制"的大背景下，参照外籍人员子女学校的管理模式，采用香港学制，与香港本地课程实现无缝对接，可以为港澳籍子女在南沙接受教育提供更加便利的条件，有利于吸引港澳居民到内地工作生活，促进港澳更好地融入国家发展大局。

三 首创港澳工程专业人才职称评价标准体系案例

广州南沙区在顺利承接职称评审权的基础上，深入调研粤港澳三地职称、职级（职业资格）体系情况，对比分析内地职称评价体系和港澳职业资格体系现状，于2021年11月1日正式出台了《广州市南沙区建筑和交通工程专业港澳人才职称评价管理办法（试行）》及配套文件，首创港澳人才职称评价"1+3+4"机制。

"1个评价办法"，即构建开放的粤港澳职称评价机制，明确港澳专业人才的职称申报条件、评价制度及流程，打破港澳专业人士参加职称评价的限制，促进粤港澳大湾区人才自由流动。"3个标准条件"，即在现行广东省职称评价标准的基础上，增设适用于港澳申报人学历资历、业绩成果、学术成果等方面的补充条件，制定《广州市南沙区建筑工程技术人才职称评价标准条件》、《广州市南沙区交通工程技术人才职称评价标准条件》和《职称评审直接申报条件（港澳工程专业人才适用）》，为公正、科学评定港澳专业人才的技术水平和专业能力提供基本依据。"4个对应列表"，即建立内地建筑和交通工程领域职称专业设置与港澳工程专业以及所属学会的对应关系，形成4个专业对应列表，指引港澳职称申报人精准申报专业，解决职称申报过程中因内地职称评价体系和港澳职业资格体系差异性所造成的难题。

港澳工程专业人才职称评价标准体系的主要创新亮点有以下五个方面。（1）突破港澳人才申报职称的技术壁垒。在现行的广东省职称评价标准的基础上，结合港澳职称申报人的特点，在学历资历、业绩成果、学术成果等方面，增加适用于港澳人才的条款和标准，突破了内地现有标准难以对港澳人才水平能力进行评价的技术壁垒。（2）明确具备执业能力的港澳人才直接晋升高级职称的通道。明确已在港澳地区获得相关职业资格的港澳人才可不受学历、资历等条件限制直接申报相应等级的职称，无须逐级申报，最高可直接申报正高级职称，为已具备一定执业能力的港澳人才畅通职称评价渠道。（3）明确内地职称专业与港澳工程专业的对应关系。建立内地建筑和交通工程领域专业设置与港澳工程专业以及所属学会的对应关系，为港澳职称评审申报人明晰专业申报方向，解决职称申报过程中因内地职称评价体系和港澳职业资格体系差异性所造成的难题。（4）设置港澳专家广泛参与评议的工作机制。提出设立港澳专业人才评议组，结合评审实际设置一定比例的港澳评委或邀请业界内享有公认声誉、在相关领域做出显著贡献的专家（对其职称不做要求）参与评议。（5）建立正高级职称评审申报"推荐人"制度。为保障职称评审质量，规定已具备一定执业能力的港澳人才直接申报正高级职称，需有两名本专业（或相近专业）正高级工程师或在我国高等院校相关专业院系担任正教授职务的人员推荐。

从改革创新的效果来看，《广州市南沙区建筑和交通工程专业港澳人才职称评价管理办法（试行）》发布后，港澳人才反响热烈。目前南沙区已面向香港和澳门地区首批遴选通过了8名在业界享有公认声誉、具有长期在港澳地区从事工程建设丰富经验的港澳专家顾问，其中香港顾问7名，澳门顾问1名。本案例在进一步便利港澳专业人才在南沙区从业执业，促进粤港澳建筑、交通工程领域深度融合等方面的积极作用已迅速显现。

四　粤港澳大湾区仲裁联盟首创"四个共享"合作机制案例

南沙国际仲裁中心作为粤港澳大湾区仲裁联盟秘书处，大力推动粤港澳大湾区城市群之间、粤港澳大湾区和长三角地区仲裁资源合作共享。2021年6月29日，粤港澳大湾区仲裁联盟成员广州仲裁委员会、香港仲裁师协会、澳门仲裁协会、珠海国际仲裁院与宁镇扬仲裁联盟成员南京仲裁委员会、镇江仲裁委员会、扬州仲裁委员会共同作为倡议发起方，"云上"签署《粤港澳大湾区与长江三角洲区域仲裁机构多边合作倡议书》，通过互信合作，在仲裁服务窗口、仲裁员名册、仲裁庭室、互联网仲裁标准等方面实现"四个共享"，为粤港澳和长三角地区当事人提供更加优质高效便捷的仲裁服务。佛山、惠州、肇庆、阳江、河源、汕头仲裁委员会等广东省内仲裁机构也加入合作倡议。

"四个共享"机制是广州南沙在全国范围内首创的仲裁机构合作机制。该合作机制的主要创新亮点是集合了仲裁联盟成员的优势资源，大大降低了仲裁员、当事人跨区域参与仲裁所产生的交通、时间成本，提升了跨地区仲裁调解的效率。第一，由于实现了服务窗口共享，各仲裁机构之间可进行立案协助与共享，为签署其他倡议方机构仲裁条款的当事人在各自机构（包括分支机构、办事处）所在地区内提供包括但不限于咨询等立案方面的便利。第二，由于实现了仲裁员名册资源共享，各仲裁机构之间将根据需要互相认可彼此仲裁员名册中的仲裁员或某一特定领域的仲裁员，并允许当事人在案件中约定或选定该仲裁员。第三，由于实现了办案庭室资源共享，各仲裁机构之间可为彼此仲裁和调解活动中的当事人、仲裁员和其他相关工作人员提供仲裁庭室，仲裁庭室的用途包括但不限于开庭、调解、合议以及其他必要会议等。第四，由于实现了仲裁标准共享，各仲裁机构将共同推广互联网仲裁，包括但不限于网上立案、证据存管、远程庭审等，互联网仲裁的进行可参照《互联网仲裁推荐标准》即《广州标准》，可在互联网仲裁方面进行技术共享并互相提供技术协助。

五 港澳工程相关企业和专业人士可在南沙自贸区直接提供服务案例

2020年2月，广州南沙选取庆盛枢纽站场综合体项目开展香港工程建设管理模式试点，参照香港工程建设管理模式对该项目工程管理实行香港工程建筑领域专业人士备案管理、全过程工程咨询管理和"分段报批"管理。2021年11月，在该试点经验基础上，南沙区建设和交通局正式出台了《中国（广东）自由贸易试验区广州南沙新区片区港澳工程及相关咨询企业资质和专业人士执业资格认可管理办法》，允许取得港澳工程及相关咨询资质的企业和执业资格的专业人士，经广州南沙建设行政主管部门备案后，就可以在广东省自贸区南沙片区范围内直接提供服务，极大便利了港澳专业人员在广州南沙跨境就业和港澳建筑工程企业更好地在南沙开展投资业务，为粤港澳在工程领域的全面合作交流扫平了障碍。

本案例是广州南沙主动落实自贸试验区先行先试任务，持续完善与香港建筑、规划领域常态化合作机制的重要举措。其主要创新点有以下几个方面。（1）真正实现了广州南沙与港澳在工程领域的规则无缝衔接。港澳企业竞投广东自贸区南沙片区工程项目时，其资质和投标资格可按照相关资格对比情况予以认可；港澳专业人士注册执业资格按照本人在港澳注册类别和执业范畴予以认可，扫除了从事建筑相关活动的企业和人员暂时无法在内地城市执业和提供服务的障碍。（2）进一步扩展了粤港澳在工程领域合作的政策覆盖范围。在《广东省住房和城乡建设厅关于香港工程建设咨询企业和专业人士在粤港澳大湾区内地城市开业执业试点管理暂行办法》的基础上，结合本地区实际特点，南沙的认可管理办法将澳门地区也纳入政策实施范围，备案范围涵盖了施工企业。

六 率先建立"湾区通"企业登记互认机制案例

为推动粤港澳三地商事登记规则衔接，进一步提升港澳企业投资内地商事登记便利化程度，广州南沙率先提出推动建立"湾区通"企业登记互认机制。该机制的主要内容包括：（1）商事登记确认制改革。对标香港公司注册制，推动商事登记去许可化，全面推行企业名称、住所、经营范围等登记事项自主申报，通过登记依法确认市场主体资格和一般经营资格，并予以公示。持有往来内地通行证的港澳居民可通过电脑、手机登录一网通平台系统，自主填报信息，完成实名认证即可自助办理营业执照；（2）简化港澳投资者商事登记的流程和材料。2020年7月，司法部批复同意广州南沙区试点简化版香港公证文书，有效简化香港投资者办理商事登记的材料。简化版公证文书仅保留香港公司注册证明书、商业登记证及授权代表人签字字样和公司印章样式的董事会或股东会决议等核心信息，免予公证章程、周年申报表等材料，节省了香港投资者的时间和费用成本；（3）拓展粤澳跨境商事登记便利服务。广州南沙区有关部门联合越秀集团、香港创兴银行及广州南沙投资咨询有限公司共同发起建立商事服务"香港通"，面向香港居民、企业提供一站式招商咨询和无偿代办证照等服务。后期，服务区域拓展延伸至澳门特区，以及新加坡、新西兰等海外地区。

本案例的主要创新亮点是：借助全面推行全程电子化登记、涉港简化版公证文书及提供跨境商事登记便利服务，在业务办理方式上与港澳接轨并且更加便利，有效减省港澳企业往返内地办理相关手续的时间和费用，鼓励和吸引企业加快把握粤港澳大湾区发展机遇，实现创新创业及转型升级。从实施成效来看，广州南沙通过推动建立"湾区通"企业登记互认机制，确实进一步简化了港澳投资者商事登记的流程和材料，持续提升了粤港澳大湾区跨境投资便利度。据统计，目前广州南沙区已有76家新注册港资企业享受到了简化公证文书改革带来的便利，有31家来自中国香港特区和新西兰、新加坡等地的企业通过跨境商事登记服务顺利落户。

七 打造全国首个粤港澳科技创新团体标准服务平台案例

近年来，粤港澳三地科技创新、科技成果资源日益丰富，社会发展对团体标准转化的服务需求不断增强。为探索粤港澳三地标准互认新模式，广州南沙在2020年年底率先建立起了全国首个粤港澳科技创新团体标准服务平台。该平台凝聚了中国标准化研究院和广州市标准化研究院的技术力量，以粤港澳大湾区标准对接与应用为主题，是一个服务大湾区、辐射内地的科技创新及成果转化的团体标准服务平台。

本案例的主要创新亮点在于，粤港澳科技创新团体标准服务平台是广州南沙首创，同时也开辟了粤港澳规则对接落地的可行性路径。粤港澳科技创新团体标准服务平台按照国家《团体标准管理规定》和有关制定程序要求，形成了粤港澳科技创新团体标准从提案、立项、起草、征求意见、技术审查到发布的全链条服务，构建起以政府引导、企业共享标准化资源、社会团体联合发布的粤港澳标准制定互动机制。依托平台还制定了《基于区块链技术的产品追溯管理指南》，这是全国首个由粤港澳三地联合发布的团体标准，由广东省市场协会、香港新兴科技教育协会、澳门电脑学会三方联合发布。

粤港澳科技创新团体标准服务平台的创建，一方面为港澳参与全国标准化工作打通渠道，进一步激发三地企业、团体的创新活力，另一方面通过给予政策激励，引导学会、协会、商会和产业技术联盟等社会团体积极对标先进的国际标准，不断探索大湾区标准一体化发展新领域，加快建立与国际高标准投资和贸易规则相适应的标准化规则，带动大湾区产品、服务、技术、标准走出去。据统计，自2020年12月粤港澳科技创新团体标准服务平台正式发布上线以来，注册企业、社团已累计达196家，发布粤港澳团体标准9项，涉及医药行业、农业、制造业、信息服务业等多个领域。

八 积极推进"跨境理财通"业务试点落地案例

"跨境理财通"是国家支持粤港澳大湾区建设、推进内地与港澳金融深入合作的重要举措。2021年9月"跨境理财通"首批业务试点工作正式启动后，广州南沙牢牢把握国家赋予的建设先机，根据《金融支持粤港澳大湾区建设的意见》《粤港澳大湾区"跨境理财通"业务试点实施细则》，积极部署推进"跨境理财通"业务试点落地工作。15家银行机构获得首批业务试点资格，其中工商银行南沙分行推出了北向通理财产品53种、北向通基金产品80种、南向通工银国际产品80种、南向通工银澳门产品29种等多种产品供客户选择。2021年10月18日，香港客户首笔北向通业务在工商银行南沙分行落地。

广州南沙积极推进"跨境理财通"业务试点落地的创新价值。一是有助于激发大湾区金融创新活力，进一步强化粤港澳银行间的合作与竞争。"跨境理财通"的跨境合作模式，将加强大湾区内部的交流与合作，促进银行在产品开发、业务拓展和客户服务方面形成有益的互补，同时对金融机构的产品设计、渠道管理、运营流程、客户服务、风险管理等提出了更高要求，参与"跨境理财通"的银行必须提升相应的跨境服务竞争力。二是"跨境理财通"不仅需要在金融基础设施方面支持其有效运作，也需要大湾区内各方金融监管的沟通配合以及金融法规的协调统一，"跨境理财通"的推出为进一步整合粤港澳三地金融体系、产品和服务，加快提升内地金融机构的服务便利化水平提供了新契机。随着"跨境理财通"业务试点的推进，将为内地和港澳投资者提供更加便利、快捷的跨境金融服务体验。

九　财经科研资金跨境拨付与使用案例

在粤港澳大湾区"一国两制三法域"的大背景下，打通科研资金跨境拨付的通道，对吸引港澳高校和科研机构积极参与广东省、广州市科技计划，加快科技要素在大湾区的自由流通，促进大湾区科研合作，整合粤港澳三地资源携手共建粤港澳大湾区国际科技创新中心等都具有极为重要的价值和意义。广州南沙根据广州市政府于2019年7月印发的《关于进一步加快促进科技创新的政策措施》提出要"协同推进市财政科研资金跨境使用"的政策安排。2019年8月，在南方海洋科学与工程广东省实验室（广州）的项目中，向香港分部依托单位香港科技大学成功划拨科研资金3800万元，在广东省率先实现市级科研资金跨境拨付。其后，广州南沙不断完善省、市财政科研资金跨境使用机制，在2020~2021年期间，又陆续拨付分部建设经费、合作经费、研究生助学金共8149.56万元，标志着广州南沙已完全打通了财政科研资金跨境拨付通道，在广州市乃至广东省率先实现了粤港澳大湾区财政科研资金的跨境自由流通。

本案例的创新之处不仅在于广州南沙率先打通了粤港澳大湾区财政科研资金跨境拨付的快速通道，实现了内地财政科研资金直接拨付至港澳两地牵头或参与单位的目标，还在于它建立起了与港澳科研环境相适应的财政科研资金跨境使用与管理机制，真正激发出了港澳科研单位参与内地科研计划的热情。例如，在新的创新规则下，承担科研项目的港澳高校、科研机构在编制科研项目收支预算时，项目开支范围及标准可参照港澳标准编制；在跨境科研项目实施过程中，直接费用预算调整可由依托共建单位自主办理，按照港澳科研项目管理有关规定执行；要求项目主管部门建立与港澳创新合作规律相适应的绩效评价指标体系，在项目实施期末委托第三方专业机构进行综合绩效评价，保障科研资金高效、规范使用。

十　打造全国首个超级算力直通香港网络专线案例

国家超算广州中心是广州市参与共建粤港澳大湾区国际科技创新中心的基础性结构和核心硬件。《粤港澳大湾区发展规划纲要》提出"向港澳有序开放国家在广东建设布局的重大科研基础设施和大型科研仪器"，国家超算广州中心根据国家战略部署，在位于广州南沙的香港科技大学霍英东研究院成立南沙分中心，并以南沙分中心为连接点，在广州与香港之间搭建起高速"点对点"光纤网络专线，这是全国首个将超级算力直通香港的网络专线。通过南沙分中心打造联通内地和港澳地区的高性能计算和数据处理服务平台，直接面向港澳提供高性能计算服务，从此港澳用户即可方便快捷地使用"天河二号"超算资源。

国家超算广州中心南沙分中心对接港澳成功打造全国首个"点对点"跨境专线，为粤港澳共建国际科技创新中心提供了强有力的基础支撑。目前，广州超算已成为港澳地区用户规模最大的国家级超算中心，南沙分中心自2016年9月正式投入使用以来，至今已为包括香港科技大学、香港大学、澳门大学等高校在内的两百余个港澳及海外科研用户团队提供了超过2亿核时的超算服务，涵盖了包括材料化学、生物医药、工程机械仿真计算、气候模拟与海洋环境、金融计算等在内的诸多科研领域，对粤港澳大湾区在基础研究和前沿交叉领域的源头创新能力提升和科技综合实力快速增强发挥了关键性作用。

联动发展篇
Interactive Development

B.6
打造深港高科技产业合作区的战略构想

李罗力*

摘　要： 构建以高科技制造产业为主的深港产业经济带是深港合作的重大战略，其中最根本的意义是要让制造业重回香港，对新时期国家双循环战略也具有十分重要的意义。在深港边界合作打造深港高科技产业带具有很强的可行性：一是有利于企业的低成本运作，二是有利于内地企业产品的进出口和提高国际竞争力，三是有利于外资企业进入内地市场。

关键词： 深港产业经济带　高科技产业合作区　深港国际都市圈

一　构想提出的重要背景：香港设立"北部都会区"

2021年10月6日，香港特别行政区行政长官林郑月娥发表2021年度施

---

* 李罗力，广州市粤港澳大湾区（南沙）改革创新研究院高级研究员，中国（深圳）综合开发研究院副理事长，深圳市马洪基金会创会理事长，南开大学兼职教授、博士研究生导师。

政报告，宣布香港将拿出临近深圳的元朗区和北区的全部土地，一共300平方公里土地，设立"北部都会区"，融入国家发展大局，与深圳及粤港澳大湾区协同发展，共同建设国际创新科技中心。

首先，香港设立"北部都会区"是香港真正开始搭乘祖国这一全球最快发展列车的重要标志。众所周知，香港回归以来，利用其本身的"国际通道"优势，为内地的经济发展做出了重要的贡献，但其自身经济的发展却出现畸形。香港本土制造业北移至珠三角后，产业严重空心化，实体经济大量流失，香港借以为重的金融、港口物流、国际航运和高端服务业对香港本土经济反哺有限，科技创新发展又屡屡受挫，致使香港经济增长乏力，活力严重不足，特别是近年来极其严重的政治动荡，更导致香港社会秩序和经济发展遭受很大破坏。这一切导致近些年香港经济发展缓慢，2016年之后GDP先后被深圳和广州超越，引起了港人和关注香港社会发展的各界人士普遍的担心和忧虑。现在香港设立"北部都会区"显然是香港积极调整城市经济社会发展战略的一次重大的决策，将成为香港经济发展、社会发展、民生发展的一个重大战略转折点。

其次，香港设立"北部都会区"是香港特区政府真正成为"有为政府"的一个重要标志。过去香港特区政府坚持"无为而治"，其主要理念是靠市场来主导经济发展，采取"积极不干预"政策，基本上既没有长远的发展战略规划，又没有明晰的产业扶持政策，即使对很多迫在眉睫的经济发展问题和民生困难，也鲜有有效的作为，同时忽略了很多有识之士提出的香港发展对策建议，从而使得这么多年来香港错失了很多重大的发展机遇。反观"亚洲四小龙"中的其他三个"小龙"——韩国、新加坡和我国台湾地区，其当局都在制定战略和政策以拉动经济增长方面大有作为，这"三小龙"在经济和产业发展方面将香港越甩越远。这次香港特区政府决定设立"北部都会区"，标志着香港特区政府正在从"无为"转向"有为"，制定香港的长远发展战略规划和重要产业扶持政策，提升和扶持产业增长和民生发展，从而开始在经济和社会发展中力求发挥重要和积极的主导作用，这对于从根本上解决长期困扰香港的深层次矛盾和问题，将香港经济和社会发展重新引向健康良好及可持续发展的快车道，将会起到极为重要的作用。

还有就是，香港设立"北部都会区"标志着香港特区政府对深圳发展的高度认可，对深港合作的主动意向，为开展深港间的深度合作、共建深港都会圈创造了根本前提。过去香港只是把深圳看作一个根本与它不在一个对话和合作层面上的"穷邻居"或"小邻居"，在邻近深圳的新界北地区，几十年来除了开发建设了少数居民生活区外，绝大部分地区还保持着山野乡居的面貌，可以说没有任何与深圳进行较大规模空间合作的意愿。但是这次香港特区政府宣布在临深地区拿出300平方公里建"北部都会区"，充分说明现在香港终于认可了它旁边的这个"原来很穷很小但现在却很了不起"的邻居，终于认识到香港与深圳合作所具有的重大意义。终于第一次真正主动地要融入和开展深港之间的深度合作，这为两地共建深港国际大都会圈创造了根本的前提和条件，不仅为深港合作掀开了新篇章，而且为粤港澳大湾区建设和新时期中国的双循环战略掀开了新篇章。

二 打造深港高科技产业合作区的思路构想

（一）基本思路构想

香港特区政府虽然已经提出了构建香港北部都会区的初步设想，但是具体的内容尚在讨论之中，在深圳及粤港澳和其他关注此问题的人中也有各种想法。但香港特区政府总体想法是，在北部都会区内打造深港科技创新合作园区，这个园区将聚焦信息、生命、材料科学与技术领域，合作引进一批港澳及国际化的科研项目与平台，并且围绕集成电路、5G通信、大数据及人工智能、生物医药、新材料等深港优势产业领域，合作开展核心技术攻关与中试支持计划，共建国际一流的科技创新服务体系。

笔者认为，香港特区政府提出的构建深港科技创新合作园区是远远不够的，应该将构建以高科技制造产业为主的产业经济带作为主要目标。这个目标的核心要义，就是要让制造业重回香港。

事实上，早在2017年，笔者就发表文章提出，制造业必须重回香港，这是解决香港深层次经济问题的根本措施，也是重新发挥香港巨大作用的根本措施。① 香港现在的根本问题，就是自身经济发展严重畸形和扭曲，自香港本土制造业北移至珠三角后，就产生了严重的本土经济产业空心化。很多人没有从这个角度认识到香港经济发展问题的严重性。其实，只要对比一下当年亚洲"四小龙"中其他"三小龙"的发展状况，就一目了然了。我们都知道，韩国、新加坡和我国台湾都成功地实现了制造业的产业转型——从加工贸易产业为主体的经济，转型为高科技产业为主体的经济，唯有香港的制造业（包括转移到珠三角的绝大部分港资企业），几乎还停留在原来的水平上。

不仅如此，我们之所以强调一个国家和地区一定要保有制造业作为支柱产业，而且制造业要实现产业转型，就是因为只有保有制造业且制造业转型成功，才能保证这个国家和地区的经济能够在新的发展阶段上持续稳定地增长，而这种持续稳定的增长，最重要的意义是能够保证每年新增（也包括原有）劳动力的就业。现在的美国拜登政府，不但继续大力实施制造业回归美国的政策，而且提出了上万亿美元的基建计划，其实说到底，都是要解决美国劳动力的就业问题，从而解决美国深层次的根本矛盾。

香港目前在制造业领域的就业只有两万人，而香港借以为重的金融、港口物流和高端服务业，由于就业门槛过高，吸引就业的能力有限，因而对香港本土经济反哺作用不大，再加上科技创新项目屡屡遭阻受挫，导致房地产成为支撑香港本土经济的主要产业，香港本土居民大部分就业也只是在建筑业和餐饮、零售、旅业等低端服务业。正因如此，香港社会出现越来越严重的贫富悬殊问题，社会矛盾也越来越尖锐。从特区政府最近公布的数据看，2021年香港的经济预期仍不会有太大起色，不但传统产业增长乏力、新兴产业乏善可陈，而且作为曾经享誉世界的航运中心，年货柜吞吐量一落再落，在2019年甚至被越南超过。

---

① 李罗力：《制造业回归：拯救香港经济的唯一出路——关于构建"深港跨境新兴产业经济走廊"的建议》，《全球化》2017年第6期。

因此，重振香港经济的根本办法是让制造业重返香港。因为对于香港来说，制造业重新回归不仅能够解决就业问题，而且还有另外的重要意义，那就是只有本地制造业发展起来，香港赖以享誉世界的高端服务业——金融业、物流业、航运业以及为生产经营活动提供高端服务的法律、设计、财会、会展等专业，才能有的放矢地为本地经济服务，才能进一步带动本地的就业和税收，给本地经济带来活力和增长。

怎样才能让制造业重返香港呢？当然不是让那些低端的加工贸易产业和高污染、高耗能的落后产业重返香港。我在 2017 年发表的文章中建议，要在深港边界建立类似新加坡"裕朗工业走廊"那样的新兴产业经济带，吸引国内和国外优秀的高科技企业和新兴产业到这里来落户安家，既可利用香港国际免税港的金融、物流优势，又可利用中国（主要是深圳）的资金、人才、科技的优势。

在深港边界划出十几平方公里甚至几十平方公里搞新兴产业经济走廊（而不只是 1 平方公里的河套地区），毫无疑问会给香港带来大量的劳动就业，从而在一定程度上缓解香港普通劳动力的就业困难，同时也会进一步带动香港高端服务业的就业和发展，这些高端服务业不但在本土有了直接服务的对象，而且还会为香港带来更多的就业岗位和更多的直接税收。

2017 年我在提出构建深港高科技产业走廊的建议时，还只是提出这样一个设想，没有任何可行的基础，现在香港政府主动提出要在邻近深港边界的地区打造一个 300 平方公里的"北部都会区"，这就为构建这样的产业经济带提供了完全的可能和巨大的发展空间。

更何况香港特区政府提出"北部都会区"的设想后，必然会在这个广大的地区及深圳相应的合作区中，建设所有与这个产业经济带相配套的科研服务、生活服务、商业服务、金融服务、运输服务、IT 服务等大规模基础设施和配套建设，也必然会建设大量的民用住宅，这将进一步带动香港的大量就业和各行各业的发展，也会从根本上解决困扰香港多年的居民住房问题。由此我们深信，香港的重新繁荣指日可待，深港边界一座世界级现代化新兴城市体即将出现。

（二）可行性分析

想要构建以高科技制造产业为主的深港产业经济带，先要思考一个实际问题：打造深港高科技产业合作区，有可能吸引大量国内外高科技产业和新兴产业到这里来落户吗？我的回答是，可能性很大。因为企业落户深港跨境产业带，至少有以下三大好处。

一是有利于企业的低成本运作。香港本身就是国际免税港，因此对在这里落户的企业来说，无论是设备、原材料、中间产品，还是最终产品，其进出口关税都可以减免，非常有利于企业的低成本生产、销售、运输和管理。

二是有利于内地企业产品的进出口和提高国际竞争力。香港直接与国际市场对接，而且又是国际免税港，同时又具有世界一流的金融、港口物流和国际航运等优势，因此内地企业在这里生产和销售产品肯定会大大地有利于进出口，有利于提高国际竞争力，有利于抢占国际市场。另外，还可以规避许多国家对中国内地制造出口的产品的贸易壁垒限制；同理，在香港生产的内地企业，从技术和材料设备进口来说，也可以规避某些巴统国家对中国内地企业的限制。因此内地企业到这里设厂，对其进出口、减免税、提高国际竞争力和抢占国际市场都大有好处。

三是有利于外资企业进入内地市场。由于这个产业带是深圳与香港的跨境合作区，因此对到这里落户的外资企业也大有好处，最大的好处，除了上面所讲的低成本运作有利于提高竞争力外，就是方便进入内地市场。

当然，能否真正吸引国内外大量的高新科技企业到这里来落户，最终还要看在这个产业带实行的政策是否有效，建立的营商环境是否符合企业实际需要，实施的运行机制是否符合国际市场规则。

（三）重要意义价值

1. 对新时期国家双循环战略实施的重大意义

由于香港具有全球一流的金融、国际航运、港口物流、高端服务业的优势，而深圳具有国际一流的创新能力、高新科技产业配套生产能力、日益完善的产业链和供应链、庞大的科技人才和专业技术队伍，同时两地正在形成全球顶尖的科创企业、研发机构和高等院校联合建立的重点科研合作基地，加之这里又具有前面所讲企业落户经营的三大好处，因此在深港高科技产业带最应该引进代表当代最先进水平的工业4.0企业及其技术，最应该把这里打造成为中国工业4.0的主要基地。在这里打造中国工业4.0基地，也是在中国新时期双循环战略中继续让香港发挥桥头堡巨大作用的核心要义所在。由于香港自改革开放以来就是外资、外企进入中国内地的主要通道，其作为独立关税区和国际免税港又具有与国际市场"无缝对接"的独特优势，因此在这里发展工业4.0，就可以最充分地利用香港在出口、金融和海外市场等方面走出去的优势，不但方便大量引进海内外先进企业和先进技术，而且方便在这里研发、制造、生产、销售和从这里出发去占领国际市场。

2. 对于建设粤港澳大湾区的战略意义

深港合作打造高科技产业合作区，共同构建以高科技制造产业为主的深港产业经济带，并以此为契机促进深港加快构建国际大都会圈。这个都市圈将拥有在全球范围内也堪称强大的科技创新、现代制造、高端产业服务、金融服务、国际贸易、物流航运等综合功能，其发展实力和潜力不仅在中国数一数二，在全世界也极其罕见。将来的"深港国际都市圈"必定会在粤港澳大湾区的发展中发挥极其重要的核心作用，主要是以香港和深圳为核心，带动东莞、惠州等周边城市形成粤港澳大湾区发展的又一核心引擎地带——"深港国际大都市圈"。深港国际大都市圈的形成，对于粤港澳大湾区的发展具有极其重要的战略意义，必然对整个大湾区从制度安排、政策协调、城市规划、产业布局、资金流动等一系列领域产生极为重要的引导和辐射作用。

B.7 关于在南沙建设"广深产业合作园"的建议[*]

广州市粤港澳大湾区（南沙）改革创新研究院课题组[**]

摘　要： 区域产业合作园区既是承接广深产业外溢的新载体，也是集聚广深优质资源、做大做强区域战略新兴产业的枢纽链条，更是引导广深产业联动的先导示范窗口。广州、深圳"双城联动"应以产业联动作为先手，加快推进"广深产业合作园"建设。而广州南沙区位、空间、环境等综合优势明显，是建设"广深产业合作园"第一期项目的首选区域。

关键词： 广深产业合作园　产业联动　广州南沙

目前，国家正在全力推进建设粤港澳大湾区和深圳中国特色社会主义先行示范区，在这两个国家发展战略下构建广州、深圳"双城联动"发展的新格局，进一步释放政策的叠加效应，激发"双城联动"发展对周边城市、区域的辐射带动作用，不仅是实施国家发展战略的迫切需要，也是广州、深圳"双子座"中心城市自身发展的迫切需要。

---

[*] 本文为广州市2021年度智库重点课题《增强广州深圳双城联动改革创新叠加效应研究》（2021GZZK07）的研究成果。

[**] 课题组成员：涂成林，广州大学二级研究员、博士研究生导师，广州市粤港澳大湾区（南沙）改革创新研究院执行院长；谭苑芳，博士，广州大学广州发展研究院副院长、教授，广州市粤港澳大湾区（南沙）改革创新研究院理事长；曾恒皋，广州大学广州发展研究院所长，广州市粤港澳大湾区（南沙）改革创新研究院研究总监；臧传香，广州市粤港澳大湾区（南沙）改革创新研究院科研助理。执笔人：涂成林。

广州、深圳"双城联动"具有多方面的内容，但双城的产业联动则是其中最为关键的抓手。课题组在充分借鉴国内外"双城联动"成功经验并结合广州、深圳的实际情况深入分析后认为，广州、深圳"双城联动"应以产业联动作为先手，并在广州、深圳毗邻区域共同打造"广深产业合作园"，作为产业联动起步阶段的具有显示度、标志性的示范园区。通过发挥合作产业园区的强大平台支撑功能与示范引领效应，加速引领广深"双城联动"向更高水平发展。

一 建设"广深产业合作园"的重大意义

产业联动并形成示范是"双城联动"的关键一环。在广深毗邻区共建深度合作产业园，可以形成双城产业联动发展的强大示范效应，对推进"双区驱动"国家战略和"双城联动"发展布局，具有重大的现实与实践意义。

（一）产业联动是加快构建广州、深圳"双城联动"发展新格局的重要抓手

广深"双城联动"发展，政府协同与交通联通是先决条件，而产业联动是重要抓手和核心支撑。一方面，双城联动既是政治行为，更是市场行为。只有产业联动发展，才会真正激发市场主体活力，进而带动投资、交通、科技、市场、服务、就业等方面的全面联动，从而形成良性循环，彻底改变当前单纯依托政府行政推动的不利局面；另一方面，产业联动通过高效的区域产业转移与对接合作，实现区域间产业的优势互补和协同发展，促进产业链不断拓展延伸形成更大整合竞争优势，减少城市同质化竞争带来的正面对撞风险和消耗性竞争负效应，真正达成广州、深圳"双城联动、比翼双飞"发展的战略目标。

（二）建设"广深产业合作园"是广州、深圳推进双城产业联动纵深发展的共同需要

从区域产业联动的理论与实践经验来看，超大规模城市间的联动发展，由于中心城区之间的通勤时间过长，自然限制了城市间在科技、投资、人才、信息、产业等资源的联动效率与市场意愿，增加了联动成本，在毗邻区搭建产业合作平台就成为促进区域联动发展的最优选择。在区域产业联动发展的初级阶段，尤其需要在毗邻区有一个先行示范样本和合作发展平台，以加速形成资源集聚效应和外部示范效应。广州和深圳都属于经济规模均超过2万亿元的超大型城市，两个城市的中心城区之间的空间距离达上百公里，通勤时间超过两个小时。并且广州和深圳两市过去产业互动并不紧密，基本是在各自为中心的都市圈内进行高水平区域分工与协作。现在要推动广深产业深度联动发展，就非常有必要率先在两市毗邻区搭建起一个能够起到加速器作用的枢纽型产业合作平台，为引导企业跨区域投资与市场布局、产业链创新链互动融合创造优越条件。

二 建设"广深产业合作园"的可行性分析

一般说来，区域经济水平、区际产业关联度和互补性、空间距离、基础设施通达性、制度保障与政策激励等，都是影响区域产业联动发展的主要因素。从广州、深圳当前产业发展情况与国内外先进区域产业联动发展的案例经验来看，广州、深圳双城共建"广深产业合作园"是完全可行的。

（一）已具备良好的现实基础条件

第一，便捷的交通条件拉近了广深的空间距离。目前广州、深圳之间已建成广深高速、广深沿江高速、虎门大桥、南沙大桥、广深铁路、广深港高铁、穗莞深城际等复合交通网络和快速城际联系通道，两市交通互联互通已处于国内较发达水平。广深第二高铁、深莞增城际、广深中轴城际、广深高速磁悬浮、中南虎城际等项目也正在加快规划建设，广深"半小时交通圈"正在加快形成。广州南沙客运港往返深圳机场码头航线已正式开通，现已实现"公交化"运营。即将通车的深中通道使两市毗邻的广州南沙和深圳前海自贸区空间距离进一步缩短，两地之间的通勤时间将缩短到20分钟。

第二，广深优势资源与产业都具有较强互补性。广州作为省会城市和国家中心城市，拥有粤港澳大湾区其他城市无可比拟的教育、医疗、文化、人才、科研设施等资源优势，在现代商贸、航运物流、汽车制造等产业领域尤为发达。而深圳作为经济特区，其优势资源与产业是高新技术、金融服务等，两市在产业链创新链上有较强的互补性。同时，两市毗邻区域分别为广州南沙自贸区和深圳前海自贸区，均处于改革创新、粤港澳合作最前沿，毗邻区产业联动可产生更加显著的政策叠加优势。

第三，广深政府层面具有强烈的战略合作意愿。2019年9月广州、深圳签署的《深化战略合作框架协议》，其中的一项重要内容就是共建具有国际竞争力的现代产业体系，依托两市在汽车、互联网、新一代信息技术、智能装备、超高清等领域龙头企业的技术优势和产业基础，联合打造世界级产业集群。同时明确提出要加强广州南沙粤港澳全面合作示范区和深圳前海深港现代服务业合作区的合作，携手打造粤港澳合作发展核心平台。在两市出台的"十四五"规划中，广州明确提出全力打造南沙粤港澳全面合作示范区，支持各区打造一批特色合作平台，探索开展首创性、差异性制度改革。深圳明确提出强化"西协"力度，支持宝安区打造珠江口两岸融合发展引领区，促进珠江口东西两岸融合互动发展。可见，两市在促进毗邻区产业合作引领、先行示范平台方面已有明确战略共识。

第四，广深头部企业跨区域产业合作意愿不断提升。2019年以来，随着广州、深圳"双城联动"发展战略的出台，广州、深圳两地头部企业在产业深度合作方面的新动作、大动作越来越多，产业联动发展的深度与广度都已明显提升。如深圳证券交易所成立了广州服务基地，有力促进了广州企业在深交所上市挂牌、发债融资。腾讯公司在广州黄埔设立腾讯数字经济产业大湾区基地,并与广州地铁公司合作组建穗腾联合实验室,共同投资开发轨道交通智慧操作系统,最新成果新一代轨道交通操作系统——穗腾OS2.0已在广州地铁18号线、22号线进行示范运营。华为与广州无线电集团共建广州"鲲鹏+昇腾"生态创新中心,并与广汽集团开展整车架构、智能驾驶、智能座舱、软件开发、芯片等领域合作创新,共同研发真正实现软件定义汽车的新一代智能网联产品。广州国际生物岛与深圳国际生物谷在生物医药产业的研发、检测、通关等领域的合作也已取得重要进展。

(二)先进区域的成功案例提供了共建产业合作园区的成熟经验

从国内外先进区域的城市联动发展经验来看,在毗邻区共建产业合作园区对促进产业联动,既是必要的又是可行的。如东京与横滨在联动发展中,两地政府就沿东京湾西岸在两座城市的连绵区主动规划共同打造形成了京滨工业带,成为两市工业产业转移的主要承接地区和城市产业联动发展的共同支撑平台;首尔与仁川也在两市毗邻区成功共同规划打造了韩国著名的京仁工业区,现在已成为驱动首尔与仁川两座城市紧密产业联动发展的关键枢纽。

为促进京津冀产业联动与区域一体化发展,三地政府和企业近年来在三地共同毗邻的廊坊、沧县、滦南等区域,已成功合作共建了京津冀电商产业示范区、中科院过程工程所廊坊基地、滦南(北京)大健康产业园等一批重大合作产业园区项目。2020年11月经国务院批复,北京和河北更是大手笔在毗邻区开建北京大兴国际机场综合保税区,由北京新航城控股公司、河北临空集团、首都机场临空发展集团两地三方共同出资建设运营。为推动江苏南北区域均衡化发展,江苏省委省政府2006年推出南京-淮安、镇江-连云港、苏州-宿迁、无锡-徐州、常州-盐城"南北结对、五方挂钩"共建苏北开发区战略,以此为载体五个结对城市已合作共建产业园区数量达45家,入园企业超千家,为促进江苏南北区域合作与产业联动发展发挥了关键枢纽平台作用。为推动成渝地区双城经济圈建设,当前重庆市和四川省也正围绕两地的毗邻区合力打造9个跨行政区的功能性合作平台，合作共建高滩茨竹新区、环重庆中心城区经济协同发展示范区、内江荣昌现代农业高新技术产业示范区等一系列重大产业合作平台。

这些国内外先进区域的产业联动发展经验表明，广州、深圳要推进"双城联动"发展，有必要尽快打造一个发挥先导区示范效应、承担发展载体和关键枢纽功能的产业合作平台，从而为产业联动发展提供坚实支撑。

三 当前建设"广深产业合作园"面临的主要问题

共建广深产业合作园是必要的，也是可行的，但也存在一些不利因素与挑战。

（一）广深自成完整产业体系，产业联动性基础较弱

广州、深圳在历史上一直是并轨发展，基本是各自对周边城市区域发挥辐射带动功能，使得广州与佛山、深圳与东莞、惠州逐渐形成了非常紧密的区域产业联系与分工合作，反而广州、深圳这两大中心城市之间的产业联动性与互补性较弱。广州、深圳历年来互不为对方的主要市外投资目标城市就是明证。当前，广东省委、省政府大力推动"双区驱动"战略下的"双城联动"发展，促进和提升了广深产业联动的意愿和行动，但历史发展带来的路径依赖，使得实现广州、深圳"双城"之间真正的大规模产业联动、深度合作、互融发展还需要一段时日。

（二）广深产业联动市场主体意愿不足，缺少支撑平台

广州、深圳产业联动除了政府共识与政策激励，也需要企业这个市场主体的积极参与。当前广深产业联动，虽然两市头部企业投资了一些零散的跨区域产业合作项目，但实力较弱、数量更加庞大的中小微企业却由于缺乏支撑平台而难以参与其中，只能在传统区域空间内进行产业链、创新链、供应链分工协作。同时，由于现阶段的产业合作基本还是一些企业内部间的个案

性的合作项目，项目零散分布也缺乏市场显示度，对其他企业投资的示范效应和产业辐射带动效应都比较弱，难以激发整体市场活力。

四 尽快在南沙启动"广深产业合作园"建设的建议

从功能上看，区域产业合作园区既是承接广深产业外溢的新载体，也是集聚广深优质资源、做大做强区域战略新兴产业的枢纽链条，更是引导广深产业联动的先导示范窗口。基于建设"广深产业合作园"的必要性与可行性，课题组建议在广东省委、省政府的协调下，推动广州、深圳在"双区驱动"国家战略、"双城联动"发展规划指引下，尽快启动建设"广深产业合作园"项目磋商和具体行动，并就项目选址、共建模式、产业布局、激励机制等形成共识，推动"广深产业合作园"尽快落地，发挥其在广州、深圳"双城联动"发展中的先导性、示范性作用。

（一）广州南沙区位、空间、环境等综合优势明显，是建设"广深产业合作园"第一期项目的首选区域

第一，在区位方面，南沙是广州在地理上最临近深圳的区域，也是连接广州、深圳中心城区的中间区域和桥梁纽带，与深圳宝安隔海相望，深中通道建成后甚至完全可以与扩容后的深圳前海自贸区实现两个自贸片区间的无缝融合，非常有利于投资企业便利共享广深两市的优质资源。第二，在空间方面，南沙拥有后发展区域的空间载体优势，具有支撑广深产业联动发展、成片规划较大规模产业园区所需的较为丰富的土地资源。第三，在投资环境方面，南沙拥有"三区一中心"功能定位优势，获批建设国际化人才特区、华南科技创新成果转化高地，已形成了较好的产业基础和营商环境。综合上述因素，南沙是承接两市中心城区产业转移、共建国际科技创新中心和世界级先进制造业基地的理想投资区域，是广深建设"广深产业合作园"第一期的首选区域，第二期可以考虑设在深圳宝安或前海自贸片区，以促进广州、深圳产业联动实现跨江融合。

（二）创新合作管理模式与利益共享机制，激发广深政府与市场主体的参与动力

根据博弈理论，决定区域是合作还是冲突的关键还是地方政府间的利益协调和分配。第一，在顶层架构上，建议广州、深圳市政府学习借鉴北京大兴国际机场综合保税区、横琴粤澳深度合作区等的共建共管共享模式，共同出资推进"广深产业合作园"的投资建设，成立两市共管的"广深产业合作园"管委会，确保广深享有平等的话语权。第二，为激发地方政府参与积极性，广州、深圳可按投资比例享受 GDP 和税收分成，确保双城产业联动合作均有实际的获利；待时机成熟时，广州可以大胆地采取"飞地管理模式"或"园中园模式"，给深圳更大的管理自主权。第三，为全面激发市场主体活力，建议广州、深圳两地政府共同将"广深产业合作园"申报为"双区驱动先行示范园区"，确保在此投资落户的市场主体能同时同等享受广州南沙和深圳前海的各项政策优惠，包括产业用地、人才补贴和奖励、营商环境、购房政策、教育及医疗资源等，通过政策叠加效应进一步提升市场主体和社会资本的参与热情。

（三）发挥政府与市场合力，协同推进、加快"广深产业合作园"建设

"广深产业合作园"是兼顾战略价值和市场价值的双城产业联动项目，需要同时发挥政府投资、国企投资、民营头部企业投资以及中小微企业投资的多重合力与示范先导作用。第一，在平台建设方面，建议由广东省和广州、深圳两市政府分别指定一家有实力的大型国企作为园区投资、建设、运营的联合主体，代表三方政府负责"广深产业合作园"开发建设、运营管理、服务保障、产业促进和资源整合等职责。第二，在产业项目方面，建议根据"广深产业合作园"产业定位，着重引导省市国企、民营头部企业投资战略性新兴产业，布局上下游产业链，鼓励企业在园区设立技术研发中心，通过大型产业项目建设布局吸引更多产业链配套企业向园区集聚。

（四）集聚广深创新资源与产业优势，打造科技创新、健康医疗、应急产业的全球新高地

产业联动不同于简单的产业转移，它更多地强调产业联系基础之上的错位发展和互动融合。在广深毗邻区共建深度合作产业园，为承接广深两市中心城区产业项目外迁提供了重要载体，但更重要的是为了更有效整合利用两市的优质资源，通过优势产业、战略产业合作形成的叠加效应构建起更具竞争力的产业新高地。

根据广州、深圳的产业基础与发展规划，结合项目所在地南沙区的独特优势，建议"广深深度合作产业园"积聚力量重点发展三类产业。第一，在科技创新、智能网联汽车产业、智能装备产业、生物医药产业等广深已达成合作协议的产业领域，发挥南沙的区位优势，打造相关产业的公共服务平台，着力发展新技术合作研发与成果转化应用。第二，依托南沙的资源优势和现有产业布局，集聚广州、深圳及粤港澳大湾区的科技、产业、物流等方面的优势，合力打造全球科技型应急产业新高地。第三，抓住粤港产业深度合作园规划建设的机遇以及南沙作为国际康养基地的功能定位和产业布局，通过广州、深圳"双城联动"发展和粤港澳大湾区的产业联动资源，合力打造全球医疗健康产业新高地。

参考文献

[1] 史欣向、李善民、李胜兰：《广深充分释放"双城"联动效应打造世界级创新平台研究》，《城市观察》2021年第3期。

[2] 简晓彬、刘峻源：《南北联动：助力产业跨江融合》，《群众》2020年第22期。

[3] 马随随：《长三角一体化背景下盐沪产业联动模式与路径研究》，《盐城师范学院学报》（人文社会科学版）2020年第6期。

[4] 高伟：《区际产业联动的内涵、模式与调控》，《高校理论战线》2012年第7期。

［5］张艺琼：《国际双城联动发展对天津打造京津"双城记"经验启示》，《现代商业》2015 年第 17 期。

［6］涂成林：《"双城联动"助推广州高质量发展》，《中国社会科学报》2020 年 7 月 30 日。

［7］涂成林：《广深"双城联动"发展的模式和路径》，《南方日报》2021 年 9 月 6 日。

［8］涂成林：《提升"双城"联动叠加效应》，《中国社会科学报》2022 年 2 月 28 日。

［9］谭苑芳、臧传香：《区域"双子座"城市联动模式及借鉴》，《中国社会科学报》2022 年 2 月 28 日。

［10］周雨、曾恒皋：《"双区驱动"纵深推进"双城"联动发展路径与策略》，《中国社会科学报》2022 年 2 月 28 日。

B.8 "三城联合"趋势下的穗莞融合发展策略研究

王静雯　夏玲玲*

摘　要： 从广深"双城联动"走向穗莞深"三城联合"，是从两个相对分离的区域"跳越式"合作走向三个紧密相连的城市联合体融合发展的必然趋势。在"双区"建设、"双城联动"背景以及穗莞深"三城联合"趋势下思考穗莞融合发展战略，探讨广州与深圳的联动对穗莞融合发展的影响，这对于穗莞两市高质量发展以及粤港澳大湾区建设具有重大而深远的意义。特别是穗莞融合发展构想，在两市接壤区域规划东江协同科创合作试验带与湾区黄金海岸合作试验带，研究两市融合发展路径，能够推进穗莞两市融合发展先行探索。

关键词： 双城联动　三城联合　穗莞融合发展

一　新的时代背景下粤港澳大湾区的变化趋势分析

（一）"双区"建设、"双城联动"，粤港澳大湾区发展进入新阶段

2020年10月11日，中共中央办公厅、国务院办公厅印发《深圳建

---

* 王静雯，东莞社会经济发展研究院，研究方向为新闻传播湾区发展；夏玲玲，东莞社会经济发展研究院，研究方向为社会经济、产业政策。

设中国特色社会主义先行示范区综合改革试点实施方案（2020—2025年）》，赋予深圳在重点领域和关键环节改革上更多自主权，支持深圳在更高起点、更高层次、更高目标上推进改革开放，要率先完善各方面制度，构建高质量发展体制机制，推进治理体系和治理能力现代化。建设粤港澳大湾区和支持深圳建设中国特色社会主义先行示范区，是习近平总书记亲自谋划、亲自部署、亲自推动的重大国家战略，着眼的是国家改革开放大局、"一国两制"伟大实践和社会主义现代化强国建设全局。而广州、深圳作为华南地区的两个超级城市，近年来广深"双城联动"速度进一步加快。2019年，广东省委提出要举全省之力支持深圳建设中国特色社会主义先行示范区，以同等力度支持广州实现老城市新活力和"四个出新出彩"，推动广州与深圳"双城联动、比翼双飞"。广深合作越来越深入，"乘数效应"愈发明显，大湾区核心区域主引擎作用进一步凸显。

（二）环内湾区域自贸区一体化雏形初现

自2019年广东省政府工作报告首度提出要积极争取自贸试验区扩区以来，自贸区更大范围、更广领域、更深层次的改革探索进一步升级。近年来在南沙、前海、横琴三大自贸区的基础上，广州南沙、深圳前海、珠海横琴、东莞滨海湾、中山翠亨等环内湾区域主要发展平台相互签订了多份合作协议，并在自贸区扩容、争创上相继尝试。如在深圳方面，2020年后深圳继续推动前海蛇口片区和前海深港合作区"双扩区"，将会展新城、机场东等在内的整个大空港片区纳入前海，享受和前海同样的政策待遇和资金扶持，这被视为前海扩容前的准备工作。东莞方面，东莞2019年政府工作报告出现了滨海湾新区争创自贸区新片区等提法，这意味着滨海湾新区将争取自贸区扩区，加快建设高水平对外开放门户枢纽。如果把近年来各市自贸区的改革探索进行整合，将中新广州知识城、东莞滨海湾新区、中山翠亨新区纳入自贸区，就会把南沙、前海、横琴三个自贸区彻底串联起来，原有新区和新起片区将在地理空间上连成一体，相连起珠海-中山-广州-东莞-深圳五市。在这样多方的自贸区发展趋势下,环内湾区域自贸区"以点串线、以线成面"的一体化发展格局雏形初现。

(三)粤港澳大湾区城市联动发展进程加快

2017年大湾区上升为国家战略后,除了广州与深圳的互动正在强化外,各城市间的联动发展也在加快。首先是广州都市圈和深圳都市圈的圈内联动格局正在形成。广州都市圈包括广州、佛山全域和肇庆、清远、云浮、韶关四市的都市区部分,深圳都市圈包括深圳、东莞、惠州全域和河源、汕尾两市的都市区部分。两大都市圈内的交通基建、教育医疗和公共服务等联动要素进一步加强,广佛全域同城化、广清一体化、深莞惠一体化以及深汕特别合作区进程进一步加快。其次是大湾区其他城市城际合作正在加深。粤港澳大湾区内诸多城市正谋求强化城际合作,珠海、中山、江门等城市在对接周边城市方面,探索突破行政边界束缚,承接更多资源,增强城市功能定位。

二 从"双城联动"走向"三城联合"

广州和深圳"双城联动"已成大势,东莞作为连接广州和深圳的核心枢纽城市,是"双城联动"过程中无法跨越的中心区域,是双城资源密集交汇的必经空间,也是两市合作必须拥抱的核心力量。"双城联动"不应是两个分离的城市片区的"遥相呼应",而应是三个连在一起的连片区域的密切合作。从"广深"走向"穗莞深",是从两个相对分离的区域"跳越式"合作走向三个紧密相连的城市联合体融合发展的必然趋势。

(一)广州致力于推动实现老城市新活力

1. 广州的核心区位优势有减弱的趋势

以前的城市规划往往是以广州为枢纽建设城际轨道交通网络,打造以广州为中心的主要城市"一小时生活圈"。随着东莞、惠州、珠海,尤其是深圳等城市的崛起,各地高铁、港口、航运等新基建快速发展,以广州为资源配置中心的格局有所改变,广州的核心区位优势有逐渐减弱的趋势。因此广州在近年来奋力推动实现老城市新活力、"四个出新出彩",巩固提升广州在大湾区的区域发展核心引擎功能。

2. 广州"海洋强市"目标的提出与"狮子洋战略"的出现

广州以更大力度推动实现老城市新活力,努力探索各种突破之策,并在"十四五"规划建议中提出建设"海洋强市"的目标。随着大湾区的发展,海洋的作用更加凸显,向海而生,向海蝶变,是广州实现老城市新活力的突破之策。广州很早之前便重视海洋,近年来更是不断拓展"蓝色经济"空间,持续加码发展南沙,逐步提高南沙的战略定位,其中最明显的便是"狮子洋战略"的出现。狮子洋是广东省珠江口内水域,位于东江口和珠江口之间,是珠江重要的出海口,也是广州城区在水域通往南海乃至世界大洋的必经之路。当前,狮子洋通道进一步连通,水域上包含已在规划的共有虎门大桥、狮子洋通道、南沙大桥、莲花山通道等五条跨江通道。广州也在狮子洋周边投入更多资源,打造南沙邮轮母港、地铁 18 号线等重大基础设施。与此同时,狮子洋的另一侧,东莞也在积极部署,在水乡和滨海湾逐渐发力。因此,广州启动实施"狮子洋战略"恰逢其时。

(二)深圳外溢效应明显

1. 环伶仃洋大都市圈的战略布局

一方面,深圳城市重心西移。深圳西部建设如火如荼地推进,西部大发展已成大势,并形成以伶仃洋东侧区域为发展重点的战略布局。越来越多的产业园区、交通枢纽、商业中心开始在西部布局,通过建设前海金融中心区、世界最大的会展中心、海洋新城等打造区域性 CBD,把南山、宝安等西部区域打造成深圳乃至大湾区的产业组织和产业服务中心。另一方面,深圳逐渐确立起环伶仃洋大都市圈的核心地位。深圳积极融入大湾区,加大与大湾区城市尤其是环伶仃洋城市的合作,并借助港珠澳大桥、深中通道、深珠通道等交通建设,进一步加强对珠海、中山和广州南沙的辐射,向伶仃洋周边城市扩展自己的经济腹地。通过积极布局环伶仃洋大都市圈战略,深圳逐渐成为环伶仃洋湾区的核心。

2. 对东莞影响凸显

接受深圳外溢最明显的城市便是东莞。大湾区驱动下，深圳产业升级，企业转移需求增强，深圳对东莞的影响凸显。在区域层面，东莞南部临深九镇因地域接壤，受深圳辐射最明显。东莞也在积极推动南部九镇接入深圳，打造深莞深度融合发展示范区。在产业层面，从最开始华为终端基地落户东莞，到大疆、中集集团、蓝思科技等高科技企业相继在东莞布局，深圳不断向东莞进行产业转移。在民生层面，深莞之间的人口流动速度不断加快，交流越来越密集，深莞"一小时生活圈"逐渐形成。

（三）东莞在三城合作中的影响力逐渐提升

1. "三城联合"下东莞枢纽优势凸显

东莞紧紧夹在深圳、广州这两座一线城市的中间，借助广州与深圳"双城联动"，东莞当前积极参与交通枢纽建设，加快对接广州、深圳，织密高快速路网，全力推进地铁、城际等全制式轨道交通业务发展，逐步实现三城基础设施和交通的一体化。东莞交通规划的快速发展，不仅缩短了东莞与广州、东莞与深圳的时空距离，也进一步密切了广州与深圳的联系，推动广州、深圳、东莞人流、物流的高效流动。"三城联合"的进一步发展，使东莞的交通枢纽优势将更加凸显。

2. 南融深圳进展加快，北接广州推进缓慢

东莞南部区域得益于深圳的外溢效应，承接深圳创新产业转移，并不断完善自身产业配套和基础设施，稳步提升城镇化水平。近年来，东莞更是积极呼应与深圳的对接合作，出台《关于进一步完善区域协调发展格局推动南部各镇加快高质量发展的意见》，提出加快推动东莞南部九镇（虎门、长安、大岭山、大朗、黄江、樟木头、凤岗、塘厦、清溪）对接和融入深圳，探索与深圳共建"深莞深度融合发展示范区"，这意味着上述东莞的9个镇将高水平对接和融入深圳。对比深圳，东莞与广州的合作明显较缓慢。穗莞两市虽然早在2012年就签署了《广州市东莞市战略合作框架协议》，提出

在规划对接、产业合作等十大领域开展具体合作,但穗莞两市的合作进展相较于深莞两市还有一定差距。东莞与广州接壤的北部区域大部分还属于欠发达镇区,发展潜能尚未被激活。

(四)三城联合一体实力大增

广州、东莞、深圳三座城市本就相当发达,三城的人口吸引力指数、常住人口总数、规模以上工业企业数量以及外贸百强城市排行等指标更是居广东省乃至全国前列,三城联合一体实力将不容小觑。

深穗莞人口吸引力指数排名全国前三。百度地图联合中国城市规划设计研究院、北京市城市规划设计研究院、清华大学建筑学院等多家研究机构合作发布《2020年度中国城市活力研究报告》。该报告根据全国所有城市新入城常住人口和新入城常住人口均值,以指数方式计算全国城市对人口的吸引力,并对全国300个主要城市进行排名。根据榜单,深圳、广州名列前二,东莞力压上海、北京,跃居第三(见表1)。人口吸引力指数是反映城市人口吸引力的指标,人口吸引力指数越高,说明该城市人口吸引力越强。从人口吸引力指数可看出,当前深穗莞三城已成为全国人口吸引力最强的区域。

表1 2020年度全国城市人口吸引力TOP10

总排名	城市	人口吸引力指数	所属省份
1	深圳	16.886	广东省
2	广州	15.656	广东省
3	东莞	13.623	广东省
4	上海	11.816	上海市
5	北京	11.170	北京市
6	苏州	10.814	江苏省
7	杭州	9.314	浙江省
8	佛山	8.845	广东省
9	成都	8.760	四川省
10	武汉	7.749	湖北省

数据来源:百度地图联合中国城市规划设计研究院等多家研究机构发布的《2020年度中国城市活力研究报告》。

穗深莞常住人口总数在广东省排名前三。2021年5月15日，《广东省第七次全国人口普查公报》发布，据统计数据显示，2020年广州常住人口继续位居全省第一，达1867.66万人；深圳位居其后，常住人口为1756.01万；东莞常住人口首次突破1000万大关，为1046.66万人，迈入千万人口大市，全省常住人口超过1000万的城市从2010年的两个增加到三个（见表2）。人口是经济发展的基础，人才更是其中的关键，穗深莞三城的人口红利将会源源不断地释放。

表2 广东前十城市常住人口情况

单位：人，%

地 区	2020年人口数	2010年人口数	人口增长数	十年增长率
全 省	126012510	104303132	21709378	20.81
广州市	18676605	12700800	5975805	47.05
深圳市	17560061	10423530	7136531	68.47
东莞市	10466625	8220237	2246388	27.33
佛山市	9498863	7194311	2304552	32.03
湛江市	6981236	6993304	-12068	-0.17
茂名市	6174050	5817753	356297	6.12
惠州市	6042852	4597002	1445850	31.45
揭阳市	5577814	5877025	-299211	-5.09
汕头市	5502031	5391028	111003	2.06
江门市	4798090	4448871	349219	7.85

莞深穗规模以上工业企业数量在全省排名前三。莞深穗工业发展良好，企业众多，是全省工业最发达、工业企业生存率最高的经济区域。东莞以10658家规模以上工业企业数量雄居全省第一，深圳以10337家紧随其后，广州以6097家位列第三。莞深穗三城规模以上工业企业数量占全省48%，工业规模庞大。

"外贸百强城市"排行深穗莞处于全国前列。《中国海关》杂志发布"2019年中国外贸百强城市"名单。全国参与评比的297座城市中，深圳、广州、东莞分别位列全国第一、三、四位，第二位为上海。深穗莞三城外贸城市竞争力稳居全省前三，外贸新业态蓬勃发展，外贸发展活力继续彰显，三城已成为广东省乃至全国提升对外贸易结构效益、推进更高层次对外开放的主力军。

三 "三城联合"下穗莞融合发展的意义

基于新的变化趋势，穗莞融合发展开始提上日程。穗莞融合发展指的是广州和东莞两市在原有合作的基础上，双方谋划推进更高层次的合作，通过规划融合发展试验区，先试先行，打破行政壁垒，在经济、社会、产业和自然生态环境等方面逐渐融为一体，达到相互融合、互动互利、共同发展，最终实现两市区域一体化。

（一）进一步提升广州城市竞争力

1. 顺应"双城联动"发展趋势

以前广州主要把精力放在西部和北部的周边城市，更多是与佛山、清远、肇庆等城市的合作。随着"双城联动"的发展，广州向东、向南，深圳向西、向北，双城的汇集点都在东莞。广州寻求与东莞更进一步的合作已是大势所趋。在这种趋势下，广州当前面对的压力也是显而易见的，其中最具代表的案例便是东莞的水乡片区。作为与广州接壤的区域，水乡片区被理所当然地认为是未来承接广州产业转移的桥头堡，但广州的外溢红利未至，深圳的创新外溢辐射和产业转移已经进入东莞水乡。据不完全统计，仅2020年，东莞水乡管委会以及水乡片区的产业转移园就接待了几十批来自深圳的招商调研考察团队，深圳产业向东莞水乡片区转移发展的趋势日益明显。东莞水乡也乘势提出加快推进水乡产业转型升级和城市升级，为深圳产业转移提供承接载体。从地理空间上看，东莞水乡片区与广州仅一江之隔，河流宽度只有400多米，而东莞水乡的产业园区与深圳相隔好几个城镇。穗莞加强合作，推动水乡片区承接广州产业和创新外溢完全符合"双城联动"发展趋势。

2. 释放南沙广州城市副中心发展潜能

南沙作为国家新区、自贸试验区、粤港澳全面合作示范区和承载门户枢纽功能的广州城市副中心，是广州在新一轮改革开放中加快发展的重要引擎。近年来，广州频繁发力，南沙开始在更高层次、更宽领域全面深化改革，加快提升高水平对外开放门户枢纽功能，并通过建设广深"双城联动"发展先导区、南沙粤港澳全面合作示范区，打造新时代改革开放新高地。南沙地处大湾区地理几何中心，区位优势无与伦比，多重国家战略优势叠加，要激发巨大发展潜能，更要放眼大湾区，参与共同发展。南沙未来不论对外如何开放、对内如何发展，其与外部联系、合作时有两片区域是无法避开的，一是东莞的滨海湾片区，二是深圳的西部片区。而由于东莞滨海湾片区地理位置更近，战略目标更切合，南沙与滨海湾融合发展的推力更大。南沙与滨海湾的合作，能够充分发挥东莞丰富的产业优势，将南沙打造成优质要素资源集聚地，延长产业链，提高南沙乃至我国在国际产业链中的分工地位。新的时代背景下，城市之间的连接不仅仅是城与城的连接，更是功能区之间的连接。南沙与滨海湾的融合发展，是释放南沙更大发展潜能的必然要求。

（二）促进东莞城市能级发展

1. 从交通枢纽城市转变为一体化枢纽城市

穗莞融合发展，广州区域战略向东、向南发展将更加突出，东莞的区位优势将更加凸显。"双城联动"走向"三城联合"，穗深莞三城深入合作，是三个城市间的强强联手、相互学习、优势互补，将发挥牵引带动广东全省实现高质量发展的重要使命。广深"双城联动"下的穗莞融合发展，是立足三个城市一体化发展的战略布局，立足粤港澳大湾区十一城层面的战略思考。身处更高合作层级的东莞，也将从"广深中点"转变为粤港澳大湾区网络结构中促进大湾区一体化的枢纽城市。

2. 促进水乡、滨海湾发展

长期以来，东莞水乡片区的发展一直相对滞后，其中一个重要的原因是水乡片区的建设只有东莞单方面在推进，但东莞由于要兼顾各个片区的发展，对水乡片区的建设也往往心有余而力不足。穗莞融合发展，水乡片区将会受到极大影响，其湾区节点地位、合作门户潜力、融通中心格局将得以全面展现，水乡片区的建设也将因为广州的深入参与而一改长期发展缓慢的局面。滨海湾新区也将因为穗莞融合发展，进一步加深与广州尤其与南沙的合作，推动东莞构建人工智能产业链与大健康高端医疗产业项目体系，加快实现千亿级产业集群的目标。另外，通过串联大湾区东西两岸的两条重要连接轴虎门大桥、南沙大桥，以及正在规划接入中的南虎城际、东莞地铁2号和9号线、广州22号线和深圳20号线等交通网络，滨海湾新区将与广州南沙自贸区、深圳大空港和前海自贸区紧密串联起来。穗莞融合发展，能够把滨海湾新区打造成新时期代表东莞参与大湾区建设和对外开放的战略平台，为滨海湾新区争创自贸区新片区打下牢固基础，在大湾区的更高层面推动东莞发展。

（三）推动粤港澳大湾区高质量发展

1. 打造区域协调发展新典范

区域协调发展是粤港澳大湾区建设的重要内容，也是构建现代化经济体系的重要战略之一。环珠江口东岸、广深科技创新经济带，串联起香港-深圳-东莞-广州四大城市中的发达区域，整体经济实力强劲。唯独增城片区和水乡片区，地处核心区域，但区域发展优势并未得到很好体现，长期处于广深科技创新经济带的价值洼地，与整体经济发展水平格格不入。大湾区要协调发展，必须要填补这两片价值洼地，实现区域经济的整体提升。穗莞融合发展，要激活广州东莞临近片区，尤其是增城和水乡片区的发展潜能，加快广州东进步伐与东莞水乡特色发展经济区战略布局，并推动广州番禺、南沙与东莞西部区域的融合，推进区域协调发展进程，打造区域协调发展新典范。

2. 形成引领带动效应

穗莞融合发展，能够拓宽广州和东莞产业纵深，升级产业发展，做强做大两市经济，并通过两市错位竞争和协同发展，拓宽两市发展空间，增强区域经济发展竞争力，实现1+1大于2，从而在大湾区经济腾飞的进程中形成示范效应。率先推动穗莞深三城区域一体化，有望成为粤港澳大湾区一体化发展的突破口。在"双城联动"背景下，穗莞融合牵引穗莞深三城强强联合，提升大湾区整体实力和全球影响力，引领粤港澳大湾区深度参与国际合作。在大湾区的机头上做强"发动机"，加大马力，发挥"龙头"作用，形成强大的引领作用，更加强劲地带动大湾区经济社会发展。

四　穗莞融合发展对策建议

（一）构建先行合作试验带

根据穗莞两市的空间发展格局，科学进行城乡建设、产业发展、环境保护等布局规划。大胆试验，开拓创新，打破阻碍两地融合的行政区划壁垒，探索建设穗莞接壤区域融合发展试验带，规划东江协同科创合作试验带和湾区黄金海岸合作试验带，先试先行，加速融合。

1. 东江协同科创合作试验带

加强广州东部与东莞北部区域合作，重点推动增城、黄埔与水乡片区合作，打造东江协同科创合作试验带。在粤港澳大湾区区域整体发展格局下，构筑增城-黄埔-水乡功能片区合作试验带，推动区域协同发展，促进产业集群和科技创新发展，形成区域联动和整合发展的重要支撑空间，促进区域辐射带动作用向纵深方向传递。整合广州知识城、广州科学城、广州大学城、国际生物岛、天河软件园、广州开发区、增城南部以及东莞西站核心区、麻涌站产业区、道滘九曲区，打造集知识密集型服务业、高端制造业、高新技术产业于一体的先进制造业合作试验区域，形成东江协同科创合作试验带。

2. 湾区黄金海岸合作试验带

加强广州南部与东莞西部区域合作，重点推动南沙新区与滨海湾新区合作,打造湾区黄金海岸合作试验带。充分发挥南沙广州城市副中心战略定位,结合滨海湾新区作为粤港澳大湾区特色合作平台的功能,强化两地特色合作平台和港口航运功能。以制度创新为引领,以港区联动为支撑,优化整合产业链、创新链、价值链、供应链,成为共同建设粤港澳大湾区的重要合作平台。整合南沙创新发展示范区金融服务重要平台以及滨海湾新区现代服务业、临港产业、战略性新兴产业,培育发展平台经济、共享经济、体验经济等新业态,加快构建现代服务业产业体系,打造湾区黄金海岸合作试验带。

(二)探索穗莞融合发展路径

1.完善政策保障体系

一是推进两城规则衔接。探索制定穗莞融合发展法律规定,研究制定指导意见和政策措施,加强两地法律法规、管理制度和相关政策、规则的协调与衔接,积极推动穗莞相关政策协调。二是健全由省级统筹的综合协调和督促考评机制。由省级、市级相关部门分专项领域牵头推进穗莞融合工作,加强对各责任部门协调考核工作的计划管理和监督实施,把督查检查考核工作做得更好更有成效。三是落实责任明确时限。通过"责任制+清单制+项目制"管理,确定时间表、任务书、责任单,抓好目标任务分解,强化协调配合,明确进度时限,统筹推动穗莞融合工作落实到位。

2.完善利益协调机制

一是建立利益补偿机制。争取省级层面加大对承接地和转移地的资金计划倾斜、金融扶持力度,采取财政补贴和税收返还等转移支付手段,对两城融合中做出牺牲的利益主体给予补偿;按照"谁受益、谁补偿"的原则,建立双方横向补偿机制,协商确定补偿标准。二是建立利益争端调解机制。穗莞同城涉及多方利益协调,积极采取行政仲裁、法律裁决、第三方斡旋等方式解决利益争端;探索专门设立利益协调工作组,研究制定区域合作公约或规则,采取多种方式,合理化解相关利益矛盾和利益纠纷。

3. 创新区域合作机制

一是建立互利共赢财税分享机制。推行跨区域企业总部经济、园区共建等合作模式，建立示范区，开展经济区和行政区适度分离先行先试。在示范区内建立两城融合财税分享机制，投入共担，利益共享。在一定的期限内，示范区内的税收收入除上缴中央部分外，地方税收部分全部留给示范区用于支持其发展，解决两城之间财政体制不同的矛盾，为示范区建设提供更多的财力保障。二是建立两城融合发展基金。推动省、市两级财政共同设立两城融合发展基金，争取省、市国企和龙头企业、金融机构共同发起设立两城融合产业发展基金，建立产融对接会，让金融资源在两市间互动、合作，为政府、企业多渠道筹措同城化发展资金搭建桥梁；推动省属国企共同组建跨区域项目运营公司，实行投资项目及基金资金的市场化、集约化、专业化经营和管理。三是建立完善的社会力量参与机制。支持组建跨区域的民间组织或行业联盟，建立以穗莞经济专家为主体的融合发展专家委员会等组织，共同举办各种形式的发展论坛，为穗莞融合发展建言献策；充分发挥包括房地产、金融、交通运输等行业组织在制定区域行业规划、共同市场规则、推动区域各类信息资源连接整合等方面的积极作用。

参考文献

［1］《深入推进粤港澳大湾区建设继续成为2022年广东首要工作》，人民资讯百家号，2022年1月20日 https：//baijiahao.baidu.com/s？id=1722442237945886066&wfr=spider&for=pc。

［2］《中共中央办公厅、国务院办公厅印发〈深圳建设中国特色社会主义先行示范区综合改革试点实施方案（2020—2025年）〉》，中国政府网，2020年10月11日，http：//www.gov.cn/xinwen/2020-10/11/content_5550408.htm。

［3］广东省发展和改革委员会：《广东省开发区总体发展规划（2020—2035年）》，广东省发展和改革委员会官方网站：http：//drc.gd.gov.cn/ywtz/content/post_3010068.html。

［4］东莞市人民政府：《2019年东莞市政府工作报告》，东莞市人民政府门户网站，

2019年3月6日，http：//www.dg.gov.cn/zwgk/zfxxgkml/szfbgs/zfgzbg/content/post_ 591742.html。

［5］广州市工业和信息化局：《广州市国民经济和社会发展第十四个五年规划和2035年远景目标纲要》，广州市工业和信息化局官方网站，2021年10月8日，http：//gxj.gz.gov.cn/gkmlpt/content/7/7821/mpost_ 7821377.html#108。

［6］《东莞滨海湾新区发展总体规划（2019—2035年）》，国家发改委官方网站，2019年6月28日，https：//www.ndrc.gov.cn/fzggw/jgsj/dqs/sjdt/201906/t20190628_ 1050361.html？code＝&state＝123。

B.9
城市群空间功能分工视野下粤港澳大湾区绿色发展战略研究[*]

广州市粤港澳大湾区（南沙）改革创新研究院课题组[**]

摘　要： 城市群呈现出中心城市主导研发，外围城市主导加工制造的空间功能分工格局，探究此种分工格局演变与绿色高质量发展的关系，对粤港澳大湾区实现绿色发展与"双碳"目标有重大意义。本报告以京津冀、长三角与珠三角三大成熟城市群作为案例，综合使用多维度数据分析，阐述空间功能分工与绿色高质量发展的特征事实，指出空间功能分工深化在促进绿色发展的同时，也加剧了中心城市与外围城市的差距，并针对粤港澳大湾区的产业布局优化及绿色高质量发展提出对策建议。

关键词： 粤港澳大湾区　绿色高质量发展　空间功能分工

---

[*] 本文是广东省决策咨询基地广州大学粤港澳大湾区改革创新研究院、广州市新型智库广州大学广州发展研究院的研究成果。

[**] 课题组成员：涂成林，广州大学二级研究员、博士研究生导师，广州市粤港澳大湾区（南沙）改革创新研究院执行院长；谭苑芳，博士，广州大学广州发展研究院副院长、教授，广州市粤港澳大湾区（南沙）改革创新研究院理事长；于晨阳，广州大学广州发展研究院博士后，广州市粤港澳大湾区（南沙）改革创新研究院特聘研究员；周雨，广州大学广州发展研究院政府绩效评价中心主任，博士，广州大学广州发展研究院政府绩效评价中心主任、讲师，广州市粤港澳大湾区（南沙）改革创新研究院副院长。执笔人：涂成林、于晨阳。

一 三大城市群发展与空间功能分工演变

学术界与政府机构对于城市群总数与所包含城市的界定标准存在一定差异,张学良[①]以 2010 年国务院印发的《全国主体功能区规划》这一国家级官方途径为基准,赵勇和魏后凯[②]结合地方规划对全国 24 个城市群进行了界定,该研究对于城市群的划分被大量学者使用并沿用至今,本报告也将参考以上标准对各城市群进行界定。张学良还进一步通过指标分析对我国 24 个城市群的发展阶段进行了划分,其中京津冀城市群、长三角城市群与珠三角城市群被界定为成熟型城市群;辽中南城市群、山东半岛城市群、哈长城市群、东陇海城市群、江淮城市群、海峡西岸城市群、中原城市群、武汉城市群、环长株潭城市群、成渝城市群、关中-天水城市群和太原城市群被界定为发展型城市群;鄱阳湖城市群、天山北坡城市群、北部湾城市群、兰州-西宁城市群、滇中城市群、黔中城市群、呼包鄂榆城市群以及宁夏沿黄城市群被界定为形成型城市群。考虑到不同城市群的发展时间与阶段存在差异,且中国城市群之间存在较为明显的同质化。本报告将以发展最成熟且最具代表性的三大城市群,即京津冀城市群、长三角城市群与珠三角城市群作为案例,描述这三大城市群的发展特征与空间功能分工演变特征,以此来总结归纳中国城市群整体的发展趋势与空间功能分工演变特征,进而为粤港澳大湾区绿色高质量发展提供决策依据。

(一)三大城市群形成与发展

作为中国仅有的三个成熟型城市群,京津冀、长三角与珠三角城市群是

---

① 张学良:《2013 中国区域经济发展报告:中国城市群的崛起与协调发展》,人民出版社,2013。
② 赵勇、魏后凯:《政府干预、城市群空间功能分工与地区差距——兼论中国区域政策的有效性》,《管理世界》2015 年第 8 期。

中国当下与未来经济发展的重中之重，三个城市群都具备冲击世界级城市群的潜力，本部分将着重分析三大城市群的形成与发展脉络。京津冀、长三角与珠三角城市群相关政策文件与界定标准如表1所示。

表1 三大城市群划分依据

城市群	政策文件	包含城市	中心城市
京津冀城市群	《京津冀都市圈区域规划》和《全国主体功能区规划》	北京市、天津市、唐山市、张家口市、承德市、秦皇岛市、石家庄市、保定市、沧州市和廊坊市	北京市与天津市
长三角城市群	《长江三角洲地区区域规划纲要》和《全国主体功能区规划》	上海市、嘉兴市、宁波市、常州市、苏州市、无锡市、杭州市、镇江市、绍兴市、南京市、湖州市、南通市、舟山市、泰州市、扬州市和台州市	上海市
珠三角城市群	《珠江三角洲地区改革发展规划纲要（2008~2020）》和《全国主体功能区规划》	广州市、深圳市、东莞市、佛山市、中山市、惠州市、江门市、珠海市和肇庆市	广州市与深圳市

资料来源：张学良《中国区域经济发展报告（2013）：中国城市群的崛起与协调发展》。

根据表1的内容可以看出，京津冀城市群包含了北京、天津、唐山、张家口、承德、秦皇岛、石家庄、保定、沧州和廊坊共10个城市；长三角城市群包含了上海、嘉兴、宁波、常州、苏州、无锡、杭州、镇江、绍兴、南京、湖州、南通、泰州、舟山、扬州和台州共16个城市；珠三角包含了广州、深圳、东莞、佛山、中山、惠州、江门、珠海和肇庆共9个城市。图1分别展示了京津冀城市群、长三角城市群与珠三角城市群的空间分布范围。

为了进一步比较与分析三大城市群的整体规模与发展水平，我们根据《中国城市统计年鉴》整理了2018年的相关统计数据[①]，对三大城市群的主要指标概况进行对比分析，对比情况如表2所示。

---

① 《中国城市统计年鉴》中泰州市和惠州市的数据存在多年的连续缺失，无法使用插值法进行补全，后续分析中我们的分析样本剔除了这两个城市。

图 1 三大城市群城市分布情况示意

表 2　三大城市群相关指标对比

指标	京津冀城市群	长三角城市群	珠三角城市群
总面积(平方公里)	185210	113851	54963
总人口(万人)	7815	8891	3586
地区生产总值(亿元)	77195.33	149091.36	81048.50
第一产业占比(%)	8.59	3.60	3.70
第二产业占比(%)	37.65	44.46	45.35
第三产业占比(%)	53.76	51.94	50.95
人均地区生产总值(元)	67754.20	126572.94	115968.33
地区财政收入(亿元)	1015.09	18964.58	7915.47
地区财政支出(亿元)	1583.47	21685.54	10608.89

资料来源：根据2019年《中国城市统计年鉴》整理得到。

根据表2的对比分析，我们发现在城市群总面积上，京津冀城市群具有压倒性优势，其总面积高达185210平方公里，长三角城市群为113851平方公里，而珠三角城市群却只有54963平方公里。但是从人口来看，虽然京津冀拥有绝对高的国土面积，其人口（7815万人）低于长三角城市群（8891万人），珠三角城市群人口只有3586万人。根据以上统计数据，不难看出京津冀与长三角在规模上大体相当，而珠三角城市群只有以上两个城市群一半的规模。

进一步分析三大城市的经济体量，长三角城市群的地区生产总值高达149091.36亿元，几乎是京津冀城市群的两倍，即使规模远低于京津冀城市群的珠三角城市群，其地区生产总值也高于京津冀城市群。从人均水平来看，长三角城市群的人均地区生产总值为126572.94元，同样接近京津冀城市群的两倍，而珠三角城市群的人均地区生产总值仅略低于长三角城市群。具体到产业结构，可以看出京津冀城市群仍有较高的第一产业占比，为8.59%，这一水平是长三角城市群（3.60%）与珠三角城市群（3.70%）的两倍还多；对于第二产业占比，京津冀城市群的水平（37.65%）远低于长三角城市群（44.46%）与珠三角城市群（45.35%）；但反观第三产业占比，京津冀城市群的水平（53.76%）却高于长三角城市群（51.94%）与珠三角城市群（50.95%）。以上分析表明京津冀城市群的经济发展水平远低于珠三角城市群与长三角城市群，导致这种现象的原因可能是京津冀城市群的产业结构呈现出较大的分化，即第一和第三产业较高，而工业化程度明显低于长三角城市群与珠三角城市群。

（二）三大城市群空间功能分工格局

根据图2的分析，中国城市群内的产业分工合作愈发明显，本部分将以京津冀城市群、长三角城市群和珠三角城市群这三大成熟型城市群为例，分析其产业演变趋势，能够在一定程度上代表中国所有城市群的未来发展趋势。

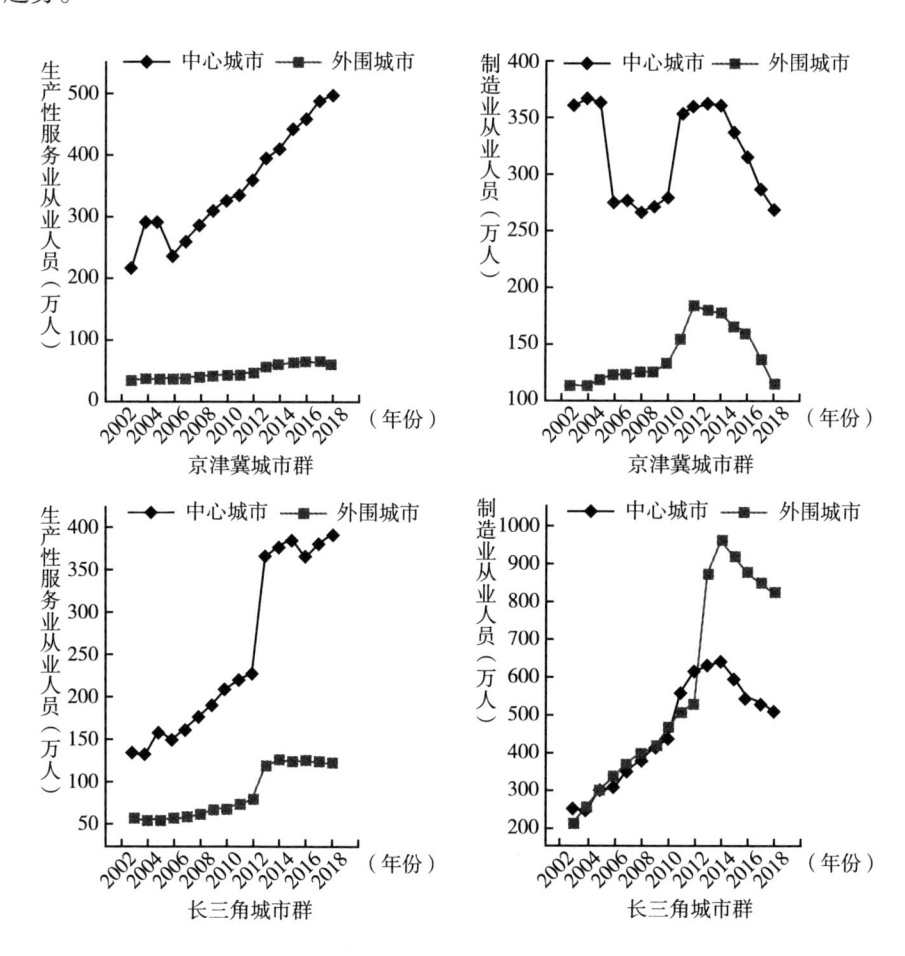

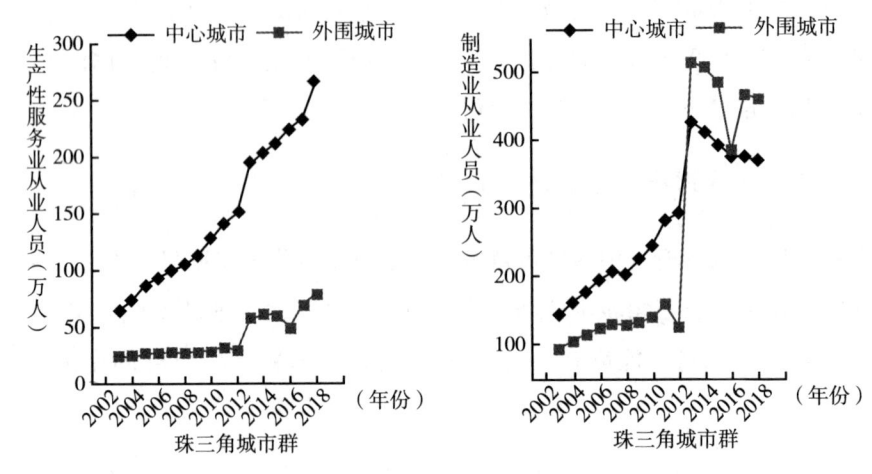

图 2　三大城市群产业分布演变趋势

图 2 分别描述了京津冀城市群中心城市与外围城市生产性服务业从业人员总数与制造业从业人员总数的变化趋势,可以看出中心城市的生产性服务业始终高于外围城市,且其增长幅度也远高于外围城市。而对于制造业来讲,虽然中心城市的总从业人数高于外围城市,但是其总数在不断下降,且中心与外围的差距没有扩大的趋势。这表明京津冀城市群生产性服务人员大量涌入中心城市,而制造业从业人员并无明显转移趋势,但总规模呈下降趋势。

图 2 描述了长三角城市群中心城市与外围城市生产性服务业从业人员总数与制造业从业人员总数的变化趋势,可以看出其中心城市生产性服务业从业人员从 2003 年的约 130 余万人迅速增长到 2018 年的近 400 万人,而外围城市仅从 50 余万人增长到 120 余万人。对于制造业来讲,我们发现情况刚好相反,从 2003 年到 2012 年,中心与外围城市的制造业从业人数总体都呈上升趋势,二者总规模基本一致,但 2012 年后中心城市的制造业从业人员增长放缓并从 2014 年开始下降,而外围城市的制造业从业人员则从 2012 年的 500 余万人猛增至 2018 年的 800 余万人,在最高峰甚至接近 1000 万人。这表明长三角城市群的中心城市与京津冀城市群一样吸纳了大量生产性服务业从业人员,但不同于

京津冀城市群、长三角城市群的中心城市与外围城市制造业从业人员变化趋势呈现明显的剪刀差，即中心城市的制造业在向外围城市集聚。

图2还描述了珠三角城市群中心城市与外围城市生产性服务业从业人员总数与制造业从业人员总数的变化趋势，可以看出中心城市生产性服务业从业人员从2003年的约60万人迅速增长到2018年的近300万人，而外围城市仅从20余万人增长到60余万人。中心城市与外围城市的制造业从业人员数变化趋势在2012年以后同样呈现出剪刀差，这表明珠三角城市群与长三角城市群的情况较为类似，即生产性服务业在中心城市集聚，而制造业在外围城市集聚。

为了进一步探究三大城市群产业分工演变格局，我们对生产性服务业与制造业进行了细分，分别计算了三大城市群在2003年、2010年和2018年的各行业从业人员总数以及占当年从业人员总数的比重，计算结果如表3所示。根据表3的计算结果，可以看出三大城市群中心城市总从业人员均呈现出明显的上涨趋势，京津冀城市群中心城市总从业人员从2003年的894.29万人（其中生产性服务业占比23.29%）上升到了2018年的1079.26万人（其中生产性服务业占比43.58%），长三角城市群中心城市总从业人员从2003年的342.11万人（其中生产性服务业占比25.58%）上升到了2018年的640.67万人（其中生产性服务业占比36.04%），珠三角城市群中心城市总从业人员从2003年的297.2万人（其中生产性服务业占比21.50%）上升到了2018年的835.13万人（其中生产性服务业占比31.69%）。

表3 三大城市群中心城市生产性服务业分布演变趋势

单位：万人，%

城市群	年份	(1)	(2)	(3)	(4)	(5)	(6)	总人员
京津冀城市群	2003	63.31	19.53	19.22	21.60	43.04	41.59	894.29
京津冀城市群	2010	63.50	43.97	34.19	35.15	84.76	52.21	852.28
京津冀城市群	2018	73.43	90.45	71.74	57.64	94.51	82.51	1079.26
长三角城市群	2003	34.82	4.23	14.84	8.33	14.97	10.31	342.11
长三角城市群	2010	36.30	6.71	23.63	11.15	18.64	23.25	392.87

续表

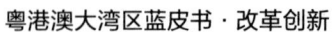

城市群	年份	(1)	(2)	(3)	(4)	(5)	(6)	总人员
长三角城市群	2018	50.58	35.58	33.39	26.60	57.87	26.89	640.67
珠三角城市群	2003	24.90	4.78	10.02	9.77	8.83	5.61	297.20
珠三角城市群	2010	32.27	8.85	15.28	17.71	19.23	10.37	499.39
珠三角城市群	2018	59.27	48.33	28.13	48.56	52.97	27.41	835.13

城市群	年份	(1)	(2)	(3)	(4)	(5)	(6)	合计
京津冀城市群	2003	7.08	2.18	2.15	2.42	4.81	4.65	23.29
京津冀城市群	2010	7.45	5.16	4.01	4.12	9.95	6.13	36.82
京津冀城市群	2018	6.80	8.38	6.65	5.34	8.76	7.65	43.58
长三角城市群	2003	10.18	1.24	4.34	2.43	4.38	3.01	25.58
长三角城市群	2010	9.24	1.71	6.01	2.84	4.74	5.92	30.46
长三角城市群	2018	7.90	5.55	5.21	4.15	9.03	4.20	36.04
珠三角城市群	2003	8.38	1.61	3.37	3.29	2.97	1.89	21.50
珠三角城市群	2010	6.46	1.77	3.06	3.55	3.85	2.08	20.77
珠三角城市群	2018	7.10	5.79	3.37	5.82	6.34	3.28	31.69

注：数据来源为2004~2019年《中国城市统计年鉴》，其中（1）为交通运输、仓储和邮政业从业人员数，（2）为信息传输、计算机服务和软件业从业人员数，（3）为金融业从业人员数，（4）为房地产业从业人员数，（5）为租赁和商业服务业从业人员数，（6）为科学研究、技术服务和地质勘查业从业人员数。总人员为所有行业从业人员总数，合计为上述六类生产性服务业占总从业人员的比重。

京津冀城市群2003年生产性服务业中占比最高的为交通运输、仓储和邮政业（7.08%），而在2018年为租赁和商业服务业（8.76%），从2003年到2018年增长较快的为信息传输、计算机服务和软件业与租赁和商业服务业。长三角城市群2003年生产性服务业中占比最高的为交通运输、仓储和邮政业（10.18%），而在2018年为租赁和商业服务业（9.03%），从2003年到2018年增长较快的同样为信息传输、计算机服务和软件业与租赁和商业服务业。珠三角城市群2003年生产性服务业中占比最高的为交通运输、仓储和邮政业（8.38%），而在2018年同样为交通运输、仓储和邮政业（7.10%），从2003年到2018年增长较快的同样为信息传输、计算机服务和软件业与租赁和商业服务业。

综合以上具体到大类行业的分析，不难看出三大城市群中心城市生产性服务业集聚体现出较为明显的同质化倾向，其特征主要体现为三点：第一，中心城市生产性服务业总规模与占总从业人员数比重快速攀升；第二，中心城市生产性服务业主要集中在交通运输、仓储和邮政业与租赁和商业服务业；第三，中心城市生产性服务业的增长主要来自信息传输、计算机服务和软件业与租赁和商业服务业。以上分析表明尽管三大城市群存在地理位置与行政级别的差异，但其中心城市所承担的分工职能却高度相似。我们进一步将三大城市群外围城市制造业从业人员的分布进行拆解，其结果如表4所示。

表4 三大城市群外围城市制造业（广义）分布演变趋势

单位：万人，%

城市群	年份	（1）	（2）	（3）	（4）	总人员
京津冀城市群	2003	14.38	99.99	11.57	26.37	374.23
京津冀城市群	2010	17.80	101.06	14.28	30.77	406.14
京津冀城市群	2018	11.46	81.47	12.36	36.48	427.20
长三角城市群	2003	4.61	261.63	14.43	52.14	691.96
长三角城市群	2010	3.66	553.19	16.98	183.85	1240.11
长三角城市群	2018	1.45	670.35	15.91	536.79	1930.22
珠三角城市群	2003	0.39	112.15	4.81	12.36	226.12
珠三角城市群	2010	0.27	183.44	4.88	11.62	324.28
珠三角城市群	2018	0.18	486.37	5.62	32.16	757.75
城市群	年份	（1）	（2）	（3）	（4）	合计
京津冀城市群	2003	3.84	26.72	3.09	7.05	40.70
京津冀城市群	2010	4.38	24.88	3.52	7.58	40.36
京津冀城市群	2018	2.68	19.07	2.89	8.54	33.19
长三角城市群	2003	0.67	37.81	2.09	7.54	48.10
长三角城市群	2010	0.30	44.61	1.37	14.83	61.10
长三角城市群	2018	0.07	34.73	0.82	27.81	63.44
珠三角城市群	2003	0.17	49.60	2.13	5.47	57.36
珠三角城市群	2010	0.08	56.57	1.50	3.58	61.74
珠三角城市群	2018	0.02	64.19	0.74	4.24	69.19

注：数据来源为2004~2019年《中国城市统计年鉴》，（1）为采矿业从业人员数，（2）为制造业（狭义）从业人员数，（3）为电力、燃气及水的生产和供应业从业人员数，（4）为建筑业从业人员数。总人员为所有行业从业人员总数，合计为上述四类广义制造业从业人员总数占总从业人员的比重。

根据表4的描述，可以看出三大城市群从2003年到2018年外围城市的总从业人员数都有一定程度的提升，其中长三角城市群增加最多，从2003年的691.96万人增加到2018年的1930.22万人，京津冀城市群仅从2003年的374.23万人增加到2018年的427.2万人。具体到外围城市的制造业（广义）从业人员占总从业人员的比重，长三角城市群从2003年的48.10%上升到63.44%，珠三角城市群从2003年的57.36%增加到2018年的69.19%，而京津冀城市群从2003年的40.7%降低到2018年的33.19%。具体到不同行业种类来看，制造业（狭义）在三大城市群中都占据了绝大比重，京津冀城市群的制造业（狭义）占比有所下降，珠三角城市群的制造业（狭义）占比则有较大提升。

以上对于三大城市群外围城市制造业（广义）的演变趋势分析结果表明，长三角城市群与珠三角城市群的外围城市出现了广义制造业（包含狭义制造业、采矿业、建筑及电力、燃气及水的生产和供应业）的集聚。京津冀城市群广义制造业之所以没有呈现出明显的集聚特征，可能的原因之一是河北产业结构偏向重工业，因无法成功转型，且需要面对日趋严格的环保要求而无法扩张规模。

二 三大城市群绿色高质量发展现实描述

（一）中心与外围城市的演变趋势描述

本部分参考祁毓和赵韦翔[①]的研究，使用较具有代表性的指标对三大城市群绿色高质量发展水平的事实进行初步描述。

图3报告了能源维度下三大成熟型城市群中心与外围城市绿色高质量水平变化趋势，使用"GDP/工业用电"指标衡量该维度下的绿色高质量水

---

① 祁毓、赵韦翔：《财政支出结构与绿色高质量发展——来自中国地级市的证据》，《环境经济研究》2021年第5期。

图 3　三大城市群中心与外围城市绿色高质量水平变化趋势（能源维度）

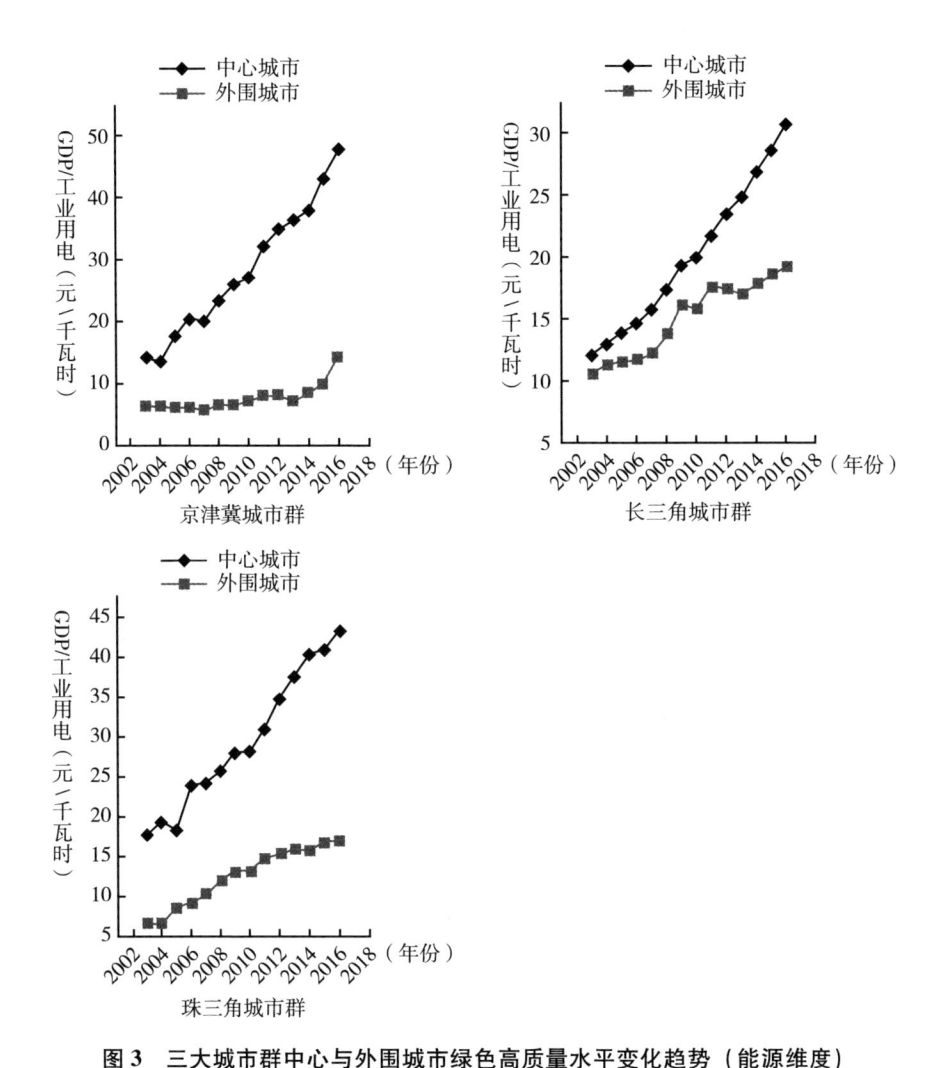

数据来源：2004~2017 年《中国城市统计年鉴》。

平，可以看出三大城市群中心与外围城市在 2003~2016 年均呈现出上涨态势①。但是，三大城市群的中心与外围城市的绿色高质量水平提升存在显著分

---

① 由于《中国城市统计年鉴》统计口径的变化，市辖区能源使用的部分指标在 2017 年未披露，为确保数据对比的有效性，本报告选取 2003~2016 年的数据继续进行对比分析。

化，不仅中心城市的绝对水平高于外围城市，中心城市的提升程度也高于外围城市，这意味着中心城市与外围城市绿色高质量水平的差距在逐步扩大。其中，京津冀城市群的分化最为明显，中心城市的"GDP/工业用电"从2003年的14.1元/千瓦时增加到2016年的47.8元/千瓦时，而外围城市的"GDP/工业用电"仅从2003年的6.3元/千瓦时增加到2016年的14.5元/千瓦时。长三角城市群的中心城市"GDP/工业用电"从2003年的12.2元/千瓦时增加到2016年的30.7元/千瓦时，其外围城市的"GDP/工业用电"从2003年的10.6元/千瓦时增加到2016年的19.2元/千瓦时。珠三角城市群的中心城市"GDP/工业用电"从2003年的17.9元/千瓦时增加到2016年的43.3元/千瓦时，其外围城市的"GDP/工业用电"从2003年的6.7元/千瓦时增加到2016年的17.1元/千瓦时。根据以上描述，可以看出在能源维度上的中心城市绿色高质量发展水平，京津冀的增长幅度与绝对水平都领先于长三角城市群与珠三角城市群，而珠三角城市群又领先于长三角城市群。但是聚焦外围城市，长三角城市群的绿色高质量发展的绝对水平与增长趋势则处于领先位置，珠三角城市群略高于京津冀城市群，它们都与长三角城市群有不少差距。

图3报告了能源维度下的三大城市群中心与外围城市绿色高质量水平变化趋势，为了更全面地对比分析，本报告同样从环境维度描述三大城市群中心与外围城市绿色高质量水平变化趋势。本报告参考祁毓和赵韦翔的研究，使用"工业三废"作为环境污染排放指标，使用单位污染排放产生的GDP来初步衡量绿色高质量水平。以最具代表性的二氧化硫为例，图4报告了"GDP/工业二氧化硫"衡量的三大城市群中心与外围城市绿色高质量水平变化趋势。

根据图4的描述，三大城市群中心与外围城市单位工业二氧化硫排放产生的GDP在2003~2018年同样呈现出上涨态势。三大城市群的中心与外围城市的"GDP/工业二氧化硫"的提升也存在显著分化，即中心城市的绝对水平高于外围城市，中心城市的上涨程度也高于外围城市，中心城市与外围城市绿色高质量水平的差距也在逐年扩大。京津冀城市群中心城市的"GDP/工业二氧化硫"从2003年的114万元/吨增加到2018年的4097万元/吨,而外围城市的"GDP/工业二氧化硫"仅从2003年的23万元/吨增加到2018年的294万元/吨。长三角城市群的中心城市"GDP/工业二氧化硫"从2003年的138万元/吨增加到2018年的5425万元/吨,其外围城市的"GDP/工业二氧化硫"从2003年的56万元/吨增加到2018年的1152万元/吨。珠三角城市群的中心城市"GDP/工业二氧化硫"从2003年的1183万元/吨增加到2018年的44076万元/吨,其外围城市的"GDP/工业二氧化

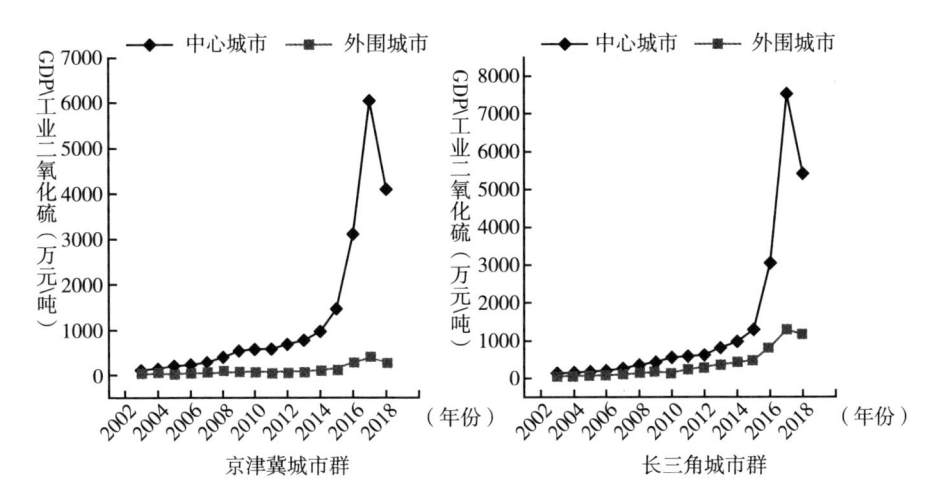

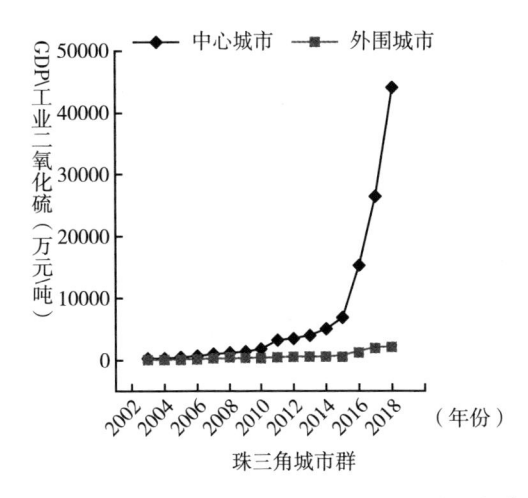

图4 三大城市群中心与外围城市绿色高质量水平变化趋势（环境维度）

数据来源：2004~2019年《中国城市统计年鉴》。

硫"从2003年的104万元/吨增加到2018年的2198万元/吨。可以看出与前两种污染物有所不同，京津冀城市群与长三角城市群中心城市的绿色高质量发展水平在2018年有所下降，而珠三角城市群中心城市的绿色高质量发展水平没有下降。除此之外其余变化特征与前两种污染物基本一致，三大城市群中心城市与外围城市的单位二氧化硫对应的GDP都显著提升，但中心城市提升幅度高于外围城市。

除了环境污染物排放外，随着近年来全球极端天气频发，温室气体排放引起的全球变暖引发了各国广泛关注与讨论，碳排放是衡量温室气体的主要指标之一。所以，本报告进一步从气候变化视角，用"GDP/碳排放"衡量绿色高质量水平变化。图5描述了以"GDP/碳排放"衡量的三大城市群中心与外围城市绿色高质量水平变化趋势。[①] 根据图5的描述，三大城市群中心与外围城市单位碳排放产生的GDP在2005~2015年呈现出上涨态势。三大城市群的中心与外围城市的"GDP/碳排放"的提升也存在显著分化，即中心城市的绝对水平高于外围城市，中心城市的上涨程度高于外围城市，中心城市与外围城市绿色高质量水平的差距也在逐年扩大。京津冀城市群中心城市的"GDP/碳排放"从2005年的3015元/吨增加到2015年的8579元/吨，而外围城市的"GDP/碳排放"仅从2005年的730元/吨增加到2015年的1559元/吨。长三角城市群的中心城市"GDP/碳排放"从2005年的4142元/吨增加到2015年的8208元/吨，其外围城市的"GDP/碳排放"从2005年的1737元/吨增加到2015年的4780元/吨。珠三角城市群的中心城市"GDP/碳排放"从2005年的10210元/吨增加到2015年的27967元/吨，其外围城市的"GDP/碳排放"从2005年的3995元/吨增加到2015年的8774元/吨。不难看出，从碳排放的维度，珠三角城市群的绿色高质量发展整体水平远高于

---

① 为了获取核算清单测度的地级市碳排放，本报告使用中国温室气体工作组构建的中国高分辨率排放物网格数据库（CHRED），该数据库提供较为全面的地级市碳排放核算数据，不同于大量使用夜间灯光数据的碳排放估算数据，该数据能够较为真实地评估区域碳排放，但是该数据库仅报告了2005年、2010年和2015年三年的可比数据，考虑到碳排放仅为本报告衡量绿色高质量发展中的一个维度，所以仅用这三年的数据作为对能源与环境维度的补充也是可行的。

长三角城市群与京津冀城市群,其外围城市甚至高于长三角城市群与京津冀城市群的中心城市。但同时,三大城市群中心城市的绿色高质量发展水平同样高于外围城市,且其差距并未随时间而降低。

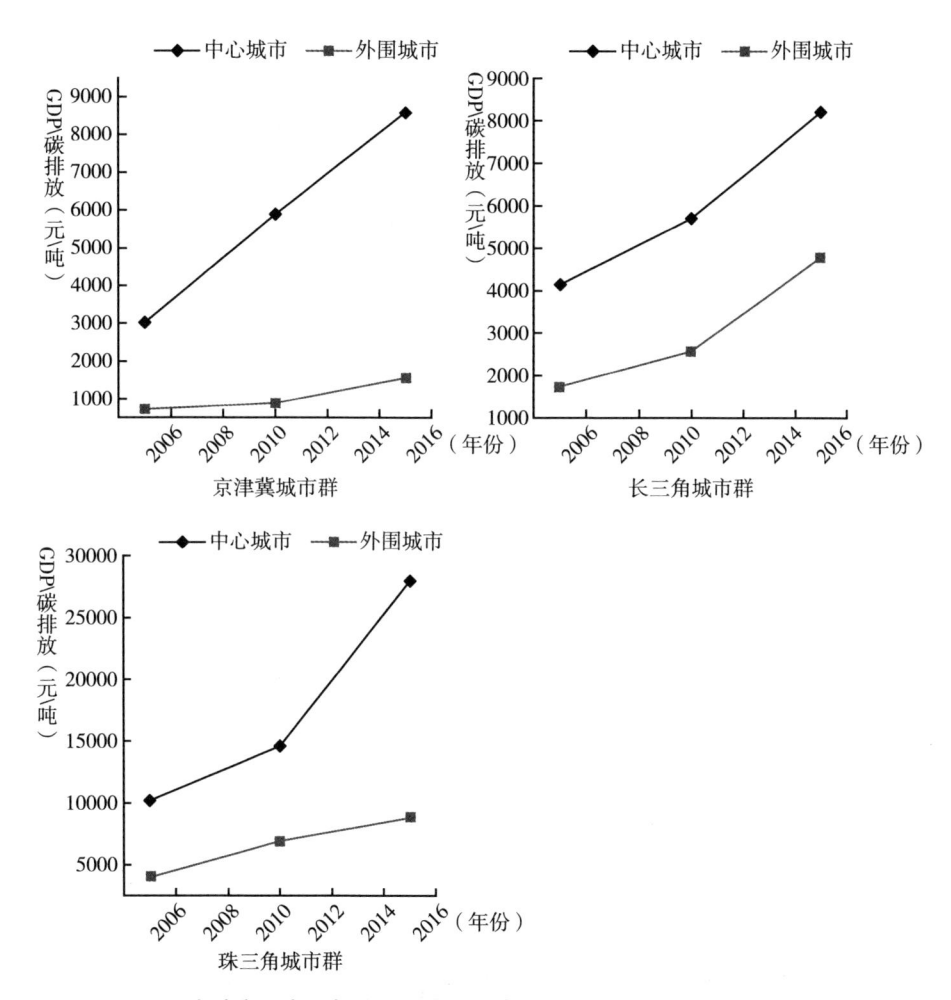

图5 三大城市群中心与外围城市绿色高质量水平变化趋势(碳排放维度)

数据来源:2004~2016年《中国城市统计年鉴》和CHRED数据库。

(二)空间分布特征描述

为了进一步分析三大城市群绿色高质量发展水平的空间分布特征,图6

描述了以能源维度为例的空间分布情况。首先，比较2005年、2010年和2015年三个时间节点，可以看出三大城市群的分布情况变化并不明显。其次，比较三大城市群绿色高质量发展水平的空间分布情况，可以看出京津冀城市群中绿色高质量发展水平较高的地区是北京市，长三角城市群中绿色高质量发展水平较高的地区是上海市与舟山市，珠三角城市群中绿色高质量发展水平较高的地区是广州市与深圳市，均属于各城市的中心城市，这表明城市群中心城市绿色高质量发展水平明显高于外围城市。最后，观测三大城市群绿色高质量发展水平的空间相关程度，可以看出大部分距离中心城市越近的城市，其绿色高质量发展水平越高，而距离中心城市越远的城市，其绿色高质量发展水平越低。

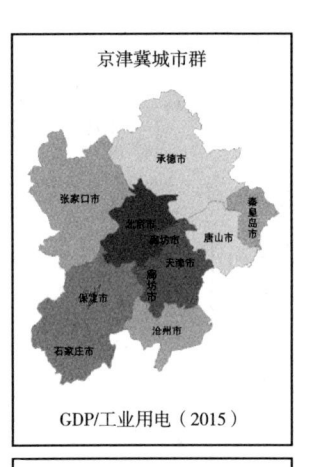

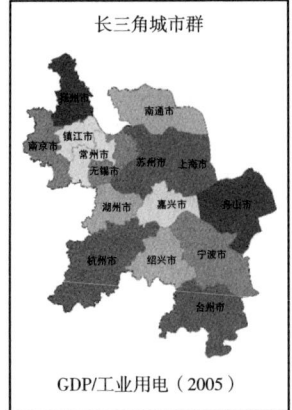

图 6 三大城市群绿色高质量发展水平空间分布特征（以能源维度为例）

数据来源：2004~2016 年《中国城市统计年鉴》。

三 三大城市群空间功能分工对绿色高质量发展的影响

前两节分别对三大城市群的空间功能分工格局演变与绿色高质量发展特征进行了描述，并得出两个初步的观点。第一，城市群整体呈现出生产性服务业（研发管理部门）集聚在中心城市而制造业（生产加工部门）集聚在外围城市的"中心-外围"结构。第二，城市群整体绿色高质量发展水平逐步提升，但是中心城市始终高于外围城市，且二者差距在逐渐扩大。本部分将构建空间功能分工指数，对三大城市群空间功能分工程度进行测度，并描述三大城市群空间功能分工与绿色高质量发展整体水平和不平等程度的变化特征。

（一）空间功能分工测度

Duranton 和 Puga 的研究[①]表明，对于城市群或者大都市圈，其内部的

---

① Duranton G., Puga D., "From sectoral to functional urban specialisation", *Journal of Urban Economics*, 2005 (4).

分工正逐渐从部门专业化（sector urban specialization）转变为功能专业化（functional urban specialization），即城市群内的城市将根据自身特点实现空间功能分工。赵勇和魏后凯的研究进一步指出，根据中心-外围理论，城市群的空间功能分工将依据中心城市承担研发管理职能，而外围城市承担生产加工职能的趋势不断发展与强化。大量证据表明各大成熟型城市群均体现出以上空间功能分工，这意味着城市的产业集聚将依据其在城市群中的定位来发展，即城市群中的生产性服务业（研发管理部门）在中心城市集聚，而广义的制造业（生产加工部门）在外围城市集聚。为了描述三大城市群的空间分工格局演变与产业集聚提升，我们参考赵勇和魏后凯的研究，通过构建空间功能分工指数来衡量其演变特征，计算公式如下所示：

$$fus_{jt} = \frac{\sum_{i=1}^{nc} lsc_{it} / \sum_{k=1}^{nc} lmc_{it}}{\sum_{i=1}^{np} lsp_{it} / \sum_{i=1}^{np} lmp_{it}} \tag{1}$$

其中，$i=1,2\cdots,nc$ 代表城市群 j 的中心城市；$i=1,2\cdots,np$ 代表城市群 j 的外围城市；lsc_{it} 为中心城市 i 在第 t 年的生产性服务业从业人员数目；lmc_{it} 为中心城市 i 在第 t 年的制造业从业人员数目；lsp_{it} 为外围城市 i 在第 t 年的生产性服务业从业人员数目；lmp_{it} 为外围城市 i 在第 t 年的制造业从业人员数目；fus_{jt} 为城市群 j 在第 t 年的空间功能分工程度，该指标越高表明城市群空间功能分工程度越高，反之则意味着城市群空间功能分工程度越低。

（二）城市群空间功能分工与绿色高质量发展水平

根据前文的分析，我们分别对三大城市群的空间功能分工程度与绿色高质量发展整体水平的相关程度进行描述，二者变化趋势如图7所示。

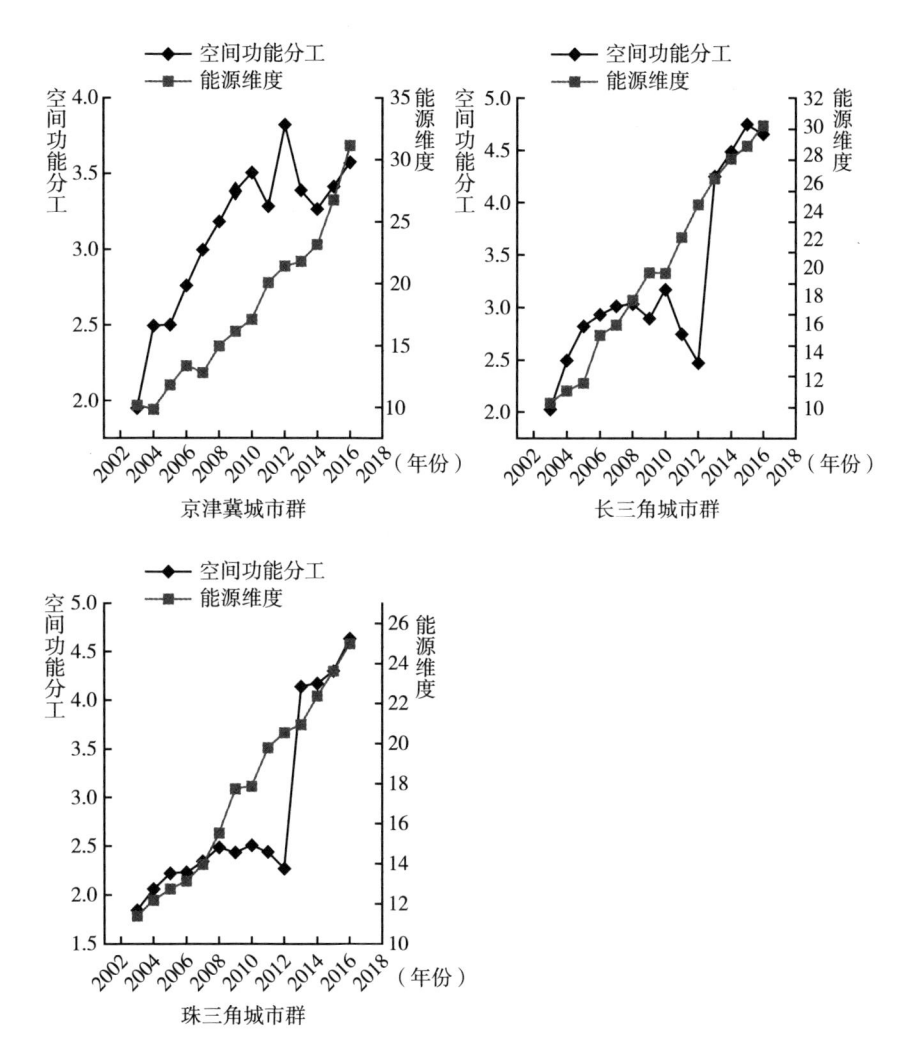

**图 7　三大城市群空间功能分工与绿色高质量
发展整体水平（以能源维度为例）**

数据来源：2004~2017年《中国城市统计年鉴》。

根据图7的描述，可以看出三大城市群的空间功能分工程度从2003年到2016年呈上升趋势，其中珠三角城市群与长三角城市群的空间功能分工程度整体水平较为接近，都高于京津冀城市群的整体水平。与之对应的是能源维度的绿色高质量发展整体水平逐步提升，三大城市群在该维度下的绿色高质量发展水平都呈现了快速的上升态势,且其变化趋势与城市群空间功能分工较为一致,这表明二者存在较为明显的相关性。同时,三大城市群环境维度和碳排放维度下的绿色高质量发展整体水平也都呈现出与能源维度类似的上升趋势,且与空间功能分工程度有共同变化的趋势,随着城市群空间功能分工程度的提升,对应的绿色高质量发展整体水平也逐渐提升。

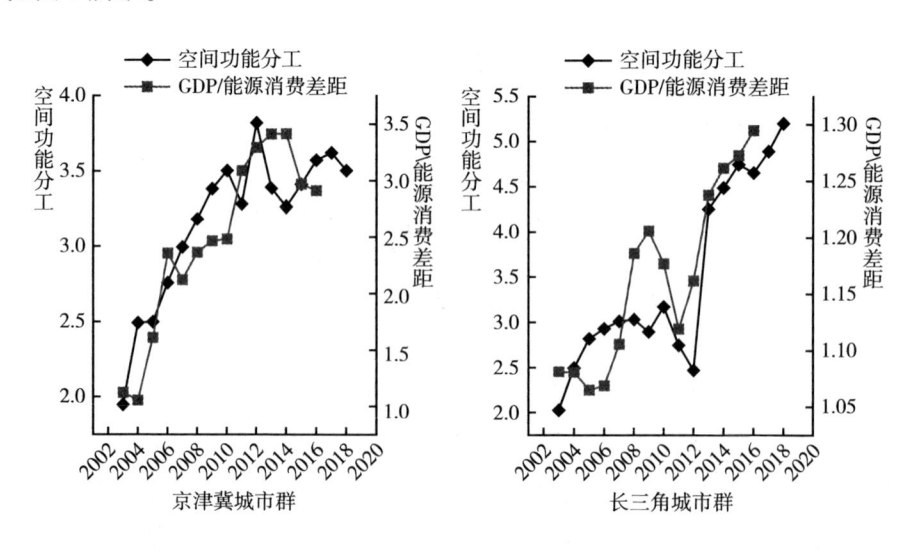

(三)城市群空间功能分工与绿色高质量发展不平等

在第二节,本报告发现虽然三大城市群绿色高质量发展水平整体都在提升,但中心城市与外围城市存在分化,即中心城市的绿色高质量发展水平始终高于外围城市的平均水平,且二者之间差距逐渐扩大。为了进一步探究此种绿色高质量发展不平等是否由城市群空间功能分工导致,本报告将对城市群空间功能分工程度与绿色高质量发展不平等程度的变化趋势进行描述与分析。本报告采用本节第一部分的空间功能分工指数来测度空间功能分工程度,同时本报告使用中心城市绿色高质量发展水平与外围城市绿色高质量发展水平的平均值的比值来初步衡量绿色高质量发展不平等程度。在不同维度下,三大城市群空间功能分工程度与绿色高质量发展不平等程度的变化趋势如图8所示。

珠三角城市群

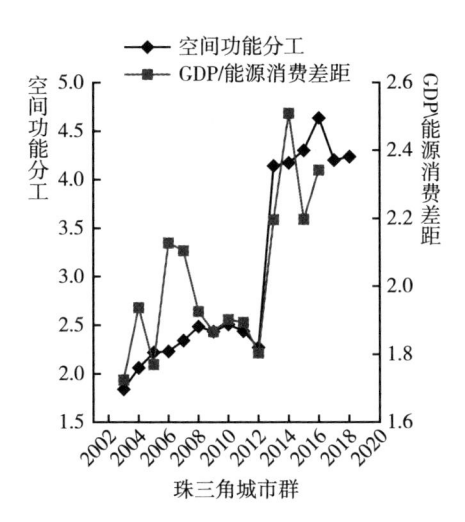

图 8 三大城市群空间功能分工与绿色高质量发展不平等程度（以能源维度为例）

数据来源：2004~2017年《中国城市统计年鉴》。

根据图8的描述，可以看出三大城市群的空间功能分工程度从2003年到2016年呈上升趋势，与之对应的是能源维度的绿色高质量发展不平等程度也在逐步提升，且变化趋势与城市群空间功能分工较为一致，这表明二者存在较为明显的相关性。同时，三大城市群环境维度和碳排放维度下的绿色高质量发展不平等程度也都呈现出与能源维度类似的上升趋势，且与空间功能分工程度有共同变化的趋势，随着城市群空间功能分工程度的提升，对应的绿色高质量发展不平等程度也在逐渐提升。

四 粤港澳大湾区空间功能分工推动绿色高质量发展的对策建议

三大城市群的现实特征描述表明三大城市群都呈现出了生产性服务业（研发管理部门）集聚在中心城市，而制造业（生产加工部门）集聚在外围城市的"中心－外围"结构。从绿色高质量发展来看，三大城市群整体的绿色高质量发展水平呈逐渐上升态势，但是中心城市与外围城市的差距依然较大，且没有缩小的趋势，这表明城市群内绿色高质量发展存在明显的不平等。本报告进一步构建了空间功能分工指数及其与三大城市群整体的绿色高质量发展水平和不平等程度的相关程度，其结果表明随着空间功能分工的完善，三大城市群的绿色高质量发展整体水平与不平等程度也在逐渐提升，且变化趋势与城市群空间功能分工较为一致。上述特征事实分析结果初步印证了城市群空间功能分工演变与绿色高质量发展整体水平和不平等间的正相关关系。基于以上分析，本报告从如下四个方面提出粤港澳大湾区空间功能分工推动绿色高质量发展的对策与建议。

（一）制定差异化的区域节能减排政策

根据绿色高质量发展水平测度结果，中心城市的绿色高质量发展水平显著高于外围城市，这意味着中心城市的企业可以适应更严格的环境法规，因为他们的能源技术领先于周边城市。统一的环保政策标准将导致核心城市能源利用技术和制造企业管理停滞。广州和深圳政府应制定比周边城市更严格的环保政策。这将会鼓励中心城市企业提高能源技术和管理水平，提升城市群整体的绿色高质量发展水平，并降低城市群空间功能分工带来的绿色高质量发展不平等程度的提升。

（二）加大对广深的研发补贴力度

对粤港澳大湾区而言，广州和深圳是中心城市，也是整个粤港澳大湾区的技术研发中心，其技术研发成果将通过溢出效应带动外围城市的能源使用效率，从而提升整个区域的绿色高质量发展水平。但中心城市的制造业企业比周边城市承担更高的土地成本和劳动力成本，京津冀城市群、长三角城市群、珠三角城市群均存在此种问题。与北京、天津、上海、深圳和广东相比，其余29个周边城市的制造企业完成技术和管理升级的可能性更大。中心城市的企业只有通过政府补贴才能完成上述过程，才能充分发挥其作为研发和管理中心的作用，进而提升城市整体的绿色高质量发展水平，并通过溢出效应提升外围城市绿色高质量发展水平，并降低二者之间差距。

(三) 引入港澳高端技术人才

香港和澳门是粤港澳大湾区的人才培养高地，拥有国际一流的高等院校，而广州和深圳正需要吸纳大量人才以推进技术革新。粤港澳大湾区的东莞市和佛山市等七座外围城市则可以引进广深的研发技术并转化为生产力。由此可见，粤港澳大湾区中不同城市均可通过发挥各自的比较优势来深化整个区域的分工合作，从而形成"产学研"的通路，以技术创新推动绿色高质量发展。所以，广深以及周边城市对港澳高端技术人才的引进尤为重要，只有吸纳足够数量的人才，才能保证粤港澳大湾区有足够的创新能力，为整个区域的绿色生产率提升提供动力。

(四) 政府适当干预以推进粤港澳大湾区绿色协调发展

粤港澳大湾区空间功能分工较高，但随着分工程度的提升，绿色高质量发展整体水平提升，"中心-外围"城市的差距也在逐渐扩大，中央与地方政府需要平衡此种分工带来的效率提升与不平等程度提升带来的影响。如果一味地提升效率而忽视了城市群内的协调发展，可能会导致城市群内个人和企业的迁移，这会进一步加剧城市群内的不平等。但同时，政府也不能从均等化的角度牺牲城市群整体的效率来实现绿色高质量发展的绝对平等。总而言之，政府应该不断推进城市群空间功能分工来提升整体的绿色高质量发展水平，但同时也应确保区域内绿色高质量发展不平等程度处于合理范围内，这才是高质量发展的应有之义。

参考文献

[1] 齐讴歌、赵勇：《城市群功能分工的时序演变与区域差异》，《财经科学》2014年第7期。
[2] 祁毓、赵韦翔：《财政支出结构与绿色高质量发展——来自中国地级市的证据》，《环境经济研究》2021年第5期。

［3］于斌斌：《生产性服务业集聚与能源效率提升》，《统计研究》2018年第4期。

［4］于伟、张鹏、姬志恒：《中国城市群生态效率的区域差异、分布动态和收敛性研究》，《数量经济技术经济研究》2021年第1期。

［5］原毅军、谢荣辉：《环境规制的产业结构调整效应研究——基于中国省际面板数据的实证检验》，《中国工业经济》2014年第8期。

［6］张军扩、侯永志、刘培林等：《高质量发展的目标要求和战略路径》，《管理世界》2019年第7期。

［7］张学良：《2013中国区域经济发展报告：中国城市群的崛起与协调发展》，人民出版社，2013。

［8］赵勇、魏后凯：《政府干预、城市群空间功能分工与地区差距——兼论中国区域政策的有效性》，《管理世界》2015年第8期。

［9］Duranton G., Puga D., "From sectoral to functional urban specialization," *Journal of Urban Economics*, 2005（4）.

［10］Kang, J., Yu, C., Xue, R., Yang, D., & Shan, Y., "Can regional integration narrow city-level energy efficiency gap in China?," *Energy Policy*, 2022（163）.

［11］Yu, C., Kang, J., Teng, J., Long, H., & Fu, Y., "Does coal-to-gas policy reduce air pollution? Evidence from a quasi-natural experiment in China," *Science of the Total Environment*, 2021（773）.

B.10 深圳融入国内国际双循环的发展路径研究

张猛 闵静 陈金金*

摘 要： 国家发展格局的调整将对不同地区带来相应的重大影响。2020年，中央确立了"以国内大循环为主体，国内国际双循环相促进"的新发展格局，为中国的发展带来重大的发展机遇。深圳应深入解析双循环下区域经济、产业结构等重大变化，利用自身市场机制完善、资本相对充裕、高新技术企业实力雄厚的优势，进一步解放思想，主动做出相应调整，积极开展产业升级，补齐内循环不足的短板，深化社会内部改革，推动粤港澳大湾区的建设融入双循环，更好地发挥先行示范区的作用。

关键词： 国内国际双循环 深圳 空间重构 增长极理论

当前我国不仅具备全球最完整、规模最大的工业体系，同时还拥有超大规模的中等收入群体，国内消费市场的发展潜力十足，具备构建国内国际双循环新发展格局的条件。新发展格局的确立，意味着国家的增长重心、区位机遇、主导产业、要素资源配置等重要方面会持续进行较大调整，近期中共中央、国务院提出建立"全国统一大市场"，为中国进一步发展带来新的机遇，开辟新的空间。

---

* 张猛，哈尔滨工业大学（深圳）经管学院高级讲师；闵静、陈金金为哈尔滨工业大学（深圳）经管学院2020级硕士研究生。

深圳是中国最早的经济特区之一，很多改革开放的政策原型取自深圳的实践总结。深圳在自身快速发展的同时，带动不同地区和相关产业的发展，形成了一套较为完整的市场经济经验体系。在新时代，深圳被中央确立为中国特色社会主义先行示范区和粤港澳大湾区核心城市之一，肩负起新的历史责任。因此，在国家确立了双循环发展格局大背景下，深圳应深入研究新发展格局的内涵，结合自身条件积极融入新发展格局，补齐内循环的短板，加固外循环的长板，加快推进粤港澳大湾区建设，充分利用新的产业与市场空间机遇，破解深圳当前发展中遇到的问题和挑战，发挥先行示范的作用，助力新发展格局的稳步推进。

一 中国发展格局的变化与新发展格局的机遇

（一）发展格局科学性的理论探讨

法国经济学家弗朗索瓦·佩鲁（Francois Perroux）在20世纪50年代提出了增长极（growth pole）理论，认为真实世界里经济增长并不是均衡地发生，而是以不同的强度首先出现于一个或几个增长点或增长极上，然后通过不同的渠道向不同地区和产业扩散，并对整个经济产生影响。[①] 与新古典经济学思想不同，增长极理论认识到经济要素之间存在支配性的不对称关系，例如一个新产品的出现，会单向影响另一个产品的成本变化；一种新产业的出现，会影响相关产业的兴衰。经济发展是由一些具有"推进性因素"或"优势经济单元"引起的"受力场空间"变化推动的。[②]

增长极理论支持政府可以"有为"，政府通过倾斜培育某些产业、企业和城市地区作为经济的"增长极"，带动整体发展。增长极理论在中国有广泛的应用，例如我们今天常用的"增长点、发展轴、发展带"等常见说法，

[①] Perroux, F., "Regional economics: Theory and practice," *Economics Quarterly*, (1955) p.93-103.

[②] 李仁贵：《区域经济发展中的增长极理论与政策研究》，《经济研究》1988年第9期。

是20世纪80年代以来佩鲁的思想引入中国后产生影响的延续。① 在宏观角度上，增长极思想在中国也得到了应用。中国作为一个发展中大国，区域经济差异的问题显著，协调区域发展历来是中央政府非常重视的问题，增长极与经济扩散的理论和政策实践在中国受到较高的重视。尤其是20世纪90年代开始实施的西部大开发等重大区域战略，旨在协调东西部发展差异。② "对口帮扶"是增进发达地区对欠发达地区经济辐射的政策手段创新。

增长极理论在西方并没有特别成功的案例，意大利曾在1957~1966年间以增长极理论为指导，大力发展意大利南部的经济，但效果低于预期。对此的解释认为增长极不应被功利性地使用，意大利政府没有考虑到市场需求和市场竞争等因素，在狭窄的空间里期待全球性的成果，这是对增长极理论的误用，缺少现实性。③

中国的发展格局具有科学性。中国是超大型经济体，既能自成一体，也与世界经济紧密联系，中国的发展格局是有效的。首先，中国在空间增长极的确定上遵循了市场规律，结合了现实的国内国际环境变化，政策上因势利导。其次，区域发展战略采取积极的政策引导，促进发达地区对落后地区经济辐射，从而培育了潜在的新的增长极。伴随新的增长极的出现和成长，以及国内外环境的变化，新的发展格局也将出现，从而带动全国经济发展新一轮的产业升级和空间重构，这是社会主义市场经济体系中政府与市场关系先进性的体现，从宏观层面为国民经济发展在更高的层级开辟新的场域。

（二）发展格局的区位影响

新中国成立初期，中国得到苏联援助，建立起重工业为主的工业体系，增长极在中国东北，后来围绕"三线建设"进行的资金、人才、设备等跨区域迁移，促使中西部地区工业大发展。以东北为例，早在20世纪60年代初城市化率就已经接近40%，我国整体到2002年才达到这一城市化水平。

---

① 安虎森：《增长极理论评述》，《南开经济研究》1997年第1期。
② 颜鹏飞、邵秋芬：《经济增长极理论研究》，《财经理论与实践》2001年第2期。
③ 安虎森：《增长极理论评述》，《南开经济研究》1997年第1期。

这一阶段中国制造业产品以供应国内市场为主，出口以农产品和基础原料为主。由于美苏两大阵营的封锁，中国坚持"独立自主、自力更生"的发展原则，这一阶段国民经济事实上是以内循环为主。

改革开放后，东部沿海地区率先发展，广东处于最前线，深圳是排头兵，深圳建立经济特区比浦东开发早了10年。香港原为全球重要的工业城市，是玩具、塑胶、钟表等产品最大的出口地，香港制造业被低成本所吸引，整体搬迁至珠三角。① 20世纪80年代，我国正式提出"积极融入国际大循环"。在这种发展格局下，伴随着外资的大量进入和进出口贸易的发展，沿海城市经济取得发展，内陆地区与沿海城市的差距不断扩大，呈现新的"区域非均衡梯度"②。深圳作为最早的经济特区之一，更是由于特殊的地理位置，成为内外经济交汇之处，外资企业优先选择深圳，很多部委、省市也纷纷在深圳设立窗口，更有大批创业者汇集于深圳，形成了复杂的分工体系，建立了完善的产业链，外向型经济特征明显。

2008年全球金融危机爆发，之后全球经济一直未能完全走出困境，贸易冲突、逆全球化等问题持续困扰发酵，以要素驱动和外需驱动为特征的增长方式逐渐暴露出各种问题。中国以大规模基础设施建设的方式带动经济发展，率先走出全球经济危机，并推动中国装备制造业（如高铁）等高技术含量产业的发展。经过几十年的高速发展，中国国内市场已成长为仅次于美国的全球单一市场，新发展格局开始萌芽。

党的十八大以来，中央积极推动供给侧结构性改革，贯彻"五大发展理念"，为中国带来区域经济增长与高质量发展的新机遇，形成富有竞争力的区域创新体系与区域产业体系。2020年中央提出并确立了"以国内大循环为主体，国内国际双循环相互促进"的新发展格局，并写入"十四五"规划纲要，主体方向是满足国内庞大的市场需求，适宜产业发展的内陆地区将迎来重要红利期。中欧班列和未来将建成的东南亚大陆桥通道，让东部沿

---

① 陈广汉、刘洋：《从"前店后厂"到粤港澳大湾区》，《国际经贸探索》2018年第11期。
② 张倩肖、李佳霖：《构建双循环区域发展新格局》，《兰州大学学报》（社会科学版）2021年第1期。

海地区传统的地理优势不再明显。考虑到国际市场饱和，越南等低成本国家的竞争力增强，以及国际经济问题政治化和意识形态化等因素，国际市场在可预见的未来都难以出现重大商机。双循环为沿海城市带来新机遇，在原有优势基础上，可以开辟广阔的国内市场。

（三）国家战略产业和重点产业的变化升级

20世纪80年代，中国积极融入国际大循环，从初期主要从事劳动密集型产业，经过不断转型升级和研发投入，牢固占据了以轻工业消费品为主的海外中低端市场，并为海外品牌提供外包生产。自主品牌发展艰难，存在难以突破的"天花板"，外向型企业处于价值链中低位置，缺少市场定价权、技术"卡脖子"问题突出，发展空间有限，很多产业出现不同程度的"内卷"现象。

新发展格局下，中国企业亟须走出路径依赖，通过国内市场孕育技术和品牌。在全球发展停滞、新冠肺炎疫情持续、气候挑战严峻等大背景下，我国在打破技术障碍、地理障碍、资源障碍的过程中明确了新一轮重点发展产业，如芯片半导体、绿色能源、特高压电网、重大工程装备、大飞机、数字经济、生物技术等。新产业开启新一轮经济排位赛，能否与这些产业对接并占据领先地位，决定了区域和城市的未来发展走向。一些内陆和西部地区省份将凭借芯片、半导体、新能源产业实现崛起，以合肥为代表的部分中部城市提前布局，已进入主赛道，经济发展势头可期。

（四）资源要素禀赋的转变

我国经济发展正在由依靠人口红利转变为依靠人才红利。第七次全国人口普查数据显示，我国的劳动人口保持在8.8亿的规模，但规模的下降趋势已经形成，2013年已经开始小幅的负增长[①]。改革开放初期，沿海地区工业

[①] 黄凡、段成荣：《从人口红利到人口质量红利——基于第七次全国人口普查数据的分析》，《人口与发展》2022年第1期。

发展吸纳了大量低端劳动力，狭小的厂区容纳了成千上万的青年工人，廉价劳动力撬动了市场经济的最初发展。伴随着人口政策和教育事业的发展，当前劳动力进入与退出的数量基本平衡，但劳动力的质量在不断提升。中国接受高等教育的人才已达1.7亿人，人口的平均受教育年限持续增加，同时平均寿命也持续延长，人口质量红利拥有较为稳固的教育基础和健康基础，能够支撑中国的产业升级，也是构成中国庞大市场的主体。相比而言，经济较好的城市仍然保持着城市活力和人口增长的显著优势（见表1），这些优势在未来应继续保持并妥善利用。

表1 人口自然增长率

单位：‰

年份	全国	深圳	北京	上海	杭州
2013年	5.9	17.77	4.41	-0.54	4.73
2014年	6.71	17.48	4.83	0.32	6.94
2015年	4.92	18.36	3.01	-1.27	4.21
2016年	6.53	20.99	4.12	0.5	7.58
2017年	5.58	23.92	3.76	-0.6	6.19
2018年	3.78	20.29	2.66	-1.9	6.31
2019年	3.32	20.39	2.63	-2.3	6.97
2020年	1.45	15.74	—	—	—

数据来源：《中国统计年鉴2021》《深圳统计年鉴2021》《北京统计年鉴2020》《上海统计年鉴2020》《杭州统计年鉴2020》。

二 深圳发展面临的新挑战

（一）国际贸易环境不稳定

外向型特征明显的深圳经济受国际逆全球化潮流的冲击非常严重，从中美贸易摩擦到亚马逊大量关闭中国跨境电商，都对深圳经济和产业造成不同程度的困扰。后疫情时期，各国经济发展对全球价值链的依赖程度或普遍下降,随着欧美制造业恢复,疫情初期出口大幅增长的势头将回落。另外,深圳与重要的贸易伙伴香港的贸易总量呈现下降趋势(见表2),与其他主要的进出口方的交易量也呈现较大波动,国际形势的不稳对外贸增长造成明显冲击,深圳的外贸总额(见表3)正呈现波动下降态势。

表2 深圳与主要国家和地区的进出口总额

单位:万美元,%

国家和地区	进出口总额			增长率	
	2018年	2019年	2020年	2019年	2020年
中国香港	10269572	9358609	8856029	-9	-5
中国台湾	4160263	3954482	4302603	-5	9
美国	4188740	3846422	4437143	-8	15
日本	2220377	2068997	2169889	-7	5
韩国	2479705	2153093	2251175	-13	5
马来西亚	1383376	1801418	1771135	30	-2
泰国	1031406	1033237	1155790	0	12

数据来源:《深圳统计年鉴2021》。

表3 深圳近年来进出口总额

单位:亿美元

	2000年	2010年	2017年	2018年	2019年	2020年
进出口总额	639.39	3467.5	4141.46	4537.29	4314.76	4408.08
出口总额	345.63	2041.84	2443.58	2460.41	2421.24	2453.11
进口总额	293.76	1425.66	1697.88	2076.88	1893.52	1954.97

数据来源:《深圳统计年鉴2021》。

深圳外向型经济还受到国际关系的影响,特朗普执政期间中美贸易摩擦对深圳企业造成实质性伤害,此外由于受到不公正制裁,华为2021年的财务年报显示营业额大幅下降21%。还有很多不透明原因的损害也时有发生。如2021年亚马逊对中国卖家实施大范围封号,导致大量头部电商企业损失惨重,深圳市跨境电子商务协会执行会长王馨表示,深圳承载了我国跨境电商的很大比例，亚马逊在第一批封号中，选择性地关闭了1000万美元以上销售额的中国卖家，其后又对500万美元以上销售额的卖家进行了打击。亚马逊不透明、不公平地打击中国卖家，导致深圳跨境电商损失惨重。

（二）疫情对中小企业、传统产业影响较大

由于深圳市场机制成熟，企业对外部环境和经营成本的变化反应迅速，将对深圳经济产生长期影响，在疫情的打击下，一定数量的中小企业、劳动密集型工厂受到了重创而关闭。

深圳科技产业受到其他城市的竞争。深圳的科技创新产业一直保持在全国前列，华为、中兴、比亚迪、腾讯、大疆等一批高科技领军企业为深圳在数字经济和信息产业领域积累了坚实的基础，但营收规模超千亿的深圳企业均为20世纪创办。近年来，在国内数字经济领域，知名新兴企业层出不穷，各大城市纷纷争夺科技发展制高点，孕育出字节跳动、拼多多、美团、微信为代表的"独角兽"，还有小米、蔚来等硬件行业头部科技企业。此外，深圳在国家主导的芯片、碳中和、大飞机、新材料等战略产业中没有获得应有份额。

（三）综合成本上升，新生企业压力较大

迈克尔·波特在《国家竞争优势》一书中指出，经济体存在四个发展阶段，从要素驱动、投资驱动、创新驱动到财富驱动。深圳已从早期的要素驱动和投资驱动，进入了创新驱动阶段，但近年来由于房地产过热的影响，初创企业成本增加，较为艰难。学者研究发现，从2007年开始，作为"民企之都"的深圳再未诞生新的重要企业。①

经济内生于社会，社会体系如何运转很大程度上决定了经济如何构建。产业链的基础是社会网络，健全的社会网络来自社会资本。近年来，深圳坚

---

① 钟坚：《历史性跨越（上）——深圳经济特区改革开放和现代化建设回顾与思考》，《特区实践与理论》2018年第2期。

持"房住不炒",大力开发廉租房、人才房建设,有效地抑制了房地产的无序发展,阻断了过量资金进入房地产等虚拟经济领域,但高成本的格局已经形成,影响深圳的城市竞争力,对实体经济和社会活力产生压力。深圳市国土规划研究中心的一份研究显示,深圳要加大住房保障力度,优化布局,促进产城融合发展。①

三 深圳积极融入双循环的路径

新发展格局的确立是一个重大命题,为中国整体发展带来巨大的机遇与动力。从新的区位经济、产业结构与科技创新、人才机制与社会活力三个方向入手,深圳可以借助中国新发展格局升级带动深圳全面发展,解决深层次的问题,提升深圳的竞争力。

(一)利用区位发展的重大机遇

在双循环格局下,深圳要注重增强城市经济辐射能力,对外充分利用RCEP自贸协议带来的红利,对内加强与中西部、华东、东北等地区,尤其是与长江经济带对接,建立经济回路。深圳要加快推动粤港澳大湾区建设,粤港澳大湾区是深圳积极融入双循环的根基。

1. 用好贸易与投资两个工具,加快融入双循环新格局

外贸方面应抓住RCEP红利。由于欧美经济的不确定性以及香港近年来经济增长乏力等外因,深圳外贸发展将受到影响。未来深圳应注重调整贸易方向,增加与"一带一路"国家的经贸合作。2022年RCEP正式生效,并在10个国家率先运转,RCEP的15个签约国经济总量占世界的三分之一,将是世界最大的自贸区。但RCEP并非高标准的自贸协定,我国与部分国家既有的贸易协议在开放度和覆盖面上甚至更高,RCEP的价值是给经贸活动

---

① 姚康、周丽亚:《高房价背景下深圳住房发展对策的思考》,《住宅与房地产》2017年第8X期。

带来相对稳定的整体保障。东盟是中国最大的贸易伙伴，随着中国劳动力成本的上升，东南亚地区与中国企业结成密切的生产网络。因此，RCEP对深圳的价值更为明显，深圳的地理位置和已经大量分布于东南亚的深圳加工企业使得深圳可以在RCEP稳定框架下开展与东盟10国及日、韩、澳、新等国的经贸往来。深圳应争取成为中国RCEP贸易示范区，在外循环方面发挥更大的作用。

深圳可以充分利用国有投资平台，协同民间资本，借助双循环带来的新投资机会，对重点地区的重要产业进行投资布局。抓住深圳现有产业转移的机遇，在重点地区投资设立深圳工业园。另外，要吸引国内企业在深圳设立分支机构或上市融资，从而加强深圳与内地企业的紧密联系。

2. 推进高质量交通设施建设，积极连接国内大市场

深圳应利用联通国内外、海陆空口岸齐备的区位优势，开发多式联运，增加"湾区号"中欧班列班次。加快建设深圳与国内市场、世界市场更多方式、更加便捷的交通硬件设施，满足不同层次的需要，推动深圳构建畅通国内国际双循环的重要枢纽节点。

依托高铁等新型基建产业进一步加强与中西部、华东、华南地区的联系。目前粤港澳大湾区还没有直接联通长三角的高铁，中国经济最发达的两个地区人员交往主要靠飞机一种方式是远远不够的。随着赣深高铁的开通，深圳初步具备了与上海、南京、苏州等地高铁直达的条件。深圳应积极推动深沪高铁的早日运行。

深圳扼守珠江口，也适合发展内河航运，内河航运对国内市场开发较为重要。水运除了运费低廉、绿色环保之外，还能运送陆上交通无法胜任的大尺寸货物，如海上风电的扇片、大型盾构机、航天器材、大型预制件结构件等重要产品。内河运输除了能贯通国内市场外，对于大型设备运输等产业升级也非常重要。在新发展格局下，国家重视内河航运的规划与建设，2022年珠江流域首次被纳入交通运输部的统筹规划中，制定《珠江航运"十四五"发展规划》。珠江水系的水量充裕，通航里程达到2620公里，连接长江与珠江水系的浙赣粤运河也进入可行性分析阶段，将极大拓

展内河航运的覆盖范围，深圳应重视内河航运的发展潜力。

3. 建设粤港澳大湾区，打牢深圳融入双循环的根基

深圳是粤港澳大湾区的核心城市之一，粤港澳大湾区 9+2 城市群的协同分工能为深圳融入双循环提供必要的支点。深圳比邻港澳，是"一国两制"下内地与香港最重要的连接纽带，深圳要有更高站位，充分利用深圳较高的经济发展水平做出更大的贡献，同时港澳地区也是深圳紧密联系世界的重要通道。广深科技创新走廊连接珠三角科技与产业资源，为深圳的创新发展开辟空间。在国内国际双循环的大背景下，深圳作为一个面积有限、成本较高的城市经济体，应对国内国际两个市场的激烈竞争，特别需要专业配套协同支持，以合理的成本实现产业链布局，粤港澳大湾区为深圳进一步发展提供坚实的基础。

（二）全面产业结构提升，促进科技发展

1. 积极参与国家重大战略和重大项目，提升产业结构

科技产业是深圳的优势产业，在我国高质量发展大背景下，新一轮发展的一个重点在于"专精特新"产业的发展。截至 2021 年年底，深圳拥有"专精特新"企业 169 家，数量在全国排第四，以半导体、新能源、医疗器械、软件和信息技术、新材料及智能制造等为主，已经有较好的基础，初步形成了产业集群。深圳应研究国家规划的重大战略性产业发展，以科技企业为依托，用金融投资为推力，加大招商引资和产业政策力度，争取在国家双循环主赛道上培育有影响力的深圳企业，提升深圳的产业结构。

深圳应主动调整发展战略和方式，实施产业政策，加入双循环下的经济产业主赛道。深圳在资本与技术密集型产业依然有明显的比较优势，芯片、新材料、绿色能源等潜力巨大的领域，深圳既有产业基础，又有市场需求，重点产业应该着手开发。

2. 促进创新生态系统的构建与完善

深圳作为高科技产业发达的经济中心，长期以来民营企业是创新的主

体,"四个90%"① 是深圳创新的标签,这与深圳曾经高校和科技创新资源匮乏密不可分。当前,深圳被国家确定为第四个综合性国家科学中心。随着南方科技大学、香港中文大学(深圳)、哈尔滨工业大学(深圳)、深圳大学、深圳技术大学、中山大学(深圳)、中科院深圳理工大学等一批完整健全的大学和北京大学、清华大学等设立的研究生院,以及虚拟大学园和鹏城实验室为代表的高水平研究院的设立,深圳已经扭转了一流高校空白的局面。这些优质科技创新资源是深圳进一步转型升级的核心资产。

在科学构想与创造产品之间存在被西方学者称为"创新的死亡峡谷"的关键区域,需要由创新生态系统架设桥梁。在美国,一般由高校专注于知识生产,小型企业把创新转化为专利,而大型企业则实现产品和销售,金融企业、校友、科技中介机构在这个系统中也发挥重要的连接和促进的作用,而政府的财政支持和制度保障是这套系统的运转动力来源。目前深圳被确立为综合性国家科学中心,深圳应在加大科研投入的同时,加强创新生态的研究和建设。

(三)优化人才管理机制,增强青年活力

1. 应从制度上确保科技人才的流动

深圳特别重视人才,优待人才,同时也对人才有较高的吸引力,但用好人才需要非常复杂的系统支持。在此提一个具体的建议,可以考虑在深圳各大高校院所的科研人员管理机制中,落实鼓励科研工作者进入企业或相关机构交流和工作的具体政策,作为晋升的参考条件,甚至是必要条件,对高科技企业的高级研发人员也应有类似的通道,便于深圳科技企业与高校、实验室之间建立强联系,为思想碰撞提供制度性保障,让科技成果走出实验室,把企业的困惑放在高校解决。

2. 保护好综合成本洼地,关注青年群体结构性问题

创新的主体是青年,社会的活力来自青年。目前青年人的留深成本、综

---

① 即90%以上研发机构设立在企业,90%以上研发人员集中在企业,90%以上研发资金来源于企业,90%以上发明专利出自企业。

合创业成本较高,不利于创新企业的孵化。我们实地考察发现,在某些大型城中村周边聚集了很多有潜力的青年企业家创办的企业。这说明市场机制的有效性,要解决深圳近年来成本上升、内生企业数量不足的问题,需要重视创业环境,创业环境不仅仅包括高效的政府服务,宽敞的孵化器、还需要低廉的居住成本和大量低价、便利的外部资源。深圳要有意识地研究保护好这些综合性的成本洼地。

长期高速发展的深圳积累了一些问题,从表面看存在住房、医疗、教育短缺等民生问题,我们也应从社会分析的角度去研究不同群体面临的结构性的"不平衡、不充分"问题。经济内生于社会,有活力的社会才有动力去用创新的方法解决发展中的问题。建议进一步深入不同社会阶层、青年群体进行调研,出台更具针对性、差异化、人性化的经济社会发展政策。

B.11 中山"南联"珠澳共建优质生活圈对策研究

中山市经济研究院课题组[*]

摘 要： 中山与珠海、澳门地理相连、人心相通、民俗相近、优势互补，在粤港澳大湾区中与珠海、澳门共建"珠中澳"具有比较突出的优势。《粤港澳大湾区发展规划纲要》发布以来，粤港澳三地进入了全面深度融合发展的新阶段。中山要围绕交通、民生、公共服务、文化旅游等方面着力推进珠中澳优质生活圈建设，从而推动粤港澳大湾区人心融合。

关键词： 优质生活圈 珠中澳 融合发展

改革开放四十多年来，尤其是《粤港澳大湾区发展规划纲要》发布以来，粤港澳三地的经济社会各领域的合作不断加强，进入了全面深度融合发展的新阶段，粤港澳大湾区优质生活圈正在加速形成。中山与珠海、澳门地理相连、人心相通、民俗相近、优势互补，在粤港澳大湾区中与珠海、澳门共建"珠中澳"优质生活圈具有比较突出的优势，既是落实国家保持香港、澳门长期繁荣稳定政策的需要，也是中山主动开拓发展空间，抢抓大湾区发展机遇的需要。

---

[*] 课题组组长：梁士伦，广州市粤港澳大湾区（南沙）改革创新研究院高级研究员，广东省区域发展蓝皮书研究会副会长，电子科技大学中山学院教授，中山市经济研究院院长，中山市改革发展研究会会长。课题组成员：冼凯欣，中山市经济研究院助理研究员，经济师；梁爽，中山市经济研究院助理研究员。执笔人：冼凯欣、梁爽。

党的十九大报告提出，我国社会主要矛盾已转化为人民日益增长的美好生活需要和不平衡不充分的发展之间的矛盾。在全面建成小康社会之后，我国开启全面建设社会主义现代化国家新征程。中山市第十五次党代会提出加快"南联"步伐，大力支持横琴粤澳深度合作区建设，主动服务澳门经济适度多元化发展；加强与珠海在城乡规划、基础配套、环境美化等方面协同联动，共建"珠中澳"优质生活圈。《横琴粤澳深度合作区建设总体方案》提出要加快建设便利澳门居民生活就业的新家园，发展便利澳门居民生活就业的新空间。随着生活水平的不断提升，"宜居宜业宜游优质生活圈"的内容更加丰富，多层次、个性化的需要更加突出。如何围绕"美好生活需要"创造条件、发挥优势，是中山南联珠澳共建"珠中澳"优质生活圈的关键问题，也是中山拓展区域发展空间、主动融入粤港澳大湾区的应有之义。

一 中山"南联"珠澳共建优质生活圈的发展现状

当前，中山、珠海、澳门三地产业、交通、社会、文化等领域全面融合发展，居民来往频繁，诸如交通轨道硬件设施加快联通，在民生保障、就业创业、文化休闲等方面便利居民生活的"软联动"不断提升优质生活圈的品质，推动"珠中澳"优质生活圈高质量发展。

（一）交通设施方面

随着粤港澳大湾区建设的加快，中山近年来加快推进市内市外交通建设步伐，谋划了城际铁路、高速公路网、港口航运、航空、货运、综合客运、快速路网、公共交通、慢行交通、停车系统、智慧交通、交通管理等规划方案，打造湾区西岸重要综合交通枢纽。在城际铁路规划方面，南联珠澳的铁路现有南北向的广珠城际、广州18号线南延线（南中珠城际），规划的4条铁路中南北向的有广中珠澳高铁。除了跨市的铁路和高速路项目，2021年中山市内多条快线和38条"瓶颈路"已全部通车。2022年，中山将重点推进多个交通项目的前期工作或建设，包括做好南珠中城际、广中珠澳高铁的前期工作；谋划深大城际西延线、佛山地铁11号线延伸至中山；建成南沙港铁路东凤站和黄圃站；推动中山北站、中山站升级改造以及中山西站建设；还有谋划布局中山南站等。

（二）民生保障方面

根据2020年1月1日起施行的《香港澳门台湾居民在内地（大陆）参加社会保险暂行办法》，港澳居民在广东享有依法参加社会保险和享受社会保险待遇的多项合法权益。为了便利港澳居民，广东通过实施"社保通"工程、推进社保经办服务跨境协作、健全多层次社会保障体系等多方面举措，帮助在粤港澳人员轻松参保，"足不出境"就近办，随时随地掌上办，还将加快粤港澳三地社保服务双向延伸。据统计，目前在中山市参加社会保险的港澳人员有近3000人，其中已经办理社保卡的有2200人左右。中山市社保局结合已向银行延伸的查询、打印、认证、办理四大类共计30项高频社保业务，通过模拟港澳人员在中山市工作、居住的应用场景，聚焦港澳人员的社保需求，已形成"湾区社保一站式服务清单"，可为港澳人员提供咨询、权益登记、养老保险、失业保险、工伤保险、社保卡服务等六大类共37项社保服务。中山、澳门两地正积极开展金融领域共赢合作，组织银行机构优化和扩大港澳居民移动支付、银行卡在中山的受理环境、受理范围，满足港澳居民在中山通过港澳微信电子钱包、港澳支付宝实现双向跨境移动支付服务的需求。截至2020年年底，开通粤澳跨境电子账单直接缴费业务，受理港澳居民银联卡、外币卡的商户数量2.44万户，受理港澳版银联云闪付、支付宝、微信电子钱包等移动支付的商户数量4.04万户。

（三）就业创业方面

为支持港澳青年在中山就业创业，近年来中山出台了《中山市支持港澳居民到中山就业创业若干政策措施》《关于加强港澳青年创新创业基地建设工作方案》《中山市推动港澳青年创新创业基地高质量发展的意见》等政策文件，明确到2025年，建成以中山粤港澳青年创新创业合作平台和中山翠亨新区澳中青年创新创业园为核心，带动全市建成一批各具特色的港澳青年创新创业基地，形成具有中山特色的"1+1+N"创新创业平台布局。现已建成中山粤港澳青年创新创业合作平台，并建成了中山留学生创业园、坦南创业园、澳中致远火炬创新园、南区国际青年科创谷等一批各具特色的创业孵化基地，为港澳青年到中山创业、生活提供平台服务。目前，中山粤港澳青年创新创业合作平台已投入使用，平台累计孵化港澳团队67个，带动港澳居民在中山市就业73人，在孵项目年产值达5000万元。港澳青年在中山就业创业还可享受资金资助、场地租金补贴、担保贷款、贴息支持等政策。为助力澳门现代服务业培育引进产业发展急需的人才，中山还大力推进"粤菜师傅""广东技工""南粤家政"三项培训工程，探索中山技工院校、职业培训学校和澳门企业合作开展三项工程相关的现代学徒制、企业新型学徒制校企合作，为澳门输出粤菜烹饪、酒店服务、旅游服务、家政服务等人才，助推澳门产业发展。

（四）文化旅游方面

文化相融促进民心相通。近年来，中山借助香港、澳门旅游展会宣传推介中山文化旅游资源，积极参与重大文化旅游展会，利用各种展览平台做好对港澳台交流合作、宣传推广工作，组织主要文旅企业赴澳门举办中山文旅推介会，与澳门乡亲进行深度文化旅游交流，宣传推介中山文旅资源，吸引更多中山籍港澳乡亲带子女回乡开展"寻根"之旅，增强港澳青年的爱国情怀。同时，邀请香港、澳门青年艺术家参与音乐节等演出活动。

（五）便民生活方面

目前，大概有2万多名澳门居民在中山市生活养老，位于三乡镇的澳门街坊总会中山服务点自2018年11月成立以来，每年开展恒常服务、义工活动、大湾区旅游等八大计划，已成为居住在中山的数万名澳门居民的另一个"娘家"。为了便利澳门居民在中山就医、入学，中山推出了一系列政策，发布了《关于印发港澳居民子女在中山市接受义务教育工作安排的通知》等政策。2010年年底,中山将港澳老年人纳入免费乘车优惠对象。截至2021年6月,中山市公交集团已为60周岁以上港澳老年人累计制卡超2000张,惠及9万多人次。2020年9月,经国务院同意,国家市场监管总局等八部委联合发布《粤港澳大湾区药品医疗器械监管创新发展工作方案》,在大湾区内地9市开业的指定医疗机构使用临床急需、已在港澳上市的药品,以及使用临床急需、港澳公立医院已采购使用、具有临床应用先进性的医疗器械,由广东省政府批准。"港澳药械通"政策是大湾区医疗跨境合作的里程碑,既造福在内地的港澳人士,又让大湾区内地居民受益。

二 中山"南联"珠澳共建优质生活圈存在的问题

虽然近年来中山"南联"珠澳共建优质生活圈取得一些进展,但从总体上来说,仍然有很大的进步空间。从软硬件设施来说,中山仍然比较缺乏有影响力的区域性大型公共设施、文化设施,与优质生活圈的建设要求仍然有一些距离,主要表现为以下些方面。

(一)人民群众美好生活需要有待进一步满足

随着经济社会发展,人民群众的需要日益多样化、多元化和个性化,中山要满足人民群众的新需要,就要解决好"高质量""好上加好"的问题,实质上就是适应人民群众美好生活新期待发生的定位转变。对中山来说,满足人民群众更高和更好的宜居需求,不断提升城市生活宜居品质,必然要加快解决以下群众反应热烈、阻碍宜居城市建设的问题。一是优质公共服务资源不足,镇街之间社会事业发展水平差距较大,与人民群众所期待的民生事业发展水平不相匹配。一方面是教育、医疗、交通、文化等公共服务资源在富裕镇街和落后镇街之间配置不均等,不同镇区享有的民生服务水平不同,另一方面是定制化、个性化、高水平的公共服务资源缺失,不能满足人民群众更高层次的生活需求,这些都使中山的宜居品质受到影响。二是各类交通问题集中凸显,"优质生活圈"仍然面临着以停车难、交通拥堵、公共交通不发达为主要表现的出行不便问题。

(二)粗放式城市管理模式亟须改变

优质生活圈必然是宜居的,必然规划有序、管理规范、治理有效,能够解决好因城市规模扩大而来的治理难和资源环境承载力下降的问题,为人民群众提供精细化城市服务、高品质城市生活和安全智慧的城市环境。与大多数城市发展阶段相似,中山正处于城市管理模式从粗放式到精细化的转变阶段,可以说,要建成宜居精品城市,中山城市管理模式必须切实做出相应调整。实际上,近年来中山在城市规划和建设方面面临不少挑战,已经到了不得不改的发展阶段。例如,由于老城区规划无序、道路建设缺乏前瞻性、交通设施建设前期宣传不足和应对修路带来的交通堵塞问题的举措不到位等,中山的交通拥堵问题愈演愈烈,工作日拥堵程度加剧,甚至一度超越广州、佛山和东莞等珠三角城市,大大降低了群众出行便利度;又如,中山作为土地减量规划城市,城市更新工程进度缓慢,布局结构混乱和基础设施不健全的问题同时存在,使部分旧城区面临比较严重的消防安全、环境卫生和治安管理等问题。事实上,不论是交通拥堵问题、城市更新问题还是环境治理问题,本质上依然是城市管理和建设问题,是城市管理思维和管理方式的问题,只有精细地管理城市,诸如此类的城市顽疾才能加快解决。

(三)粤港澳大湾区背景下城市品牌建设需要加快

城市品牌代表的是城市形象,集中展示了一个城市最核心的特质,宜居精品城市展现的就是城市的舒适生活、宜人品质和较强的宜居竞争力。宜居精品城市作为一个城市品牌,有助于扩大招商引资、提振经济、吸引人才、保持社会活力,是评价城市竞争力的重要因素。近年来,经济下行压力增大,加上交通拥堵、生活成本上升等一系列问题,"宜居"作为中山的城市品牌优势受到了越来越多的质疑,中山"何以宜居"?这就要剔除阻碍因素，在内容上完成宜居精品城市的发展目标，还要塑造城市的品牌形象；在形式上实现宜居精品城市的发展定位，扩大中山作为宜居精品城市在粤港澳大湾区乃至全国的影响力。

三 中山"南联"珠澳共建优质生活圈的对策建议

中山"南联"珠澳共建优质生活圈，要围绕改善民生，从硬件和软件两个方面进行提升改善，主要是加快交通设施建设，在三地居民尤其是澳门居民比较关心的教育、医疗、养老等领域增加优质公共服务和生活产品供给，共建宜居宜业宜游的优质生活圈。

（一）加快构建便利交通设施

加快深中通道、南中高速、广中江高速、深茂铁路、广中珠澳高铁、南中珠城轨、深大城际等高速公路、干线公路、国家铁路、城际轨道等组成的区域"大通道"建设，加快构建"二环十二快"市域快速旅游通道，便捷连接主要景区，打造东承西接、南北贯通的快速旅游交通网络，衔接广州、深圳、珠海、佛山、江门等周边城市，串接深圳都市圈、广州都市圈、珠江口西岸都市圈，全面融入粤港澳大湾区"一小时生活圈"。完善中山同深圳、广州、香港等周边城市机场的联系，打造湾区西岸异地候机客运旅游服务中心。提升港口航运能力，开通中山港头到南沙港客运码头、深圳蛇口客运码头、福永码头、香港海天客运码头、珠海九洲港客运码头、澳门氹仔客运码头航线，沿岐江河、磨刀门水道、小榄水道、鸡鸦水道、横门水道等布设水上旅游巴士，建设翠亨新区到岐江新城、岐江公园、大涌、詹园、板芙、神湾的游船码头。在疏通拥堵点、打通"瓶颈路"上下更大功夫，提升城市道路通行能力和承载能力。提前研究深中通道开通后的运行管理政策，包括通道两侧的路网衔接、配套联络线、智能引导系统等建设，调剂、疏散交通运输压力。

（二）打造文化旅游精品城市

依托毗邻珠澳的地缘优势，主动承接珠海、澳门的旅游功能辐射，大力实施区域旅游功能差异化战略，深化旅游合作，发展差异化旅游产品，推动旅游信息共享。积极对接珠海情侣路资源，建好中山自己的滨海路。在翠亨新区、主城区等建设一批地标建筑和文化城市景观，做好文化旅游项目招大商大招商工作，打造文化旅游全产业链，培育一批文化活动品牌。以中山母亲河岐江河水系为纽带，串联滨江景区景点和文旅生态空间，加快岐江河水系全流域改造，全面提升"一河两岸"建设品质和景观风貌，在岐江河沿线建设中山文化公园，布局石雕、喷泉广场、文化长廊等景观，生动呈现中山文化的独特创造、价值理念和鲜明特色，打造成最具中山特色、连接粤港澳大湾区的高品位文化旅游廊道。推动孙中山、岐澳古道、华人华侨、红色文化等主题精品文化遗产游径提质升级，先行建设示范段，将中山及周边文化遗产资源编成画册，挖掘整合线路周边景点、文化资源，完善文化遗产游径沿线标识系统，实现市域内"串珠成链"，并与周边城市"链珠成链""链链成链"，在此基础上，进一步挖掘打造非物质文化遗产、精品村镇、中医药康养等多种主题文化旅游游径，积极融入粤港澳大湾区文化遗产游径体系建设。按照"宜融则融、能融尽融"的原则，实施"旅游+""+旅游"战略，推动研学旅行、红色旅游、亲子旅游、产业旅游、乡村旅游、康养旅游、夜间旅游、影视旅游、体育旅游、节庆旅游、会展旅游等新业态发展。优化高端精品酒店分布，打造文商旅居一体的休闲旅游综合体，成为粤港澳大湾区高端休闲旅游新地标。加快文化和旅游深度融合、全贯通，在游客聚集区引入影院、剧场、书店等文化设施，推动公共文化服务进旅游景区、度假区。适应夜间经济和夜间文化消费需要，实施夜间公共文化场所灵活开放，引导社会文化机构开展夜间公共文化服务，满足群众的夜间文化需求。

（三）加强三地民生合作

优质生活圈构建是一个复杂的系统工程，应紧紧抓住制约发展的关键要素，优先解决好城乡居民反映最强烈、呼声最热烈的民生问题，坚持在发展中保障和改善民生。面对澳门居民的实际需求，提升基本的民生保障水平，率先在教育、医疗、卫生、社会保障等领域实现更高水平的基本公共服务均衡化，加强与珠海、澳门的社会民生合作，持续推动澳门街坊总会中山服务点的服务质量，对接澳门教育、医疗、社会服务等民生公共服务和社会保障体系，大力拓展澳门居民的优质生活空间。发挥大数据、互联网、手机终端对教育、医疗、卫生、交通、政务服务等民生服务的积极作用，通过信息共享、互联互通，不断提升城乡居民的生活便捷度。积极推进澳门科技大学在中山的办学项目。积极做好粤港澳大湾区教育交流与合作，增进广大师生对其他国家和文化的认识、理解，培养具有国际视野和跨文化交流能力人才。建立健全港澳青少年交流统筹协调机制和常态化沟通机制，制定长期战略性合作方案和年度交流活动计划。积极参与大湾区职业教育资源共建共享，主动参与大湾区职业院校教师资质互认、学生学分互认和就业创业一体化合作。在疫情防控的背景下，应进一步加强疫情防控联防联控机制和能力建设，增强联合应对疫情的能力，共同做好疫情防控，健全紧急医疗救援联动机制。继续开展家庭医生骨干团队"滚雪球式"轮训、全科医生轮岗培训、基层卫生"填洼"计划以及粤港澳合作金牌家庭医生培训等。高水平推进中山粤港澳青年创新创业合作平台建设。研究制定《便利港澳居民在中山发展措施》，就港澳居民在中山居住生活、学习、就业创业、文化交流等提出具体措施，为港澳居民提供方便查询、内容全面的办事指南。探索推动跨境法律援助服务合作新机制，加入珠澳目前已有的跨境法律援助合作机制，加强相关业务培训，组建专业法律服务团队，加强宣传合作，解决好三地居民的法律劳动纠纷问题。

（四）共建人文生活圈

文化深厚是优质生活圈建设的理想追求。文化是城市的灵魂，宜居精品城市的建设自然离不开文化发展的维度。建设粤港澳湾区文化强优城市，中山得天独厚、独一无二的名人资源和历史资源，应当得到深入挖掘和开发利用。提升中山在粤港澳大湾区的文化影响力和辐射力，塑造宜居精品城市独特的文化魅力，中山要把握好历史机遇，通过资源整合、IP创新、文旅策划、文化研讨等方式，将中山的文化资源亮出来，用好"名人故里"和"华侨之乡"两张牌，并且持续深化开展全民修身、志愿服务、"慈善万人行"等活动，做好文化兴城这篇大文章。

（五）提升人才集聚能力

加强高端人才平台建设，继续办好"中山人才节"。谋划建设高品质人才创新创业社区，对标深圳先行示范区，建设高水平的教育、医疗、文化、体育设施等高端化公共服务体系，让人才愿意来、留得住、融得进。依托"智汇中山"人才洽谈交流会、珠中江阳大型公益招聘会等高端平台，加强聚才引才。围绕产业发展状况，重点开辟相关产业特色专场，进一步培育现代服务业、高技术制造业等特色专长，畅通企业和人才的对接，提高企业和人才的匹配性。拓展高端精英人才服务领域，加快推动高端人才交流，增强精准对接。力争用三至五年时间，将中国中山留学人员创业园打造成有特色、名副其实的国家级留创园。落实落细人才政策，整合人社、科技、工信、教体、卫健等部门力量，落实好一系列配套措施，进一步完善、升级人才服务政策配套。严格落实国家、广东省关于人才的最新政策，主动对标珠海、佛山、东莞等人才政策，凡是周边城市能提供的津贴、入户、入学、就业等政策优惠，中山应当给予同等待遇。

（六）共建共享绿色优质生活圈

美丽中山是优质生活圈的亮丽底色。城市格局有致、城乡环境美化和建筑风格有特色是宜居城市的底色，不仅反映了城乡居民的人居环境，而且是衡量一个城市人与自然、人与资源、人与历史和谐发展的重要尺度。美化城市形象，中山要巩固提升生态环境优势，打造以共享为核心的绿色优质生活圈。为此，要打破过去城镇建设"各自为政"的局面，从全市域的角度统筹各镇街基础设施建设，以"三旧改造"为抓手，以环境综合治理为重点，做好岐江新城、特色小镇、岐江河一河两岸等项目的规划和设计工作,促进城市生产、生活和生态功能的融合发展,提升中山城市风貌。要立足实际,开展农村人居环境整治行动,加快治理农村污染和生态破坏问题,建成一批具有岭南风貌特色的美丽乡村。无论是旧城改造、城市更新,还是农村人居环境整治,都要坚持保护和发展相结合的建设原则,要把彰显中山历史、文化和品位的城市构件如历史建筑、文化名村、传统村落等的保护和利用放在重要位置,因为只有修旧如旧、新旧结合,中山的美丽才是独树一帜的。

参考文献

[1]梁理文:《加强粤港澳大湾区民生合作的思考》,《广东经济》2020年第8期。

B.12
区域协同发展的国际经验借鉴研究

黄剑辉*

摘　要： 全球发达经济体的区域协同发展经验，能够为粤港澳大湾区发展提供多方面启示。本文梳理了日本东京都市圈、法国巴黎大区都市圈、英国伦敦都市圈、以色列特拉维夫城市群的发展经验，认为日本东京都市圈跳出东京去解决"东京一极集中"问题并设置定量化评估与监测标准；法国巴黎大区都市圈突破旧城区空间约束在更大范围内建设副中心和卫星城，在发展初期协同第二、三产业；伦敦都市圈采取科学合理的规划设计、高效立法与灵活经营机制保障；以色列特拉维夫城市群的服务型政府，鼓励创新创业且宽容失败，这些做法值得粤港澳大湾区学习借鉴。

关键词： 区域协同发展　国际经验借鉴　全球发达经济体

一　日本东京都市圈发展模式的启示与经验借鉴

东京狭义上指东京都，严格意义而言它不是一个市，而是日本的一级行政区，辖区包含东京都区部（东京23区）、多摩地域（26市和西多摩郡3町1村）以及东京都岛屿部的4个支厅（2町7村）。从江户时代至今的400余年来，东京都一直是日本最大的都市，虽然未被设为法定首都，但东京通

---

* 黄剑辉，广州市粤港澳大湾区（南沙）改革创新研究院首席专家，全国工商联智库委员会委员，中国民营经济研究会副会长，华夏新供给经济学研究院首席经济学家。

过跨行政区域整合人口、经济、金融、信息等资源，实现了综合性首都功能，因此又被称为"日本的心脏"。

（一）东京都市圈概况

东京还可泛指广义的东京都市圈，也称"首都圈"，指以东京都为中心、半径100公里范围内的20余个规模大小不等的城市组成的环状大城市带，包括一都七县——东京都、神奈川县、茨城县、栃木县、群马县、埼玉县、千叶县及山梨县在内的巨型都市圈。该圈是日本三大都市圈之一，依托东京湾发展起来，总面积为36884平方公里，虽仅占日本国土的9.8%，全区生产总值占日本全国的2/3，工业产值占3/4，是牵引日本经济的"火车头"。

东京都市圈聚集了日本政治、行政、经济等中枢功能，分为东京都23区、东京城市圈（一都三县）和东京都市圈（一都七县）三个层级。从内部空间结构变迁看，内层的东京都经历了"人口流失—人口回归"历程。1990年经济危机期间，东京高昂的生活消费导致部分居民向城市外围迁居，2000年后随日本从"失去的十年"中走出，人口自近郊区三县迁回市区，东京都重新形成"都心回归"现象。中层三县经历"暴增—和缓增长"变化。经济危机期，地价相对便宜，住宅大量建设，东京都和外围四县人口涌入。而外层四县长期处于人口流失状态。

（二）东京都市圈"多中心"模式特点

东京都市圈"多中心"或"多中心城市"模式是从19世纪70年代初逐渐发展而来，其框架既包括山手线副中心，多摩、大宫、浦和、川崎、横滨等业务核心城市，也包括各种新城和已存在的主要城市，其中重点在于业务核心城市建设。据当时首都圈基本计划，主要是通过建设东京周边地区次中心城市，形成"多极结构的广区域城市复合体"，以控制首都圈扩张发展。东京"多中心城市"模式彻底改变了以往对东京都过分依赖的单一中心型放射状格局，将都市圈变为以业务核心城市为多中心的自立型都市圈。业务核心城市分担东京都的部分功能，成为分散在圈内各区域的大都市功能区。

1. 通过立法和首都圈规划进行顶层设计

作为亚洲最早发展都市圈的国家，日本自1956年就正式实施《首都圈整备法》，并按该法制定首都圈规划，指导和促进首都圈协同发展。60余年间，日本经济经历了从高速增长、稳定发展到泡沫经济、经济衰退，基于此法的首都圈基本计划也进行了六次重大调整。值得一提的是1986年第四次、1999年第五次和2016年第六次规划。这几次规划均针对人口、产业等要素过度向"东京一极集中"、城市体系格局"东京突出"问题，提出通过均衡国土综合开发以及合理化城市功能布局，实现经济全面发展的思路。

1986年的第四次首都圈规划要求构筑形成"多核多圈型"的区域结构。第四次规划是在全球化、老龄化、信息化时代背景下出台的，具体规划将横滨、川崎、浦和、大宫、八王子、立川、千叶等城市定为业务核心城市，推进横滨港未来地区、千叶幕张新都心地区、埼玉新都心地区建设，同时推动部分政府机构、行政机关从东京市中心搬迁出去，进一步强化中心区的国际金融职能和高层次中枢管理职能。该规划契合1985年日本国土厅制定的迈向2025年的超长期规划《首都改造计划》以及1987年第四次全国综合开发计划（确定"形成多极分散型国土结构"目标）。

1999年的第五次首都圈规划力求形成"分散型都市圈网络"。泡沫经济破裂后首都圈经济遭受较大冲击，第五次首都圈规划在1998年第五次全国综合开发计划（又称"21世纪国土宏伟蓝图"，提出利用"四个国土轴"以达到分散东京功能和国土均衡发展的目标）基础上制定出台。该规划未涉及区域划分，主要为解决首都圈中心空心化问题，防止东京退出世界城市之列，因此重新吸引人口回到中心，并提出2015年前在东京圈建立环状据点城市群的"分散型都市圈网络"（中心城市周边的核心城市由多中心规划向职能分担和合作交流的网络化、分散化方向发展）。

现行的2016年第六次首都圈规划，提出保持东京竞争优势，构筑"对流型首都圈"。2015年全国国土计划提出要形成国内与国外、城市与农村等"对流促进型国土结构"（"对流"指不同地域在相互合作过程中的人、物、资金、信息等资源双向流动），以此来改变"东京一极集中"局面。第六次首都圈规划于2016年制定，目标时限约10年。该计划提出要建设"既保持东京竞争优势，又要减轻一极集中弊端"的"首都圈广区域"，具体设定"轴、圈域、区域群、对流据点"四种合作集群，最大限度利用交通网络和"北关东新产业轴"等合作集群，提升东京国际竞争力，同时创造出具有魅力与活力的地方地域，实现城市与农村相互贡献和共生，用"对流型首都圈"取代过去的"一极集中型首都圈"。

2. 各中心城市形成特色产业集聚

总体看，东京都市圈表现为服务主导型经济，东京都承担大型企业的总部功能，立川、多摩、大宫、浦和等核心城市分别以金融保险、教育、批发零售、信息通信业等为引领，第三产业占比超过80%，而第一产业占比接近于零。

此外，虽然第三产业迅速发展，但东京都市圈在日本工业领域仍发挥举足轻重的作用，如东京都第二产业聚焦出版、印刷业以及通信等高技术产业；南面神奈川县横滨市发展造船业、钢铁工业、汽车制造业和石化产业，并在东京湾沿岸大规模填海置地，带动电子机械等相关产业发展；川崎市以建筑业为特点；上述三地建立起长达60公里的日本最大的京滨工业带。此外，东京西面的八王子市是机械产业集聚地，而东面千叶市钢铁和机械工业发达。

从临港经济角度看，东京湾港口群（包含东京港、横滨港、千叶港、川崎港、木更津港和横须贺港六个港口）同样各司其职、各具特色，功能互补而非相互竞争关系。其中，东京港为输入型港口，横滨港为国际贸易港口，千叶港为能源输入港，川崎港为原料进口与成品输出港，木更津港为地方商港和旅游港，横须贺港为军港兼贸易港。这些港口群曾在第二次世界大战后日本经济的发展中扮演重要角色，如今临港经济依然是东京首都圈的重要经济增长点。

3. 建成高效发达的环状公共交通网络体系

不同于美国大都市依靠汽车交通的发展模式，东京都市圈发展主要以发达的公共大交通为基础。日本政府认为，以东京为中心的放射状交通网络及国际机场、港口等门户在东京的集中是导致"东京一极集中"问题的主因。因此，日本首都圈将环状网络建设作为重点，努力推进铁路网从"放射状"向"放射状+环状"转变，实现高速路网络"三环九射"。东京都市圈轨道交通在20世纪初就已形成基本完善的交通网络。

目前，由新干线、轻轨和地铁构成的区域轨道交通网络承担了都市圈内旅客运输量的86.5%，使东京成为世界上典型的以轨道交通为主导的大都市，且内环、外环和中央联络公路三条高级别环线公路也愈加完善，建设率已达79%，以东京外环为起点的六条放射状高速公路已建成。

总体而言，发达便利的"放射状+环状"交通网络设施使得通勤时长大大缩短，物资运输效率和便利性快速提高，且将集中于东京的旅游需求向首都圈其他地区分散。在首都圈内，铁路交通山手线上的新宿和上野等城市也因成为交通枢纽而得到快速发展。此外，高效发达的公共交通网络还确保了东京都市圈内部及与其他地区的要素流动，东京圈内部以及东京圈与全国的经济联系愈加紧密，其经济中心地位进一步得到加强。

（三）经验启示

东京这一特大城市在形成过程中，曾面临与北京、上海等正在快速扩张的城市一样的矛盾和问题，在解决交通拥堵、资源紧张、环境恶化等"大城市病"上，东京通过立法规划，逐渐形成了独特的"多中心"模式，有效地化解了这些问题。从成功经验来看，东京都市圈转型发展的成功主要归因于日本高度重视都市圈规划，设立《首都圈整备法》并按此制定长期发展计划和定量事后评估标准。其中主要有三点值得借鉴。

一是跳出东京去解决"东京一极集中"问题，通过制定全国国土综合开发计划实现对国土的均衡开发，且采取重点发展地方工业城市、科技城市等方式缩小落后地区与东京圈等大城市圈差距，此外还通过强化交通网络，尤其是机场、港湾及环状广域交通基础设施，以提升物资、人、信息等的流动效率。

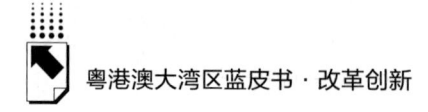

二是对东京圈内部区域进行科学规划以及合理布局,通过在立法基础上制定首都圈基本计划,对东京圈内部人口、城市功能进行合理布局和综合整备,使业务核心城市分担业务、居住、产业、物流、防灾、文化等功能,以缓解东京市区压力,同时加强广域合作,发挥东京都市圈一体化功能。这些政策和措施的实施不仅促进了日本区域经济的发展,也对日本医疗、教育等公共服务实现城乡均等化以及不同区域均等化发展起到了推动作用。

三是设置定量化评估与监测标准,针对规划、实施与效果制定考察标准和定量指标,形成了精细化决策模式。如为提高都市圈活动效率,围绕都市功能与居住功能平衡、就近就业、实现步行生活等建立考核指标,考察通勤时间在60分钟以上的人口以及针对老龄人口的通勤时间在30分钟内的工作机会等。

二 法国巴黎都市圈发展模式的启示与经验借鉴

(一)巴黎及巴黎大区都市圈概况

1. 巴黎概况

巴黎位于法国北部巴黎盆地的中央,横跨塞纳河两岸,市区面积105平方公里,是法国兼具政治、经济、文化、国家交往等多功能于一身的单城复合型首都,也是法国最大的城市,世界五个国际大都市之一。巴黎建都至今已有1400多年历史,它也是西欧的政治、经济和文化中心。

2. 巴黎大区都市圈概况

巴黎大区都市圈以巴黎为中心,由巴黎及周边的埃松、上塞纳、塞纳-马恩、塞纳-圣德尼、瓦尔德马恩、瓦尔德瓦兹、伊夫林7个省组成,也被称为巴黎大区或大巴黎,与行政上的法兰西岛高度重合,是全国22个大区之一,面积为12072平方公里,占法国国土2.18%。同时,巴黎大区都市圈聚集了法国30%以上的国内生产总值,以及25%以上的对外贸易额。

3. 巴黎大区都市圈层级

2004年《巴黎大区规划》明确巴黎大区包含巴黎市区、近郊区和远郊区三层范围。其中，瓦尔德马恩、上塞纳、塞纳-圣德尼为近郊三省，表现为城镇化进程较为成熟，人口密度较大，农业用地少且农业属性弱，而塞纳-马恩、埃松、瓦尔德瓦兹、伊夫林为远郊四省。

（二）巴黎大区都市圈"卫星城"模式特点

与东京都市圈类似，巴黎大区都市圈也经历了由单中心空间结构向多中心、一体化区域空间格局发展转变的过程。为缓解巴黎城市中心过度集中的问题，自1960年开始，巴黎利用工业企业升级换代的机会，提出区域发展从"以限制为主"向"以发展为主"转变，积极规划布局，在国际上首次提出新城概念和卫星城计划，巴黎大区都市圈发展开始呈现郊区化现象。在巴黎周边30~50公里范围的远郊重点发展了5座人口规模约30万的新城——色尔基、马恩拉瓦莱、圣冈代、埃夫里、默龙色纳。在新城与巴黎市之间，距巴黎市10公里范围的近郊建设了拉德芳斯、圣德纳、博尔加等9座商贸、服务、交通副中心，承接部分城市功能。目前，巴黎大区都市圈的卫星城与巴黎市区构成统一城市体系，重新布局巴黎大区的产业和人口，使巴黎保持国际竞争力。

1. 城市与区域规划驱动巴黎大区都市圈形成多个卫星城

巴黎大区都市圈区域空间结构的调整主要通过城市与区域规划进行，在1956年《巴黎地区国土开发计划》、1965年《巴黎大区总体规划》等指导性框架和巴黎"工业分散"政策引导下，巴黎市中心发展规模得到控制，产业和人口向城郊疏散，政府部门外迁，由此巴黎城市结构一改此前同心圆模式，开始向多中心结构转变。

2. 巴黎市区和近郊集中发展第三产业

从都市圈产业分布来看，巴黎市第三产业在经济中占比高达85%，远高于发达国家平均水平70%。在服务业中，公共服务、金融、房地产及商务服务占据主要份额。值得一提的是，第三产业不仅是巴黎市区经济的主体，在郊区特别是近郊也相当发达，主要为金融保险业、商业性服务业和运输业等。且随高科技产业发展，科技、教育也相应壮大，南部郊区的高新技术开发中心拥有众多高等院校和研究机构。此外，相较于市区和近郊大力发展第三产业，远郊则成为巴黎工业的集聚区。

3. 合理利用轨道交通搭建网络化空间联系

巴黎十分重视轨道交通的发展。一方面，巴黎建设了全世界最密集、最便捷的城市轨道交通系统，中心城区几乎每500米就有地铁站。与此同时，城市副中心如拉德芳斯也极其关注交通基础设施建设，该区设计了独特的人、车分流的交通系统，是欧洲最大的公交换乘中心，巴黎区域快速线RER、高速地铁、轨道交通、高速公路等都在此交汇。另一方面，巴黎大力建设城际间快速交通设施，加速了区域内和区域间要素的相互作用与整合，形成了优化高效的网络空间组织结构。例如，巴黎于1976年就制定总体规划方案，启动了区域快速铁路（RER）项目，带动了项目周边地区的开发，带动了部分偏远城镇的发展。总体来看，巴黎形成了水运、公路、地铁、轻轨和区域间铁路相结合的立体化、网络化交通格局。

此外，为实施节能策略，巴黎还制定了《大巴黎地区交通出行规划》，积极发展公共交通，以减少小汽车交通量为优先目标，并在管理方法上进行改进。在此规划框架下，巴黎又添加了多种绿色交通措施，如自行车发展规划（加速巴黎市街区的自行车双轨道建设）、快速公交系统项目（对城市区域内主要道路进行合理路权分配）、企业绿色交通计划（企业以月租或年租方式使用交通工具）和汽车租赁计划（向市民提供3000余辆电动汽车租赁）等。

（三）经验启示

从经验来看，巴黎大区都市圈转型发展的成功主要归因于制定长远发展规划，设立开放型、多中心的城市与产业空间结构以强化巴黎国际化竞争力。其中主要有三点值得借鉴。

一是巴黎大区都市圈的规划是通过议会以立法形式颁布的，在法律基础上制定和实施都市圈规划，这不仅确保了规划的权威性和严肃性，而且增强了规划实施过程的强制性。

二是突破旧城区空间约束，在更大范围内建设副中心和卫星城，由此吸引了市中心人口和产业向外迁移，推动城市向更大地域空间均衡发展。

三是在发展初期协同第二、三产业，巴黎大区都市圈曾将第二产业作为发展的原动力，在20世纪60年代转型初期注重工业和服务业在城市中的布局，推进制造业生产环节外移，形成了从巴黎西郊到西部的现代化制造业带，有利促进了近郊新城和远郊区的工业发展。

三 英国伦敦都市圈发展模式的启示与经验借鉴

（一）伦敦及伦敦都市圈概况

1. 伦敦概况

伦敦是英国的政治、经济、文化、金融中心，也是欧洲最大的城市。该市面积1577平方公里，为服务经济主导的城市，其中金融业是支柱，并仍持续向服务高端化转型。值得一提的是，在"1平方英里"（约2.59平方公里）伦敦城[①]中聚集了银行、保险、证券等金融机构，100多家欧洲五百强企业和超过一半的英国百强公司在此设立总部，其作为全球领先的世界级城市、金融中心的地位一直较稳固。

2. 伦敦都市圈与英伦城市群概况

伦敦都市圈的雏形是"巴罗委员会"规划的四个同心圈设计，发展大致经历了内强、外延、布局、整合等阶段。伦敦都市圈往外延伸，则形成了以伦敦-利物浦为轴线的英伦城市群，包括伦敦、伯明翰、谢菲尔德、曼彻斯特和利物浦等大城市和众多周边中小城市，是英国最重要的政治、经济和文化核心。面积约4.5万平方公里，占英国国土18.4%，经济总量达到英国

---

① 伦敦城并非指伦敦市，而是指伦敦市的一个区，即伦敦古城，占地面积为1平方英里，位于泰晤士河北岸、黑衣修士桥和塔桥之间，伦敦城享有高度自治权，主要使命是维持和提升英国金融业的国际竞争地位。

全国的80%左右,是世界六大城市群之一,也是世界著名的经济、金融、贸易、高新科技、国际文化艺术交流和国际信息传播中心。圈内城市主要通过资源扩散、产业关联等途径,建立起生命科学产业集群、数字经济产业集群等,由此实现共同发展。

(二)伦敦都市圈"圈层"模式特点

伦敦都市圈由内向外分为四个圈层:中心层为内伦敦,包括金融城和内城的12个区;第二层是伦敦市区,含内、外伦敦所属的20个市辖区;第三层是伦敦大都市区,包括伦敦市及其临近的11个郡;第四层则是伦敦都市圈,是包括相邻大都市在内的大都市圈。此外,根据2036年《大伦敦规划》内容,还设有五级中心,即服务全球的国际中心、服务大伦敦内外区域的大都市区中心、服务外伦敦地区的主要中心、服务地区的地区中心和最小一级的邻里中心,不同圈层、级别中心制定不同政策。根据2036年《大伦敦规划》,中心层主要目的在于建设高端服务业复合的中央活动区,因此控制工业、改造旧街坊、降低人口密度等;第二环除内伦敦外的伦敦市区则保持人口规模,但要重新组织,布置工业、仓储、物流、废物管理以及部分研发部门,以提供舒适的环境;第三环目的是建成绿带,以阻止伦敦扩展;第四环用于集中建设一系列卫星城,接收内伦敦疏散出来的大部分人口。

1. 根据不同阶段的需求合理规划布局

伦敦都市圈发展和英国城市化一样,都呈现出由封闭到放射、"以城带乡"的发展之路,圈域型城市群结构的形成离不开政府科学、合理、渐进地制定规划。早在20世纪五六十年代的发展初期,英国政府为解决人口密集、交通拥堵、住房困难等突出矛盾,实现经济、人口和城市的合理均衡发展,就已开始在以伦敦市为中心的50公里的半径内建设首批8座新城。而后,以提高核心城市综合实力和辐射带动周边为出发点,完善新城基础设施,开始配建基本生活服务设施,并为迁移居民提供各种工作岗位。待都市圈基本建成后,大伦敦当局又分别于2004年、2008年和2011年编制第一次、第二次和第三次伦敦规划,从经济、社会、环境等各方面出发探索持续发展的长久路径。

2. 推进产业结构调整以适应城市经济转型

伦敦曾一度被称为"雾都",20世纪50年代起,为治理"伦敦雾",伦敦制定了《清洁空气法案》《控制公害法案》等一系列法案,力促工业改造和外迁,同时大力发展金融、贸易等第三产业,到20世纪80年代初成功实现了从"工业中心"向"全球金融中心"的转变。20世纪90年代起,随金融产业饱和,伦敦开始培育文化产业、发展新兴产业,进行产业更新,使城市拥有新的发展动力,增强创造性成为英国新文化政策的核心。通过实施"创意伦敦"的概念运作,伦敦已成为"全球创意和设计之都"及"全球最酷城市"。

随着城市转型,伦敦的制造业与分销、运输等业态的占比持续下降,金融保险、商业服务、通信和创意产业等服务业比重不断上升,房地产行业稳定发展,产业结构的持续调整进一步巩固和提升了伦敦世界城市的地位。与此同时,伦敦从工业到金融业、文化创意产业的转变,也带动了周边大中小城市的产业分工与升级。如以钢铁产业、现代制造业为主的伯明翰;以船舶制造业和旅游业为主的利物浦;以金融、电子、化工等新兴工业为主的曼彻斯特等。

此外,伦敦都市圈还积极发展绿色经济。为进一步加强大伦敦地区的城市环境保护,政府还继续在净化空气质量、处理废弃物、控制交通和环境噪声以及治理水污染等方面提出了更高、更细的要求。低碳、可再生能源和环保产业成为该都市圈的新经济增长点。

(三)经验启示

英国是全世界第一个完成城市化的国家,伦敦都市圈在发展中积累了宝贵的成功经验:科学规划以引导区域空间结构调整,推动经济增长模式有序转变。其中主要有两点值得借鉴。

一是制定科学合理的规划。伦敦在遭遇"大城市病"困扰时,认识到不能任由工业化带来的城市化自由发展,必须进行科学规划、合理引导,因此一直秉持建设与保护并重、职住平衡和产业结构均衡等理念,有序推动经济增长模式转变。如 1944 年《大伦敦规划》就划定了伦敦都市圈"四个同心圈"的增长边界，奠定了伦敦都市圈的发展基础，使都市圈有层次、多中心、有分工地发展，避免了人口和产业过度集中。2016 年新版《大伦敦规划》确定了大伦敦未来 20 年的发展目标，对城市空间综合发展进行权威的规划，对社会、经济、环境、交通等重大问题提出有效的应对策略。

二是立法迅速高效且能根据形势变化对法律做出及时修改，保证了新城规划的有效和实用。同时，伦敦新城具有较为灵活的经营机制，如韦林田园城市尝试土地所有权与使用权分离制度，现代化治理制度的建立对推动市场发展、激发城市活力起到了重要作用。

四 以色列特拉维夫城市群发展模式的启示与经验借鉴

（一）特拉维夫城市群概况

1. 特拉维夫概况

特拉维夫是特拉维夫-雅法的简称，位于以色列西海岸，在 1948 年时曾为临时首都，目前是以色列第二大城市，也是经济和科技中心，被认为是以色列的经济首都。特拉维夫建于 1909 年，是一座沙漠之中的年轻移民城市，面积 51.76 平方公里。特拉维夫凭借着"永不停歇的创新创业精神"，发展成为东半球的"硅谷""地中海酷都"，与纽约、伦敦、香港等城市一同跻身"世界最具竞争力城市"之列，是世界上创业公司及相关人才和企业分布密度最高的地区之一。

2. 特拉维夫城市群概况

以特拉维夫为中心的城市群有雄莱锡安、拉马特甘、巴特亚姆等周边独立卫星市以及沙仑的赫兹利亚、拉马特-沙龙。该城市群是以色列最大的都会区、经济枢纽，该都会区高技术企业产值占全以色列的 2/3 以上，是以色列科技创新的龙头，因此被誉为"硅溪"（Silicon Wadi）。该城市群是以色列最为国际化的地带，也是中东最发达和物价最高的地区。除IBM、英特尔、微软等发达国家企业外，我国BAT"独角兽"近年来也在该地区驻扎。

（二）特拉维夫"科技金融中心"模式特点

特拉维夫城市群是全球负有盛名的创新区域，该区创新种子公司占以色列所有科技创新种子公司总数的60%以上，由此被誉为"仅次于硅谷的创业圣地"。实际上，2010年特拉维夫就确定了要成为"全球城市"的发展目标，只是最初定位于"艺术之都"。但在投入大量资源兴建美术馆、博物馆等设施后收效甚微，特拉维夫政府重新审视自身优势与特点，决定从零开始建立属于自己的企业（实现全球城市目标的前提是成为商业中心，而商业中心需要大量企业支撑），从而使特拉维夫走上了构建创新创业之城的快车道。目前，特拉维夫主要以生物技术、计算机科学、光学、工程学等产业为主。创新领域集中于产品设计架构方面，尤其在通信、电子、医疗、现代农业、水处理等多个领域成果显著，因此吸引了全球跨国公司研发部门加盟，进而形成良性科创循环。

1. 创新资源和生态系统完善

政府引导方面，特拉维夫搭建"路演场"推介以色列科技，同时政府发起设立创业投资引导基金，吸引各类社会资本，以杠杆效应推动创新系统的运作；高校资源方面，特拉维夫拥有以色列规模最大的大学特拉维夫大学，另外巴伊兰大学也是以色列大型学术机构；资金资源方面，特拉维夫拥有以色列唯一的证券交易所特拉维夫证券交易所（TASE），还聚集了许多风险资本公司的国际总部，是全球创业风险投资密度最高的区域；人才资源方面，特拉维夫通过高额奖学金制度和创业签证制度，大力引进留学人员和创新创业人才。

2. 形成无界限的城市合作

各个城市有各自独立的市级政府管理部门，导致各城市都想在发展竞争中拔得头筹，而在特拉维夫城市群中，各个城市紧密合作，抱团发展。例如，特拉维夫城市群实现了公交一卡通，同一张公交卡，可在各个城市间通用。由此，许多高速公路在这一地区交汇。此外，以色列铁路也为该区发展提供了重要运力支持；该城市集群内有两个机场，其中本-古里安国际机场连通世界各地。

3.营造良好的创业环境基础

特拉维夫政府通过推出众多直接投资计划、设立科技孵化器、提供免费创业咨询服务、基础培训、举行创新节和创新会议等，自上而下营造出创业创新氛围。此外，特拉维夫鼓励年轻人参与创新创业，例如政府制定孵化时间期限为两年，政府资助部分作为补助金，计划成功后企业须返还政府；若企业创业失败，则政府会宣布计划破产并解散企业，但企业无须偿还任何费用。针对失败的创业，政府也会进行深入评估，以便更好地促进初创企业发展。

（三）经验借鉴

特拉维夫在确立其创新中心地位的过程中，积累了成功经验：政府定位于服务型机构，鼓励支持大量中小企业和初创企业开展市场竞争。其中主要有两点值得借鉴。

一是政府将自己定位为服务型政府。特拉维夫作为一个现代城市，打破了耶路撒冷的保守文化，以更开放的姿态迎接世界，为激发创新企业，政府花钱花精力赞助创业竞赛，并建设共享创业办公空间，低价租赁给企业，这种高效性、集聚性极大地促进了特拉维夫创业队伍的增长。

二是鼓励创新创业且宽容失败。特拉维夫市政府为创业团队提供了近乎免费的基础创业咨询服务和相关信息咨询培训，使得创新想法更有可能实现，同时本地风险投资和孵化器在评估新创意项目的过程中不排斥失败案例，反而针对失败进行评估并挖掘原因，企业因此得到更快成长，变得更富有弹性。

参考文献

[1] 薛凤旋、郑艳婷、许志桦:《国外城市群发展及其对中国城市群的启示》,《区域经济评论》2014年第4期。

[2] 金世斌:《国外城市群一体化发展的经验与启示》,《上海城市管理》2017年第2期。

[3] 朱丽娜:《日本东京都市圈对我国都市圈发展的启示》,《上海房地》2018年第2期。

[4] 于一洋:《伦敦都市圈的前世今生及对中国城市化的启示》,方塘智库网站,2019年1月12日,http://www.ftzhiku/content/1547275617。

[5] 前滩综研-剑桥大学联合课题组:《以色列特拉维夫市全球科技创新中心实践探析》,《现代工商》2015年第4期。

产业协同篇
Industry Synergy

B.13 粤港澳大湾区沉浸产业发展现状与趋势研究

徐印州　龚思颖[*]

摘　要： 沉浸产业目前已成为粤港澳大湾区数字经济的重点发展方向之一，聚焦娱乐、文旅、教育三大领域，在政策先导、数字化、科技创新、沉浸技术、创意设计、文化等方面具有竞争优势。大湾区沉浸产业体系已具雏形，重点企业主要集中在产业上游，但总体发展处于起步阶段。沉浸产业创新发展战略体现为科技创新、文化创新、营销创新三大战略，大湾区沉浸产业总体规模将继续扩大，科技与艺术跨界创新将成为发展主轴，赶超国际水平是其发展的大趋势。

关键词： 粤港澳大湾区　沉浸产业　生产链

---

[*] 徐印州，广东财经大学教授，研究方向为经济管理、企业管理；龚思颖，博士，广东财经大学教师，研究方向为营销传播、数字媒体、文化产业管理。

数字化浪潮汹涌而至,实时渲染、全息影像、物理触控、雷达识别、三维声场、眼球跟踪、液晶拼接等数字技术的融合发展,催生出以虚拟现实（VR）、增强现实（AR）、混合现实（MR）、扩展现实（XR）为代表的沉浸技术,创造出以多感官交互为特征的沉浸体验。这种新奇的体验性内容引领消费新热点并持续扩张,孵化出数字经济时代的一个全新的产业——沉浸产业,它的兴起与发展,形成了包括底层技术、硬件制造、内容生产等环节的沉浸产业链。沉浸产业在中国发展已有近10年的历史,2017年沉浸体验进入中国大众视野,粤港澳大湾区的沉浸产业悄然兴起。中国第一部有关沉浸产业的白皮书《2018中国沉浸产业发展白皮书》①和全球第一份《沉浸产业编年史》②于2019年同时在中国问世。

沉浸产业链的供需两端是数字创意与体验消费。沉浸产业是数字技术日益进步、文化创意不断革新、体验消费需求持续增强,彼此跨界融合发展的结果,成为数字经济的重要组成部分,能为国民经济发展注入新动能。沉浸产业不仅带动了影视、游戏、旅游、会展、商务等领域的进步,还满足了人民群众日益增长的多样化、多层次精神文化需求。近年来,粤港澳大湾区沉浸产业的发展势头令人瞩目。

一 粤港澳大湾区沉浸产业发展现状

（一）粤港澳大湾区沉浸产业发展政策

沉浸产业目前已成为粤港澳大湾区数字经济的重点发展方向之一。在广东省人民政府、香港特别行政区政府、澳门特别行政区政府以及粤九市政府官网2019~2021年的公开政策文件中,涉及沉浸产业的政策文件达22项之多,可见大湾区各地政府对沉浸产业的高度重视。目前,大湾区各地政府正

---

① 上海幻境文化传播有限公司:《2020中国沉浸产业发展白皮书》,2019年11月22日。
② 上海幻境文化传播有限公司:《沉浸产业编年史》,2019。

努力推动包括VR、AR、MR、全息影像等在内的沉浸技术在文化、教育、旅游领域的广泛应用，促进沉浸产业快速发展。比如2021年7月广东省人大常委会议通过的《广东省数字经济促进条例》，开宗明义提出"促进数字经济发展，以及为数字经济提供支撑保障"，"培育推广游戏、动漫、电竞、网络直播、融媒体等新业态新模式，发展网络视听、数字出版、数字娱乐、线上演播等产业"；再如，《广东省培育数字创意战略性新兴产业集群行动计划（2021—2025年）》提出要顺应数字产业化和产业数字化发展趋势推广沉浸技术，促进沉浸技术与不同产业的融合创新；又如，《广东省加快5G产业发展行动计划（2019—2022年）》中，具体规划"实施基于5G网络的数字化校园扩容提速工程，开展5G+AR/VR沉浸式教学"；等等。

（二）粤港澳大湾区沉浸产业业态及产品

产品体验化是沉浸产业的基本特征。粤港澳大湾区新的沉浸体验项目如雨后春笋般涌现，在景区、商场、博物馆、游乐场、学校等不同场景中，形成沉浸游戏、沉浸戏剧、沉浸游乐园/场、沉浸展览、沉浸夜游、沉浸教育、沉浸零售、沉浸餐厅、沉浸疗愈等多种业态（见表1）。目前，大湾区沉浸产业发展势头较好的业态有沉浸游戏、沉浸戏剧、沉浸展览、沉浸旅游四类。

表1　粤港澳大湾区沉浸产业业态及产品

沉浸产业业态	沉浸产品举例	沉浸产品特色
沉浸游戏	广州"怪诞小镇"密室逃脱	真人实境逃脱类游戏,密室主题从古墓科考到蛮荒探险不一而足,如《晴天娃娃》《胡桃夹子》《末日乐园》等,创意多源自电影、小说等
	广州珠江夜游《暗潮》剧本杀	一种以案情推理为体验内容的实境游戏。根据《暗潮》剧本布置珠江游船的室内场景,让游客共处一室展开角色扮演,搜集线索后找出活动里隐藏的"真凶"
	香港Sandbox VR	结合动作捕捉和VR技术,在仿真装备的加持下,打造名为"全息VR"的超沉浸体验。再配合自主研发的算法和国际知名IP的内容合作,创造"新电影"理念

续表

沉浸产业业态	沉浸产品举例	沉浸产品特色
沉浸戏剧	深圳文和友《绮梦》	让观众无意中闯进一个昏暗的房间,钻进一个20世纪90年代的隐藏平行世界,遇上阿星和嘉诚的故事。观众可以从各个角度完全融入戏剧环境,全方位体验戏剧艺术的魅力
	惠州五矿·哈施塔特小镇《女王的盛宴》	融合肢体剧、舞蹈表演、多媒体动画、互动装置艺术等要素,将整个小镇打造成全新真实可触碰的沉浸式场景,让观众得到充分的戏剧体验
沉浸游乐园/场	香港迪士尼主题乐园	"米奇幻想曲"4D立体电影让游客亲身感受电影中不同场面的水花、风吹,甚至气味; "铁甲奇侠飞行之旅"融入VR技术,让游客变身为"钢铁侠",选购独家主题商品,更有机会投入故事中与"钢铁侠"会面和合照
	珠海狮门娱乐天地	结合VR、AR、动态捕捉、裸眼三维成像等技术构建的沉浸体验娱乐场馆,围绕《暮光之城》《神战:权力之眼》《分歧者》等6部影片主题提供密室逃脱、VR迷宫、多媒体动态模拟舱等沉浸体验项目
沉浸展览	澳门Team Lab超自然空间艺术展	在面积达5000平方米、层高8米的空间内,运用数字媒体技术打造出"花与人的硅谷""无穷无尽的水晶宇宙"等多个主题性沉浸艺术展
	佛山市AR数字博物馆新互联平台	佛山采用迭代AR技术建设数字展厅集群,结合三维模型重建算法、即时语音通信以及远程互动协作系统,给观众带来前所未有的沉浸式游览体验
	广州"广东国际旅游产业博览会"	2021年12月,多家景区及主题公园通过数字技术把实景"搬运"到展会现场,打造互动性强的"沉浸式"旅游体验,如广东星海演艺集团开设"数字文化站"专区,呈现VR技术在文博、非遗、旅游、演艺、展览、展演、剧场等领域的新应用
沉浸夜游	中山国际灯光文化节	将光影、音乐、景观融入沉浸设计范畴,配合雾森系统,为观众打造以灯光艺术为主要特色的沉浸体验,彰显中国灯都(中山古镇)的独特魅力
沉浸教育	广州市黄埔区怡园小学"VR智慧思政室"	借助"VR智慧思政室"技术支撑,让学生在VR世界中感受"翻雪山,过草地,匍匐在泸定桥枪林弹雨中"的场景,激发其学习兴趣,进而提高思政课教学质量
	香港大学VR医学实训	"香港大学李嘉诚医学院"引入60套"VR数字人"教学系统应用于本校的人体解剖学教学,让学生"在做中学"

续表

沉浸产业业态	沉浸产品举例	沉浸产品特色
沉浸零售	佛山O'PLAZA欢乐海岸购物中心	沉浸式艺术装置"散落"在商业空间的各处，与琳琅满目的商品橱窗、绿意盎然的生态景观相映成趣。内设百米生态河、2000平方米的绿植墙，拥有广东省首个裸眼3D超大6K屏
沉浸餐厅	深圳"花舞印象"艺术感官餐厅	通过声、光、电等特效为用餐者带来极强的视、听、触觉冲击，提升用餐体验的艺术感。以数字影像艺术链接食物、自然和未来。
沉浸疗愈	香港中文大学VR心理疗愈	参与者在VR虚拟实境中，透过一系列诱发焦虑、不安的日常情景，从中学习面对方法，逐渐克服回避社交的症状

沉浸产品具有一定的物质形态，兼具有形产品和服务产品的特点，但体验的内容是其价值核心和产品本质，消费者通过亲身体验获得的感受来满足其高层次精神需求。大湾区沉浸产品的特征主要有以下几个方面。第一，沉浸性，强调个体参与沉浸体验时的浸入程度。这种特性源于对人们视、听、嗅、味、触等感官体验的考虑，如通过剧情设置、场景营造、任务关联等手法提升个体在体验过程中的投入程度。第二，具身性，强调个体需要亲历沉浸体验的整个过程。人们的身体作为一种媒介物，介入特定的场景和设计之中，其身心与场景自然而然地融为一体，致力于活动参与，从而构成沉浸体验主体性的基础。第三，共创性，指体验创造的过程离不开沉浸产品制造者与消费者（受体）的共同创造。消费者（受体）并非完全处于被动接受体验的状态，而是在诸如沉浸戏剧、沉浸游戏等角色扮演的互动中与沉浸产品制造者共同创造体验。第四，差异性，强调体验过程给消费者（受体）带来的生理和心理层面的个性化差异。这种差异并非产品实质上的差异，而是个体因年龄、性别、职业、收入、生活经历不同，以及互动对象和互动过程不同（如不同情境），而存在于消费者印象之中的"假性差异"。

（三）粤港澳大湾区沉浸产业目前所处的发展阶段

粤港澳大湾区沉浸产业发展目前处于起步阶段。大湾区从体制机制、科技服务、风投融资、产业支撑和生活配套等方面入手，奠定了沉浸产业的发展基础。然而总体来看，大湾区沉浸企业还不成熟，沉浸产品不够丰富，沉浸技术与市场的对接处于探索阶段。

1. 产业政策领先，但协同不够

粤港澳大湾区粤九市和港澳特别行政区各地领先制定了一系列沉浸产业政策，彼此借鉴，各有侧重，但目前尚未形成覆盖整个大湾区的相对完整的沉浸产业政策体系。在推进沉浸产业发展的过程中，如何加强粤九市与港澳在产业政策上的协同与互补，弥补政策断层，以发挥大湾区的整体政策优势，完善人才引进、产业投资、技术攻关、创新创业等方面的运行机制，是大湾区沉浸产业起步阶段面临的重要任务。

2. 产业基础优越，但成果欠丰

粤港澳大湾区沉浸产业的产业链比较完备，上下游贯通。粤港澳大湾区VR应用位居全国第二梯队，中国VR 50强企业共有5家落户于此[1]，涉足VR直播、VR游戏等诸多领域，沉浸产品不断升级迭代，凸显出大湾区沉浸产业在产业集群、技术研发和资金投入等方面的相对优势。大湾区沉浸产业在硬件制造、软件开发、设计创意、产品运营等方面均有良好基础，拥有成果转化的优越条件，腾讯、网易、华为、三七互娱在软硬件领域争相布局。如华为继2016年发布首款VR眼镜"HUAWEI VR"后又发布了支持手机、电脑和Cloud VR三平台终端的华为VR2头显、AR引擎"华为AR Engine"和AR内容开发工具"Reality Studio"。2020年发布附带6DoF功能的HUAWEI VR Glass游戏套装[2]，2021年进一步强化其性能。

---

[1] 分别为丝路视觉科技股份有限公司、影石创新股份科技有限公司、深圳瑞立视多媒体科技有限公司、深圳虚拟现实技术有限公司、深圳创维新世界科技有限公司。《"中国VR 50强"企业名单公布，产业链分布趋向均衡》，腾讯新闻，2021年10月19日，https：//view.inews.qq.com/a/20211019A0B3AT00。

[2] 德勤：《元宇宙系列白皮书——未来已来，全球XR产业洞察》，2021年12月。

二 粤港澳大湾区沉浸产业结构

（一）粤港澳大湾区沉浸产业的生产链

沉浸产业生产链分为上游、中游、下游三个环节。

生产链上游包括设备生产、制造与供给，以及技术研发与支持。沉浸产业发展所需设备种类多且技术门槛较高，既包括投影设备、体感设备、传感器、定位器的相关元器件和原材料的生产制造，又包括与VR、AR、MR、XR相关的可穿戴设备和器材，以及投影、水幕、纱幕、冰屏、烟雾机等设备。沉浸产业发展融合了实时渲染、全息影像、物理触控、雷达识别、三维声场、眼球跟踪、液晶拼接等前沿技术，通过造型、材质、色彩、强度等要素设计，调动受众的视、听、触、动、嗅觉，使其沉浸在体验之中。在技术研发与支持层面，包括沉浸体验的内容策划、设计与制作和应用程序开发，如场景设计、体验设计、剧情设计等，其研发主体由计算机科学、物理学、仿生学、心理学、艺术学等众多学科人才组成。

生产链中游负责项目运营，包括沉浸体验项目的场地租赁、版权购买、品牌宣传、日常运转等工作。这些项目的运营均需要一支专业队伍将内容创意、前沿科技、艺术美学融合，针对受众的心理需求进行编排。如对沉浸戏剧中的演职人员进行情感表现训练，帮助其找准角色定位，再如对沉浸展览的运营人员进行光影艺术、电音技术的训练，进而确保现场的沉浸氛围。

生产链下游是沉浸产品的价值体验阶段，参与主体是个体消费者和企业消费者。个体消费者，如深圳《时光·宝藏——对话达·芬奇》沉浸艺术展的观展者、原创沉浸游戏《临界》密室逃脱游戏的玩家。企业消费者，如广州太古汇跨界打造的"沉浸戏剧+沉浸商展"作品《十号礼铺》，以"回忆、分享、陪伴"为关键词，创造出太古汇品牌10周年的"记忆游廊"，戏剧空间与商展空间合二为一向公众开放，演出结束之后展销丝巾、陶器、电子产品等衍生品。

（二）粤港澳大湾区沉浸产业行业分布与重点企业

粤港澳大湾区沉浸产业体系初具雏形，发展日趋全面，产业重点企业主要集中在产业上游。

在电子元器件的生产制造方面，粤九市企业在"2021年中国电子元器件企业经济指标百强企业"榜单中占1/4席位，共计27家，包括深圳19家，东莞4家，广州、肇庆、中山、珠海各1家[1]，其中立讯精密（东莞）荣登全国榜首，2020年以796亿元的业务额高出其他电子元器件企业一等。

在关键技术的研发与支持方面，交互装置、影音设备的生产、制造与供给、投影融合、虚拟仿真等以及沉浸游戏、沉浸戏剧、沉浸旅游、沉浸展览等项目运营方面均取得较大发展。中国VR/AR企业主要集中在北上广，其中广东省以266家相关企业排名第一，领先于北京（168家）和上海（117家）[2]。粤港澳大湾区有4家科技公司曾入围全国十大3D全息投影公司，为大湾区沉浸产业的技术研发与支持打下良好发展基础（见表2）。

在内容策划与制作方面，深圳、广州已形成一批拥有自主知识产权和竞争力的数字创意企业，动漫网游、网络视听、数字信息服务等行业的实力全国领先，并在创意设计、传播运营领域有比较突出的创新发展。广州、佛山、香港企业在影视戏剧领域具有独特优势，对沉浸产业的跨界创新具有重大意义。

表2 曾入围国内十大3D全息投影公司的粤港澳大湾区公司

城市	公司名称	主营业务
广州	广东银虎智能科技有限公司	利用裸眼全息、片源制作、多点触摸、虚拟仿真、大屏融合等技术打造沉浸体验方案，如激光秀、水幕秀、山体秀、墙体秀、水系秀、地面秀、树林秀、灯光秀等

---

[1] 《"2021年（第34届）中国电子元器件企业经济指标综合排序"分析》，中国电子原件器件网，2021年9月30日，http://www.ic-ceca.org.cn/dzyjxyfx/9683.jhtml。

[2] 《2021年1~8月中国VR/AR企业大数据分析：主要集中在北上广》，中商情报网百家号，2021年9月14日，https://baijiahao.baidu.com/s?id=1710842876699464012&wfr=spider&for=pc。

续表

城市	公司名称	主营业务
广州	广州梦巴信息科技有限公司	专注于计算机图形交互、互联网信息、数字图像、智能控制等技术的研发与集成，为客户提供数字图像的创意设计、制作和软硬件集成服务
深圳	深圳市火山图像数字技术有限公司	将大型环幕、全息影像、T台互动、声光电等科技运用于场景营造，形成虚拟与现实融合、观众与影像互动的立体沉浸体验空间，如全息宴会厅、沉浸餐厅、沉浸KTV等
深圳	偏锋光术（深圳）科技创新有限公司	集全息产品设计、研发、生产和销售为一体的科技型公司，为客户提供布局设计、硬件支持、项目搭建等一体化的解决方案，包括虚拟翻书、虚拟演讲、虚拟迎宾、悬浮成像、数字沙盘等全息工程

三 粤港澳大湾区沉浸产业竞争

（一）粤港澳大湾区沉浸产业市场

高科技供给激发新需求。粤港澳大湾区科技创新企业积极引入最先进的沉浸技术，整合网络流量与终端资源，推出新一代创新应用。例如，腾讯与Roblox建立战略合作伙伴关系，代理Roblox并将其作为STEAM教育课程引进学校，构建沉浸式数字教育社区。[①] 学员们利用Roblox开发工具和Lua代码，在3D虚拟世界中实现自己的创意，创造出新兴的沉浸产品。网易与Survios合资成立网易影核（Netvios），开发《荣耀擂台》《节奏空间》等产品，为中国玩家带来具有沉浸感的VR游戏。华为不仅发布了基于虚实融合技术Cyberverse的App"星光巨塔"，还发布了VR眼镜6DoF游戏套装，让玩家可以尝试更多PC生态的VR游戏。沉浸游戏、沉浸戏剧、沉浸展览等新业态和新产品的不断涌现，激发了新生代消费者对沉浸体验和沉浸产品的

---

① 《Roblox STEM 夏令营落幕：沉浸式教育，助力青少年创新启迪》，ROBLOX 教育官网，2019年7月27日，https://edu.robloxdev.cn/news_view.html?id=7。

需求，从供给侧催生和推进沉浸产业市场的形成与发展。

新生代消费者的需求成就新市场。全息投影、数字孪生、智能传感、VR/AR/MR等不断涌现的新科技，推动沉浸体验跨界融合创新，成为新生代消费者津津乐道的话题。粤港澳大湾区消费总量多年位居全国前列，而在大湾区消费市场中，新生代消费者（15~35岁）在城镇人口中的占比超过40%，消费占比超过50%，庞大的新生代消费者人口蕴藏着不容小觑的消费力。随着新生代消费者购买力的逐渐提高，消费习惯从物质消费逐步转向精神层面的体验消费，倾向于享乐性的文娱"新消费"。新生代消费者愿意为自己的兴趣付费，青睐有品位、有创意的高质量沉浸体验，从而促进沉浸消费加速发展，创造需求并成就新的消费市场。

2021年5月"世界沉浸式产业大会"在中国进出口商品交易会展馆（广州）成功举办，展览不仅包括硬软件，还有包括文旅、教育、医疗、娱乐等在内的行业解决方案，发挥着展现前沿技术、联动产业资源、推动跨界合作、优化产业结构的作用。会展将成为推动大湾区沉浸产业市场发展的重要平台，对粤港澳大湾区沉浸产业市场繁荣发展发挥重要的促进作用。2021年10月14日，由Open Sky和礼码生活联合主办，全球节点联盟、千岛矿业联盟、ROMAN WAY承办的"世界元宇宙大会暨首届元宇宙探索者交流论坛"在中国深圳隆重召开。为紧跟数字技术的发展潮流，扩展沉浸产业的疆域，大湾区已经开始布局构建元宇宙生态。在元宇宙的构建过程中，由于企业渴望新技术、资本寻找新项目、用户期待新体验，粤港澳大湾区沉浸产业在硬件、软件、应用方面迎来了开拓新市场的大发展局面。

（二）粤港澳大湾区沉浸产业竞争的优势

粤港澳大湾区沉浸产业是多重因素共同作用的结果，产业基础和技术创新是沉浸产业诞生的基本条件，市场需求是沉浸产业兴起的关键诱因，政策鼓励是沉浸产业发展的外部动力，资源禀赋是沉浸产业聚集的天然优势，人才荟萃是沉浸产业壮大的根本保证。大湾区沉浸产业的竞争优势突出表现在以下几个方面。

1. 沉浸产业发展政策先导

大湾区各地数字经济和沉浸产业发展政策的制定和实施，是顺应时代掌握发展主动权的迫切需要，也是突破产业发展瓶颈争取竞争优势所必需的保障。大湾区各地政府注重政策先导，充分发挥产业政策在培育市场主体、引导市场预期、激发市场活力等方面的关键作用，引导大湾区沉浸产业的发展并且提供强有力的保障。在清晰的产业政策指导之下，大湾区各地政府加大投入，不断改善沉浸产业发展的基础条件，推动沉浸产业持续发展。

2. 数字化程度居于全国前列

大湾区数字产业化和产业数字化水平居于全国前列，其领先的硬件制造商、内容开发商和平台运营商为沉浸产业筑牢了坚实的根基。目前大湾区已有近80%的传统产业逐步实现产业数字化，广东省数字经济高新技术企业达2.2万家，在全国各省（自治区、直辖市）中名列第一。广东数字经济增加值规模约5.2万亿元，占GDP比重为46.8%，数字经济规模居全国第一。① 随着"数字湾区"建设的持续推进，与沉浸产业相关的新一代电子信息、软件与信息服务、超高清视频显示、数字创意产业均被列入战略性产业集群发展工程②，为沉浸产业带来重大发展机遇。

3. 科技创新能力全球领先

在世界知识产权组织（WIPO）发布的《2021年全球创新指数报告》中，由于"深圳-香港-广州创新集群"科学研究和创新发明表现活跃，在"最佳科技集群"排名中蝉联全球第二，其国际科技创新中心建设初显成效。该集群的PCT国际专利申请量在全球占比为7.79%，专利申请达8.57万份，SCIE科学出版物占比为1.51%③。在2021年中国区域创新能力排名

---

① 何道岚：《广东：数字经济规模全国第一，5G网络用户4年后达80%以上》，《广州日报》2021年8月24日。
② 广东省人民政府：《广东省人民政府关于培育发展战略性支柱产业集群和战略性新兴产业集群的意见》，广东省人民政府官方网站，2020年5月20日，http://www.gd.gov.cn/zwgk/wjk/qbwj/yfh/content/post_2997541.html。
③ 世界知识产权组织：《2021年全球创新指数》，世界知识产权组织官方网站，2021年9月20日，https://www.wipo.int/pressroom/zh/articles/2021/article_0008.html。

中,广东连续5年排名全国第一,其中"创新环境"指标位居全国首位,"企业创新"指标作为传统强项继续领先全国[①]。

4. 沉浸技术水平国内一流

先进的沉浸技术是大湾区沉浸产业突出的竞争要素,包括由计算机技术、网络技术和移动通信技术组成的支撑性技术群和全球领先的应用技术群。大湾区极具竞争力的计算机技术具有强大的数值计算、算法编辑、数据处理、远程控制、辅助设计等能力;网络技术和移动通信技术共同构成无时不有、无处不在、无所不包的泛在网(Ubiquitous Network),为实现虚拟世界与现实世界的高度同步与互通,沉浸体验中"人与人、人与物、物与物"畅快交互提供了优越的条件;应用技术群不仅包括实时渲染、全息影像、物理触控、雷达识别、三维声场、眼球跟踪、液晶拼接等数字技术融合发展所催生出的沉浸技术,还包括融合了模拟神经元、脑机接口、情感计算等技术的硬件配套。

5. 创意设计凸显竞争优势

大湾区创意人才储备充足,创意氛围浓厚,为沉浸产业中的关键环节沉浸设计提供强大的创意支持。沉浸设计处于沉浸产业上游,具有高技术性、知识性、增值性的特点,大湾区已具备强大的沉浸设计竞争力,资源最集中、设计活动最频繁、设计成果最显著,已发展成为中国创意设计的重要中心。香港中西文化交汇,拥有活泼开放的创意氛围,是亚洲的设计枢纽,其设计界就业人数为18590人,占文化及创意产业总就业人数的7.8%;[②] 广州是中国第一个设计周的举办地,目前这一活动已成为亚洲首屈一指的创意设计盛会;深圳已被纳入联合国教科文组织"创意城市网络",是国内最早被评为"设计之都"的城市之一。创意设计作为大湾区强有力的软实力,推动大湾区沉浸产业快速发展。

[①] 中国科技发展战略研究小组、中国科学院大学中国创新创业管理研究中心:《中国区域创新能力评价报告2021》,2021年12月11日。

[②] 香港特别行政区政府统计处:《香港统计月刊》(2021年10月),https://www.censtatd.gov.hk/sc/EIndexbySubject.html?pcode=B1010002&scode=160#section2。

6.为沉浸产业发展提供文化沃土

沉浸产业与文化和旅游业的关系越来越密切,大湾区是国内消费体验形式最早向沉浸体验过度的地区之一,消费者对以参与者的体验和互动为中心的沉浸文化产品喜闻乐见,推动体验消费升级迭代。广深港澳四地数字文化产业占文化产业比重超50%①。广州动漫游戏、数字音乐、网络直播等若干领域已经处于全国领先地位,文化产业及相关产业的增加值年均增速达13%。② 深圳动漫出版游戏创意营收市场规模约占到全国一半,游戏动漫市场销售总收入已占据全球的10%以上,数字文化出版创意营收市场规模预期可达千亿元量级。③ 一批国际知名IP的沉浸式项目引入大湾区,以及大湾区本土原创IP项目的推出,沉浸戏剧、沉浸演艺、沉浸游戏、沉浸展览等体验项目相继在大湾区落地,领先孕育出支撑沉浸产业发展的沉浸文化,促进大湾区较早形成沉浸文化市场,为沉浸产业发展奠定深厚的人文基础。

四 粤港澳大湾区沉浸产业发展理念与战略

(一)粤港澳大湾区沉浸产业发展的目标和理念

粤港澳大湾区沉浸产业聚焦娱乐、文旅、教育三大领域,以推动数字经济高质量发展为发展目标。为实现这一发展目标,粤港澳大湾区秉持"集聚"和"突破"两大理念,以加快技术攻关为核心,大力引进和培养数字人才,积极引导和推动沉浸技术跨界创新,扶持沉浸企业,激发体验消费,培育沉浸市场。

"集聚"是指粤港澳大湾区注重集聚优势资源要素,在大湾区这个中国

---

① 腾讯研究院:《粤港澳大湾区文化及相关产业报告(2019)》,2019年12月14日。
② 《"2021广州文化企业30强发布暨粤港澳大湾区背景下文化产业高质量发展论坛"学术会议举行》,中国社会科学网,2021年12月14日,http://ex.cssn.cn/zx/zx_gjzh/zhnew/202112/t20211214_5381789.shtml。
③ 涂成林等主编《中国粤港澳大湾区改革创新报告(2021)》,社会科学文献出版社,2021。

数字产业资源要素最丰富的地区，打造模块化的沉浸产业集群，进而推动沉浸产业与数字经济领域各产业协同发展，壮大数字经济产业链，实现数字产业上中下游多赢的繁荣局面。

"突破"是指粤港澳大湾区瞄准全球新一轮产业发展机遇，抓住沉浸产业链的关键节点，实现重点突破。大湾区企业百度、腾讯、网易、阿里巴巴、字节跳动等互联网巨头已在人工智能、大数据、云计算、物联网、区块链等数字技术领域取得了一定突破，对大湾区数字经济的发展产生了深刻影响。当前，数字技术领域正掀起"元宇宙"浪潮，但是"元宇宙"的发展模式尚不可预知，大湾区沉浸产业能否以"元宇宙"为新的突破口，进一步推进虚拟世界与现实世界同步与互通，尚处于"投石问路"的阶段。

（二）粤港澳大湾区沉浸产业创新发展战略

粤港澳大湾区沉浸产业创新发展战略体现为科技创新、文化创新、营销创新三大战略。科技创新是沉浸产业的根基和支撑点，文化创新丰富沉浸产品内容和增强沉浸产业活力，营销创新是实现沉浸产业跨界融合、强化市场渗透的关键。

1. 科技创新战略

大湾区从科学研究和成果转化两个维度，通过数字空间与物理空间、数字经济与实体经济、数字生活与社会生活、数字身份与现实身份、数字资产与实物资产的融合入手，以全面提升沉浸技术，从而实现以科技创新促进沉浸产业发展的战略目标。在科学研究层面，粤港澳大湾区高校是创新主体，搭建了严谨的学术体系，设立了完整的学术门类，系统地进行科学创造和人才培养，孵化出大量的研究成果，成为科技创新的源头。大湾区高校引领沉浸产业的颠覆式创新，不断创造新的市场或价值网络，使沉浸产业的新产品和新服务具有显著的新特性、新功能。在成果转化层面，沉浸企业是创新主体，大湾区沉浸企业将高校的科研成果转化为可行的产品和服务，实现规模化生产和市场化运作，并以最快的速度反馈市场信息，衔接科研、企业与市场，推动现有产品和服务的改进。

2. 文化创新战略

大湾区沉浸产业通过产业互联网、人工智能、5G通信等数字科技应用，促进数字文化向生产企业和市场渗透，以文化创新推动内容创新，促进数字艺术、交互体验、观演互动、智能演艺等研发创新和产品创新，实现音乐、动漫、影视、游戏、演艺等传统业态的数字化转型与沉浸产品更新迭代。随着NFT（Non-Fungible Tokens）被用于数字资产确权，数字内容有了不可分割和不可复制的特性，内容创新成为沉浸产业持续深入发展的关键和瓶颈。大湾区沉浸产业在文化强国的导向下，分析文化要素、提炼文化特色、创意文化符号、凝聚文化意象，在传统文化的基础上孵化产品，把具有地方文化内涵和艺术意蕴的内容融入沉浸体验，同时高度重视以文化创新推动内容创新。大湾区沉浸产业从空间维度凸显大湾区开放、多元、流动、包容的海洋文化特质，从时间维度弘扬以广府文化和客家文化为代表的岭南文化传统，从多元维度扩展以"崇尚创新、敢为人先、放眼全球"为特征的现代文化。通过实施文化创新战略，丰富了大湾区沉浸产品的内容，突出了大湾区沉浸产品特色。

3. 营销创新战略

沉浸概念是通过商业市场营销数字化创新而导入大湾区的，大湾区沉浸营销以多维度、交互式和智能化的感官体验传播，紧紧依托科技创新和文化创新而形成大湾区独特的沉浸营销创新。大湾区营销创新战略以文化场域为战略起点，针对新生代目标群体市场，重点关注作为"市场先行者"和"消费主力军"的新生代消费群体，通过全域矩阵布局，构建完整战略版图，打通线上线下空间场景，创造内容消费的连带效应，整合互联网头部资源，通过文商旅融合，实现沉浸产业与其他文化娱乐产业共生发展。在营销创新战略之下，市场主体用沉浸技术改变传播的既有模式，通过沉浸传播，以沉浸体验为内在逻辑关联推进大湾区沉浸产业实现业态多元化，促进线上线下融合，与主题公园、电竞游戏、艺术教育、文创设计、数位展览、餐饮住宿、休闲娱乐等各个文化产业协同发展。

五 粤港澳大湾区沉浸产业发展趋势

大湾区沉浸产业未来将在娱乐、旅游、教育（含科普和实训）等方面迎来更大发展，科技与艺术的跨界创新将成为大湾区沉浸产业发展的主轴。大湾区沉浸产业总体规模将继续扩大，市场潜力将得到更加充分的挖掘，区域布局和发展更趋均衡，沉浸产业大生态圈协同联动效率显著提高。

大湾区沉浸产业重视技术硬件设备投入、忽视内容创作和知识产权保护等问题将在很大程度上得到克服，沉浸产业的内容原创能力和品牌传播能力明显增强，IP项目管理水平显著提高，知识产权依法得到强有力的保护，大湾区沉浸产业软实力全面提升。沉浸体验项目当地化执行、沉浸产品难以异地复制以及无法实现批量生产等阻碍大湾区沉浸产业联动发展的瓶颈将逐步得到突破，覆盖整个大湾区的沉浸产业集群将逐步形成。

参考文献

[1] 崔亨旭：《元宇宙指南：虚拟世界新机遇》，湖南文艺出版社，2022。

[2] 龚思颖：《论沉浸产业的兴起与发展》，《商业经济研究》2020年第20期。

[3] 龚思颖、杜肇铭：《沉浸媒介视域下的零售空间设计策略探析》，《家具与室内装饰》2021年第12期。

[4] 龚思颖、沈福元、陈霓、彭雪华、赵心树：《沉浸营销的渊源与发展刍议》，《新闻与传播评论》2021年第3期。

[5] 龚思颖：《沉浸式学习及其在职业教育数字化中的应用》，《市场论坛》2020年第4期。

[6] 龚思颖：《论沉浸式媒介在数字化零售空间中的应用》，《商业经济研究》2020年第22期。

[7] 李一凡、舒薇薇、王昱东：《粤港澳大湾区设计力年鉴2020》，国家行政管理出版社，2021。

[8] 裴淑媛：《数字信息消费及模式研究：基于沉浸体验视角》，《商业经济研究》

2021年第18期。

[9] 于佳宁、何超：《元宇宙》，中信出版集团，2021。

[10] 子弥实验室：《元宇宙：图说元宇宙、设计元宇宙》，北京大学出版社，2022。

B.14
关于深圳率先推进"双链融合"发展的建议

乐 正*

摘　要： "十四五"规划提出"加快构建以国内大循环为主体，国内国际双循环相互促进的新发展格局"，这一决策既是应对全球经济变化的措施，更是中国中长期发展战略的重大调整。深圳有可能在外循环供应链趋于成熟的基础上，在内循环数字化供应链的构建上实现突破，深圳将成为服务于中国经济双循环的供应链枢纽。深圳是全球为数不多的具有"双链融合"优势的城市，应该在双循环的新发展格局中，为中国的"双链融合"发展先行探路。建议深圳发挥自身优势，将"双链融合"突破的重点集中在数字经济和智慧城市两大领域，推动这两大领域的"双链融合"发展走在全国乃至世界前列。

关键词： 供应链　双链融合　先行先试　深圳

一　在新发展格局中强化内需供应链

经济大循环是基于市场化、全球化和要素比较优势的经济发展路径和动力配置。它既是在市场作用下要素配置的一种逻辑，也是政府宏观调控政策的战略选择。"十四五"规划提出"加快构建以国内大循环为主体，国内国

---

* 乐正，深圳市委原副秘书长，深圳市社科院原院长，南方科技大学教授。

际双循环相互促进的新发展格局",这一决策既是应对全球经济变化的措施,更是中国中长期发展战略的重大调整。产业链与创新链的"双链融合"发展是未来提升中国产业竞争力,实现产业基础高级化、产业链现代化的关键,是保持中国经济发展可持续高阶性推进的重要举措。

一方面,因新冠肺炎疫情和美国单边主义、国际民粹主义抬头引发的全球经济萎缩、需求不足的困难形势不会在短期内结束。特别是某些西方大国发现自己主导经济全球化无法继续获得最大收益,开始放弃自由贸易准则,不断推行贸易保护主义,通过国家力量干预市场运作。这种趋势使得全球供应链出现结构性变化。2019年全球贸易壁垒处于历史较高水平,各国的贸易保护措施达到2012年以来最高水平。

另一方面,中国经济的外贸依存度已由过去的70%降为40%左右,出口对经济增长的拉动作用明显下降,虽然2020年中国出口增长4%,但国内终极消费对中国经济的贡献已达到54.5%左右,连续6年成为经济增长的第一引擎,已成为经济运行的压舱石。

当然,与美国相比较,2018年我国居民消费总额只有美国的37%。2019年,中国的人均消费支出为2.94万元,而美国人均消费支出折合人民币约为13.2万元。我国居民储蓄率是美国的5.9倍,中国第三产业增加值只有美国的45%。因为新冠肺炎疫情的影响,2021年中国社会消费品零售总额下降了3.9%,这说明未来中国经济动能转换还将继续,内部市场的拓展空间还很大。

据预测,2025年中国的人均国民收入将突破14000美元,进入高收入国家行列;2035年中国的GDP将达到200万亿元,进入中等发达国家行列。中国城市常住人口将超过总人口的70%,中等收入群体将达到6亿人,第三产业占比超过65%。网络销售新业态高速发展,快速物流运通能力、移动支付普及率大幅提升。银行存款的低利率、负利率和未来数字货币的使用,会像当年信用卡一样刺激人们的消费,普通市民的生活观念将进一步发生转变。

构建双循环的新发展格局既是中国经济减少对全球供应链过度依赖的应

变之需，也是进一步激活国内市场，强化扩大内需供应链对中国经济支撑作用的长久需要。内循环和外循环统一，以内循环为基础，这是中国开启第二个百年发展进程，逐步迈向高收入和强工业时代的中长期发展战略的一个适时调整。

要素自由便利流通一直是中国改革的目标之一，因此内循环的发展也是一个改革议题。市场化和国际化是双循环的主要动力，内循环的强度取决于市场化改革的深度。虽然强调"以国内大循环为主"，但仍然需要以市场化为内在驱动力，构建具有国际水准的高水平现代市场体系，做大内循环供应链，加快培育完整的内需体系，以优质的营商环境，打造更加强大的国内市场，这是"十四五"期间改革的艰巨任务。

近年来，中国对外开放的步伐在继续加快，上海进博会和北京服贸会的高调举办，自贸试验区和跨境电商的不断扩大，表明中国正在成为全球最大的货物贸易和服务贸易的进口国，将致力于推动国内市场发展成为一个全球商品与服务的大卖场。

中国将不仅是顶级规模的世界工厂，更是开放的顶级规模的世界市场。全球高端品牌进入中国的数量将会越来越多，规模也会越来越大，原来的外贸国际竞争会逐渐内贸化。因此，内循环必然要求中国企业和中国产品尽快用数字化、网络化的供应链加以改造，传统的产业链与企业运营方式必须尽快更新，只有这样才能在激烈的国际竞争中经受住严峻考验。

深圳 2020 年 GDP 突破 2.76 万亿元，全市规模以上工业总产值全国第一，银行本外币存款突破 10 万亿元。40 多年来，深圳累计批准外商直接投资项目 9.6 万个，累计实际利用外资 1205 亿美元。同时，深圳境外投资也累计突破 1450 亿美元，在全球 141 个国家设立 7038 家企业和机构，海外员工超过 10 万人。2021 年进出口总额突破 3 万亿元，出口 1.7 万亿元，连续 28 年全国第一。深圳集装箱枢纽港的航线覆盖世界 12 大航区，吞吐量达到 2655 万标准箱。深圳的现代服务业增加值占第三产业增加值的 76.1%。内外双循环格局逐渐形成。2020 年，深圳规模以上工业产品内销 2.29 万亿元，增长 2.2%，内销比重高达 62.7%，同比提高 1.7%。越来越多本土企业立足国内大循环,在国内市场和国际市场协同发力。深圳是中国罕见的工业产能、外贸出口和境外投资均为全国第一的城市,同时深圳的金融实力位列全国第三。此外,超大规模的深圳国际会展中心的建成,顺丰、怡亚通、华南城、腾邦等供应链行业巨头的汇聚,使得深圳有可能在外循环供应链趋于成熟的基础上,在内循环数字化供应链的构建上实现突破,深圳将成为服务于中国经济双循环的供应链枢纽。

二 推动"双链融合"发展是深圳创新的关键点

(一)中国开创全球产业链和创新链的新格局

经过三次全球制造业转移,目前中国多数产业的生产规模占全球的30%以上,IT产业更是占40%以上,加上提供各种配套并形成稳定分工关系的其他生产能力,总体规模占据全球的60%左右。

中国在进入全球产业链之后,不仅迅速成为世界工厂,也在一些领域升级挤入全球创新链,实现了新技术的弯道超车。这一新趋势客观上改变了西方大国永久固化国际微笑曲线的历史格局,打破西方对科技创新的垄断。

西方发达国家在资本逐利的驱动下,向发展中国家开放了全球产业链。但是始终不愿意向发展中国家开放全球科技创新链,特别是对中国这样的发展中大国。他们把80%的技术贸易限制在发达国家内部,只有10%左右的技术贸易面向发展中国家。

创新链对于产业链有重要的引领和支撑作用。有创新链支撑的产业链具有高阶性和难以替代性,主导性、可持续性、安全性较强。没有创新链支撑的产业链是被动可替代的产业链,安全性和韧性极差。

从国际经验来看,一些发展中国家之所以长期徘徊在现代化的门口,原因之一就是他们加入全球产业链之后,长期滞留于全球产业链的中低端,没有加入全球创新链,没有推动双链高进阶升级的突破,没有实现双链的交集融合发展,掉入"中等收入陷阱",进而始终无法实现产业链的现代化。

当前，经济全球化面临困难，产业链与创新链的"双链融合"发展是提升中国产业竞争力，实现产业基础高级化、产业链现代化的关键，是保持中国经济发展可持续高阶性推进的重要举措，也是我们应对西方大国挑起经济冷战、保持中国经济持续高增长的重要利器。

"十四五"期间，我们不仅应尽量避免出现脱钩掉链现象，还应该致力于打造产业链和创新链融合共生的供应链体系，提升中国在全球产业链中的核心竞争力，同时维护好互利共赢的全球价值链。一方面，我们仍要继续在产业链发展中实现拿来主义的后发优势，借力拓展，顺势而上；另一方面，要实施关键领域的创新链突破战略，以较强的谋划、调控、投入能力、超大规模的体量形成超越优势，以创新链引领产业链，以产业链支撑创新链，以创新经济的发展来提升整体经济的韧性。

创新链的建立具有高投入、高智能、高风险的特征，并不适合一般产业全面推行。"十四五"规划中各级政府的一个重要任务，就是根据我国国情和市场需求，分清轻重缓急，审慎选择某些重点产业先行突破，做好对创新链和相关产业链匹配的战略性选择。为此，也应该支持一些"双链融合"基础较好的中心城市先行先试。

（二）深圳应为中国"双链融合"发展探路

深圳是全球为数不多的具有"双链融合"优势的城市。经济特区在20世纪80年代就率先打开国门，承接国际产业的梯度转移，顺势而上，由低端劳动密集型加工贸易起步，加入了全球产业链，形成了"外资—外贸—外汇"的开放型经济良性循环。到90年代，深圳借力发力，在IT等优势产业中，升级加入全球创新链，实现了"低端—中端—高端"的"双链融合"。

2000年以后，深圳坚持以民营科技企业为主体，配置国际资源，开展国际合作，申请国际专利，开发国际市场，连续多年被世界知识产权组织评为全球创新聚集城市第二位。同时，培育出华为、中兴通讯、腾讯、平安保险、招商银行、迈瑞医疗、大疆无人机、优必选机器人、柔宇科技等一批国际化创新企业。深圳已成为全球"双链融合"崭露头角的优等生。

近年来,深圳加大基础研究和应用基础研究投入力度,形成"基础研究+技术攻关+成果产业化+科技金融+人才支撑"全过程创新生态链。目前,深圳拥有创新载体2693家,其中国家级129家,PCT国际专利申请量连续17年保持全国第一。深圳还先后获批建设全国首批可持续发展议程创新示范区、国家综合性科学中心,新型显示器件、智能制造装备、人工智能3个产业集群入选首批国家级战略性产业集群发展工程。深圳拥有世界500强企业8家,科技企业5万余家,国家级高新技术企业18650家,其中产值超千亿元的7家,超百亿元44家。2020年,深圳新一代信息技术产业增加值4893亿元。医疗仪器设备及器械、3D打印设备、民用无人机、化学药品、金属切削机床、工业机器人分别增长200%、144%、111%、82%、65%、44%。深圳力争到2025年实现电子信息制造业产值突破3万亿元,高端装备制造业产值近1万亿元,在生物医药、新材料、人工智能等领域培育千亿元产业集群。

习近平总书记在深圳经济特区成立40周年大会上的重要讲话中指出:"要坚定不移实施创新驱动发展战略,培育新动能,提升新势能,建设具有全球影响力的科技和产业创新高地。要围绕产业链部署创新链、围绕创新链布局产业链,前瞻布局战略性新兴产业,培育发展未来产业,发展数字经济。要加大基础研究和应用基础研究投入力度,发挥深圳产学研深度融合优势,主动融入全球创新网络。深圳要在创新链产业链融合发展体制机制等重点领域先行先试。"

新的发展格局呼唤新的使命担当。在"十四五"期间,深圳应该在双循环的新发展格局中,为中国的"双链融合"发展先行探路。

深圳应该以建设综合性国家科学中心和国际科技创新中心为动力,加快体制机制创新和制度型开放,在全球聚合创新要素,打造国家级、全球化的基础研究平台,与香港深度合作,发展全球离岸研发基地,建造国际化"创新自由港"。降低产业链与创新链的市场接续成本和制度摩擦成本,疏通造成"双链融合"梗阻的"堵点",激发更多的创新红利外溢至相关产业,实现双链高水平动态平衡，以"双链融合"托起高质量发展的底盘。

深圳应该继续以企业为主体，以国际市场为导向，以创新引领产业发展，提升生产要素配置的能级和全要素生产率对经济增长的贡献率，重点发展数字经济、智能制造、5G 场景、生命健康、新能源、新材料等战略性新兴产业。通过技术创新、路径创新、模式创新、业态创新，提高产业发展的弹性、可持续性和安全性。

长期以来，深圳已经在 IT 硬件和软件发展方面形成产业和创新优势，"十四五"期间，深圳应该发挥自身优势，将"双链融合"突破的重点应该集中在数字经济和智慧城市两大领域，推动这两大领域的"双链融合"发展走在全国乃至世界前面。应该利用深圳的技术、市场、规划和财政优势，通过全面深化改革和特区立法，探索建立数字资产的产权制度和定价机制，率先建立中国数字资产交易所，建立场内交易的准入退出机制和监管模式，利用金融科技的融合创新，完善公钥基础设施，创新数字化交换、投资和储备功能，降低信用成本，提升安全价值。同时，发展"新基建"、"新硬件"和"数字贸易"等新产业形态，创建包括政务、教育、医疗、交通、社区、社保、安全在内的智慧型超大城市的公共服务和治理系统。

B.15
新发展格局下粤港澳文化产业合作发展研究

陈孝明 田丰*

摘 要： 粤港澳大湾区三地合作发展文化产业，对构建新发展格局、实现国民经济的良性循环具有重要的意义。粤港澳大湾区文化产业合作项目及平台逐渐增多，产业合作发展取得了较大成绩，同时也面临着制度障碍多、岭南特色待复兴、发展不平衡等诸多挑战。粤港澳大湾区文化产业合作发展有非常坚实的基础，在新发展格局下，粤港澳大湾区应当发挥三地比较优势，走文化产业协同发展之路，重点在数字内容、园区建设、岭南文化、会展策划、文化旅游等五大领域开展联合与协作，共同打造世界文化产业创新中心。

关键词： 新发展格局 粤港澳大湾区 文化产业合作

一 新发展格局下粤港澳文化产业合作发展的意义

习近平总书记强调，加快形成以国内大循环为主体、国内国际双循环相互促进的新发展格局，是根据我国发展阶段、环境、条件变化做出的战略决策，是事关全局的系统性深层次变革。双循环发展新格局是"十四五"规

---

* 陈孝明，博士，广州市粤港澳大湾区（南沙）改革创新研究院研究员，广州大学经济统计学院讲师；田丰，广州市粤港澳大湾区（南沙）改革创新研究院首席专家，广东省政府文史馆馆员，广东省社会科学联合会原主席、研究员。

划提出的一项关系我国发展全局的重大战略任务。文化产业作为 21 世纪的朝阳产业，是国家综合竞争力的重要体现，粤港澳三地合作发展文化产业，对构建新发展格局、实现国民经济的良性循环具有重要的意义。

（一）合作发展文化产业，有利于湾区深化供给侧改革，扎实有效实施扩大内需战略

经过改革开放四十多年的高速发展，我国早已解决温饱问题，人民生活水平大幅提升。党的十九大报告指出，现阶段的主要矛盾已经转化为人民日益增长的美好生活需要和不平衡不充分的发展之间的矛盾。人民的消费水平和方式也发生了巨大变化，恩格尔系数大幅下降，意味着食物支出的比例大幅减少，精神类、文化类的支出大幅上升。粤港澳大湾区三地合作大力发展文化产业，正是深化供给侧改革的应有之义，通过创造新供给提高供给体系质量和效率，满足新时期人们多层次、多样化的新需求。粤港澳合作发展文化产业，在满足日益增长的文化消费需求的同时，还能够培育新的文化消费热点，有力扩大了需求。实际上，自 2008 年金融危机之后，多地提出振兴文化产业，文化消费已成扩大内需的新引擎。粤港澳合作发展文化产业，对实施扩大内需战略，推动国内大循环具有重要的意义。

（二）合作发展文化产业，有利于湾区"一带一路"建设，打造高水平对外开放的门户枢纽

《粤港澳大湾区发展规划纲要》指出，大湾区城市紧密合作共同参与"一带一路"建设，为"一带一路"建设提供有力支撑。香港和澳门作为东西方文化交流的重要平台，也是海上丝绸之路的重要枢纽城市，粤港澳三地合作发展文化产业，尤其利用香港和澳门的国际化、珠三角城市的生产和消费能力，将进一步推动共建"一带一路"国家及地区加强文化和旅游交融。粤港澳大湾区是我国开放程度最高、经济活力最强的区域之一，再加上拥有横琴、前海和南沙三大自由贸易区，三地合作发展文化产业，将促进更高水平的扩大开放，推动国内国际双循环发展，形成两个循环的交汇点。高质量

的对外开放和"一带一路"建设的重要支撑,这是国家赋予粤港澳大湾区的新使命,也是粤港澳大湾区建设的重要内容,通过合作发展文化产业,能够促进这两个目标的实现,有利于"一带一路"建设,有利于高水平对外开放。

(三)合作发展文化产业,有利于湾区贯彻落实新发展理念,形成高质量发展的动力源泉

党的十八届五中全会提出了创新、协调、绿色、开放、共享的发展新理念。文化产业是典型的绿色产业,新时代的数字文化产业则具有很高的科技含量,且创新性强,粤港澳大湾区合作发展文化产业恰好契合了五大发展理念。粤港澳大湾区合作发展文化产业,能够通过提升区域文化产业的综合实力和竞争力,带动区域经济高质量发展。作为文化强省和旅游大省,文化产业是广东省以及珠三角的重要产业,文化产业主要指标持续稳居全国前列,更是推动大湾区经济转型升级发展的支柱产业。粤港澳三地合作发展文化产业,能够发挥聚集资源、汇聚力量的文化产业聚合效力,加快区域人员、资金、信息、技术、商品和物资流动,推动战略性新兴产业和现代服务业做大做强,成为区域经济新的增长点,促进区域经济高质量发展。粤港澳三地合作发展文化产业,还有利于"一核一带一区"区域发展战略实施,缓解广东区域发展不平衡,从而间接推动区域高质量发展。

二 粤港澳大湾区文化产业合作发展具有良好的基础

(一)粤港澳大湾区文化产业的现状和优势

1. 粤九市文化产业发展现状

粤九市文化产业发展已有相当基础,总体处于全国先进行列,部分行业处于国内领先地位。2020年,广东省文化及相关产业增加值6210.60亿元,占地区生产总值比重5.6%①,其中珠三角地区占了八成。珠三角核心城市文化产业发展水平更高,截至2021年6月末,广州共有规模以上文化及相关产业法人单位3039家,同比增加230家;2021年上半年,全市文化产业合计实现营业收入2209.58亿元,同比增长31.3%,两年平均增长17.6%②。依靠传统制造业的雄厚基础,珠三角文化制造业发展极具优势,东莞、中山等地的游戏游艺设备制造,在全国占有较大比重,广东省文化制造业增加值超过全省文化产业增加值总额的一半。随着研发投入的增加,以及新兴文化产业的崛起,珠三角地区互联网文化产业和文化服务业的占比逐渐上升,产生了诸如腾讯等领先世界的互联网文化产业龙头企业。文化与科技融合领域优势逐渐增强,推动了互联网信息服务、软件开发行业、工业设计等体现文化科技创新能力的行业蓬勃发展,华为、酷狗音乐、UC等企业的发展,还推动了珠三角文化产业结构升级。

2. 香港文化产业发展现状

香港作为全球最具创意的活力都市之一,具有制度、文化、金融、信息等方面的优势,文化及创意产业已经发展成为极具国际竞争力的产业部门。依据香港特别行政区政府统计处2021年10月15日发布的专项报告,2019年香港文化及创意产业增加值为1293.47亿元③。由于新冠肺炎疫情的冲击,2021年度前三季度,香港文化创意产业增加值的代表性行业旅游、会议和展览服务收益指数④为8.2(-31.1%)。作为一个经济外向度高、以服务业为主的国际化大都市,香港发展文化及创意产业具有得天独厚的优势。香港从电影、电视、动漫,到音乐、出版、广告、艺术设计等都具有比较优

---

① 广东省统计局:《2021年广东省国民经济和社会发展统计公报》,广东省统计局官方网站,2022年3月2日http://stats.gd.gov.cn/gkmlpt/content/3/3836/mpost_3836135.html#3713。
② 《广州两会 | 产业引领,千年羊城发力文化强市》,羊城晚报·羊城派百家号,2022年1月27日,https://baijiahao.baidu.com/s?id=1723076426705340310&wfr=spider&for=pc。
③ 香港特别行政区政府统计处:《香港统计月刊》,香港特别行政区政府统计处网站,2021年10月,https://www.censtatd.gov.hk/sc/EIndexbySubject.html?pcode=B1010002&scode=160#section2。
④ 2015年按季平均指数=100

势,尽管相对内地发展呈相对下降趋势,但仍然具有良好的基础。香港是亚太地区的媒体业中心,也是大湾区最大的设计出口市场。在文化及创意行业,香港拥有众多高水平的专业及管理人才,香港文化及创意产业从业人数有217280人,占全部就业人数的5.6%[1]。作为中西方文化的交汇地,香港文化及创意人才有更多不同背景文化及创意交流碰撞的机会,增加了香港企业的创意与活力,是发展文化产业的重要优势之一。

3. 澳门文化产业发展现状

澳门是一座微型国际城市,从已有的文化行业看,澳门在旅游、会展、博彩、设计等多方面储备了一定的人才,拥有一定的发展环境。依据澳门统计暨普查局最新数据,受新冠肺炎疫情的冲击,文化产业的服务收益下跌36.9%至50.0亿元,文化产业对经济贡献的增加值总额为21.4亿元,下跌27.9%[2]。澳门博彩及博彩中介业占了全部增加值的50.9%,形成了独特的产业结构,也带动了文化旅游以及会展业的发展。除博彩外的旅游业也是文化产业的重点,2021年第四季入境旅客按年增加3.9%至1950415人次,旅客消费方面,当季游客总消费(不包括博彩)较2020年同期增加7.4%至63.1亿澳门元,人均消费为3235澳门元,上升3.4%;2021年全年旅客总消费录得1.0倍升幅,人均消费亦上升56.7%[3]。澳门是多元文化交融的城市,与葡语国家长期以来的良好经贸合作,使澳门拥有海外市场推广的独特优势,为澳门发展会展业,尤其利用横琴新区与珠三角合作发展会展业,提供了更多有利条件。

(二)粤港澳大湾区文化产业合作发展的基础

1. 文化同源底蕴厚

从历史演进来看,由于山水相连、文化同源、语言相通,共同的人文价值链为粤港澳大湾区文化产业的合作发展提供了良好的保障。粤港澳的人文

---

[1] 数据来源:《中国文化及相关产业统计年鉴2020》。
[2] 数据来源:澳门特别行政区统计暨普查局文化产业统计数据。
[3] 数据来源:澳门特别行政区统计暨普查局旅游统计数据。

价值链非常丰富，集中而突出，大湾区在历史、人口、语言、文化上具有同一性，人文交融提升了粤港澳大湾区的竞争力，使得大湾区的文化产业合作发展具备了核心和灵魂。大湾区共同的岭南文化是在岭南地区经济社会发展过程中，与中原文化、世界文化交流融合形成和发展起来的。作为岭南文化的中心地、海上丝绸之路的发祥地、中国近现代革命的策源地，岭南文化资源丰富多元，广府、客家、潮汕三大民系文化各具特色，粤剧、舞狮、功夫、骑楼等文化元素享誉全球，这些都为粤港澳大湾区文化产业的合作发展提供了坚实的文化基础。《粤港澳大湾区发展规划纲要》提出"共建人文湾区"，并从"塑造湾区人文精神""共同推动文化繁荣发展"等四个方面提出了规划要点，表明共同的人文湾区是文化产业合作发展的基础。

2. 政策支持力度大

近年来在《粤港澳大湾区发展规划纲要》的指引下，出台了很多支持大湾区文化产业合作发展的政策措施，涵盖财税支持、科技创新、基础设施、现代产业、优质生活、营商环境等方方面面。2021年9月先后出台了《横琴粤澳深度合作区建设总体方案》和《全面深化前海深港现代服务业合作区改革开放方案》两个综合类的支持措施，其中专门提到要大力发展文旅会展商贸产业，为大湾区文化产业合作发展提供有力的支持。在专门支持文化产业或其子行业发展的政策措施中，先后有《粤港澳大湾区文化和旅游发展规划》《粤港澳大湾区北部生态文化旅游合作区建设方案》出台，而财税支持、营商环境，则有诸多如《关于金融支持粤港澳大湾区建设的意见》《广州市加快打造数字经济创新引领型城市的若干措施》《广州市关于推进共建粤港澳大湾区国际金融枢纽实施意见》等出台。这些政策措施从国家层面到省市层面，甚至是县区层面都有相应的配套落实政策措施，为大湾区文化产业合作发展奠定了坚实的基础。

3. 文化产业实力强

广东文化产业主要指标多年来一直稳居全国前列，其中大部分贡献都来自珠三角地区，2020年全省文化及相关产业增加值达到6210.60亿元，约占全国1/7，连续19年居全国首位，占全省GDP比重为5.6%。香港是全

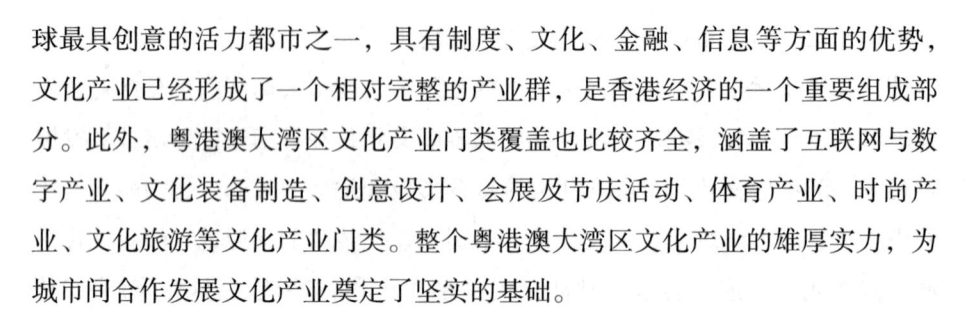

球最具创意的活力都市之一，具有制度、文化、金融、信息等方面的优势，文化产业已经形成了一个相对完整的产业群，是香港经济的一个重要组成部分。此外，粤港澳大湾区文化产业门类覆盖也比较齐全，涵盖了互联网与数字产业、文化装备制造、创意设计、会展及节庆活动、体育产业、时尚产业、文化旅游等文化产业门类。整个粤港澳大湾区文化产业的雄厚实力，为城市间合作发展文化产业奠定了坚实的基础。

4. 文化消费需求旺

人民日益增长的精神文化需求推动了文化消费市场的持续发展，随着人们生活水平的不断提升，对文化消费的需求也不断增加，为文化产业发展提供了具有想象力的空间。粤港澳大湾区是中国南部经济发展较快、经济实力和活力较高的地区，对文化消费的需求更加突出。2020年，粤港澳大湾区创造经济总量超11万亿元，与意大利和韩国等发达国家不相上下，超过一个中等国家经济体的规模，拥有巨大的文化消费能力。大湾区人均GDP已达16.15万元，人们生活水平提升，文化消费升级将持续推进，这都为大湾区文化产业合作发展提供了广阔的发展空间。

三 粤港澳大湾区文化产业合作发展的进展和存在问题

（一）粤港澳大湾区文化产业合作发展成果显著

1. 文化产业跨区合作项目增多

自《粤港澳大湾区发展规划纲要》发布以来，三地以大湾区名义进行的文化产业交流合作项目不断增多。2019年的深圳文博会，首次设立粤港澳大湾区文化产业馆，首创湾区文创IP跨界快闪店形式，展出近40项来自粤港澳三地优秀文创IP跨界融合项目。首届粤港澳大湾区文化艺术节，三地相继同步举办艺术精品巡演、港澳优秀舞台艺术作品展演季等11个专项、100多项极具特色的文艺活动。2020年举办的广州文交会，涵盖产业峰会、影视演艺、艺术交易等10大板块活动，有"大湾区华谊兄弟文旅中心"合作项目等11个重大文化产业项目现场签约。在建设粤港澳大湾区国家战略的指引下，共建人文湾区已经形成共识，文化产业合作的项目也逐渐增多。

2. 涌现一批文化产业合作发展平台

在《粤港澳大湾区发展规划纲要》的指引下，在大湾区城市范围内，先后成立了粤港澳大湾区文化产业联盟等推动三地文化产业合作发展的机构。围绕文化、文学、艺术等多个领域，相继成立了粤港澳大湾区音乐艺术联盟、文化创意产业促进会、文学联盟、文化教育交流中心等。2018年12月才成立的粤港澳大湾区文化创意产业促进会，整合了大湾区内有影响力和实力的文化创意园区和企业，分会会员已达到10134家。在城市层面，腾讯、迅雷等深圳数十家互联网企业联合发起成立深圳市互联网文化市场协会，广州日报传媒股份公司、广州珠江钢琴集团股份公司等20余家广州地区文化上市公司组成了广州文化上市公司产业联盟。大湾区还把握文化产业未来数字化发展方向，在深圳福田建立了粤港澳大湾区数字文化创新服务中心工作站。

3. 文化旅游合作效果显著

《粤港澳大湾区发展规划纲要》提出"建设粤港澳大湾区世界级旅游目的地"，广东省文旅厅专门制定"建设粤港澳大湾区世界级旅游目的地"的工作方案，推出一批市场化程度高、具有可操作性的政策举措。随着港珠澳大桥通车，珠海长隆的港澳游客比例正在逐步提升，在澳门住高端酒店，到珠海长隆游海洋世界，去江门参观世界文化遗产，正在成为大湾区文化旅游联动的代表线路。广东省粤港澳大湾区文化遗产游径则是三地文化旅游合作的代表性成果，以历史为纽带，以游径为线，串联起了大湾区共同文脉的文化资源，孙中山文化、海上丝绸之路文化、华侨华人文化、古驿道文化和海防史迹文化五大主题遗产游径，已经形成大湾区新的文化旅游品牌，吸引了众多游客。为游客快速、深入了解大湾区，读懂岭南文化提供了一条新途径。

4. 新兴文化产业带动力增强

广州和深圳利用人才和技术的优势，大力发展数字文化创意等新兴文化产业，在粤港澳大湾区文化产业发展中，起到很好的带动作用。数字文化产业的发展在粤港澳大湾区尤其突出，在广州、深圳、香港、澳门四地占文化产业的比重都超过50%。深圳龙岗区已初步形成了较为完善的文化新兴产业和文化服务聚合体，已经有了华为、华侨城文化集团、中华商务、华夏国际动漫等一批先进的文化龙头企业和高端技术型创新引擎文化服务龙头企业，入驻数字文化产业示范园区的企业总数超过5000家，入驻文化出版和创意服务类产业开发与规模化示范园区的企业总数有27家。广州通过推进数字文化创意传播产业发展，促进VR技术、数字专辑、听音成像、裸眼3D等一批关键核心技术的研究开发和运用，更好地推动粤港澳大湾区与周边国家和地区之间的文化交流与合作。

5. 文化金融服务多元化

金融支持文化产业发展，是粤港澳大湾区文化产业合作发展的重要抓手。广州通过"一带一路"文化金融产业合作联盟等方式，为大湾区的政府、企业和金融机构创造文化金融合作发展的机会。2020年，粤港澳大湾区文化产业建设和投资基金正式在广州成立，引入文化惠民共享服务平台计划、"大湾区华谊兄弟文旅中心"合作计划等11个重大文化产业项目，助力粤港澳大湾区文化产业的繁荣发展。粤港澳大湾区文化产业投资基金管理有限公司是目前唯一获得国家批复的以"粤港澳大湾区"命名的文化产业投资基金管理公司。从新三板上市的文化企业数量来看，广东省的文化企业独占鳌头，占比19.12%，其中珠三角占据绝大多数，在全国属于文化资本发展比较活跃的地区。

（二）粤港澳大湾区文化产业合作发展面临的挑战

1. 制度合作障碍需要进一步突破

粤港澳大湾区涉及香港、澳门和粤九市的制度、经济、关税、城市发展、生活方式等差异，政治体制不同、行政壁垒多影响了粤港澳大湾区文化产业的合作发展。由于制度差异而产生的关税和非关税壁垒，成为阻碍三地文化产业合作的因素之一。完善的制度体系是促进粤港澳大湾区文化产业合作持续稳定的基础。在粤港澳大湾区文化产业的合作发展过程中，政治制度、法律制度、管理、国际化程度等的深刻差异，会带来沟通协调、文化融合等方面的矛盾和障碍。

2. 岭南特色文化产业有待复兴

20 世纪 90 年代，广州是流行音乐的"梦之都"。毛宁、杨钰莹等内地流行乐坛第一代明星，都是在广州崛起，粤语影视、歌曲等演艺产业引领全国。20 世纪八九十年代，香港的影视业火遍整个东南亚，产生了一大批中国内地观众耳熟能详的影视明星，对内地流行文化产生了很大的影响。香港动作电影是香港电影的标志，这类电影作品风靡全国，甚至在全球影响广泛。时过境迁，新世纪香港的影视业大不如前，包括创作、制作、市场等都无法与辉煌时期相提并论。除了香港影视行业注重短期效益、没有高瞻远瞩的眼光和长远战略外，以北京为代表的内地影视业迅速发展，依托国内巨大的市场容量，制作出了更加精良的影视作品。广州也在文化资源北上的过程中失去了当年的风采，具有岭南特色的影视文化产业发展受到不利影响。在新的发展格局下，亟待粤港澳三地开展合作复兴。

3. 文化产业发展不平衡不充分

粤港澳大湾区的文化多样性比较丰富，香港、澳门和粤九市 11 个城市的文化产业各具特色，但粤港澳大湾区各城市之间的互补互动还有所欠缺，各城市的文化产业发展程度不平衡。就总产值而言，深圳、广州与香港大幅领先于区域内其他城市，呈现比较明显的梯队，东莞、佛山等位于第二梯队，江门、肇庆等为第三梯队。粤港澳大湾区这种显著的梯队效应，一方面是文化产业合作发展的基础，另一方面也成为文化产业合作发展的挑战。文化产业发展不平衡不充分，导致大湾区的文化产业合作集中在香港和广州等龙头城市，以及与制造业发达的东莞和佛山等二线城市，而肇庆和江门等发展不充分的城市则有被边缘化的危险，这种局面是粤港澳大湾区文化产业合作发展面临的挑战。在新的发展格局下，尤其在提出三次分配、共同富裕等大方向后，不平衡不充分发展的挑战更加突出。

4. 龙头文化企业带动力不够

缺乏能够进行跨区域合作的大型龙头企业，集群效应难以发挥。尽管粤港澳地区已有不少网游、动漫、影视制作企业，但行业集中度低，企业规模普遍偏小，缺乏能够进行跨区域、跨行业合作的大企业和产业集团，难以在更大范围内整合文化资源并形成产业合力，带动整个区域的文化产业发展。广州长隆集团作为区域文化旅游的优秀代表，已经产生了广泛的影响力，但和世界知名文化旅游集团相比，如迪士尼和环球影城，还缺乏周边带动能力，尤其在知识产权衍生方面。理想的文化龙头企业，应该从图书出版、动漫、影视、游戏、衍生产品到主题公园的全产业链发展，从而带动整个区域文化产业的合作发展。2021年9月北京环球影城开业，形成"北有环球影城、东有迪士尼、南有长隆"的新格局，对大湾区范围内大型龙头企业如何带动区域文化产业合作发展提出了新的挑战。

5. 传统文化产业有待转型升级

粤港澳文化产业处于产业发展低端环节的比较多，以模仿、代理、代工为主，缺乏对核心技术的掌握和控制，整体原创力不足，与国际水平有较大距离，特别是将文化和科技紧密结合的原创内容创作环节存在缺失。从大湾区粤九市的发展情况来看，文化制造业占文化产业的比重居首，这与广东是制造业大省密不可分。这既是粤港澳大湾区文化产业合作发展的基础，也是文化产业合作发展的挑战。除了文化制造业、文化服务业和文化创意业等要形成合理的比重结构外，更重要的是传统制造强势文化产业，面临向先进文化制造业转型升级，要面临数字化改造的挑战。中山等地游戏游艺设备比较发达，在全国占有很大的市场份额，但也存在很多小企业，处于行业低端，竞争力不强。这一部分传统文化产业的转型升级成功与否，将是粤港澳文化产业合作发展的关键因数之一。

四　新发展格局下粤港澳大湾区文化产业合作的战略重点

（一）以数字内容产业合作推动文化产业合作发展

近年来，数字文化在动漫、影视、游戏、创意设计、数字出版等领域被广泛应用，受到前所未有的青睐，数字内容产业成为文化产业发展的重要方向，对三地文化产业合作发展能够起到引领作用。粤港澳大湾区应顺应数字产业化和产业数字化发展趋势，全面实施文化产业数字化战略，以数字内容产业为文化创意产业整合的突破口，打造具有岭南文化特色的数字内容产业链。侧重把扶持的重心瞄准粤港澳大湾区的数字文化产业，以数字技术为核心的数字文化产业的重要性凸显，文化、旅游、科技等的深度融合延长了文化企业的产业链，提高了文创产品的生产附加值。充分利用大湾区科技和互联网企业的优势，诸如华为、腾讯、大疆无人机等，与中旅、华侨城、长隆集团等传统文化旅游企业，合作开展数字化文化旅游产品，在大湾区范围内形成协同合作，带动湾区的文化产业共同发展。

（二）统筹布局文化产业园区推动合作发展

落实《横琴粤澳深度合作区建设总体方案》和《全面深化前海深港现代服务业合作区改革开放方案》，以珠海横琴、深圳前海以及广州南沙为主要试验田，联手打造"港深莞惠"和"广佛珠澳"两条产业黄金带，以项目合作及投资推动三地文化产业融合发展。要增强粤港澳文化产业的集聚协同作用，就必须整合大湾区文化产业园区建设，跨境、跨区建设一批特色鲜明、优势突出的文化产业基地和园区，实现产业园区的专业分工和功能互补。按照创建国家级文化产业示范园区的要求，整合文化产业资源，建立创新的统筹工作机制，支持粤港澳大湾区建设更多国家级文化产业示范园区基地。依据《粤港澳大湾区文化和旅游发展规划》，推进粤港澳大湾区重点文化产业园区建设项目，支持香港 PMQ 元创方、澳门设计中心、深圳华侨创意文化园、广州北京路文化核心区园、江门（塘口）江澳青年文创小镇、肇庆鼎湖（港澳）文创小镇等基础和发展前景较好的文化产业园区提升质量和打造品牌。推动文化产业园区的互动与建设，推动香港 PMQ 元创方、香港数码港等文化创意产业园区与广东文化产业园区之间的信息通、人才通以及业务通，实现大湾区的文化产业协同发展。

（三）振兴与创新岭南特色文化产业

振兴与创新岭南特色文化产业，是粤港澳三地合作发展文化产业的重要领域。弘扬岭南人文精神，是振兴与创新岭南特色文化产业的核心要义，也是共建人文湾区、推进粤港澳大湾区战略的重要举措。在新的发展格局下，继续深挖岭南人文精神，擦亮岭南文化品牌，制定支持大湾区岭南特色文化产业发展的整体规划。加强大湾区共有的非物质文化遗产保护与传承，振兴传统文化工艺，传承岭南文化戏曲。实施传统岭南文化数字化工程，文化资源、文化生产、文化体验，都与现代科技相结合，利用大湾区的科技优势来保护和推动岭南特色文化产业发展。加强三地岭南特色文化产业的合作发展，振兴影视文化产业，利用建设大湾区的契机，实现粤港澳影视机构合作升级。

（四）打造国际会展平台合作推动会展业

会展业作为文化产业的组成部分，在双循环新发展格局下发挥着重要作用，国际会展是粤港澳合作发展文化产业的重要抓手。《横琴粤澳深度合作区建设总体方案》也明确指出，发展文旅会展商贸产业，在合作区大力发展会议展览，打造具有国际影响力的会展平台。建议充分利用广交会的全球知名度和香港"会展之都"的国际影响力，将珠三角的产业优势和市场腹地与港澳会展业经营服务优势相结合，合力构建具有全球影响力的国际会展平台。进一步开放珠三角会展市场，由香港具有成熟管理体系和国际运营经验的展览公司打造一批国际知名的大型展览公司和国际著名的展览品牌。还可以通过资本运作进行跨区域的并购、相互参股,或结成战略联盟,推动会展业的专业化、市场化、品牌化和国际化,提高双循环新发展格局下三地的对内对外辐射力。在合作区内与澳门联合举办跨境会展的过程中,为会展工作人员、专业参展人员等境内外旅客提供过境便利的措施,并放宽到整个大湾区。重点支持中国(深圳)国际文化产业博览交易会、中国(广州)文化产业交易会、粤港澳大湾区公共文化和旅游产品(东莞)采购会等有代表性、有品牌效应的展览展会提质增效,推动区域合作发展会展业。

(五)共建粤港澳大湾区世界级旅游目的地

在双循环新发展格局下,文化旅游要走创新发展之路,这也是应对新冠肺炎疫情等重大突发公共卫生事件的必然选择。共建粤港澳大湾区世界级旅游目的地,是新发展格局下大湾区文化产业合作发展的重要方面。依据《粤港澳大湾区发展规划纲要》的指引,共建人文湾区和休闲湾区,建设宜居宜业宜游的优质生活圈。深化粤港澳大湾区在文化和旅游领域合作,共建粤港澳大湾区世界级旅游目的地正当其时。深化大湾区文化遗产游径项目,把湾区 11 个城市更好的衔接融合起来,促进城市间的协同发展。抓住广东、香港、澳门承办 2025 年第十五届全国运动会的契机,完善相关基础设施,推动粤港澳打造国际品牌体育盛事。落实《粤港澳大湾区文化和旅游发展规划》的项目,支持打造广州黄埔长洲国际慢岛、中山崖口村、惠州罗浮山等特色小镇、美丽乡村、休闲度假等岭南文化旅游项目。

参考文献

[1] 周翔、秦晴:《智能化:粤港澳大湾区文化产业发展的基点和方向》,《深圳大学学报》(人文社会科学版)2019 年第 6 期。
[2] 单婧:《粤港澳大湾区文化产业协同发展策略研究》,《广东经济》2021 年第 1 期。

［3］陈孝明：《粤港澳大湾区金融支持文化产业联动发展》，《中国社会科学报》2019年2月12日。

［4］向晓梅等：《粤港澳文化创意产业融合发展研究》，广东省社会科学院研究报告，2008。

［5］张钦坤等：《粤港澳大湾区文化及相关产业报告（2019）》，腾讯研究院研究报告，2019。

B.16 支持中山打造粤港澳大湾区办公家私产业集群的建议*

广州市粤港澳大湾区（南沙）改革创新研究院课题组**

摘 要： 依托中山打造粤港澳大湾区办公家私产业集群高质量发展示范园，不仅是推进建设粤港澳大湾区国家战略、实现高质量发展高水平开放的迫切需要，也是中山市乃至广东省加快构建优势互补、创新升级、链条发展的现代产业体系，推动珠江西岸快速、协调发展，达成共同富裕目标的迫切需要。建议从产业规划和政策支持、创新产业空间供给方式、优化上中下游产业链配套、建立多元融资渠道、扶持搭建各种行业服务平台等方面，省市合力支持中山传统优势的办公家私产业创新升级与集群化发展。

关键词： 办公家私 产业集群 粤港澳大湾区 中山

办公家私（家具）产业是中山乃至广东的特色优势产业，拥有"中国

---

* 本文为广东省决策咨询基地广州大学粤港澳大湾区改革创新研究院、广州市新型智库广州大学广州发展研究院的研究成果。

** 课题组成员：涂成林，广州大学二级研究员、博士研究生导师，广州市粤港澳大湾区（南沙）改革创新研究院执行院长；谭苑芳，博士，广州大学广州发展研究院副院长、教授，广州市粤港澳大湾区（南沙）改革创新研究院理事长；曾恒皋，广州大学广州发展研究院所长，广州市粤港澳大湾区（南沙）改革创新研究院研究总监；周雨，博士，广州大学广州发展研究院政府绩效评价中心主任，广州大学广州发展研究院政府绩效评价中心主任，广州市粤港澳大湾区（南沙）改革创新研究院副院长，讲师；臧传香，广州市粤港澳大湾区（南沙）改革创新研究院科研助理。执笔人：涂成林。

家具看广东,广东家具看中山"的辉煌发展史。课题组2021年5~12月在中山市进行多次考察调研,发现中山办公家私产业有基础、有特色、有潜力,认为省市合力支持中山发展办公家私产业,推进其创新升级与集群化发展,打造粤港澳大湾区办公家私产业集群高质量发展示范园,不仅是推进建设粤港澳大湾区国家战略、实现高质量发展高水平开放的迫切需要,也是广东省及中山市大力发展办公家私、灯具、五金等优势制造业,构建优势互补、创新升级、链条发展的现代产业体系,推动珠江西岸快速、协调发展,达成共同富裕目标的迫切需要。

一 中山已具备打造粤港澳大湾区办公家私产业集群的良好基础条件

(一)拥有厚实的产业基础,基本形成了专业化、集群化、链条化的发展态势

以"专业镇经济"起家的中山市是广东省乃至全国办公家私产业的主要集聚发展区,经过改革开放40多年的发展,目前中山拥有办公家私企业400多家,年产值达100多亿元,带动了中山及周边城市上下游产业的总产值达400亿元,形成了华盛、中泰龙、迪欧等一批明星品牌企业。从产业种类、质量、生产、市场等来看,中山家具企业已占据全国家具行业半壁江山。目前中山办公家私产业主要集聚在小榄镇(原东升镇,2021年7月小榄镇与东升镇合并成立新的小榄镇),该镇位于中山西北部,有105国道、小榄水道、中江高速、广珠城轨、太澳高速、广珠西线和在建的中顺快线等贯通全镇,交通便利,区位优势突出。优越的地理位置、较大的产业规模、成熟的产业链等优势条件,使小榄镇办公家私产业链与集群在全国占据领先地位,产销量更达到全国总量的50%以上。2017年,中国家具协会正式授予该镇"中国办公家具重镇"的称号,这无疑是中山办公家私产业发展史上值得浓墨重彩书写的篇章。

（二）主要骨干企业具有较强的品牌意识与创新意识，为打造粤港澳大湾区办公家私产业集群提供了良好的基础

近年来，中山办公家私产业在一批骨干企业的带动下，获得了较快的发展，在产品品牌、产业升级、智能制造、产值税收等各方面都有喜人的表现。2021年，中山市家具产品产量达到1654.8万件，较上年大幅增长了34.3%，家具制造业工业增加值增长了24.3%，远高于同期全市全部工业增加值增速（10.7%）和广东省家具制造业工业增加值增速（13.1%），表现出了强劲的发展活力。特别是在产业结构优化、产业链延长、数字化应用等方面，一些骨干企业已主动由办公家私向酒店家私、医养家私、全屋家私等商用工程类家具拓展，中山传统家具企业正快速向"智能制造供应商"转型升级，产生了明显的发展动能和巨大的发展潜力。华盛家具公司的"现代办公家具柔性数字化智能制造工厂"、皮阿诺科学艺术家居公司的"智慧全屋家居智能制造试点示范项目"等一批中山智能家居新业态新模式，已成功入选"省市智能制造试点"示范项目。在此基础上，一批办公家私骨干企业已形成了通过规模化、品牌化、产业链化的方式实现抱团发展、集群发展的明确意识和行为，如果广东省和中山市政府及时进行政策引导，给予适当的资源倾斜，应该可以在较短时间内将中山小榄镇打造成为粤港澳大湾区办公家私产业集群高质量发展示范园区。中山完全可以以此为契机，充分发挥传统制造业产业链比较完善的优势，推动办公家私同中山其他特色优势产业融合发展，如办公家私与智能家居、门业、卫浴、灯饰、锁业、五金等一起联合打造泛家居大产业链，真正打造出一个5000亿元级的产业巨舰。

（三）办公家私行业的产业特性、市场需求、产业链价值和发展空间，展现打造粤港澳大湾区办公家私产业集群的迫切性

办公家私产业具有鲜明的产品特点：第一，办公家私不是简单的零件组合，而是提供办公场所整体空间解决方案，这决定办公家私行业需要构建完整的产业链；第二，办公家私产业消费群体的消费理念整体上保守求稳，具

有明显的从众心理，有利于办公家私产业形成品牌效应和地域优势；第三，随着新型智能化工作场景打破传统办公家私的组合模式，必将带动办公家私产业升级迭代的速度加快，实现"跨链"融合发展；第四，办公家私产业既有规模经济溢出效应，也具有独特的社会溢出效应和文化溢出效应。作为一个传统与创新结合密切的产业，办公家私既是一个传统行业，也是一个朝阳行业、长青行业。办公家私产业的不可替代性和相对稳定性构成了其独特的产业特性和市场价值，决定了办公家私产业能够做大做强，产生产业链、创新链、人才链"多链融合"的战略效应。

发达的家居家具、灯具灯饰等产业集群在20世纪八九十年代曾成就了中山市"广东四小虎"的赫赫威名，但也正是因为这些优势传统产业使中山陷入发展瓶颈，严重拖累中山市乃至广东全省的经济发展。2021年，中山市的地区生产总值为3566.17亿元，GDP仅居广东省和大湾区的第九位。精准聚焦中山的优势资源和特色产业，激发产业潜能，形成制造业高质量发展新增长极，对大湾区和广东省打造世界领先的先进制造业发展基地极为紧迫。以中山小榄镇为中心打造粤港澳大湾区办公家私产业集群高质量发展示范园区，与《广东省国民经济和社会发展第十四个五年规划和2035年远景目标纲要》提出的要"统筹谋划重点产业及产业集群布局，推动传统产业高端化智能化发展，依托传统优势龙头企业，推动纺织服装、食品饮料、家电家具、五金建材等产业专业化、品牌化、国际化发展"的建设思路与重点任务是完全吻合的，也是主动落实《粤港澳大湾区发展规划纲要》的要求，发挥中山等地产业链齐全的优势，助推大湾区提升先进制造业基地发展水平的重要举措。

二 中山打造粤港澳大湾区办公家私产业集群的主要问题

（一）缺乏顶层设计和统筹规划

课题组在调研中发现，当前广东省、中山市、小榄镇三级有关政府部门对办公家私产业等传统优势产业发展认识不尽一致，不仅缺乏顶层设计和统筹规划，产业政策支持力度明显不足，导致中山办公家私产业和相关企业完全依靠自身力量打拼市场，逐渐陷入发展瓶颈。《中山市国民经济和社会发展第十四个五年规划和 2035 年远景目标纲要》已明确提出，要"做大做强智能家居、电子信息、装备制造、健康医药四大战略性支柱产业集群，支撑全市制造业结构战略性调整"，"做优做强纺织服装、光电、美妆、板式家具四大特色优势产业集群，推动传统优势产业转型升级"。在政府中长期战略规划层面开始重视办公家私产业发展，但现在依然缺乏细化的专项产业规划、具体的重大项目支撑、专门的配套政策支持，发展实效有待观察。反观长三角，仅在浙江安吉，当地有关部门通过政府规划布局，搭台邀请企业参与，给予适当的政策扶持，仅围绕一个办公椅，就打造出一个超过 400 亿元的产业集群。

（二）土地供给不足，产业用地碎片化，导致中山办公家私企业出现外流现象

中山市辖区面积仅 1783.67 平方公里，在广东省和粤九市中均排名倒数第二，土地资源有限。更重要的是，中山由于在改革开放早期采取镇街工业园式粗放发展，宝贵的土地资源被大量低效和零散化利用。2018 年，全市的土地开发强度就已达 39.3%，小榄、古镇等工业重镇的土地开发强度甚至超过了 70%，严重超过了一个地区土地开发强度的国际警戒线（30%）。据中山市工信部门的调查统计，当前中山拥有的 70 个工业园区均散布在各个镇街中，占地总面积超过 38 万亩，其中在已批的工业用地中容积率 1.5 以下的占六成。① 这种状态导致中山市成为广东省目前唯一的土地利用总体规划"减量城市"，产业发展严重缺乏连片用地供给，重大产业项目难以落地。

"减量计划""三规不符"等产业政策的推行实施，再加上土地利用碎

---

① 《中山发起新一轮低效工业园改造攻坚》，《南方日报》2021 年 8 月 13 日。

片化，对中山办公家私产业集聚发展形成了较大的制约。课题组在调研中了解到，中山一些办公家私企业在土地转功能、容积率调整、控规调整等审批环节，普遍面临审批流程耗时过长、推进效率较低等问题，这也是中山办公家私骨干企业发展扩张的主要障碍，甚至直接导致一些规模较大的办公家私企业易地寻找发展出路。例如，中山知名的办公家私企业迪欧家具已在江门获批450余亩工业用地，总部大楼已在江门建成完工并全部搬迁完成。中山市有部分具备一定产业基础及市场影响力的办公家私企业也开始四处寻找合适的产业转移地点。

（三）产业发展整体处于松散、不稳定状态，抗风险能力和市场竞争力较弱

中山办公家私产业虽然整体规模不小，但产业集聚度较低，许多企业仍采用多地租用小型厂房的低层次生产组织模式。生产厂房分布在不同的镇区加重了企业管理、配套优化、智造升级等方面的负担。目前中山小榄镇办公家私生产企业及配套企业有200多家，但规模以上企业占比仅12%，企业单体抗风险能力及市场竞争能力较弱，产业发展还处于松散、不稳定的状态，没有形成龙头企业和稳定完整的生产链和供应链。

（四）金融与创新服务平台支持不足，制约行业高质量发展

课题组在调研中发现，目前中山办公家私企业绝大多数为租用厂房的中小微企业，面临融资难、融资贵的问题。大部分企业没有可正常抵押贷款的不动产物业，始终依赖民间借贷或中远期银行支票流通作为周转，融资利率高，成本负担和财务压力极大。中山市是广东省第二个开展特色产业集群产业链协同创新的试点城市，2020年以来，围绕家具、五金、灯具等特色产业集群，采取"政府政策+智能制造供应商+融资担保+产业链企业"的新模式，试图通过搭建"1+1+9+N"公共技术服务平台体系和提供政府融资担保的方式来支持传统企业实施智能化转型升级，但在实践中，由于中山办公家私产业的整体发展层次偏低，多数企业处于产业价值链的中低端，前端的

研发设计、市场研究、咨询服务以及后端的第三方物流、供应链管理、销售服务等附加值较高的环节较少，缺乏办公家私创新平台、综合服务平台、展销平台、综合性线上线下销售平台，金融与创新服务平台支持不足依然是制约整个行业高质量发展的最大障碍。

三 支持中山打造粤港澳大湾区办公家私产业集群的建议

（一）加强产业规划和政策支持，激活产业发展活力

一个特色优势产业集群的形成，往往需要10年以上的产业发展与上下游产业链支撑，但一个特色优势产业集群的衰落也许只要2~3年。中山办公家私产业的供应链相对完善，具有一定的产业集群规模，拥有自主品牌的特色优势，理应加强规划和扶持，若任其自生自灭，将会造成巨大损失。对此的建议有：第一，中山成立"中山特色优势产业规划发展"协调推进办公室，将依托小榄镇打造粤港澳大湾区办公家私产业集群高质量发展示范园作为率先试点项目，待项目成功后再将这种政府、企业、行业协会多方参与的模式复制推广到其他特色优势产业；第二，在省级层面出台相应的扶持政策，在用地指标、企业融资、园区规划、创新公共平台等方面，给予中山一定的倾斜性政策，支持中山在全省率先探索推动传统优势产业高端化、智能化发展的新模式、新路径；第三，在打造粤港澳大湾区办公家私产业集群高质量发展示范园时，注意发挥华盛、中泰龙、迪欧等骨干企业的引领作用，注意发挥省市办公家私行业协会的协调作用。

（二）创新产业空间供给方式，优先保障产业用地需求

一是建议中山利用好"三旧改造""闲置土地处置"等一系列政策，加强市级统筹，全力以赴打好镇村低效工业园改造与连片产业用地收储整备的攻坚战，协调解决中山可利用土地碎片化的问题，为办公家私产业集群化发

展和重大新产业项目规划落地腾出新空间。二是规划300~500亩土地用于支持小榄镇打造粤港澳大湾区办公家私产业集群高质量发展示范园，着力打造一批样板工厂，通过强大的示范效应带动中山办公家私产业整体提升。三是重点解决办公家私企业布局分散造成的资源浪费和效益问题，通过用地调整释放出800~1000亩现有的办公家私产业厂房用于其他产业的发展，通过集群发展打造"绿色环保，智能制造"的办公家私产业链。

（三）优化上中下游产业链配套，开展产业链协同创新试点

第一，根据广东省工业和信息化厅《关于在中山市开展特色产业集群产业链协同创新试点工作的通知》精神，支持中山特色产业集群产业链协同创新试点项目更多向办公家私企业倾斜，在2022~2023年试点期间，重点支持100家以上办公家私企业实施智能化升级。以"政府政策+龙头企业/智能制造供应商+中小企业+融资担保"模式，通过省市两级扶持政策及财政资金，支持中山办公家私产业集群产业链创新，提升产业集群创新能力。第二，依托办公家私产业打造"众家联"模式，组建办公家私"产业+互联网+金融资本"产业链整合服务平台，实现联合采购、销售和抱团发展。第三，建立中山办公家私产业集群"群长制"、产业链"链长制"，加快促进产业链上下游、产供销、大中小企业协同发展。第四，围绕强壮办公家私产业链，积极推动城市间的产业分工协作与区域协调发展，为中山办公家私企业在周边城市设置加工、销售等配套设施提供政策便利。第五，引导中山办公家私企业积极向内地布局，形成品牌扩散效应，通过"一带一路"走向全球市场。

（四）建立多元融资渠道，健全融资担保体系

一是在园区内加快建立健全多层次的区域性资本市场，为中小企业提供不同层次融资机制，大力发展各类投资基金，发挥非存款类金融机构合力。二是积极引导金融机构开发适合企业需求的信贷产品和服务，发展面向办公家私产业中小微企业的地方性中小金融机构，支持和鼓励民间资本发起设立

民营银行、金融租赁公司，增加金融供给。三是创新抵质押方式，健全政策性融资担保体系。建立市镇两级功能互补的政策性担保体系，借鉴安徽模式，探索建立政府出大头、企业和银行出小头的中小微企业信贷担保基金和风险补偿基金，开展新型政银担合作机制试点，研究建立符合产业园区发展需要的政府性融资担保体系。

（五）积极扶持各种行业服务平台，营造良好的生态环境

一是建设技术创新平台。推进办公家私企业研发设计中心、重点实验室等创新平台建设，培育高技术专利，研发新技术新工艺，提高办公家私产品的科技含量。二是完善电商平台。把原"东升办公家私"作为一个区域性品牌向外推广，并引导企业通过电商销售拓展市场。三是搭建展销平台。由政府牵头，定期组织企业参与国内外家具展览会，改变原来企业零星参展的局面，同时通过产业包装，申请集体商标和建设国家级产业基地，发展家具总部经济。四是筹建专业市场。依托优越的物流体系，由政府出面筹建一个一站式办公家私专业市场，促进产业规模的扩大和知名度的提高。五是发挥行业协会作用。政府定期与行业协会互动，出台具体政策加强行业自律和行业诚信建设，规范企业竞争行为，协调各种利益关系，定期组织讲座及访问考察活动，了解行业先进资讯，开拓企业创新思路。

参考文献

[1] 郭佳等：《广东省家具产业集群分布结构探析》，《家具与室内装饰》2018年第11期。

[2] 胡顺义，罗育英：《港澳大湾区建设背景下中山传统产业转型升级策略研究》，《科技和产业》2019年第2期。

[3] 《中共中央、国务院印发〈粤港澳大湾区发展规划纲要〉》，新华网，2019年2月18日，http：//www.xinhuanet.com/politics/2019-02/18/c_1124131474_3.htm。

[4] 《广东省国民经济和社会发展第十四个五年规划和2035年远景目标纲要》，广

东省政府网，http：//www. gd. gov. cn/zwgk/wjk/qbwj/yf/content/post_ 3268751. html。

［5］《中山市国民经济和社会发展第十四个五年规划和2035年远景目标纲要》，中山市统计局官方网站，https：//view. officeapps. live. com/op/view. aspx？src = http% 3A% 2F% 2Fwww. gd. gov. cn% 2Fattachment% 2F0% 2F419% 2F419439% 2F3268751. doc&wdOrigin = BROWSELINK。

［6］《广东中山：数字经济成为破局发展的"强心剂"》，《中国电子报》2021年12月3日。

［7］《2021年广东省国民经济和社会发展统计公报》，广东统计信息网，http：//stats. gd. cn/attachment/0/483/483178/3836135. pdf。

［8］《2021年中山市国民经济和社会发展统计公报》，中山市统计局官方网站，http：//stats. zs. gov. cn/zwgk/tjxx/tjzl/content/post_ 2088195. html。

B.17
后疫情时代深化澳琴旅游合作的建议

袁超 刘章洋*

摘　要： 澳门是"世界休闲旅游中心"，受新冠肺炎疫情暴发及疫情常态化防控影响，澳门休闲旅游产业呈断崖式下跌，产业多元发展严重受阻。本文从区域合作角度出发，以横琴粤澳深度合作区促进澳门经济适度多元发展为视角，深入分析了后疫情时代澳门旅游业发展现状及合作区旅游业发展潜力，并按照琴澳共同经营产业、共同创造良好环境、共同打造旅游品牌的思路，提出加快推动两地在休闲旅游产业领域的嵌入式融合发展的建议。

关键词： 旅游合作　协同发展　澳门　横琴

澳门作为"世界休闲旅游中心"，受新冠肺炎疫情暴发及疫情常态化防控影响，澳门休闲旅游产业呈断崖式下跌，澳门特区政府通过推出"澳人食住游"计划，加大旅游宣传推广力度，深化"旅游+"跨界融合等措施，有效应对疫情反复对旅游产业所造成的影响。2021年本地生产总值、访澳旅客人数较上年有所回升，但政府公共财政收入仍呈下跌态势，经济不景气对未来澳门休闲旅游产业可持续发展仍有很大影响。《2022年财政年度澳门施政报告》指出，"展望2022年，内外疫情发展演变，将是影响澳门经济社会恢复发展的重要因素。随着新冠疫苗研发进展加快和全球人口疫苗接种率提升，疫情有望进一步得到控制，预期旅游限制有望有序放

---

* 袁超，珠海市横琴创新发展研究院副秘书长，对澳合作研究所所长，研究方向为对澳合作、区域发展；刘章洋，珠海市横琴创新发展研究院助理研究员，研究方向为电子信息。

宽，旅游业及整体经济将逐步复苏，2022年发展形势有望好于2021年，但依然严峻复杂，须审慎积极应对"。横琴粤澳深度合作区（以下简称"合作区"）作为促进澳门经济适度多元发展的新平台，拥有毗邻澳门、通关便利、旅游资源丰富等优势，在疫情有效防控的背景下，通过深挖平台载体潜能，强化与澳门休闲旅游产业的协同发展，打造"一程多站"精品旅游产品，对促进澳门综合旅游业复苏、提振澳门外部旅游需求、引导旅客回流澳门具有重要作用。

一 后疫情时代澳门旅游业复苏缓慢

（一）赴澳旅游人数骤减

1. 入境旅客人数急剧下滑

根据澳门旅游局统计数据，自2016年以来，入境澳门旅客人数呈持续上升态势，2018、2019年更是达到历史最高。2018年入境澳门旅客总人数超3500万人次，按年增长9.8%；2019年入境旅客近4000万人次，同比增长10.1%。但自2019年新冠肺炎疫情暴发后，入境澳门旅客人数呈断崖式下跌态势，2020年入境澳门旅客仅为589万人次，同比下降85%（见图1）。2021年入境澳门旅客人次有所回升，1~8月入境旅客为512万人次，预计全年入境旅客将超过700万人次，但是与2019年近4000万人次相比仍相距甚远，甚至离近五年来接待人数平均值2800多万人次仍差距甚远。

2. 留宿旅客人数大幅下跌

根据澳门旅游局统计数据，2016年以来，留宿旅客持续上升直到2019年达到历史最高。其中，2018年留宿旅客超1849万人次，增长7.2%；2019年留宿旅客超1863万人次，增长7.6‰。受新冠肺炎疫情影响，澳门留宿旅客急剧下跌，2020年留宿旅客只有282万人次，同比下降84.9%（见图1）。2021年虽然疫情好转，留宿旅客有所增加，但是1~8月留宿旅客仅有262万人次，预计全年留宿旅客不超过400万人次，连2019年1/4

都达不到，远不及近五年留宿旅客均值1458万人次的水平。

3. 旅客总消费急剧滑落

从2016年到2019年，澳门年旅客总消费一直高于2400亿澳门元，2018年旅客总消费达到历史峰值，超3273亿澳门元。新冠肺炎疫情暴发后，澳门旅客总消费急剧滑落，2020年旅客总消费仅为约690亿澳门元，同比下降78.6%，其中博彩消费约472亿澳门元，同比下降80.2%（见图1）。虽然疫情好转后旅客总消费开始回升，2021年1~8月旅客总消费约681亿澳门元，其中博彩消费约397亿澳门元，但无论是旅客总消费，还是博彩消费，相较于2019年均大幅下降，也远不及近五年平均消费水平。

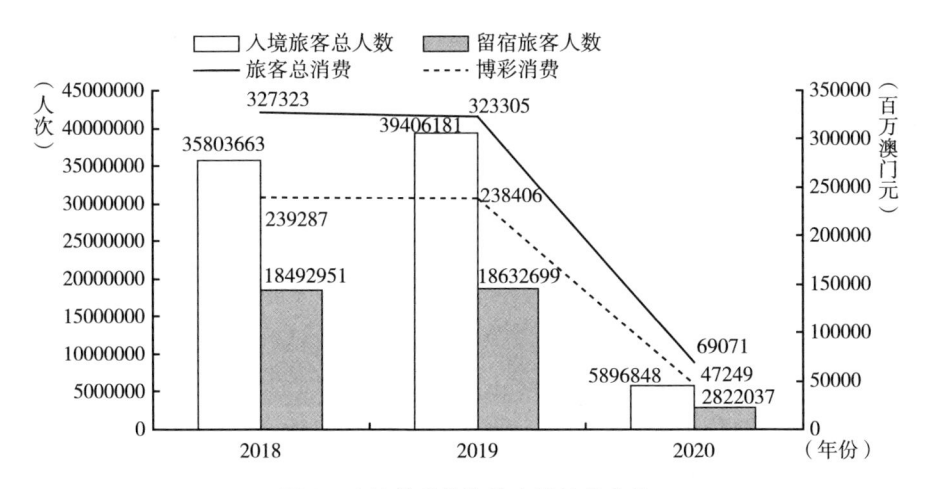

图1 疫情前后赴澳旅客及消费变化

数据来源：澳门特别行政区旅游局。

（二）疫情对旅游经济冲击巨大

1. 酒店业深受冲击

根据澳门旅游局统计数据，2016~2019年，澳门的酒店入住率一直维持在85%以上。其中，2018年和2019年酒店入住率达到历史最高峰，分别为91.1%和91%。但受疫情影响，2020年酒店入住率只有27.1%，同比下降

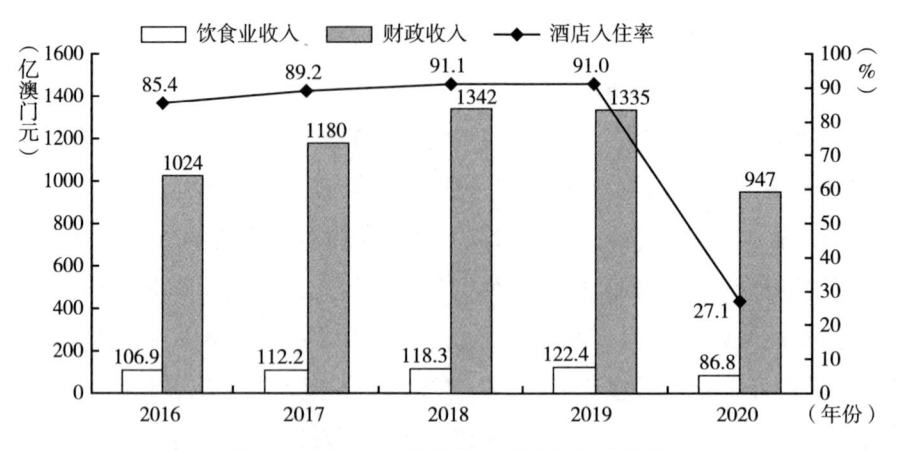

```
        饮食业收入    财政收入    酒店入住率
(亿澳门元)                                                                        (%)
1600                                                                         100
            85.4      89.2      91.1      91.0
1400                                                                         90
                              1342      1335
1200              1180                                                       80
         1024                                                                70
1000                                                       947
                                                                             60
 800                                                                         50
 600                                                                         40
                                                    27.1                     30
 400                                                                         20
 200   106.9    112.2    118.3     122.4    86.8                             10
   0                                                                          0
       2016     2017    2018      2019     2020           (年份)
```

图 2　2016~2020 年旅游业对澳门经济影响

数据来源：澳门特别行政区旅游局、统计暨普查局、财政局。

63.9%（见图 2）。尽管 2021 年疫情好转后有所恢复，但是 1~8 月酒店入住率也仅有 52.7%，预计全年酒店入住率不超过 60%，连近五年平均水平 76.8% 都未能达到。酒店入住不景气自然也导致酒店房价大幅下跌。2020 年澳门酒店房价均价只有 920 澳门元，同比下降 32.4%，比近五年酒店房价均价 1240 澳门元下降 25.8%。虽然 2021 年疫情好转，但是 1~8 月酒店房价均价继续下跌至 837 澳门元，酒店房价回升较为艰难。

2.饮食业打击沉重

根据澳门统计暨普查局调查数据，2016~2019 年，澳门饮食业收入一直高于 105 亿澳门元，并持续增长，2019 年达到历史最高值，为 122.4 亿澳门元，同比 2018 年增长 3.5%。2020 年新冠肺炎疫情暴发以来，饮食业收入急速下跌，2020 年饮食业收入只有 86.8 亿澳门元，同比 2019 年下降 29%（见图 2）。

3.财政收入大幅减少

根据澳门财政局统计数据，2016~2019 年，澳门特区政府财政收入一直维持在 1000 亿澳门元以上，2018 年和 2019 年更是达到历史最高值，分别为 1342 亿澳门元和 1335 亿澳门元。但疫情发生后，澳门特区政府财政收入大幅缩减，2020 年澳门特区政府财政收入只有 947 亿澳门元，同比下降

29%（见图2）。2021年上半年，虽然疫情有所好转，但是财政收入仍回升缓慢，财政收入仅为491亿澳门元，预计全年财政收入不超1000亿澳门元，大幅低于近五年澳门平均财政收入1165亿澳门元。

（三）旅游带动就业乏力

1. 本地居民失业率有所上升

根据澳门统计暨普查局统计数据，2016年以来，包括批发及零售业、酒店及饮食业、文娱博彩及其他服务业等旅游密切相关行业（以下简称旅游相关行业）就业人口一直占总就业人口的48%以上，旅游业吸纳了大量的澳门本地居民就业。但新冠肺炎疫情暴发以后，澳门旅游业遭受巨大冲击，澳门本地居民失业率突破3个百分点，达到3.6%，同比上升1.3个百分点（见图3）。虽然2021年疫情好转，但是上半年澳门本地居民失业率达到4%，仍然相对较高，比2019年上升1.7个百分点，比近五年平均值2.7%仍高出1.3个百分点。

2. 外地雇员需求有所下降

根据澳门治安警察局统计数据，2016年以来，外地雇员总数一直维持在17万人以上，其中从事旅游相关行业的外地雇员持续超过8万人，占外地雇员总数比例一直高于46%。疫情发生后，2020年从事旅游相关行业的外地雇员人数仅为8万人出头，占外地雇员总数比例跌落至45.3%（见图3）。虽然2021年疫情好转，但是外地雇员需求仍然有所下滑，2021年上半年从事旅游相关行业外地雇员只有7万多人，占外地雇员总数比例进一步下滑至44.4%，相较于2019年下跌了3.4个百分点。

（四）产业多元发展迟缓

澳门财政收入的大幅下跌，很大程度上影响财政支出对产业多元发展的支持。一方面科学技术发展基金财政资助大幅减少。根据澳门科学技术发展基金资助公报统计数据，2016年以来，科学技术发展基金资助金额一直超过2亿美元，2019年资助金额达到历史最高水平，为4.98亿美元。疫情发

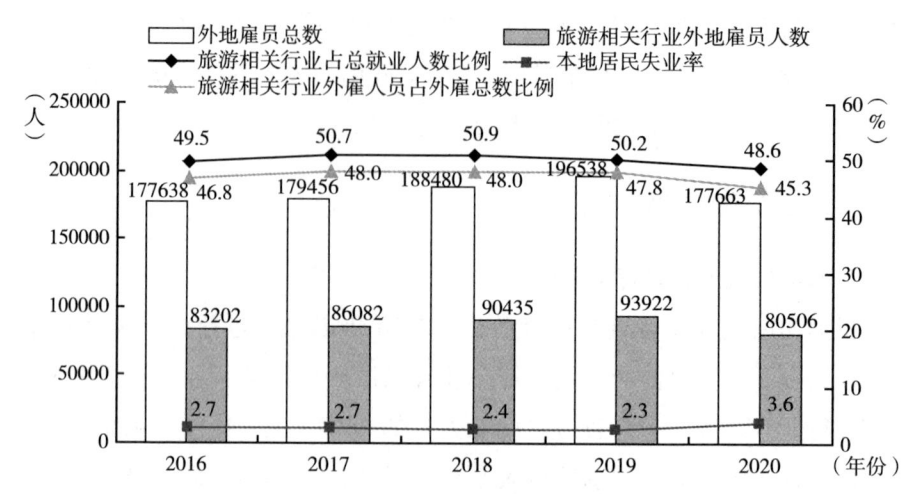

图 3 2016～2020 年澳门旅游业对就业影响

数据来源：澳门特别行政区统计暨普查局、治安警察局。

生后，2020 年科学技术发展基金资助金额大幅下跌至 3.73 亿美元，同比 2019 年下降 25.1%。虽然 2021 年疫情好转，但是上半年科学技术发展基金资助金额继续下滑，只有 3400 多万美元，比 2019 年上半年下降 64.5%，也远低于近五年上半年平均资助金额 6600 多万美元。另一方面社会保障财政支出大幅削减。根据澳门财政局年度预算开支数据，2016 年以来，澳门财政对社会保障的预算开支呈上升趋势，2019 年达到历史最高，约为 98.7 亿澳门元，同比 2018 年增长 5.6%。疫情发生后，受澳门财政收入急剧下跌影响，对社会保障的财政开支预算也相应削减，2020 年社会保障财政开支预算降低至约 91.9 亿澳门元，比 2019 年降低 6.9%。虽然当前疫情好转，但是 2021 年澳门财政继续削减社会保障开支预算，削减至约 74 亿澳门元，比 2020 年下降 19.5%。

二 后疫情时代合作区旅游业潜力巨大

自 2019 年 3 月国务院正式批复同意《横琴国际休闲旅游岛建设方案》

以来，按照中央、省、市决策部署，横琴统筹加快推进国际休闲旅游岛建设，休闲旅游业产业及配套环境快速发展，为后疫情时代深化与澳门旅游合作奠定良好基础。

（一）旅游发展环境逐步完善

1. 旅游市场监管机制日益健全

依托横琴"诚信岛"公共信息共享平台和信用监管体系，建立失信主体信用约束制度，引入澳门"诚信店"管理机制，积极营造良好诚信旅游环境。加强文化和旅游市场执法检查，坚决打击无证经营、诱导及强迫购物等违法违规行为。建立节假日景区流量监测控制机制，有效维护横琴景区安全。

2. 全域旅游配套设施日臻完善

联通内外的重大交通设施工程加快推进，横琴及一体化区域"三横五纵"交通网基本形成，环岛旅游巴士开通运营。综合旅游配套日趋成熟，全区酒店、民宿房间总数超过1万间。励骏庞都、口岸商城、横琴购等商业综合体陆续建成，天沐琴台、市民艺术中心、网球体育中心二期等高品质配套项目积极推进。横琴游客服务中心、横琴全域智慧旅游平台相继投入运营，区内旅游景区实现无线Wi-Fi全覆盖。

3. 人员货物出入境日趋便利

配合横琴粤澳深度合作区"一线放开，二线管住，通关便利"政策，横琴口岸采取"大一站式"通关系统，让跨境车辆在创新通关模式下，便利地进出两地。粤澳两地海关通过构建综合管理平台，实现"数据共享、合作验放"的一体化通关模式，进一步提高出入境车辆、货物和旅客通关便利程度。

（二）旅游产品体系不断丰富

1. 休闲度假旅游产品日渐成熟

星乐度露营小镇全面扩容升级，横琴长隆剧院建成使用，长隆海洋科学

酒店建成运营，长隆二期海洋科学乐园项目取得重大进展，全球规模最大的室内海洋科学馆长隆海洋科学馆即将建成。

2. 文创旅游产品日渐丰富

狮门娱乐天地、国家地理探险家中心建成运营，累计吸引游客超百万人次。汇集我国古建筑风貌的香洲埠文化院街顺利建成，内部小吃街、商会正在全力招商，部分区域开始陆续向游客开放。紫檀博物院横琴分院建成开业，率先与北京故宫博物院合作办展。

3. 康养休闲旅游产品发展顺利

瑞莲庄度假主题酒店、中医药科技创意博物馆等一批龙头康养项目相继建成。完成国家级二井湾湿地公园修复改造，积极创建国家级芒洲湿地公园，提升打造花海长廊、天沐河景观长廊，启动大小横琴山的"琴道"项目，覆盖全岛绿地、湿地和生态廊道的城市生态休闲空间基本形成。

4. 体育休闲旅游产品精彩纷呈

先后成功举办了五届中国国际马戏节、三届横琴马拉松邀请赛、三届国际女子网球（WTA）超级精英赛、两届雏菊音乐嘉年华（EDC电音节）、两届世界舞蹈总会（WDC）标准舞/拉丁舞国际邀请赛、两届天沐河名校赛艇邀请赛以及第八届环中国国际公路自行车赛（珠海站）等国际大型赛事活动。

（三）"旅游+"产业生态圈加速成型

1. "旅游+"金融服务稳步推进

粤澳跨境金融合作（珠海）示范区入驻18家涉澳金融企业和服务机构。23个项目获粤澳合作发展基金投资，投资总额超184亿元。澳觅等澳门项目获横琴金投天使投资基金支持。澳琴联合推出全国首套内地与澳门跨境旅游联票。

2. "旅游+"跨境电商逐步发力

出台横琴新区扶持跨境电商发展政策，对跨境电商等企业给予每年最高1000万元扶持。搭建横琴葡语系拉美国家跨境电商合作平台，跨境电商进出口订单超过 5500 万单。开展直购进口、保税进口等多种跨境电商业务，实现货物进出口总额超 30 亿元。

3. "旅游+"文化创意蓬勃发展

出台《横琴新区扶持文化创意产业发展办法》，推动文化创意产业集聚发展。建成国家级广告产业园，入驻广告企业超过 150 家。组织举办粤港澳大湾区文化创意设计大赛、粤港澳电子竞技公开赛等多项文化创意赛事，助力澳门建设世界旅游休闲中心。

（四）对澳旅游合作加快推进

1. 推动对澳旅游规则衔接

开展旅游合作机制及标准对比研究。协调推动广东省人社厅、文旅厅联合发文出台《香港、澳门导游及领队在珠海市横琴新区执业实施方案（试行）》，珠海市人大常委会通过了《珠海经济特区港澳旅游从业人员在横琴新区执业规定》，率先在全国实现对港澳导游及领队的单向认可。目前已有 600 余名港澳导游及领队经培训后在横琴执业。

2. 协同推进旅游产品开发

目前有 17 家港澳旅游企业入驻横琴，项目投资总额超 500 亿元。励骏庞都、东西汇文艺广场、臻林山庄等一批重大港澳文旅项目相继建成，涵盖文化创意、体育休闲、健康疗养等休闲旅游产业，初步形成与港澳旅游错位互补、协同共建的旅游产业链。

3. 加快推进旅游基础设施对接

新横琴口岸顺利建成验收，澳门管辖区部分区域正式移交澳门，旅检通道率先建成通关，"合作查验、一次放行"创新通关模式落地，确保日通关流量可达 22.2 万人次，年通关量达 8000 万人次。

4. 联合打造精品旅游线路

整合现有旅游资源，与澳门联合推出 20 余条精品旅游线路。通过与澳门旅游主管部门、企业、协会等共同举办"心出发·澳游横琴""心出发·琴系澳门""左手澳门·右手横琴"等系列跨境旅游推介活动，全面深化澳琴旅游合作底蕴。

5. 合作推动"一展两地"

合作开展跨境节庆活动,成功引进"澳门国际文化美食节",首设横琴分会场,吸引近百家大湾区餐饮企业参展,横琴中秋国庆双节期间累计吸引旅客达45万人次。澳门文化IP展成功落地横琴东西汇项目。"连城"澳琴摄影及装置艺术展在澳门美高梅成功举办。

三 依托合作区深化澳琴旅游合作建议

为深化横琴国际休闲旅游岛发展潜力,充分发挥合作区共商共建共管共享优势,重点突破产业发展不协同、政策不衔接、基础不扎实的瓶颈,加快澳门与合作区之间的"软硬"联通与协同,按照共同经营产业、共同创造良好环境、共同打造旅游品牌思路,以共同打造高质量示范合作旅游项目为抓手,加快推动两地在休闲旅游产业领域的嵌入式融合发展,打造"澳琴旅游合作2.0版本",为澳门旅游产业发展注入新动力。

(一)加快两地旅游"硬联通"

1. 提升通关便利化水平

以支持合作区建设为契机,进一步深化粤澳两地海关的深度合作,在双方协商一致且确保安全的基础上,充分利用大数据和人工智能等高科技手段提高通关检查效率,加快推行"风险预判、一次机检、数据共享、合作验放"通关模式,实现对出入境车辆、货物和旅客的自动化风险评估和精准布控,通过重点打击及查验高风险目标,在安全可控的基础上进一步便利粤澳两地居民、车辆往返。

2. 推进基础设施互联互通

以珠机城际铁路在横琴站与横琴口岸新旅检区域实现衔接为依托,加快推进澳门轻轨延伸至合作区与珠海城市轨道线网联通,畅通澳门-合作区-珠海"半小时生活圈",探索合作区与大湾区粤九市轨道线联网,研究澳琴轨道交通引入深圳机场、广州机场等国际枢纽机场，推动实现澳门轻轨与内地高铁、城际铁路在珠海站、横琴站便捷衔接，加速澳门经合作区融入内地轨道交通网。

3.推动粤港澳游艇自由行

加快研究澳琴水域扩大开放相关方案，为粤港澳游艇自由行在澳琴落地实施提供前提条件。科学制定游艇码头查验设施设备建设标准，配合广东省相关部门制定游艇出入境查验操作规范或指引，使港澳游艇出入境查验方式更加便利。

4."澳车北上"拓展到澳门单牌旅游巴士

以"按部就班，逐步推进"为原则，探索将澳门单牌车入出横琴资格进一步拓展到澳门单牌旅游巴士，提高澳琴跨境联游的便利度，降低在横琴经营的澳门文旅企业用车成本，提升澳琴"一程多站"式旅游体验感。

（二）深化两地旅游"软联通"

1.深化两地旅游规划对接

在合作区新的管理架构下，立足澳琴旅游资源禀赋和发展基础，发挥比较优势，探索由澳门与合作区共同制定旅游产业协调发展战略，联合两地编制旅游业发展规划，共同制定"一河两岸"旅游景区开发规划、编制重大文旅项目合作开发计划，从顶层设计上保障澳琴旅游一张蓝图绘到底。

2.深化两地政策规则对接

以打造国际化一流的营商环境为抓手，加快澳琴两地旅游政策对接，探索联合制定出台"旅游政策包"。充分发挥澳门在旅游市场国际化经营和管理规范的巨大优势，通过加强澳琴旅游规则衔接，探索将澳门自由港功能逐步延伸到合作区，在合作区加快建立更加符合国际规则的运行机制。

3.深化两地旅游合作机制对接

探索澳琴两地建立旅游专题工作小组制度，加强具体的专项合作工作，包括横琴口岸进一步完善软硬件设置和简便快捷的出入境管理、城市治安与市政管理、旅游服务培训等。将澳琴两地官方高层合作与半官方机构和民间力量的合作相结合,形成澳琴两地多领域、多层次、多形式的协调合作机制。

4. 深化两地旅游大数据对接

在横琴游客服务中心、横琴全域智慧旅游平台的基础上,加快整合澳琴旅游大数据资源,借助分布式存储、分布式计算等去中心化技术,探索共建澳琴两地旅游大数据共享平台,推动旅游大数据在澳琴两地安全跨境流动。

5. 深化两地引才育才对接

立足澳琴两地文旅产业发展阶段和人才需求,联合编制发布旅游人才目录和制定引才育才政策,发挥澳门城市大学、澳门科技大学和澳门旅游学院在旅游管理、教育和培训方面的优势,加快推动澳门职业技能认可基准(MORS)引入横琴旅游人才认证体系,探索建立两地共同适用的人才评价体系,创造公平、良好的人才竞争环境,以吸引各地优秀人才向澳琴聚集,满足两地高端文旅产业快速发展的人才需求。

(三)塑造两地旅游"优环境"

1. 共同建设"美丽城市"

重点围绕澳琴一河两岸景观开发建设与保护、水土自然资源生态环境保护等领域,高标准编制澳琴一河两岸土地空间和景观设计规划,引入世界最先进的城市景观设计理念,融入澳门葡国文化和中华传统文化,进一步丰富景观、美化环境和完善旅游配套设施,共同将澳琴一河两岸建设为国际化人文旅游地标。

2. 携手打造"智慧城市"

布局需求驱动、适度超前、面向国际的新一代信息基础设施,统筹部署全域物联网感知设施,推进澳琴城市基础设施与数字技术深度融合,研究建设大数据中心和云边协同的算力基础设施,构建智能一体的"城市大脑",加快打造智慧城市,赋能澳琴文旅产业发展。

3. 联合维护"安全城市"

扩大合作区"诚信岛"信用监管创新成果,以深化"放管服"改革为有力抓手，加快建立健全信用承诺制度，进一步优化文旅投资项目审评审批流程，联合维护"消费放心、投资省心"的"安全城市"形象。

4. 合作打造"活力城市"

探索将澳门现有的国际文体赛事延伸到横琴，通过"一赛两地""一展两地""前会后展"等方式，联合举办澳琴国际马拉松、澳琴国际美食节、中西音乐文化交流节、国际烟花表演等国际赛事，进一步擦亮澳琴旅游品牌，增强澳琴旅游国际竞争力和影响力。

（四）打造两地旅游合作示范项目

1. 整合两地既有资源，打造"一程多站"精品旅游项目

依托澳门历史城区、大三巴牌坊、澳门大熊猫馆、澳门旅游塔和珠海长隆、创新方、星乐度等知名旅游景点，进一步整合澳琴优秀旅游资源，将海洋海岛、滨海游乐、研学旅游、休闲体育、亲子旅游等串珠成链，推动"一程多站"旅游产品创新，增加留宿旅客过夜天数，促进澳琴旅游产业提档升级。

2. 联合开发高端文旅度假项目

充分发挥澳琴文旅龙头企业创新市场主体作用，以"澳门品牌+横琴空间+中西文化+联合开发+收益共享"的模式，合作策划开发高端精品文旅度假项目，打造具有地标特色、主题突出的高端文旅产品，对澳琴两地旅游产业进行补链强链。探索以市场化形式设立促进澳琴文旅产业发展的专项基金，加强对澳琴旅游企业和高端文旅项目的支持。

3. 联合打造夜间精品旅游项目

借鉴澳门光影节经验，打造休闲旅游夜间经济，对横琴码头、天沐琴台、花海长廊进行包装策划，以虚拟现实、增强现实和交互技术赋能网红景点，引入更多未来科技元素，打造沉浸式、深层次综合旅游新体验。

4. 联合打造中医药健康旅游示范区

依托粤澳合作中医药科技产业园，以"澳门中医药科技+宽松医疗准入政策+康养医美保健"方式，利用中医药产业优势吸引医疗资源聚集，推动

更加宽松的医疗准入政策，引进国际化先进医疗管理模式和专家资源，打造高端沉浸式休闲度假康养胜地。

（五）吸引新澳企、壮大新澳资

1. 进一步加强政策宣传落实

充分用好澳门特别行政区政府和横琴粤澳深度合作区政府门户网站、政务信息平台，进一步发挥澳琴两地新闻媒体、文旅行业组织、文旅会展、企业服务机构作用，扩大澳琴文旅政策宣传覆盖面和知晓度。联合澳琴政府相关部门开展政策宣讲、培训辅导、走访调研等活动，更加主动为企业送政策、送服务，切实打通政策落地"最后一公里"，提高企业获得感，激发更多文旅新澳企到横琴创业的热情，促进旅游业蓬勃发展。

2. 加强澳琴国际联合推广招商

发挥好澳琴两地旅游协会的桥梁作用，由澳琴两地政府联合制作澳琴旅游宣传片，联合对外进行国际旅游推介招商，推动澳琴知名文旅产品走向世界，吸引国际著名文旅节事活动走进来，进一步提升澳琴旅游世界知名度，吸引国内外一流文旅企业落户澳琴，增强新澳企能级和量级，壮大新澳资。

B.18
粤港澳大湾区背景下中山市健康医药产业高质量发展研究

梁士伦 郭璞漪*

摘 要： 健康医药产业是粤港澳大湾区重点发展的战略性新兴产业之一，中山地处粤港澳大湾区几何中心位置，健康医药产业发展基础良好，对粤港澳大湾区健康医药产业具有重要支撑作用。本文通过梳理中山健康医药产业发展现状与存在问题，分析粤港澳大湾区背景下中山健康医药产业发展的机遇和挑战，在借鉴其他地区发展健康医药产业经验基础上，明确粤港澳大湾区背景下中山健康医药产业高质量发展思路和重点，提出推进中山健康医药产业高质量发展的对策建议。

关键词： 健康医药产业 粤港澳大湾区 中山市

健康医药产业被称为"永不衰落的朝阳产业"，与人类生活质量密切相关，近年来一直保持持续增长的趋势。健康医药产业主要包括生物药、化学药、现代中药、医疗器械、医疗服务、健康养老等领域，具有"四高一长"的发展特点，即高技术、高投入、高风险、高收益、长周期，是关系国计民生的重要产业。"十四五"时期，广东省乃至国家都把健康医药产业作为重点战略产业，加速产业布局和创新能力建设。

---

* 梁士伦，广州市粤港澳大湾区（南沙）改革创新研究院高级研究员，广东省区域发展蓝皮书研究会副会长，电子科技大学中山学院教授，中山市经济研究院院长，中山市改革发展研究会会长；郭璞漪，中山市经济研究院助理研究员。

粤港澳大湾区是我国健康医药产业聚集的重要区域，产业基础完备、实力领先、成就突出，在各项优惠政策支持下，粤港澳大湾区健康医药产业发展迅速。作为区域产业的龙头城市，广州和深圳有着良好的产业基础和完整的产业链条，"双核驱动"带动大湾区健康医药产业快速提升。中山健康医药产业起步早、产业基础扎实，拥有大湾区唯一的国家健康基地，《粤港澳大湾区发展规划纲要》明确"支持中山推进生物医疗科技创新"，在粤港澳大湾区产业协同发展中研究破除发展瓶颈，补短板、强优势，实现中山健康医药产业高质量发展。

一 中山健康医药产业发展现状和存在问题

（一）中山健康医药产业发展现状

1. 产业基础扎实

中山早在"十一五"规划中就提出优先发展、大力发展医药等具有较大发展潜力的产业，加快推进医药产业和中药现代化。1994年，由国家科技部、广东省人民政府和中山市人民政府联合创办国家健康科技产业基地，是我国首个按国际认可的GLP、GCP、GMP和GSP标准建设的国家级综合健康产业园区。经过多年发展，中山建立起医药制造、医疗器械、健康用品、健康服务业协同发展的产业格局，打造了涵盖生物制药、化学药、现代中药、医疗器械、诊断试剂、保健品、数字医疗、医药流通、健康服务业等多领域的健康医药产业体系。

2. 创新能力稳步提升

创新型企业占比较高，中山生物医药产业企业中70%以上都是科技型中小企业和高新技术企业。培育了康方生物、完美、腾飞基因、明峰医疗、中智药业等创新型龙头企业，聚集了一批批高端领军人才和创新科研团队。积极引育了一大批国内领先、国际知名的具有自主知识产权的品牌产品，在生物大分子新药技术、手性药物催化合成技术、高速逆流色谱中药成分分离技术、中药破壁粉粒关键技术、微流控基因芯片制备技术、二代基因测序与诊断技术、肿瘤物理治疗系统、256排CT等领域突破了一批关键技术和核心技术，形成了一批高新技术产品。

3. 公共服务支撑体系不断完善

中山健康医药产业已建成涵盖研发、中试、检验检测、成果转化、金融资本、孵化加速全过程的公共服务支撑体系。引进中科院上海药物研究所、香港大学-广东药科大学国家重点实验室等重大创新平台，建设中科院药物创新研究院华南分院，与香港大学、广东药科大学共建技术转移中心和生物医药孵化器。基于国家医药监管体制改革和产业创新发展需求，国家健康基地致力构建CRO、CMO、CDMO、CRAO体系化的医药产业服务平台。

4. 创业孵化生态链条初步形成

中山市已拥有国家级医药专业孵化器2家，国家级备案众创空间1家，省级孵化器1家，市级孵化器及众创空间3家。其中健康基地健康医药专业孵化器孵化面积已达5万平方米，在孵企业71家，已毕业企业63家，成功孵化了康方生物、腾飞基因等一批成长性强的科技型企业。2016年，健康基地健康医药专业孵化器获认定为国家级科技企业孵化器，并在2016年和2017年连续两年获科技部国家科技企业孵化器A级评价。中山市已基本建成"众创空间-孵化器-加速器-产业园"全链条孵化格局，极大地推动创新项目集聚、企业培育、招商引资、产业持续发展。

（二）中山健康医药产业发展存在问题

1. 整体实力不强

从规模上看，2017~2020年，中山市规模以上健康医药产业总产值呈现下降趋势，从2017年的544.2亿元下降至2020年的366.7亿元（见表1），2020年仅为2017年的67.4%，占规模以上工业总产值的比重呈现下降趋势，作为支柱产业对中山制造业的支撑作用不强。从增速来看，仅2018年实现了正增长。在珠三角范围内来看，与同为第二梯队的珠海、佛山相比存在较大差距（见表2）。

表1　2017~2020年中山市规模以上健康医药产业总产值情况

单位：亿元，%

年份	总产值	增速	占规模以上工业总产值比重
2020	366.7	-1.6	6.9
2019	408.0	-8.1	8.0
2018	432.7	5.5	8.7
2017	544.2	-4.2	

表2　2020年珠三角各市规模以上医药制造业情况

单位：亿元

城市	2019年总产值	2020年总产值
广州	348.3	414.4
深圳	362.7	449.4
珠海	170.6	186.6
佛山	172.2	273.9
东莞	—	—
惠州	28.2	28.5
中山	105.6	—
江门	27.2	25.9
肇庆	32.6	25.5

2. 缺乏龙头企业和领军企业

目前中山健康医药产业存在中小企业多、行业龙头企业少的局面，产值超过10亿元的企业和上市企业数量不多，缺少一批在细分产业领域有代表性和影响力的领军企业，无法对整个产业起到带动作用，制约了整个产业生态系统的进一步发展和完善。以规模以上医药制造业企业数量为例，2020年中山规模以上医药制造业企业数量为32家，与广州、深圳、佛山、珠海相比仍存在一定差距（见表3）。

表3　2020年珠三角各市规模以上医药制造业情况

单位：个

城市	规模以上医药制造业企业数量
广州	131
深圳	82
珠海	34

续表

城市	规模以上医药制造业企业数量
佛山	57
东莞	29
惠州	14
中山	32
江门	15
肇庆	14

3.资源要素支撑不足

土地、人才等要素资源不足，制约中山健康医药产业创新发展。作为中山市健康医药产业发展的主战场，火炬区土地开发强度过高，用地指标缺乏，无法承载优质项目对土地的需求，难以满足企业增资扩展需求。健康产业发展中仍存在创新氛围不强，无专业高校和科研院所支撑，缺乏原始创新基础学科的科研支持，产业领军人才和高水平团队不足，产业创新环境和生活配套设施跟不上等问题，难以在城市间愈演愈烈的"抢人大战"中凸显优势。

二 粤港澳大湾区背景下中山健康医药产业发展面临的机遇和挑战

（一）中山健康医药产业发展面临的机遇

第三次生命科学革命的兴起，推动学科交融，与物理学、化学、材料科学、信息科学、工程科学等交叉融合，加速了医药健康产业技术的进步和商业模式的更新，以大数据、云计算、物联网为代表的信息技术，带来了疾病预防、诊断、治疗等全过程的信息化和智能化，"生命数字化"为健康医药产业发展注入了新活力。

粤港澳大湾区有着得天独厚的区位优势，中山市地处粤港澳大湾区的几何中心，是大湾区的重要节点城市，随着港珠澳大桥、深中通道、深茂铁路等重要交通工程的陆续建设与开通，中山与深圳前海、广州南沙、珠海横琴三大自贸区的联系将更加紧密，交通和区位优势更加凸显。粤港澳大湾区拥有外向经济基础，又有香港、澳门作为国际交流的桥梁，良好的营商环境为生物医药产业在企业融资、市场拓展、国际合作等方面保驾护航，"双区"叠加"两个合作区"建设，城市之间合作项目、产业发展平台日益增多，这些都有助于中山生物医药产业与国际接轨，走向世界。

粤港澳大湾区已形成较为完整的生物医药产业链，涵盖生物医药研发、生产、销售环节，已经形成涵盖药品、医疗器械、试剂等全方位、多领域的现代化产业体系（见表4）。中医药、化学合成药物、生物制药、基因检测等领域在全国范围内都具有比较优势。粤港澳大湾区内各个城市有着不同的资源禀赋与比较优势。其中，深圳拥有国内唯一的国家基因库，依托其生物信息产业基础，生物医药产业特色突出；广州、佛山、惠州、澳门在中医药领域具有深厚的基础；香港第三产业发达，在医疗服务与健康保健服务方面也达到全国领先水平。广东省支持中山建设大型产业集聚区，打造珠江东西两岸融合发展产业平台，《广东省制造业高质量发展"十四五"规划》支持中山市打造生物医药科技国际合作创新区，《广东省发展生物医药与健康战略性支柱产业集群行动计划（2021—2025年）》提出"完善双核多节点产业空间布局，打造以广州、深圳市为核心，以珠海、佛山、惠州、东莞、中山市等为重点的产业创新集聚区"，国家健康基地也纳入省生物医药与健康"十大产业特色园区"建设工程。随着深圳-中山产业拓展走廊建设的深入推进，中山有望承接由珠江东岸外溢的健康医药产业资源、创新资源，打造健康医药产业先进成果转化高地。

表4　粤港澳大湾区各市健康医药产业优势领域和重点企业

地区	优势领域	重点企业
香港	医疗服务、健康管理	威尔斯亲王医院、玛丽医院、香港养和医院等
澳门	中医药	澳门第一大药厂、澳门三精、中央大药厂等
广州	中医药、化学药、生物药、医疗器械	白云山、百济神州、香雪制药、金域医学、达安基因等

续表

地区	优势领域	重点企业
深圳	基因检测、生物信息、医学影像	华大基因、赛百诺、迈瑞、康泰生物、海王生物等
佛山	中医药、生物药、医疗器械	顺峰药业、德众药业、安普泽、体必康、一方制药等
东莞	生物药、医疗器械、基因产业	东阳光药业、众生药业、三生制药、瀚森药业等
珠海	化学药、医疗器械、保健品	丽珠、联邦、和佳、宝莱特、汤臣倍健等
中山	生物药、化学药、医疗器械	诺华山德士、康方药物、明峰医疗、中昊药业等
惠州	中医药、化学药、生物药	罗浮山国药、新峰药业、大亚制药等
江门	生物药、保健品	无限极、恒健制药、邦民制药、龙心医疗器械等
肇庆	生物药、医疗器械	大华农等

（二）中山健康医药产业发展面临的挑战

生物医药和医疗器械是全国各地都在抢占的战略新兴产业，竞争日益激烈。因园区承载力不足、政策奖补力度不够、产业人才短缺、金融资本发展不充分等问题，中山在与其他地区竞争时处于较为被动的局面，且虹吸效应使得优势产业要素加速向深圳、广州等地聚集，影响中山人才、资金与项目的流入（见表5）。生物医药行业属于知识密集型产业，药品从研发到产出过程复杂，需要耗费大量人力、财力，投入高、周期长，对知识的依赖度远高于其他行业。中山高校资源较为匮乏、优质医疗资源不足，难以形成产业发展闭环，制约了中山健康医药产业的高质量发展。

表5　大湾区重点健康医药产业园区分布情况

序号	重点园区名称	城市
1	广州科学城生物产业基地	广州
2	广州国际生物岛	广州
3	中新知识城生命健康产业基地	广州
4	深圳国际生物谷	深圳
5	深圳国家生物产业基地	深圳
6	东莞松山湖高新技术产业开发区	东莞
7	中山火炬高技术产业开发区	中山

对比长三角等生物医药产业发达地区，粤港澳大湾区生物医药产业链条覆盖不够完全，竞争力仍有待提升。从产业链环节上看，粤港澳大湾区以往的产业发展以制造业为主，医药制造能力较强，但生物医药产业链仍有待进一步完善，缺乏临床试验的公司、临床前外包服务的公司、跨国公司在中国的研发中心等相关领域的生物医药研发机构。从产业结构上看，粤港澳大湾区生物医药产业在疫苗、血液制品等领域的发展较为缓慢，尤其与血液制品相关的公司较少，亟须针对相关领域精准施策，引入创新能力强大的优质企业，持续强链补链，巩固发展基础。

三 其他城市健康医药产业发展经验借鉴

通过梳理广州、深圳、佛山、珠海、苏州等城市的经验做法（见表6），中山可借鉴的举措包括：一是找准重点发展领域全面发力，出台政策支持关键环节、核心技术攻关；二是完善公共服务平台建设，加大对新型研发机构、重点实验室、企业技术中心等扶持力度，在土地、融资、用能等要素方面适度倾斜；三是强化优质项目引育，加大创新团队高技术人才引进力度，优化人才软硬环境；四是加大财政支持力度，完善资金支撑体系建设，引导产业资本、社会资本、金融资本投向健康医药产业。

表6 国内其他地方健康医药产业政策举措

城市	政策名称	政策要点（支持重点）
广州	《广州市加快生物医药产业发展若干规定（修订）》	加大对生物医药企业、GLP、CRO等研发机构、GCP、临床研究病房等医疗机构的资金扶持力度；加大对重大项目、"卡脖子"关键核心技术的重大公共技术平台的扶持力度，"一事一议"加大对顶尖人才团队产业项目的支持力度；加快推动创新药、医疗器械、中药经典名方的产业化
深圳	《深圳市促进生物医药产业集群发展的若干措施》	加大创新生物医药、高端医疗器械、BT+IT深度融合、生物工程前沿关键技术投入；健全全链条专业服务平台建设；吸引高潜力初创型企业落户，采用"风险投资（VC）+知识产权（IP）+研发外包（CRO）"相结合的新药研发模式，打造深圳生物医药产业VIC发展模式

续表

城市	政策名称	政策要点（支持重点）
佛山	《佛山市顺德区促进生物医药产业发展实施办法（2021年修订）》	加大临床试验等扶持力度，支持自主创新；加大对重点项目、产业化项目的扶持力度；加大对认证机构、公共服务平台的支持力度；加大固投支持力度和人才补贴力度
珠海	《珠海市促进生物医药产业发展若干措施》	支持研发创新，如鼓励医疗器械研发、支持仿制药一致性评价、支持高端制剂研发、鼓励国际认证；支持公共服务平台建设，加大对新型研发机构、重点实验室、企业技术中心等扶持力度；强化企业引进和培育，对引进的龙头企业、创新型企业和企业增资扩产予以奖补
苏州	《关于加快推进苏州市生物医药产业高质量发展的若干措施》	支持研发创新，对开展新药、医疗器械、仿制药研发以及资质认证给予资助；对项目产业化、企业技术改造、研发创新、开拓市场等给予资金支持；在引进创新机构、重大项目和企业总部、人才金融支持、建立公共平台和支撑体系等方面给予资金支持

四　中山健康医药产业高质量发展的思路和重点

（一）总体思路

抢抓"双区驱动"、"两个合作区"和深中通道建设等重大历史机遇，贯彻落实全市"东承、西接、南联、北融"一体化融合发展大战略，主动对接广东省战略性产业集群培育战略，深度融入双核多节点产业空间布局，健全健康医药产业链，推动上下游企业协同发展，提升生物医药与健康产业集群价值链，强化科技创新支撑，提升生物医药与健康产业发展动能，主动对接广深港澳和国内外高端健康医药创新资源，推动健康医药领域重大科技项目和成果在中山市先试和落地转化，打造粤港澳大湾区重要的健康医药产业集聚区、生物医药科技成果转化基地、生物医药科技国际合作创新区。

（二）重点领域

立足中山健康医药产业基础，放眼粤港澳大湾区，结合省市相关规划、行动计划和健康产业未来发展趋势，明确中山市健康医药产业重点发展领域包括医药制造、医疗器械、医疗服务、健康用品、健康养生等（见表7），聚焦新药研发、生物药、高端医疗器械、基因治疗、智能医疗健康等进行布局，大力发展医学诊疗、诊断设备、数字化智能医疗器械产品，支持建立医药产业服务体系，延伸发展高端体检、中医养生保健、特色康养等医疗健康产品与服务。

表7 中山健康医药重点领域发展方向

重点领域	发展方向
医药制造	加大研发投入，扩充原料药产能，巩固行业优势地位。完善业务布局，推动"中间体+原料药+制剂一体化"，推进全产业链布局，向CMO/CDMO领域拓展。围绕肿瘤、心脑血管、糖尿病等领域，组织开展针对新靶点、新机制的创新药物研制，积极推进抗肿瘤等创新药物的产业化。积极推动新型疫苗、多肽类生物药等产品的开发，加快干细胞、基因治疗相关技术研究。大力推动抗肿瘤等基因重组药物的产业化。着力补齐中医药等产业短板，鼓励发展中药新型饮片、中药配方颗粒、儿童中药等，推动名优中成药的二次开发，打造华南中医药园的中医药健康板块
医疗器械	鼓励发展创新型医疗器械，重点支持医学影像设备、先进诊疗设备、康复及物理治疗设备、家用医疗设备（可穿戴）、高效诊断试剂、基因检测与诊断设备等产品的研制和产业化
医疗服务	推动互联网、物联网、大数据、云计算、区块链、人工智能等新一代信息技术与健康产业深度融合和集成创新，发展远程诊断、移动医疗等新业态，形成智慧健康特色产业
健康用品	发挥宜居城市健康生态资源优势，发展医养融合大健康产业。依托特色中医药产业和存量房产资源，创新发展健康疗养、养生旅游等产业
健康养生	支持高质量和品牌生物健康食品、保健品、保健用品、医学护肤品等的规模化发展，丰富产品层次，加强品牌推广，加快推进生物健康制品的标准化建设

五 中山健康医药产业高质量发展的对策建议

（一）增强创新动能，提升健康医药产业发展能级

1. 打造世界级科技创新平台

加强与国际顶尖科研机构交流合作，打造科学高效的研究共享平台，推

动产学研结合。完善中试基地、临床基地、产业化基地建设，完善创新链，加紧形成研发聚集效应，增强科研支撑能力，提升中山生物医药创新水平。完善公共服务支撑体系，建立涵盖医药合同研发外包（CRO）、药物安全性评价、合同加工外包（CMO）、销售及物流配送外包（CSO）、合同法规事务外包（CRAO）的产业服务体系，重点建设药物筛选、药品和医疗器械检验、安全性评价、临床研究、一致性评价、中试研究、生物药和药物制剂合同生产等公共服务平台。搭建生物医药产业技术创新信息服务平台，建立生物医药信息化交流服务平台，建设中山科技创新配套服务体系。

2.突出企业创新主体地位

在进一步增强自主创新能力方面，加大政策支持投入力度，鼓励企业加大研发投入，加速成果转化。支持企业建设高水平创新载体，加强"校企联盟""校企联合实验室"等多种合作平台建设，提升自主创新实力，探索建立政府支持、股权合作、成果共享的市场化运作机制模式，突破关键环节核心技术短板，实现产业链水平整体跃升。实施创新型企业培育行动计划，构建以企业驱动创新发展的产业生态环境。着力推动新药研发从仿制为主向原始创新转化，开发具有自主知识产权和关键技术的创新产品，打造中山新医药产业的技术优势和产业优势。

3.提高企业在创新网络中的统筹管理能力

建立生物医药企业阶梯式开发模式，短线以提供技术服务、生产中间原料、健康用品为主，中线以生产新剂型生物药、化学药、仿制药为主，长线以活性化合物筛选、研发生物新药、研发医疗器械为主，根据企业实力和特点完善企业创新梯队。优化科技中介服务体系，促进科研外包服务，调整药物研发体系，提高新药研发效率。

（二）健全产业链条，壮大健康医药产业集群

1.加强统筹力度，创新招商选资模式

通过产业链招商、强链补链招商、以商引商等方式，着力引进一批技术领先、附加值高、引领带动性强的龙头企业项目，建立重点产业化项目引进

落地的统筹机制，对拟引进的生物医药项目和产能升级的项目在全市范围内统筹安排。围绕智慧医疗、精准医疗和高端医疗服务等重点项建立牵头部门负责制，加速一批重点项目落地并尽快形成产能，支持一批重点项目实现产能升级。

2. 推动健康产业实现全产业链发展

推动健康产业内容升级和结构优化，完善健康产业链，形成覆盖健康服务前、中、后端的全产业链条，促进健康产业的供给侧结构性改革。发挥中山的传统制造业优势，提升产业的科技含量和能力水平，提升生物医药、医疗器械、健康用品等的发展水平，推动形成具有较强竞争优势的主导产业群。推动生物医药产业和人工智能融合发展，推动生物制药由劳动力密集型向智能技术型转变，提升生物药开发效率。拓展健康服务业的文化品牌，实现制造业科技引领、服务业内涵引领，推动"科技+文化"双轮驱动。推进健康产业跨界融合，创新发展，推动健康产业在一二三产业门类实现联动，鼓励企业探索多种产业经营方式，发展健康养生、生态疗养等健康服务。围绕现有龙头企业、头部企业建设上下游配套企业重点项目，增强产业黏性，串珠成链。以国家"互联网＋医疗健康"示范省建设为统领，大力发展数字健康产业，建设健康医药新型基础设施，推动药品流通业信息化、智慧化发展，加强区块链、大数据、云计算等技术的应用，加快推进医药供应链模式的创新。

3. 全面提升健康医药集群产业竞争力

实施健康医药"骨干企业引航、中小企业升级"计划，围绕行业龙头企业、规模以上企业、配套企业、初创企业分类施策。集聚资源、集中力量，打造一批具有国际竞争力的创新型领军企业，培育和集聚一批具有引领性的龙头骨干企业，批量培育本地"专业化、精细化、特色化、新颖化"中小微企业，扶持一批有实力、有潜力的创新型生物医药企业发展壮大，促进一批药品和医疗器械小微企业上规上限。

（三）提升产业承载能力，打造大湾区健康医药产业发展高地

1. 建设粤港澳大湾区重要的健康医药产业集聚区

改造提升国家健康科技产业基地，发挥品牌引领和扩散作用，将基地整

体规划扩建与翠亨新区规划建设、南朗中医药园规划建设联通，以基地为中心、以翠亨新区为增长极点，整体推进、有序扩散、梯次开发，促进人才、技术、资金等资源向优势显著的产业园区集中，擦亮"金字招牌"，提升中山在粤港澳大湾区生物医药与健康产业集群的地位。

2. 打造健康医药主题产业园

围绕火炬开发区（含民众街道）、翠亨片区（含南朗街道），聚焦生物与健康医药领域布局建设现代主题产业园，重点发展现代中医药、生物医药与高端医疗器械，引入生物医药研发、生物医药的生产制造（包括生产制造生物药、化学药、现代中药、药妆等）、生物医药流通与应用、健康服务等相关产业，实现生物医药产业链有机协同发展，打造大湾区重要的智造"药谷"。完善创新园区规划、管理、招商机制，打造现代产业园区典范。积极争取省级大型产业园区政策落地，打造承接珠江东西岸健康医药产业融合发展的高端产业集聚区。

（四）加强对接合作，共建高水平健康湾区

1. 加强与广深港澳的对接合作

抢抓"双区驱动"、"两个合作区"和深中通道建设等重大历史机遇，主动对接珠江东岸和广深港澳创新资源，合作搭建健康医药产业技术创新联盟，在产业发展、技术攻关、创业孵化、科技金融、成果转化等领域深化协同创新，协同开展重大科技攻关项目。主动对接深圳"西协"战略，依托深圳-中山产业拓展走廊建设，积极引进生物医药、生物医学工程、精准医疗等高端医药医疗项目，加快推进"粤港生物医药合作创新区"的谋划和建设，探索香港-中山生物医药产业协同发展合作机制，与港澳校企院所共建协同创新平台，探索在中山合作创建国家级产业园区。

2. 打造健康湾区发展标杆

围绕健康湾区建设目标，加快推进湾区国际医疗城、生物医药智创中心、中山生物谷等发展，支持生物药、特色复方中药、智能医药装备等的研发和产业化，发展数字化、智慧化、高精尖健康医疗服务，打造健康湾区发

展的城市标杆。加快药品进口口岸落地，先行先试探索大湾区药品和医疗器械政策，争取实施"港澳药械通"。把握国家健康基地纳入省发展生物医药与健康战略性支柱产业集群行动计划"十大产业特色园区"建设工程的契机，争当生物医药强省建设排头兵。

（五）完善要素支持体系，营造良好的产业生态

1. 建立涵盖生物医药产业发展全周期的政策支撑体系

对健康医药企业引进、落地、研发、产业化等各阶段的特点和需求，给予针对性的扶持。对研发创新支持的节点前移，从"锦上添花"转变为"雪中送炭"。针对健康医药产业研发周期长、研发投入大的特点，根据研发各阶段成果给予奖励，相关政策扶持从临床前即介入，持续支持研发的全周期。

2. 加大资金支持力度

设立健康医药发展基金，通过银政企合作、科技保险、投资引导、股权有偿资助等多种支持方式，全面撬动银行、保险、证券、创投等各种资源，加大对健康医药产业扶持力度。积极推动建立风险投资机制。积极引导健康医药企业在国内外上市融资。

3. 加大人才引进力度

加大国内外高层次人才和人才团队引进力度。拓展人才引进渠道，积极对接海内外生物医药与健康高层次创新创业人才，积极落实人才引进落地政策，为高端人才和团队落地中山创新创业提供优良的环境。设立人才专项政策，推动政策落实，加大人才落地安家补贴力度，在出入境、居住证、子女入学等方面最大限度地提供便利。

参考文献

［1］潘静、谭颖：《粤港澳大湾区背景下深化中山与港澳合作研究》，《特区经济》

2019年第4期。

［2］关红玲、吴玉波、宋媚婷、张珂：《粤港澳大湾区"9+2"城市创新科技关键因素比较分析》，《港澳研究》2018年第1期。

［3］熊晶、占足平、谭聪：《粤港澳大湾区建设背景下中山健康产业发展策略研究》，《广东省社会主义学院学报》2020年第1期。

［4］中山市统计局：《中山市统计年鉴2021》，中山市统计局官方网站，2021年11月5日，http：//stats.zs.gov.cn/gkmlpt/content/2/2023/post_2023409.html#405。

数字湾区篇
Digital Bay Area

B.19
粤港澳大湾区数字化人才队伍建设研究[*]

葛淳棉　林冰儿　姜军辉[**]

摘　要： 推进产业与数据资源要素、信息技术融合，深化数字经济在产业建设和升级转型中的应用，是我国经济发展的必然趋势。数字化人才是企业数字化升级转型的核心推动力，建设数字化人才队伍有利于缓解人才要素制约、构建数字经济新生态。围绕如何做好粤港澳大湾区数字化人才队伍建设，进而推动数字化产业发展这一核心问题，本文总结了当前大湾区数字化人才队伍发展现状，分析了大湾区在数字化人才队伍建设中存在的问题，并提出了相应的政策建议。

关键词： 粤港澳大湾区　数字化　人才培养　人才引进

---

[*] 本文相关研究获国家自然科学基金（71872065）、广东省自然科学基金杰出青年项目（2019B151502027）的资助，特此感谢！
[**] 葛淳棉，华南理工大学工商管理学院教授、博士研究生导师，广州市粤港澳大湾区（南沙）改革创新研究院高级研究员；林冰儿，华南理工大学工商管理学院博士研究生；姜军辉，华南理工大学工商管理学院副教授、硕士研究生导师。

2021年10月18日，中共中央政治局就推动我国数字经济健康发展进行第三十四次集体学习，习近平总书记强调，发展数字经济是把握新一轮科技革命和产业变革新机遇的战略选择。数字经济下新业态模式的涌现改变着社会的生产和生活方式，先进制造、云计算等新兴技术赋能传统产业全面转型升级，无人驾驶、远程办公、智能家居等数字化科技融入生活。在国家战略的引导下，我国数字经济规模多年来位居全球第二位，仅次于美国。2021年4月中国信息通信研究院发布的《中国数字经济发展白皮书》指出，我国2020年数字产业化规模和产业数字化规模分别达到7.5万亿元和31.7万亿元。与此同时，随着数字化进程的推进，市场对数字化人才的需求迅猛增长。数据显示，预计我国2035年数字经济就业总容量将达到4.15亿[1]。

粤港澳大湾区汇聚了丰富的产业资源，是我国最具经济活力和创新能力的区域之一。华为、腾讯、大疆等大批优秀的科技型企业聚集在此，形成了规模庞大、极具特色的产业集群，是我国数字经济发展的重要基地。数字化人才是推进粤港澳大湾区持续创新发展的战略性资源，建设高水平的数字化人才队伍有利于释放数据要素潜能、激活产业活力、助力我国经济高质量发展。然而，当前粤港澳大湾区数字化人才的培育与引进上仍存在着诸多困难和挑战，这将阻碍粤港澳大湾区数字化进程的推进。因此，明确粤港澳大湾区当前的数字化人才发展现状，洞悉数字化人才队伍建设中存在的问题，将有助于促进粤港澳大湾区的数字化人才培育与引进，推动粤港澳大湾区数字经济的高质量发展。

一 粤港澳大湾区数字化人才发展现状

（一）数字产业基础扎实

得益于扎实的产业基础，粤港澳大湾区数字化进程持续推进，传统产业

---

[1] 波士顿咨询公司：《数字经济下的就业与人才研究报告（上篇）》，2017年1月。

与大数据、云计算、物联网、人工智能等现代信息技术逐渐融合,产业规模持续扩大,生产效率不断提升,产业集群转型升级加速。2021年,广东规模以上工业增加值为3.75万亿元,同比增长9.0%;截至2021年11月30日,规模以上服务业营业收入同比增长20.1%,利润总额增长11.8%。[①] 其中,以互联网零售、电子支付、即时物流等为代表的服务业交易规模持续扩大,以家电生产、机械制造、汽车制造等为主的制造业加速向数字化、网络化、智能化发展。与此同时,粤港澳大湾区从战略层面优化布局、建设支柱产业与新兴产业集群,20个战略性产业集群增加值总额巨大,发展速度较快,为打造粤港澳大湾区世界先进水平的制造业基地奠定了坚实的产业基础。

在数字化变革的浪潮中,建立并深化数字化产业合作成为资源互助互利、持续探索行业前沿和突破技术难关的重要手段。粤港澳大湾区在数字化推进中不断深化产业合作,优化产业链布局,构建了多层次、多业态的产业协作网络,形成产业协同新格局。2021年,广州市持续扩大产业园区规模,吸引头部企业落地聚集,引领产业链发展,支持打造粤港澳大湾区科研合作区,促进区域产业集群数字化转型升级。深圳市将深化与港澳规则衔接和机制对接、加强与大湾区内地及周边城市区域合作等作为推进大湾区建设的年度重点工作任务,同时通过推进湾区大数据中心建设、研究数据交易所筹建等一系列措施打造具有竞争力的产业集群。佛山、东莞、江门等湾区核心城市也持续推进数字化与制造业的联合,积极承接广州、深圳、香港等湾区第一梯队城市的科技成果产业化任务,实现与湾区其他城市之间多领域、全方位的合作。

新兴信息技术与实体经济的深度融合需要一系列的数字化基础设施作为支撑。近年来,粤港澳大湾区高效推进数字化基础设施建设,以5G、数据中心、工业自动化为代表的新基建技术应用规模不断扩大,不仅有助于粤港澳大湾区产业实现数字化转型与智能升级,也有助于大湾区内外的互联互

---

① 《2021年广东经济运行情况》,广东省人民政府官方网站,2022年1月21日,http://www.gd.gov.cn/zwgk/sjfb/sjkx/content/post_ 3768861.html。

通。在推进数字化基础设施建设的进程中,粤港澳大湾区一大批头部科技企业发挥了引领支撑作用。例如,信息科技巨头华为不仅引领着5G通信技术发展,还在云计算、人工智能和半导体领域占据技术优势,能带动大湾区内部多个领域的数字化转型升级;腾讯扎根于消费互联网和产业互联网,协助零售、制造、金融等多行业实现数字化变革;中兴在云计算、大数字、人工智能等多领域同样具备技术优势,有助于驱动各行业构建数字新业态。科技企业的数字技术沉淀牵引着大湾区数字化基础设施的高效推进,同时也促使粤港澳大湾区产业集群加速向更先进、更智能的方向发展。

(二)数字化人才规模扩大

从全国范围看,我国每年的高校毕业生规模较大,劳动力市场人才存量较多。例如,教育部在2021届高校毕业生就业工作进展情况新闻通气会上公布:2021年全国普通高校毕业生的规模达到909万,同比增加35万。从粤港澳大湾区范围上看,珠三角地区的毕业生规模只占全国毕业生总量的6%,在我国五大城市群中不占据优势;然而,以深圳、广州为代表的珠三角地区对高校毕业生具有较强的吸引力,在毕业生居留率和流入规模上均位于全国城市前列[①],这为数字化产业的推进和发展奠定了良好的基础。同时,为了跟上数字化产业发展的步伐,我国在高等教育方面积极改革,不断优化人才培养布局,各大高校在专业设置、培养方案方面均进行了调整,以培养适应产业数字化改革的数字化人才队伍。教育部官网公布的《2021年度普通高等学校本科专业申报材料公示》显示,各大高校拟新增本科专业445个,包括粤港澳大湾区在内的众多高校开设了更多与人工智能、先进制造和大数据相关的专业,数字化人才培养规模逐步扩大。例如,中山大学、暨南大学分别新增了信息管理、密码科学与技术等数字化相关专业,助力大湾区数字化人才培养;港澳地区高校也积极采取措施培育数字化专业人才,

---

① 中国联通智慧足迹:《2021年全国大学生就业报告》,2021年12月。五大城市群分别为成渝城市群、京津冀城市群、长江中游城市群、长三角城市群、珠三角城市群。

香港大学 2021 年公布新开设数据科学及工程、商业分析和营销分析及科技等多门大数据相关课程；澳门大学不仅开设跨学科硕士数据课程，也成立了数据科学中心，为数字化人才的培养提供了良好的资源条件。

在人才引进方面，近年来粤港澳大湾区以其强大的产业和经济优势吸引着外来人才特别是数字化人才的加入。图 1 展示了 2017~2020 年北上广深 95 后人才净流入占比情况，其中深圳和广州四年间的 95 后人才净流入占比均为正，且深圳 2020 年 95 后人才净流入占比位居一线城市首位。在此基础上，以广州、深圳为代表的粤港澳大湾区吸引了一批数字化人才。以深圳市龙华区数字经济人才数据统计结果为例①，2021 年粤港澳大湾区内意向流入深圳市龙华区的数字经济人才总量为 20.4 万人，意向流入深圳市龙华区的海外数字经济人才总量为 3702 人，相比上年同期分别增长 13.5%和 82%，意向流入与流出的数字经济人才数量比例为 5.65∶1。与此同时，粤港澳大湾区在人工智能、大数据、先进制造等新兴科技领域的崛起也吸引着越来越多经验丰富的互联网人才流入，为高端产业或高精尖行业注入发展新动能。

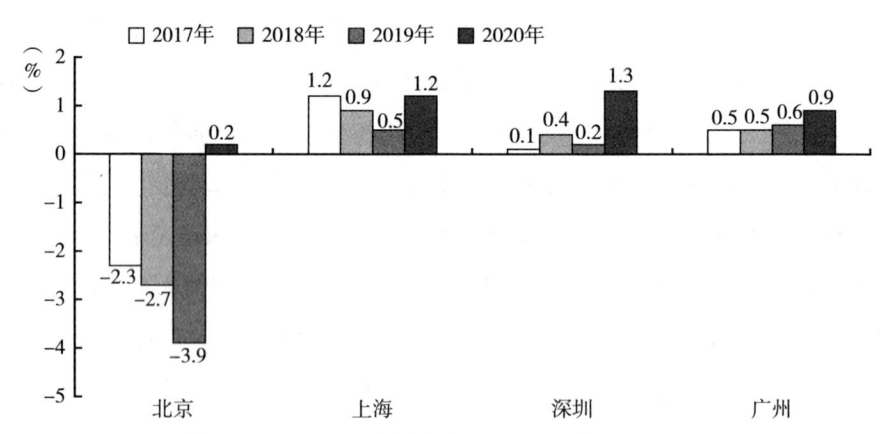

图 1　2017~2020 年北上广深 95 后人才净流入占比

数据来源：智联招聘联合泽平宏观发布的《中国城市 95 后人才吸引力排名：2021》。

---

① 数据来源：深圳市华龙区人才局发布的《2021 年深圳市龙华区数字经济人才大数据报告》。

尽管粤港澳大湾区数字化人才规模逐步扩大，但是相比于美国旧金山、纽约和日本东京等国际一流湾区而言，粤港澳大湾区目前在数字化人才培养和引进方面并不具备优势。美国纽约湾区和旧金山湾区汇聚了哈佛大学、麻省理工学院、普林斯顿大学、斯坦福大学等多所世界顶尖名校，为数字化产业输送了大量高质量人才，而粤港澳大湾区特别是内地城市的数字化人才培育数量和质量与之差距仍然较大。欧洲工商管理学院和波图兰研究所发布的《2021全球城市人才竞争力指数》报告指出，美国旧金山的城市人才竞争力指数排名第一，纽约、华盛顿、波士顿等多个纽约湾区城市位列前20，相比之下，粤港澳大湾区仅有香港进入榜单前20，而深圳、珠海、广州的城市人才竞争力指数较为落后，分别位于第82、96和98位。

（三）数字化人才需求旺盛

数字技术产业的布局使得数字化人才需求不断释放，粤港澳大湾区各大城市近年来对数字化人才的需求强劲。从时间上看，2017~2021年粤港澳大湾区的数字化人才招聘数量经历了先增后降再增的过程，具体的人才招聘数量及变化趋势如图2所示。从图中可看出，2018年粤港澳大湾区的数字化人才需求增长迅猛，发布岗位招聘人数为近五年来最高，超过32.5万。受新冠肺炎疫情影响，2019年和2020年粤港澳大湾区的数字化人才招聘数量有所下降，但两年合计发布数字化岗位招聘人数仍然超过21.6万。随着各大产业的复工生产，2021年粤港澳大湾区对数字化人才的需求重新增长，发布的数字化岗位招聘人数超过18.6万。

图3反映了近五年来全国各主要城市数字化岗位招聘数量。与国内其他主要城市相比，深圳市发布的数字化岗位招聘数量最多，超过上海、广州、北京等其他一线城市。广州则位居第三位，数字化岗位招聘数量超过5.8万个。东莞、佛山和珠海等其他大湾区城市也入榜，数字化人才招聘岗位数量合计超过2.3万个。

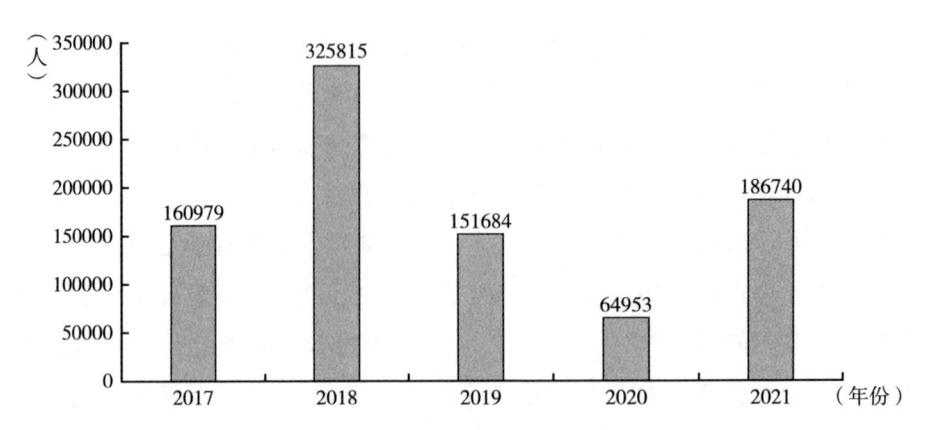

图 2　2017~2021 年粤港澳大湾区数字化人才招聘数量变化

数据来源：作者根据某头部招聘平台发布的公开招聘数据进行整理所得，下同。

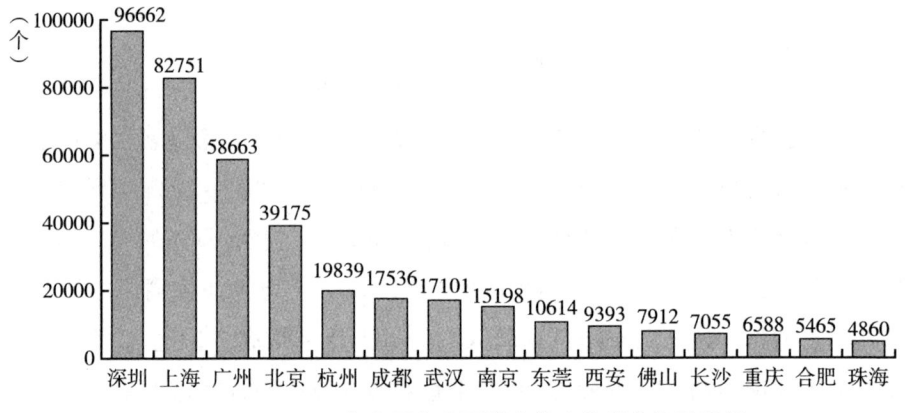

图 3　2017~2021 年全国各主要城市数字化岗位招聘数量

从城市分布上看（如图 4 所示），深圳市作为我国数字经济综合引领型城市[①]，是粤港澳大湾区内对数字化人才需求最大的城市，其数字化人才的招聘数量占大湾区招聘总数的 44.25%；而作为典型数产融合型城市[②]，广

---

① 资料来源：中国信息通信研究院和中央广播电视总台上海总站发布的《中国城市数字经济发展报告（2021 年）》。

② 资料来源：中国信息通信研究院和中央广播电视总台上海总站发布的《中国城市数字经济发展报告（2021 年）》。

州也亟须打造数字化人才高地以支撑产业发展,其数字化人才招聘总数占大湾区招聘总数的30.99%;东莞、珠海、佛山、中山等在制造业、工业相关领域较为发达,也存在部分数字化人才需求,其招聘数量占比分别为6.35%、6.19%、5.86%和3.89%;惠州、江门和肇庆对于数字化人才的需求则较少,占比均低于2%。

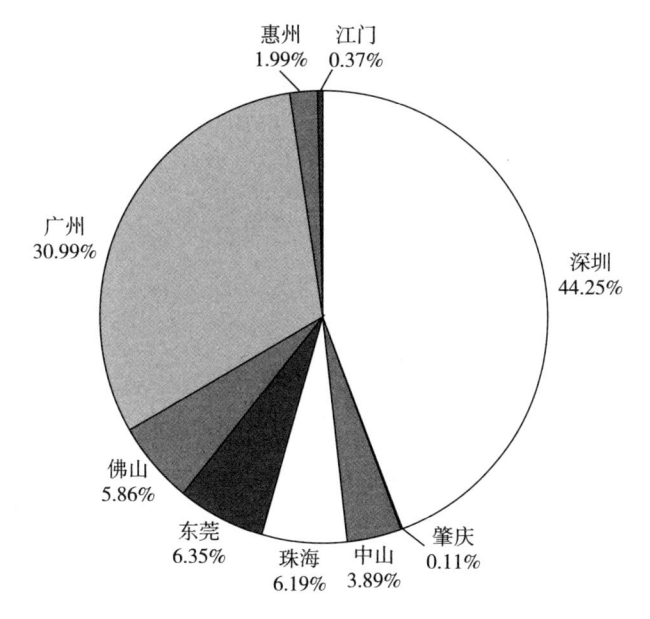

图 4 粤港澳大湾区数字化人才招聘数量城市分布

注:仅统计粤港澳大湾区粤九市数据。

此外,粤港澳大湾区对不同职能的数字化人才需求差异明显。参考陈煜波和马晔风(2018)对数字人才的研究,本文将岗位按职能划分为数字化战略管理、深度分析、产品研发、先进制造、数字化运营和数字化营销六大类①。图 5 反映了粤港澳大湾区对不同数字化职能岗位人才的需求情况。从整体上看,近五年来粤港澳大湾区对产品研发数字化人才需求量最多,占招聘岗位总数

---

① 陈煜波、马晔风:《数字人才——中国经济数字化转型的核心驱动力》,《清华管理评论》2018年第Z1期。

的31.93%；数字化运营、数字化战略管理和数字化营销职能岗位需求相差较小，分别占17.95%、16.49%和15.51%；与此同时，先进制造、深度分析等新兴技术需求增长迅速，直追传统数字化岗位，分别占12.50%和5.62%。

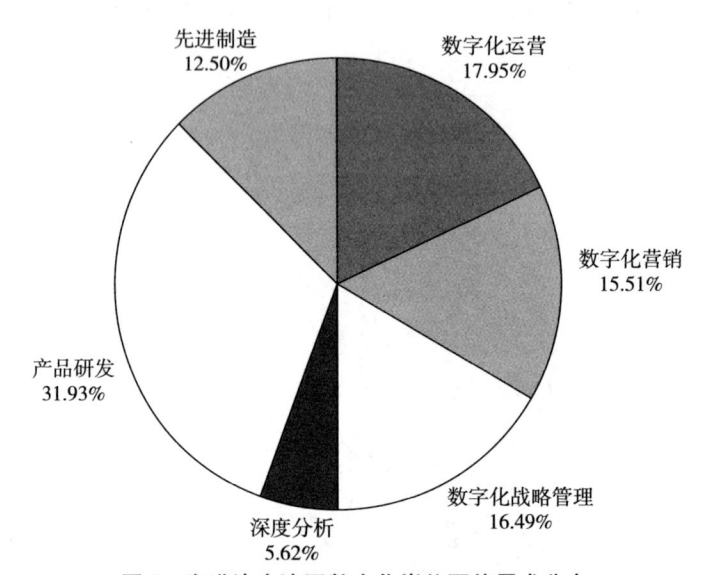

图5　粤港澳大湾区数字化岗位职能需求分布

注：仅统计粤港澳大湾区粤九市数据。

图6反映了粤港澳大湾区数字化人才招聘的专业要求分布，从中可看出数字化人才岗位对特定专业存在偏好。其中，要求计算机及电子信息类专业的岗位比例最高，达到26.81%；管理学类次之，占比为17.5%；经济金融学类和电气及自动化类专业比例较为接近，分别为11.98%和11.15%；机械类、数学类、统计学类和物理学类等专业要求也占据一定比例。由此可知，计算机及电子信息类专业毕业人才是当前粤港澳大湾区数字化建设的主力军。

从数字化人才招聘的学历要求来看，49.79%的数字化岗位要求大专学历，34.16%的岗位要求本科学历，还有1.42%和0.16%的岗位要求硕士学位和博士学位，提供给高中及以下学历的岗位数量较少（见图7）。这表明数字化岗位对劳动者素质要求较高，数字化人才需求方向偏向高素质人才。

粤港澳大湾区数字化人才队伍建设研究

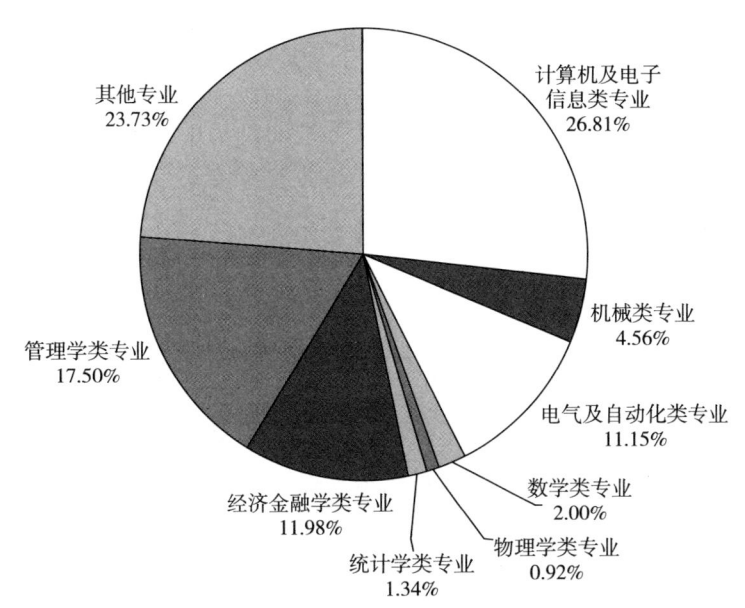

图 6　粤港澳大湾区数字化人才招聘专业要求分布

注：仅统计招聘数据中列明具体专业要求的数字化人才招聘需求信息，此类招聘岗位数量约占总数量的 74%。

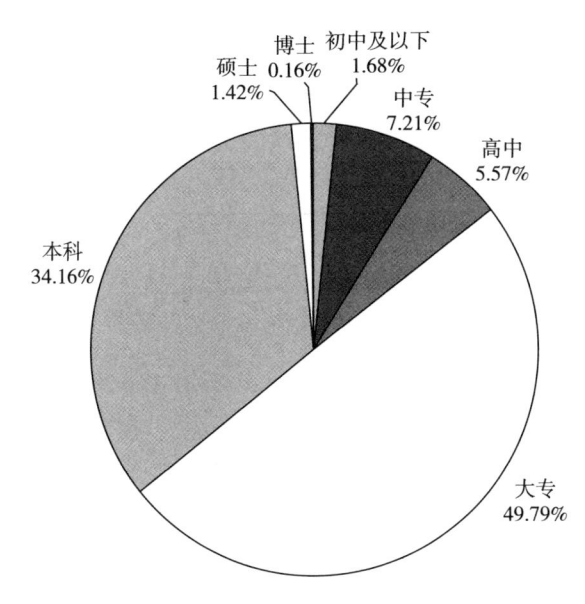

**图 7　粤港澳大湾区数字化
人才招聘学历要求分布**

263

（四）数字化人才政策支持

在粤港澳大湾区数字经济建设持续推进的过程中，各个湾区城市分别从产业数字化转型、首席数字官制度、职业教育等多个方面就数字化人才的培育与引进提供了政策支持，具体政策如表1所示。在数字化人才培育方面，例如2021年12月发布的《广州市推进制造业数字化转型若干政策措施》、2020年12月发布的《关于推进深圳职业教育高端发展、争创世界一流的实施意见》均就数字化相关学科建设提供了相应的意见或措施指导，支持高校联合数字化转型服务机构等开展学科建设，鼓励从芯片、新材料等关键技术入手加大学科建设力度。此外，深圳和肇庆均出台了首席数据官制度试点实施方案，强调从数据技能与安全培训入手进行数据专家人才库建设。在数字化人才引进方面，深圳、东莞、惠州均出台相关政策支持数字化高素质人才的引进，以东莞为例，2021年2月发布的《东莞市人民政府关于加快打造新动能推动高质量发展的若干意见》政策提出要围绕人才最为关心的个税补贴、住房安置、子女教育等问题落实数字化人才引进问题。

表1 粤港澳大湾区各城市主要数字化人才政策（2021~2022年）

城市	时间	政策	主要内容
广州	2021年12月	《广州市推进制造业数字化转型若干政策措施》	支持高校联合数字化转型服务机构、工业互联网平台商（服务商）、龙头企业等开展数字化转型相关学科专业建设；鼓励制造业企业大力引进数字化转型人才
深圳	2021年8月	《深圳市首席数据官制度试点实施方案》	试点部门首席数据官负责推进本部门数据治理及运营团队建设，并组织开展本部门全员数据技能与安全培训，建立本级行业数据专家人才库
深圳	2020年12月	《关于推进深圳职业教育高端发展、争创世界一流的实施意见》	瞄准芯片、新材料等关键技术，加大相关学科专业建设和高素质技术技能人才培养力度，支持深圳建设职业教育微电子人才培养示范基地等平台

续表

城市	时间	政策	主要内容
深圳	2021年1月	《深圳市人民政府关于加快智慧城市和数字政府建设的若干意见》	制定适应深圳智慧城市和数字政府发展要求的人才战略和措施,积极引进国际化高层次人才和团队,加强信息化工作力量,切实推动信息化与业务的融合创新
	2021年1月	《深圳市数字经济产业创新发展实施方案(2021—2023年)》	大力引进国内外数字经济产业高层次人才来深圳工作,加快制定并落实配套保障政策,努力做好子女入学、住房保障、税收优惠等公共服务
佛山	2021年7月	《佛山市推进制造业数字化智能化转型发展若干措施》	鼓励企业大力引进数字化智能化人才;鼓励企业组织数字化智能化人才参与佛山市创新领军人才、创业领军人才和青年拔尖人才选拔认定
肇庆	2021年8月	《肇庆市首席数据官制度试点实施方案》	试点部门首席数据官负责推进本部门数据治理及运营团队建设,并组织开展本部门全员数据技能与安全培训
东莞	2021年2月	《东莞市人民政府关于加快打造新动能推动高质量发展的若干意见》	围绕人才最为关注的个税补贴、住房安置、子女教育等问题,提出对研发人才、产业发展人才、科技创新人才以及境外高端人才和紧缺人才给予个税补贴,同时还提出每年提供不少于1万个公办或购买服务入读民办学校的学位等政策
惠州	2021年8月	《惠州市促进数字经济产业发展若干措施》	聚焦数字经济发展需求,在"惠"聚优才行动计划中,有针对性的引进人工智能、大数据等领域的高端专业人才、高技能人才
中山	2022年1月	《中山市推进制造业数字化智能化转型发展若干政策措施》	鼓励平台单位、行业协会等及时总结工业互联网、数字赋能企业等领域成效突出的新技术、新应用、新模式,形成可复制、可推广的经验成果与案例,积极赋能企业首席信息官(CIO)和数字化智能化管理人才
江门	2021年3月	《江门市新型智慧城市建设行动方案(2021—2023年)》	建设智慧城市运营及数字经济发展的人才库、专家库,形成信息化高层次人才、创新型人才、复合型人才集聚

二 粤港澳大湾区数字化人才队伍建设中存在的问题

（一）数字化人才供需结构失衡

粤港澳大湾区数字化人才供需结构失衡主要体现在人才数量供需不平衡、人才质量供需不匹配两个方面。从人才数量上看，粤港澳大湾区数字化领域人才供不应求。2021年8月，广东省人力资源和社会保障厅发布的《2020年粤港澳大湾区（内地）急需紧缺人才目录》显示，粤九市紧缺人才岗位数量达到57720个，人才需求总量达到331731人，其中制造业、工业、交通运输业等与产业数字化密切相关的领域人才需求占据主要地位。图8反映了广州、深圳和粤港澳大湾区相对于全国省会城市的数字化岗位需求情况，总体上看，粤港澳大湾区粤九市的招聘岗位数量超过全国省会城市招聘岗位总数的50%。其中，广州作为全国省会之一，近五年来数字化招聘岗位数量约占全国省会城市招聘岗位总数的20%，而深圳作为非省会城市，数字化招聘岗位数量约占全国省会城市总招聘数量的30%。可见，粤港澳大湾区的数字化人才需求规模巨大，人才需求缺口居高不下。

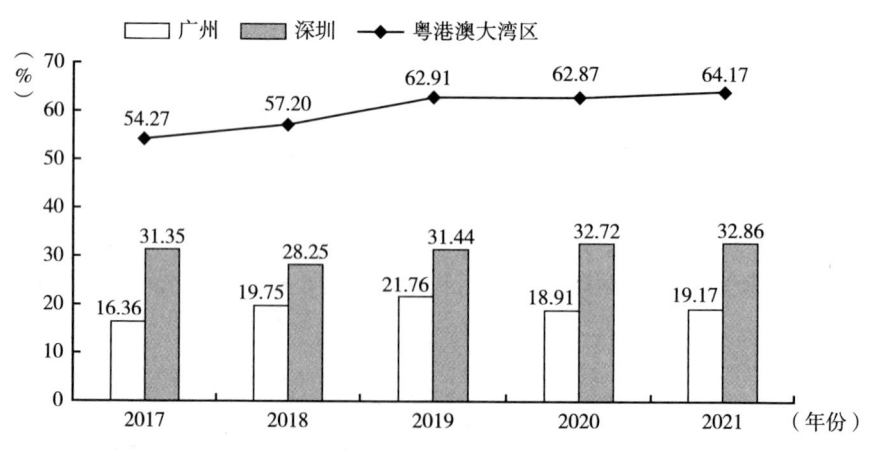

图8 2017~2021年广深、粤港澳大湾区与全国省会城市数字化岗位招聘数量之比

分地区来看，数字化人才供需数量在地区之间差异较大。图9反映了2021年粤港澳大湾区各城市之间数字化岗位的平均薪酬、平均起薪和招聘岗位数量。从中可看出，相比于广深两地，佛山、珠海、肇庆等其他湾区城市在数字化领域的就业机会较少。深圳是粤港澳大湾区数字化岗位平均薪酬最多的城市，平均月薪接近1.4万元，广州则位居第二，平均月薪约为1.2万元，惠州、中山、江门等城市2021年的月平均薪酬远远落后于广深两地。从近五年的招聘岗位数量和平均薪酬增长情况看（如图10所示），佛山、珠海、肇庆、东莞、惠州、中山和江门的数字化人才招聘需求增长幅度较大，但是其平均薪酬增长幅度却远低于招聘岗位数量增长幅度。深圳、广州的数字化人才招聘需求增长幅度相对较小，但平均薪酬增长与人才需求增长较为匹配，广州的平均薪酬增长甚至超过了数字化人才需求增长。总的来说，粤港澳大湾区内部城市数字化人才供需差距较大，人才过度集中于广深两地，其他湾区城市数字化人才吸引力远低于广深两地，不利于粤港澳大湾区数字产业的均衡发展。

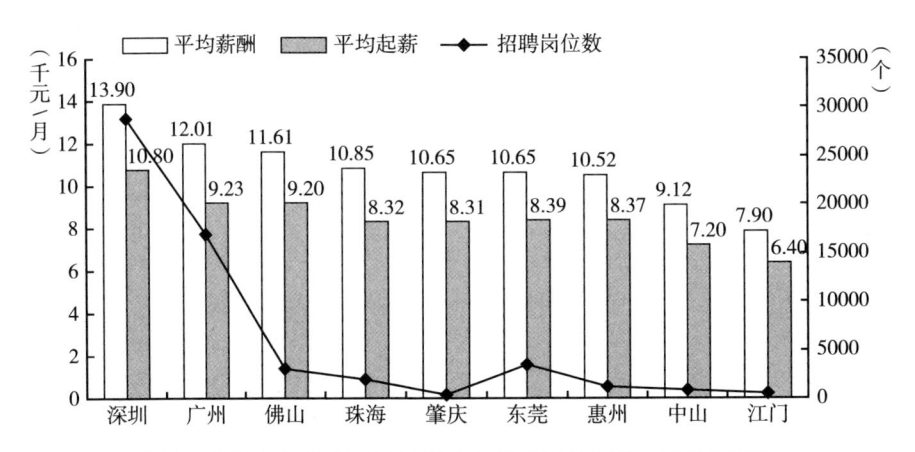

图9　2021年粤港澳大湾区数字化岗位平均薪酬、平均起薪和招聘岗位数量对比

从人才质量上看，高学历、高技能和经验丰富的数字化人才需求缺口较大。在学历方面（如图11所示），近五年来粤港澳大湾区要求硕士研究生

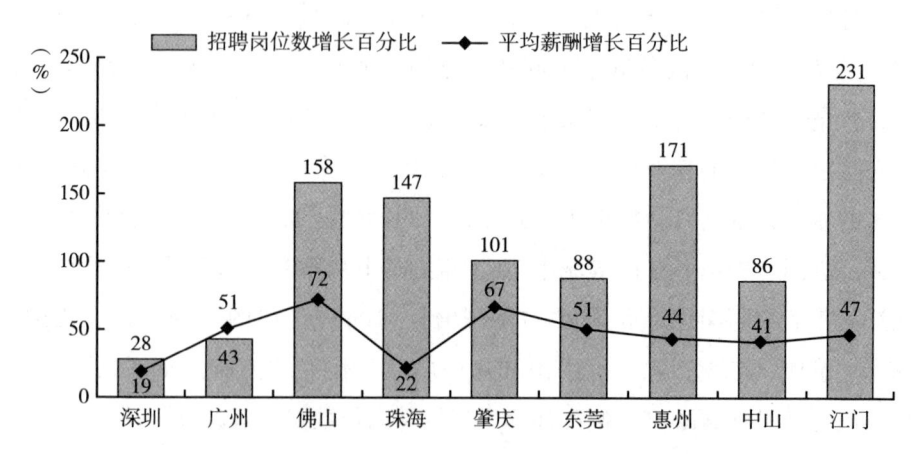

图10 近5年粤港澳大湾区城市数字化招聘岗位数量和平均薪酬增长情况

数据(招聘岗位数增长百分比 / 平均薪酬增长百分比)：
- 深圳：28 / 19
- 广州：43 / 51
- 佛山：158 / 72
- 珠海：147 / 22
- 肇庆：101 / 67
- 东莞：88 / 51
- 惠州：171 / 44
- 中山：86 / 41
- 江门：231 / 47

及以上学历的数字化岗位平均薪酬最高，超过3.5万元/月；要求博士研究生以上学历的岗位平均薪酬也达到3.1万元/月；要求本科学历的数字化岗位平均月薪超过1.6万元，处于中间水平；而要求大专及以下学历的数字化岗位月平均薪酬则不超过1万元。这说明企业多愿意为高素质数字化人才提供更高的薪酬溢价，体现了高素质数字化人才的稀缺性。

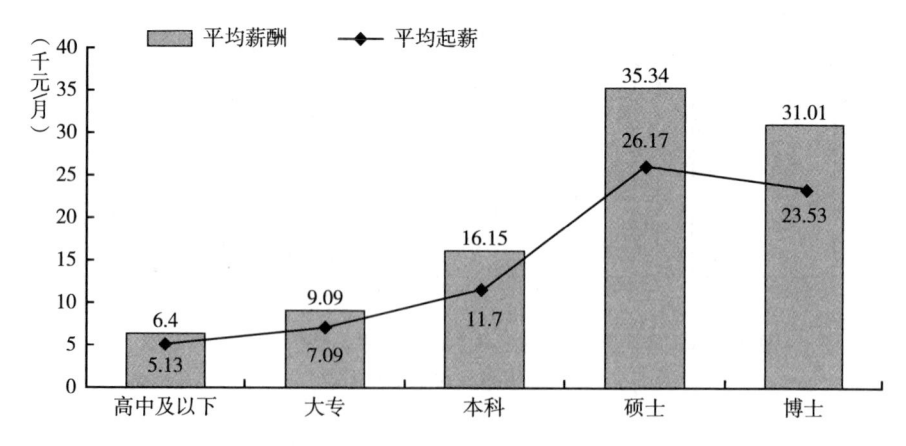

图11 2021年粤港澳大湾区数字化岗位不同学历平均薪酬对比

数据（平均薪酬 / 平均起薪，千元/月）：
- 高中及以下：6.4 / 5.13
- 大专：9.09 / 7.09
- 本科：16.15 / 11.7
- 硕士：35.34 / 26.17
- 博士：31.01 / 23.53

从数字化职能上看（如图12所示），深度分析相关岗位平均薪酬逐年上涨，在2021年成为平均薪酬最高的一类数字化岗位，这从侧面反映了深度分析职能需求的迅猛增长，表明我国深度分析相关数字化岗位人才相对匮乏。同时，数字化战略管理和数字化营销职能相关岗位的平均薪酬也逐年增长，二者在2019年以前较为接近，此后数字化战略管理相关岗位平均薪酬增长速度更快，而数字化营销职能相关岗位薪酬增长较慢，近三年来在各类数字化岗位当中处于最低水平。另外，先进制造、数字化运营和产品研发相关岗位平均薪酬在2018年有所下滑，原因可能在于2018年中美贸易摩擦直接波及相关行业；但随后此三类岗位薪酬又急剧上升，说明粤港澳大湾区在先进制造、数字化运营和产品研发相关岗位上仍较为紧缺。特别是，2019年先进制造相关岗位的平均薪酬为各类数字化岗位之首，说明2019年我国先进制造领域发展速度较快，企业愿意以更高的薪酬招聘合适的数字化人才。

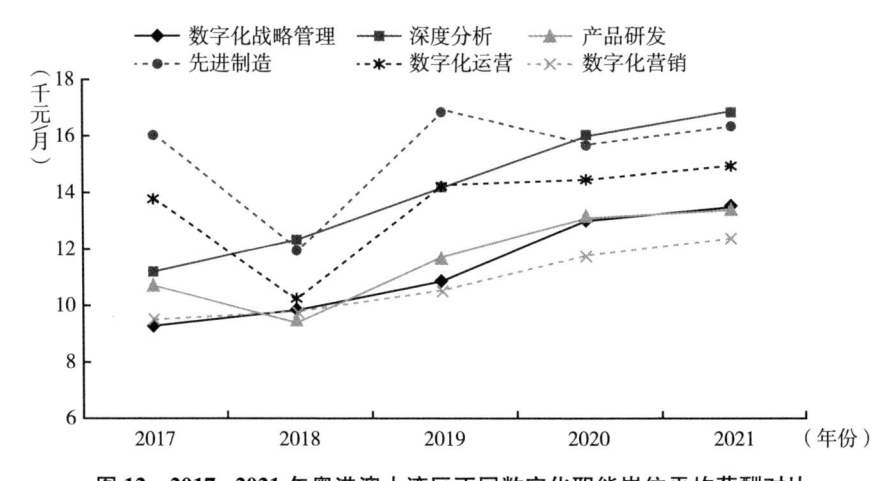

图12　2017~2021年粤港澳大湾区不同数字化职能岗位平均薪酬对比

招聘岗位的等级和经验要求体现了粤港澳大湾区数字化人才质量需求。图13反映了近五年来粤港澳大湾区企业招聘不同数字化人才时提出的经验要求情况。总体上看，粤港澳大湾区企业除了数字化营销职能岗位的经验要求低于全国省会城市数字化岗位招聘平均经验要求外，其他五类数字化岗位对经验的要求均高于全国省会城市平均水平，说明粤港澳大湾区企业对于数

全国省会城市平均经验要求

- 数字化营销 1.44
- 数字化运营 2.33
- 先进制造 2.50
- 产品研发 2.18
- 深度分析 2.23
- 数字化战略管理 2.19

平均经验要求（年）

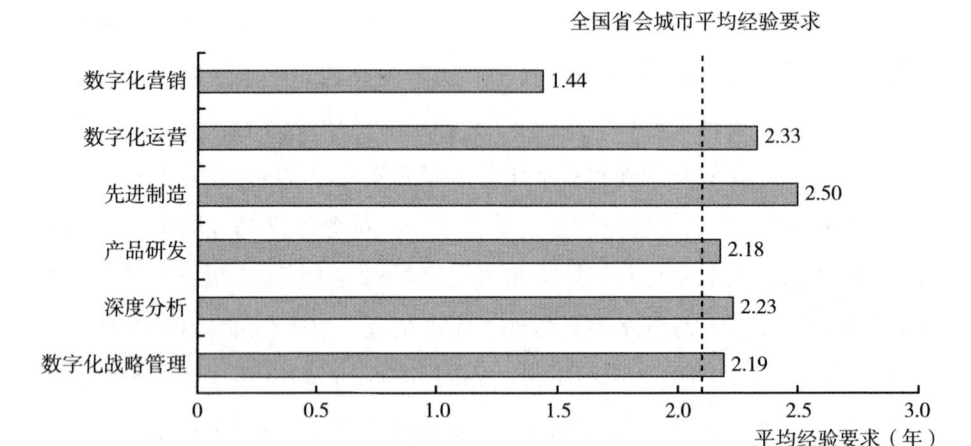

图13 2021年粤港澳大湾区不同数字化职能岗位平均经验要求对比

字化人才的质量要求较高，而高质量数字化人才目前较为匮乏，这可能是导致粤港澳大湾区数字化人才供需结构失衡的原因之一。具体而言，先进制造相关岗位对数字化人才的经验要求最高，要求平均经验超过2.5年；数字化运营、产品研发、深度分析和数字化战略等相关职能岗位平均经验要求也均超过2年，数字化营销人才经验要求最低，不到1.5年。另外，在岗位招聘等级方面（如图14所示），总监及以上数字化岗位的薪酬溢价最高，平均薪酬为1.813万/月；高级专业人员次之，其平均薪酬为1.404万元/月；初

平均薪酬　　平均起薪

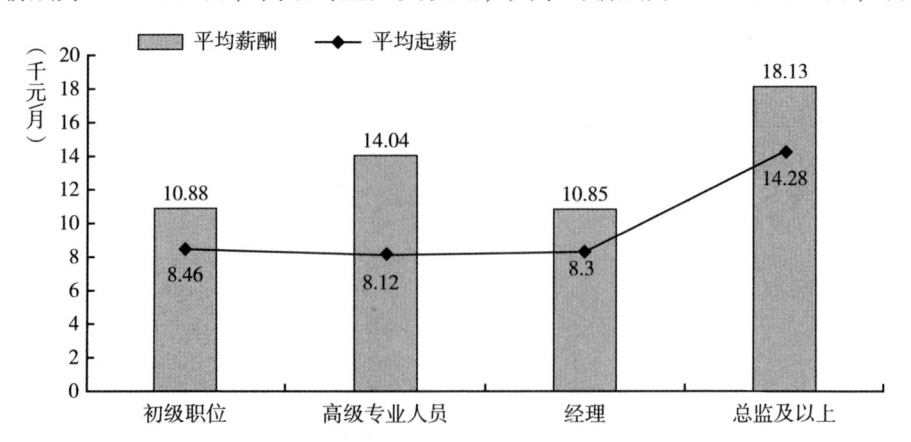

岗位	平均薪酬（千元/月）	平均起薪
初级职位	10.88	8.46
高级专业人员	14.04	8.12
经理	10.85	8.3
总监及以上	18.13	14.28

图14 2021年粤港澳大湾区不同等级数字化岗位平均薪酬对比

级职位的平均薪酬略高于经理的平均薪酬,前者为1.088万元/月,后者为1.085万元/月。这表明具有高水平数字化技能经验的人才更被市场所看重。

(二)数字化人才培育标准缺失

数字化转型伴随着产业的迭代升级,经济与社会结构正在以前所未有的速度发生转变。在企业朝数字化方向迅速迈进的同时,人才的供给数量和质量需与之匹配。然而,企业数字化转型速度较快,大量新的数字化人才需求于短时间内出现,以往的人才培育标准已经难以满足当前人才需求,急需适应新发展形势的人才培育标准。2021年3月人社部会同国家市场监督管理总局、国家统计局向社会正式发布了"服务机器人应用技术员""智能硬件装调员""电子数据取证分析师"等多个涉及数字化产业的新职业[1],但是由于这些数字化新职业技术门槛较高,培育难度高,短时间内难以形成完善、系统的培育体系,导致相应数字化人才的供应数量并不可观。尽管当前我国出台了多项数字化人才的培育与引进政策,但是数字化人才培育的标准仍然缺失,没有形成系统的培养体系。

相比之下,海外在不同数字化领域的人才培育标准设定方面已经形成较为完善的框架体系。例如,美国数字制造与设计创新研究所(DMDII)与万宝盛华公司(ManpowerGroup)联合发布的一份智能制造报告中将智能制造数字化人才详细划分为165个角色,其中包括20个优先发展的角色,涵盖"数字技术"和商业实践领域[2]。日本将"社会5.0"作为发展目标,在初高中教育阶段推进STEM教育和AI知识及技能教育,针对社会年龄层推进循环教育[3]。

---

[1] 《人力资源社会保障部、国家市场监督管理总局、国家统计局联合发布集成电路工程技术人员等18个新职业》,中华人民共和国人力资源和社会保障部官方网站,2021年3月18日,http://www.mohrss.gov.cn/wap/xw/rsxw/202103/t20210318_411376.html。

[2] 资料来源:美国数字制造与设计创新研究所与万宝盛华公司联合发布的 The Digital Workforce Succession in Manufacturing。

[3] 资料来源:中国信息通信研究院发布的《全球数字经济白皮书——疫情冲击下的复苏新曙光》。

（三）数字化人才要素流动制约

在全球疫情的持续影响下，数字化人才要素流动受到限制，体现在跨境流动和跨市流动存在困难两个方面。新冠肺炎疫情发生以来，我国根据疫情防控的需要和各国普遍做法，实施从严从紧的外国人入境政策，倡导中国公民非紧急非必要不出境。在此背景下，数字化人才的跨境流动受到严格的限制，跨境流动程序不确定性提高。特别是，在世界其他国家疫情还未完全得到控制的情况下，受限于新冠肺炎疫情管控政策，粤港澳大湾区从境外引进高水平数字化人才面临着更大的阻碍。同时，在疫情此起彼伏的情况下，跨市流动也意味着相关人员需要承担更高的风险，港澳地区与内地城市之间、内地城市与内地城市之间的人才流动逐步减缓。一项数据显示，由于新冠肺炎疫情影响，2020年跨城求职者比2019年减少2.3%①，这从客观上导致了数字化人才资源无法实现最优配置。

数字化人才要素流动性不高的另一个原因在于粤港澳三地之间的制度障碍。具体而言，粤港澳三地在人才认定体系、就业服务、社会保障等政策对接上不够完善，人才在新城市落地发展还存在诸多不便之处。例如，港澳居民在港澳取得的注册会计师、律师、建筑师等专业资格证书不被内地城市认可，相应跨境人才在通关居住、医疗社保、子女教育等方面缺乏完善的配套政策支持，导致港澳居民在大湾区工作和生活不便利。这些因素从客观上限制了人才在内地与特区之间的流动，使得香港、澳门和湾区内陆城市的人才对流不充分，没有形成数字化人才资源的最优配置。

（四）数字化人才需求前瞻性不足

在数字知识和技术更新迭代如此迅速的背景下，缺乏数字化人才需求前瞻性是导致人才供应不足的重要原因。以5G和人工智能为代表的前沿技术及其产品的快速普及和应用需要投入大量高水平数字化人才资源，然而相应

---

① 数据来源：智联招聘联合泽平宏观发布的《中国城市人才吸引力报告：2021》。

领域专业技术人才培养和引进没有跟上步伐。在数字化人才培养上，高等教育体系的更新完善常依靠数字产业发展拉动，尚未将未来人才需求作为教育体系更新的重要依据，导致相应领域数字化人才供给迟滞。而企业进行数字化转型多是被动适应外部数字化环境的结果，主动把握数字化产业演化方向并从未来发展角度做好人才培养和引进工作的企业仍较少。因此，当某一数字化技术的应用场景开始迸发时，人才需求前瞻性的不足将导致巨大的人才缺口。

三 粤港澳大湾区数字化人才队伍建设的建议

（一）明确数字化人才供需情况及演化趋势，完善人才紧缺响应机制

数字化人才供给不足、需求缺口较大是当前粤港澳大湾区面临的重要问题。深入了解数字化人才供需情况及演化趋势，将有助于精准打破数字化人才队伍建设瓶颈，助推粤港澳大湾区数字经济的深化发展。一方面，粤港澳大湾区有关部门可以通过大数据统计分析方式追踪不同领域的数字化人才供需情况，识别具体领域的数字化人才缺口，出台相应的政策进行有效引导。另一方面，企业可以通过建立人力资本数字化平台记录与统计自身数字化人才供需情况，以明确自身需求与市场供给的失衡点，预测未来自身对数字化人才的需求情况，制定好与之对应的人才招聘和储备策略。

完善数字化人才紧缺响应机制有利于解决短期数字化人才供应不足的问题。从外部合作考虑，企业可事先按照紧缺程度将数字化人才进行划分，通过企业与猎头、企业与高校、企业与企业之间的合作迅速实现紧缺数字化人才的招聘或调用。例如，企业可以从数字化相关专业学生中选择合适的人员作为人才后备军。从内部人力资源应用考虑，企业可以通过短期人才培训等方式使内部员工胜任相关数字化岗位，充分挖掘企业内生数字化人力资源的积极作用，减少人才外部招聘过程不必要的时间损耗。具体而言，企业可以

鼓励员工通过数字化课程学习提高数字化专业技能和管理技能，进而转变成为合格或高水平的数字化人才，以快速弥补企业自身数字化人才不足的情况。

（二）制定数字化人才培育标准，增加湾区数字化人才储备

制定数字化人才培育标准有利于关键数字化人才的培养，促进数字化人才质量与需求端相匹配。首先，政府相关部门可以参照当下行业需求、岗位需求引导粤港澳大湾区的数字化人才培育，同时结合社会各方反馈或建议，从宏观层面形成数字化人才培育标准，明确数字化人才培育方向。2021年国家统计局发布的《数字经济及其核心产业统计分类（2021）》已经对相关行业进行了详细划分，在此基础上，政府可以积极探索具体行业领域中的数字化人才建设问题，为相关领域的数字化人才制定培育标准。另外，政府有关部门在制定数字化人才培育标准时可考虑将未来科技人才需求的前瞻性判断作为人才培育标准制定的依据之一，预防未来相关行业数字化人才不足的问题。

其次，企业需要基于当下的实践经验及未来的经营目标逐步形成对数字化人才的评价体系，同时捕捉数字化人才培育过程中的痛点，努力协调各方资源以推进数字化人才队伍建设，积极为政府制定数字化人才培育标准建言献策。

最后，高等院校肩负着培育数字化人才的职责，应当配合政策导向、社会需求及其演化趋势适时灵活调整培养方案。例如，有针对性地开设更多的数字化专业，在数字化课程建设和数字化师资建设方面投入更多的资源。同时，加强与产业链的合作也有助于高校对外输出高质量数字化人才，与实践密切结合能够提升相关专业学生的数字化技能和知识应用能力，增进其对数字化产业的了解。

（三）推动人才要素流动机制发展，制定数字化人才引进规划

推动人才要素流动机制发展是实现数字化人才资源有效配置、缓解粤港

澳大湾区数字化人才供需失衡的有效途径。为此，粤港澳大湾区有关部门应当制定数字化人才引进规划，在人才吸引和人才流动配套政策上落实相关行动，促使数字化人才流向粤港澳大湾区最需要的城市或地区。对于粤港澳大湾区内数字化人才吸引力较弱的城市，地方政府部门可以配合企业招聘需求加大人才引进力度，吸引湾区内外数字化人才的加入。对于数字化人才吸引力较强的城市，有关部门应当努力保持相关产业优势，同时弥补产业短板，有意识地提高高水平数字化人才的引进比例，做强做优做大数字化产业。

粤港澳三地之间的制度障碍是抑制优质人才流动的一大因素，通过出台相关政策破除人才流动障碍是实现数字化人才资源有效配置的另一重要手段。例如，国家有关部门可颁布政策简化境外数字化人才引进和落户手续，为数字化人才跨境流动提供便利。与此同时，还可以通过提高人才福利待遇的方式吸引境外高水平数字化人才流入，为粤港澳大湾区数字化人才队伍的构建源源不断地注入发展动力。

B.20
粤港澳大湾区数字治理创新实践研究

"数治湾区"粤港澳大湾区数字治理研究课题组*

摘 要： 进入数字时代，基于数据、面向数据和经由数据的数字治理正在成为全球数字化转型的最强劲引擎①。粤港澳大湾区是我国经济最开放、最具活力的城市群，市场和经济活跃程度高，对社会治理和政府服务提出更高要求，对数字治理形成倒逼作用。大湾区各城市围绕数字经济、数字社会、数字政府的创新探索百花齐放，并产生了一批全国领先的、具有典型性且可复制推广的实践案例，形成数字治理的湾区特色和湾区经验。

关键词： 数据共享 一网统管 治理网络 区域协同

一 粤港澳大湾区数字治理创新实践

（一）创新实践情况简介

为响应加快建设数字经济、数字社会、数字政府的战略，挖掘粤港澳大湾区数字治理创新经验，2022年1月初，中国发展研究基金会、普华永道、中山大学数字治理研究中心、广州市社科院城市文化研究所等机构联合发起

---

* 执笔人：赵安然，普华永道粤港澳大湾区政府事务高级经理；郑跃平，中山大学政治与公共事务管理学院副教授，博士研究生导师，中山大学数字治理研究中心主任。本课题组成员单位包括：中国发展研究基金会、普华永道、中山大学数字治理研究中心、广州市社科院城市文化研究所等。

① 孟天广：《数字治理全方位赋能数字化转型》，《浙江日报》2021年2月22日。

"数治湾区——粤港澳大湾区数字治理优秀案例遴选"活动,面向大湾区9+2城市征集以数字化推动改革的创新举措。截至2022年3月5日,创新案例共遴选入库37件,来源涵盖粤港澳大湾区主要城市及部门和重要企业。其中,广州市18件,深圳5件,佛山9件,珠海、东莞、江门各1件;广州市黄埔区、深圳市盐田区、佛山市顺德区等区级共入库16件案例;企业也踊跃参与,共计输送11件案例,其中包括了三大运营商和腾讯云、阿里巴巴、华为云作为重要支撑的政企合作案例。

37件案例涵盖了数字政府、数字经济、数字社会等三大类,代表着湾区数字治理的创新经验和多元特色。在数字政府方面,各地在广东省数字政府建设统一架构和标准规范下,探索推出一系列聚焦公共服务效能提升的创新应用,既包括省级层面的"粤省心"政务服务模式,也包括广州黄埔区"政务雷达"小程序、深圳市盐田区表单平台、佛山市"门口办"平台、东莞市"莞家服务"等市、区一级创新。

在数字社会方面,相关案例重点关注人工智能、大数据、云计算等新信息技术对于治安、环保、供水、抗疫等复杂应用场景的适应性支撑。其中,腾讯云数字政务平台适应疫情精准防控要求推出的"穗康码",亮码次数达到54亿次,一度成为广州人的"第二身份证"。

在数字经济方面,就数字贸易、数字金融、数字货币等前沿探索进行深度挖掘,汇集了广州市南沙区全球溯源中心、依靠大数据实现产业规划的腾讯云产业经济智能分析与决策平台、深圳市罗湖区数字人民币改革试点等大批优秀案例。

(二)城市创新实践述要

1. 广州:"一网通办""一网统管"基本覆盖,12345政府热线大数据辅助决策

政务服务"一网通办"、城市运行"一网统管"成为广州市提升城市治理水平和政府效能的引力。2021年,广州市加快构建更加泛在的政府服务"一网通办",持续深化城市治理"一网统管",基本覆盖了市民线上线下政

务服务，城市管理平台建设取得重大突破。

在数字政府方面，广州市重视将个人和企业全生命周期服务事项纳入集中受理平台，强调"一件事""一次办"。例如，全市超过6.8万户外贸企业只需通过广州国际贸易单一窗口注册一次，即可获得19大类781项服务，基本覆盖国际贸易全流程。线下服务方面，聚焦群众办事方便、省心、安全，广州市主动简化业务审批流程，以黄埔区"政务雷达"为例，借助"政务雷达"，全区1921个服务事项实现在线办理，179个事项能够跨域通办、就近指引，147个事项智能秒批、无须等候，164种电子证照指尖签收、亮证复用。

在数字社会方面，广州市12345热线以来电事件数据为基础，打造数据分析系统，持续优化数据分析平台，运用智能分析、大数据等技术，科学分析、灵敏感知市民关注热点难点问题，同时为政府处置热点事件提供决策依据。广州市以大数据、AI智能和数字孪生等前沿技术为抓手，于区级层面展开智能化城市管理探索。例如，海珠区政数局的广州塔景区智能化管理平台，1∶1将广州塔景区进行3D数字还原，增强景区治理灵敏感知、快速分析、迅捷处置能力。

2. 深圳：全球新型智慧城市标杆，率先开展数字人民币试点

2021年初，深圳市人民政府出台《关于加快智慧城市和数字政府建设的若干意见》，提出建设城市底座，打造城市智能中枢，实现全域感知、全网协同和全场景智慧，成为全球新型智慧城市标杆和"数字中国"城市典范。

为了全面提升城市安全防控和治理能力，深圳盐田区积极谋划建设全区统一的视频联网共享平台，融合跨部门视频数据，构建视频资源池，按需分权调用，真正实现政府部门视频资源全融合全共享。基于BIM技术应用，深圳市大鹏新区坝光开发署率先实现全域数字化管控，将落地规划、建设运维、项目管理等应用集中到统一技术平台，最终形成数据资产，为片区管理决策提供数据支撑。

深圳数字经济发展走在全国前列。2021年深圳数字经济核心产业增加

值占 GDP 比重约 30%，规模和质量均居全国大中城市前列。深圳罗湖区是数字人民币改革试点的先行区域，率先开启"数字人民币红包"创新试点，是全球首次将法定数字货币面向社会公开发行的规模化试点，对健全数字人民币应用生态具有重要实践意义。

3. 佛山：打造一流营商环境，大数据服务制造业转型

佛山以制造业立市，工业规模位居全国前列。2021 年，佛山完成规模以上工业增加值 5442.13 亿元，居广东省第二，顺德区工业总产值则首破万亿元大关，成为全国首个工业总产值超万亿元的市辖区。佛山制造企业美的日前在贵阳市贵安新区落地的"美的云项目"，是佛山制造企业践行智能化转型、紧抓国家"东数西算"机遇的重要尝试。

2021 年以来，佛山市委提出打造一流营商环境"一号改革工程"，致力于为制造业企业转型升级打造良好的环境。由佛山市顺德区税务局首创的"智慧税脑"科创工作机制，能够借助税务大数据，智能分析制造业企业数智化转型成效，绘制营商环境动态图谱，构建"大企业营商信心指数"，监测制造业企业经营状况，助力产业升级和地方营商环境优化。在数字社会方面，为推动数字产业化，佛山市南海区以城市大脑和"空天地"项目建设为契机，主动发布应用场景需求，实行"揭榜挂帅"，激励优质算法企业参与共建，打造本地数字经济集群。

4. 东莞："i 莞家"覆盖群众生活所需，"企莞家"解决企业急难愁盼

围绕"湾区都市、品质东莞"战略目标，东莞市持续加快"莞家服务"数治品牌建设，着力打造湾区高品质数字之都，让市民、企业共享数字红利。

以"集约共享、协同共治、开放共赢"理念为指导，东莞面向市民、政府、企业分别推出"i 莞家"、"数莞家"和"企莞家"服务，助力城市公共服务水平、政府数字化管理水平和涉企服务水平提升。通过对接"粤省事"平台，"i 莞家"将城市生活、居民服务、资讯服务、政务服务等功能汇集于一体，致力于实现"一端服务、一屏智享、一码通城、一掌共治"。聚焦企业急难愁盼，东莞市构建起覆盖企业全生命周期服务的平台

"企莞家"。通过"企莞家"平台，政府部门能够线上线下一体联动，协同回应企业诉求。目前"企莞家"注册企业数已超3.2万家，超5万名企业高管注册使用，成为东莞政企沟通最便捷的公共服务平台。

5. 港澳：疫情助推香港防疫App应用，澳门以电子化方式发放消费券

香港和澳门地区数字化发展程度与粤九市不同，但在2020年暴发新冠肺炎疫情以来，两地均在疫情防控和便民服务上推广电子化服务。

"安心出行"App是中国香港特别行政区政府于2020年11月15日推出的抗疫行程记录App，协助市民使用科技记录出行情况。"安心出行"App类似内地的防疫小程序，可生成个人"健康码"，也可以扫场所码，登记疫苗信息等。2021年12月9日起，港府要求市民出入指定场所必须使用"安心出行"App扫码登记，到今年2月24日，市民需要出示疫苗接种记录后才可进入商场、街市等场所。

澳门地区除了广泛使用电子防疫健康码以外，还以电子化的方式发放消费券，澳门居民除了获得现金补贴，还获发电子消费券。2021年4月12日，澳门特区政府公布了"电子消费优惠计划"优化方案，选择以移动支付方式领取补贴的居民可获得3000元电子消费券，在餐饮、零售等行业消费可获得减免，此举也能帮助企业存续，提振经济和扩大内需。

二 粤港澳大湾区数字治理探索成效

（一）数字政府：从技术创新到理念革新转变

《粤港澳大湾区发展规划纲要》明确提出，将数字技术广泛应用于政府管理服务，推动政府治理流程与模式优化，不断提高决策科学性与服务效率。粤港澳大湾区内各级政府积极运用信息化手段，在多个领域产生了正向影响效应，政务服务是最先实现数字治理改革目标的领域。

对内，重构组织结构和运作方式，打通部门壁垒，促进政府部门走向体系化和协同化；对外，倒逼办事流程优化和重构，让数据多跑腿、让群众少跑腿。数字治理在政务服务中的应用，极大地提升了政府服务水平和服务效能，推动

政务服务从便利化、集约化向智能化、精准化再升级，实现营商环境的优化。

不难发现，过去很长一段时间，政务服务过度依赖技术建设：开发一套系统、上线一个平台、落地一台自助终端，等等。这些都是技术手段的革新。可喜的是，从粤港澳大湾区多个城市2021年以来的实践看，数字治理逐步实现从技术变革到流程变革，再到管理理念的变革。

首先是治理思维的转变。政府从等群众上门转变为送服务上门，在政策兑现服务方面尤为明显，借助电子化平台和大数据精准分析，政策被精准推送到用户的手机端，企业和群众通过电子平台实现查询和自主申报，甚至免申即享。然后是治理理念的转变。因应新的需求和技术，治理者决策判断的视角做出了相应调整，政府以大数据作为辅助决策的依据，找准需求、精准供给，更多从社会需求出发考虑资源的配置。最后是治理格局的转变。以重构治理体系为目标，打开行政边界和层级的"天花板"，在跨区域、跨层级、跨部门的共享与协作方面进行一定探索，逐渐打开新的治理格局。

（二）数字社会：数字孪生平台填补监管空白

数字化应用在城市建设和管理运行中效应持续扩大，粤港澳大湾区进一步推进以新基建为基础的"新城建"高质量发展，以信息化赋能网格化与数字化的城市管理模式。数字孪生技术构建出的"元宇宙"系统，正广泛应用于大湾区城市设施建设、智慧园区管理、应急管理等领域，满足"一网统管"需求。

一方面，数字技术拉动城市治理数字化和智能化，BIM、CIM等信息底座的完善和智能化市政基础设施的加快建设，为"新城建"打下数字基础。另一方面，数字技术推动社会治理网络化和多元化，以"一网统管"的治理思维和技术，实现细化到网格的治理可见、可控，增强城市治理的感知能力及研判决策能力。

应急管理的数字化逐步在粤港澳大湾区各城市推广。在城市安全方面，通过对应急数据的采集、分析和挖掘来辅助决策，精准感知城市问题，精准识别应急管理需求，实时动态监测城市全局。在疫情防控方面，以大数据支撑的防疫健康码、行程卡，服务人民群众出行需要，以大数据监测的疫情防控全流程管理，提升政府排查管控能力。

随着数字孪生技术的普及，分属不同行政部门的监管权责、监测数据在统一平台上汇聚，曾经的空白区域、模糊边界逐渐被填补，这样既节省管理和巡查的人力，又推动跨层级、跨部门的管理协同。

（三）数字经济：大数据让产业规划布局更精准

粤港澳大湾区各城市在数字经济上的创新实践，不仅推动了产业数字化和数字产业化快速发展，也为区域发展规划、精准招商、行政审批、跨境贸易提供治理基础，助力粤港澳大湾区打造开放、包容、创新的营商环境。

在产业规划方面，大湾区各城市逐步从过去主要依靠政策研究和经验分析，到运用大数据分析、监测与政策研究、经验分析相结合，探索以大数据助力区域规划和招商布局，既为有投资意愿的企业展示区域产业优势和布局，也为政府挖掘优势产业、精准招商和培育企业提供参考，实现产业链条内的供给和需求高效匹配。

在规则创新方面，针对全球跨境贸易范围广、业务大的特点，粤港澳大湾区正以"规则+数据"为手段增加溯源保护，打造内联外通、服务全球的数字经济公共基础设施，为畅通双循环和加快跨境贸易发展提供重要的制度保障。

在知识产权保护方面，进入数字经济时代，大湾区的企业积极探索围绕IP授权搭建数字底层，形成确权、维权、用权一体化的版权数字化服务，并通过平台数据透明化、权威化呈现，为市场监管提供数据支撑。

三 粤港澳大湾区数字治理问题与不足

（一）数字生态仍然缺位

一是数字政策环境不健全。当前，粤港澳大湾区在数字政府、数字经济、数字社会三大领域已具备一定的探索积累和创新经验，而数字生态是更系统、整体的概念，由上述三大领域共同组成。目前，大湾区在数字生态构建上仍不成熟，这与数字治理政策环境不健全相关。

二是跨部门协同不充分。新一代数字技术赋能政务流程再造，助推行政效能提升，产生了机关内部"最多跑一次"改革模式，这一创新模式包括清单化定责、标准化规范、场景化改造、数字化协同等主要内容。但同时，部门间职责界定不清晰，存在着权责交叉现象。

（二）区域合作有待加强

粤港澳大湾区存在"一国两制"、"三个关税区"、"三种法律体系"以及"三种货币"的制度差异，制度壁垒和地区发展的不平衡阻碍了粤港澳大湾区协调发展。而在依靠大数据和信息技术为支撑的数字治理工作中，粤港澳三地的合作仍未实现。

一是缺少大湾区互认的数据共享、交易规则和机制。当前，从国家到地方出台了与数字政府、数字经济相关的政策、规章，如《广东省数字经济促进条例》《广州市数字经济促进条例》《深圳经济特区数据条例》，均对各类数据的应用、共享、交易、保护等做了相关规定。但香港和澳门地区围绕数字化的法例与广东进展不同，因此无法构建大湾区通用、互认的数据应用规则和机制，三地的数字治理也暂未实现协同。

二是数据在大湾区流通和共享，涉及跨境问题，跨境数据需考虑合规、隐私等风险，粤港澳三地的数据共享尚需时日。广东明确提出支持广州建设南沙（粤港澳）数据要素合作试验区和深圳建设粤港澳大湾区大数据中心，希望通过数据要素的合作和交易，实现大湾区数据共享。

三是粤港澳三地的社会治理方式不同，数字化的应用程度不同，亦是影响大湾区数字治理合作发展的原因。在广东省内部，除已通办的政务事项、公安户政信息，各城市在治理领域仍大量存在信息和数据不互通的情况，导致数字治理的协作难以推进。

（三）长效机制亟待建立

一是平台重复建设问题较为突出。近年来，政务服务领域的信息系统基本实现了打通和整合，但在社会治理和城市监管领域，目前仍处于系统建设高峰期，甚至进入了"群雄逐鹿、各显神通"的局面：省、市、区甚至园区都有一套或多套智能管理系统，运用数字孪生技术的"元宇宙"统管平台、智慧城市平台更是如雨后春笋般涌现，存在重复建设的问题。调研发现，部分新建系统和已有系统实现对接，或接入分属各部门的数据，但仍有部分系统的兼容性较低。建设系统、平台的目的是为了打通不同部门的信息和数据，但随着系统的增加，反而形成了新的壁垒，不利于兼容适用。

二是数据与系统安全保障需重视。数据共享和有条件公开是趋势，但数据保护同样需要高度关注。接入多方数据的统管平台、分发统筹的指挥平台涉及众多与个人隐私相关的数据，比如用于防疫的健康码后台和用于政府内部管理的表单系统，应重点关注数据的后续处理和应用。目前的保护措施多采用个人授权后提交信息、主管部门和技术企业实施维护的方式，随着日后多平台接入和信息共享，加快完善数据保护制度，利用好中台、区块链等技术尤为关键。同样，当各种平台、系统不断增多，安全性也需要重视，应对外来攻击的技术防护措施要提前做出预案。

三是数字治理产品应用过于单一。调研发现，现有数字治理产品的应用场景，均以辅助决策为主，包括政府监管、疫情防控、经济分析、园区监控，较少产业导入和企业服务的功能，暂未形成"数据来自社会，数据用于社会"的闭环。高投入建设的系统、平台应用价值尚未充分体现，缺乏市场化应用的长效规划和规范，导致部分主管部门有市场化应用的想法，却没有相关的应用依据和保障机制。

四　粤港澳大湾区数字治理趋势及建议

（一）构建强协同性的跨部门跨层级数字生态

当前，大湾区城市涌现出一些数字生态雏形。如广州市科技局建设的"广州科技大脑"系统，打通政府部门及行业协会的 40 个业务数据接口，通过政务数据互通共享，企业科技奖励免申即享。通过一系列数据分析，政府能掌握企业及产业发展状况，据此安排财政奖励、政策扶持等资源配置。这一案例是政府主动作为、打通跨层级跨部门数据的有益探索，但全生态要素汇集和协同开放机制的完善仍需要进一步加强。

长远来看，构建数据生态需要有机整合数字政府、数字社会和数字经济三大领域，除了依靠数字技术打通信息和数据的共享壁垒，更需要改变管理理念，打破原有的行政管理逻辑，重构治理生态，突进全方位的数字生态建设。

首先要有系统化、整体化的发展理念，建立完善的跨层级跨部门协同机制，不能依靠单一部门、单一事件的偶然性协同，需从顶层设置做出规范和保障，让部门间形成主动协同的流程和模式。其次要持续加强各级各部门各领域的信息互通共享，打破信息壁垒和数据孤岛，避免重复建设甚至"新建一套系统就新增一些壁垒"的情况。最后要以具体改革事件为核心，构建完善的数字治理生态圈，融合上下游相关的事项、职能，建立生态圈的专业数据库和数据标准，数据的汇聚和源源不断地流动，将支撑服务体系和政策措施的持续优化。

构建数字生态的目的，在于形成跨部门跨层级甚至跨区域的强协同关系，实现治理能力和治理水平的提升，同时要避免在此过程中非必要的数据共享，严格堵住数据风险漏洞，为整体的数字生态建立动态调整的监管机制。

（二）形成多元主体参与的新时代治理网络

大湾区各城市在数字治理实践过程中，涌现出不少政企合作共建的案例，特别是优秀的实践经验基本都依靠政企合作的创新模式。但调研发现，目前企业参与共建的多是科技企业，以承接技术开发、平台建设的角色进入数字治理领域。

多元群体参与数字治理是大势所趋。建议大湾区各地政府持续吸纳多元主体参与政策制定、政策实施以及效果评价的全过程，包括行业协会、政府智库、研究机构、人民团体等社会力量，共同实现共建共治共享，逐步形成多主体参与的治理网络。与此同时，持续深化数字治理向流程重塑的进程，以数字化应用推动部门协同,从而实现体制机制改革的目的。

可以预见,治理从最早的自上而下,到政府与社会共建,再到基层治理的活跃,将随着数字技术应用的深化进入新的数字治理时代。在此过程中,一方面需要完善政府、研究机构、企业、人民等多主体参与的保障机制,另一方面需要加强数字治理的社交性,保障各主体之间良性互动和共享。

(三)制定具有粤港澳大湾区特色的长效保障机制

粤港澳大湾区是我国经济最开放、最具活力的城市群,数字治理将成为未来大湾区融合发展的重要支撑。为加快粤港澳数字技术应用和治理能力协同,建议在深入研究数字治理探索经验和堵点痛点的基础上,出台具有湾区特色的长效保障机制。

一是围绕粤港澳数字治理合作机制的可行性进行深入研究,梳理三地在数字治理上的互补优势及治理提升的需求,找准数字治理合作的突破口,选准切口进行合作探索。在跨境身份识别、跨境人民币缴纳税费、跨境金融服务、跨境贸易规则等方面,研究三地信息共享限制并探讨有条件共享的可行性,从而提高大湾区数字治理协同水平。尽快解决数据隐私保护、系统安全防护、敏感信息保密等数据共享难题,并从顶层设置上建立共享保障机制。

二是提升企业在数字治理中的服务合作能力,明确政务数据与企业数据之间基于治理的数据应用和安全保障规范。积极探索数字治理项目市场化应用机制,鼓励政府主导开发的数字治理项目走向产品化,在保障安全性的前提下进行二次开发,探索数字治理产品应用场景多元化,让这些产品更好地服务人民群众和市场主体。

需要重视的是,在部分治理领域,垂直一体化管理平台呼声很高,如全国通行互认的健康码。但调研发现,过去两年地方自建的健康码平台因应不同需求,形成不同地方特色,如广州"穗康码"有外国人版和多语言服务,满足入境人员的使用需求。建议在整合平台时要考虑兼容地方特色的层级融合机制,做到数据共享整合的同时保留地方功能,且留有继续开发的接口,满足各地使用需求。

B.21
粤港澳大湾区中小企业数字化信用信息系统建设路径*

臧 博**

摘　要： 粤港澳大湾区中小企业是创造财富和吸纳就业的主要渠道，但中小企业融资难、融资贵的现象突出。粤港澳大湾区中小企业信用信息系统创建的核心在于，在一体化信用信息系统的基础上，全面整合中小企业信用信息数据，完善信用信息联合奖惩机制，探索信用信息融资新途径，提升中小企业数据信息资源利用率，为中小企业融资难提供解决路径。

关键词： 中小企业　数字化　信用信息系统　粤港澳大湾区

中小企业经过30多年的发展，已成为我国经济持续健康发展的重要力量，与大中型企业相比，中小企业规模中等或微小，筹资能力薄弱，抵御风险能力差，普遍面临融资难的困境，加之后疫情时代，世界正经历百年未有之大变局，加剧了中小企业融资难题。① 中小企业在粤港澳大湾区经济发展格局中具有重要战略地位，受疫情的影响，大湾区中小企业多数出现了吸纳社会就业波动较大、订单减少、流动资金紧张、营业收入下滑等经营困难。

---

*　本文系广东省哲学社会科学2020年度一般项目"民法典时代广东省中小企业融资性担保法律规制研究"（批准号GD20CFX14）之阶段性研究成果。
**　臧博，法学博士，惠州学院政法学院讲师，研究方向为民商法、地方立法。
①　"中小企业"划分标准按照国家统计局印发的《〈统计上大中小微型企业划分办法（2017）〉的通知》中的中小企业划型标准确定。

中小企业融资难主要原因在于本身缺乏足够的抵押物，银行业金融机构与中小企业之间信用信息不对称，征信系统不完善，信用经济无法实现良性循环，中小企业仍无法突破融资难的困境。《粤港澳大湾区发展规划纲要》提出：“要加快珠三角九市社会信用体系建设，探索依法对区域内企业联动实施信用激励和失信惩戒措施。"粤港澳大湾区是我国经济活力最强、开放程度最高的区域之一，发挥"先行先试"的制度优势，建立大湾区统一化、多元化中小企业信用信息系统，可有效优化金融平台信贷业务，创新融资新路径，为解决大湾区中小企业融资难困境提供支持路径，并为构建粤港澳一体化的信息平台进行前期的探索。

一 粤港澳大湾区数字化信用信息系统现状梳理

我国信用信息平台建设已取得初步成效，信息归集、共享水平逐步提升，信用信息平台数量持续增长。① 在国家信用信息平台建设快速发展的环境下，粤九市地方信用平台建设也稳步推进，广泛应用信息化手段，推动公共信用和市场信用相融合，进一步激发信用市场经济活力。

（一）以法治为保障，推进信用信息体系建设

目前，国家层面还未制定出台有关社会信用信息的专项法规，虽然《民法典》《刑法》《反不正当竞争法》等法律中有相关规定，但可操作性不强，且缺乏针对性，亟须从地方立法层面对信用信息加以制度规范。作为全国首部专项规制信用的地方性法规，《广东省社会信用条例》于2021年6月1日起施行，为大湾区社会信用体系的建设、中小企业融资方式创新提供了法治保障，广州市、深圳市、惠州市等珠三角城市也制定了关于信用信息的数据管理具体办法。信用专项立法及相关规章制度的出台，有利于在大湾

---

① 我国信用信息数据库系统有"政府+市场"两套平台互相补充，全国信用信息共享平台、国家企业信用信息公示系统以及中国人民银行征信系统（金融信用信息基础数据库）三大平台鼎立。

区粤九市建立信用信息共享机制、提升信息的归集利用率、减少中小企业贷款交易风险、降低交易成本,为推动信用经济的创新发展提供制度支持。

(二)以创新为推动,信用试点建设取得成效

目前,粤九市中惠州市、广州市、深圳市、佛山市四个城市入选国家信用体系建设示范城市,大湾区信用试点建设取得一定经验。[①] 大湾区试点城市率先探索实施信用报告代替企业无违法违规证明,[②] 创新"信易保"产品,采取"信用+电子保函"模式,为企业累计减少保证金180多亿元。在国家级信用试点建设中,大湾区四个试点城市成绩突出,惠州作为国家首批试点城市,是广东省唯一列入省委深改委2021年重大改革试点的地级市,成立广东省首家市级信用服务中心,政府信息归集权由政府统一行使,在"互联网+"和大数据背景下,建成"一库一网两平台"信用信息管理系统;广州市建立了多元化"信易贷"的中小企业融资新模式,探索开展个人守信激励的应用,采取多方面惠民创新;深圳市整合信用信息构建统一的社会信用平台,强化守信激励和失信惩戒机制,建立"信用科技联合实验室",并推行"信用审批"新模式,促进信用科研成果的产业化;佛山市实现全部审批事项"一网通办",实现信用监管全流程,打造一流的营商环境。各试点城市积极探索新模式、新路径,推动信用服务创新,促进信用经济的蓬勃发展。

(三)以平台为载体,缓解中小企业融资难

大湾区粤九市并未建立区域性的中小企业融资平台,主要依托广东省内

---

① 国家发改委、中国人民银行已分别于2018年1月发布了全国首批12个社会信用体系建设示范城市(区)名单,广东省惠州市位列其中;2019年8月发布第二批16个社会信用体系建设示范城市(区)名单,2021年11月发布第三批34个社会信用体系建设示范城市(区)名单,广东省广州市、深圳市、佛山市位列其中。截至2021年年底,全国社会信用体系建设示范区共有62个。

② 从2021年10月1日起,"信用广东"已出具信用报告5600多份,代替6万余份无违法违规证明,取得良好的社会实施效果。

中小企业信用信息平台，缓解中小企业融资难题。目前，广东省主要打造中小企业融资平台（"中小融"），其数据总量、网站查询量、覆盖率、"信易贷"撮合贷款均全国领先，① 多渠道建立"信用广东""数字广东""粤信融""广东省科技金融综合信息服务平台"等信息平台，已初步建成具有地域特色、以业务为导向、满足不同需求、多层次的中小企业信用融资系统，并推动省级平台与全国"信易贷"平台互联。大湾区粤九市主要数字化融资平台情况见表1。

表1 粤九市主要数字化融资平台汇总

平台名称	建设单位	主要功能分析
"信用广东"	广东省发展和改革委员会	"信用广东"是广东省公共信用信息统一对外发布、接受外部查询和异议受理等的信用信息平台
"数字广东"	腾讯、联通、电信和移动共同投资	"数字广东"对接中国人民银行的"粤信融"平台和广东金融局的"中小融"平台，为企业提供一站式融资贷款申请服务
"中小融"	广东省地方金融监督管理局	"中小融"实现与"广东省政府采购系统""粤省事""粤商通"的互通互联，为广东中小企业归集、整合疫情防控各项金融支持服务政策，为相关企业智能对接金融机构专项融资产品
"粤信融"	中国人民银行广州分行牵头，广东省发改委、政务服务数据管理局、地方金融监管局等部门支持，广州银行电子结算中心承建	"粤信融"通过跨层级跨部门跨地域的信用信息互联互通，健全优化金融机构与企业信息对接机制，实现资金供需双方线上高效对接，提高了企业金融服务的可得性、覆盖率和满意度
"广东省科技金融综合信息服务平台"	广东金融学院开发、维护，广东省生产力中心办理政府风险补偿信用贷款	"广东省科技金融综合信息服务平台"通过智能、自主、动态的科技企业数据分析、统计与模型评价体系，实现了科技企业和金融机构网上投融资信息的无缝互动和对接

---

① 截至2021年12月，"中小融"信息平台对接了广东省47个部门、21个地市，支撑了"信易贷""政府采购""中介服务超市"等全省近400个系统，查询量突破12亿次，为各地各部门实施监管提供强有力支持，435家企业获得授信，累计金额达16.47亿元，累计399家企业发放贷款，累计发放贷款15.81亿元，数据总量、网站查询量、应用覆盖率、"信易贷"撮合贷款均全国领先。

续表

平台名称	建设单位	主要功能分析
"区块链+跨境金融"	国家外汇局广东省分局指导下,建立广发银行直联跨境金融区块链系统	通过"区块链+跨境金融"首次实现粤港澳大湾区内银行跨境金融区块链服务平台直联,广发银行也是广东省内首家实现区块链系统直联的银行,进一步提高融资效率

(四)以数字为依托,注重奖惩机制建设

2021年广东省印发《广东省数字政府改革建设"十四五"规划》《广东省数字政府省域治理"一网统管"三年行动计划》等规范性文件。粤九市依托广东省作为信息产业大省的优势,[①] 市场激励和惩戒机制取得一定进展。在信用信息市场激励层面,政府引导征信机构加大信息的采集力度,鼓励银行业等金融机构使用信用报告数据、信用积分和评价结果,加大对信用良好的中小企业的评分比重,在公共资源交易活动中,开发"信易贷"等守信激励产品,通过信用加分制度,使信用信息记录良好的中小企业获得信贷支持。在信用信息市场惩戒层面,督促有关中小企业和个人履行义务,把中小企业失信主体纳入监管对象,实施限制公共资源交易、提高政府参投项目中保证金的比例限额、限制享受政府优惠政策支持等措施。同时,采集严重失信者的信用数据,将失信中小企业的信用记录纳入信用信息平台,引导银行业金融机构对严重失信主体采取差别化服务、提高贷款利率等措施,以制度倡导依法守信。

(五)以合作为契机,加强信用信息应用与共享

在中小企业信用信息应用方面,在《加强信用信息共享应用促进中小微企业融资实施方案》(2021年国务院办公厅印发)等政策的推动下,充分挖掘信用信息的经济价值,倡导多种方式应用各类涉企信用信息,不断

---

① 广东省数据存储量超过2300EB,在全国占比20%,信息服务行业规模位居全国首位。

提高中小企业贷款覆盖率、可得性、便利度。2021年7月，广东省深圳市融合金融科技、保险分险、财政增信三方优势，"政府-银行-担保机构"三方形成合力，针对信用良好的中小企业，创新开展线上"政银担"批量融资担保业务，破解中小企业融资难问题。① 此外，创新推出"政采贷"新产品，发放无抵押全线上贷款，助力疫情防控期间广东省中小企业的复工复产。在中小企业信用信息共享方面，重点打造大湾区粤九市信用环境，增强竞争力、凝聚力，开展大湾区跨区域信用信息互通互查、数据共享，建立起常态化交流机制，召开"深莞惠"（深圳、东莞、惠州）与河源、汕尾的"3+2"区域信用合作联席会议，推动建立跨区域合作制度，共同制定《"3+2"区域信用合作备忘录》《"3+2"区域信用合作宣言》等制度，形成"一处失信，多处受限"，为大湾区经济协调发展提供信用支持。

二 粤港澳大湾区数字化信用信息系统存在的问题

粤港澳大湾区粤九市依托广东省内信用信息平台的建设优势，信用信息试点工作取得一定成效，建立起信用信息常态化沟通交流机制，但也面临一些困境。

（一）未建立统一化信用信息平台

信息规范化是社会信用信息体系建设的提前和重要保障，我国信用信息平台相关的标准建设进程稍显落后，信息标准适用范围狭窄，导致粤九市各级信用信息平台依据的标准存在差异。广东省未能建立全省统一的中小企业

---

① 深圳前海微众银行股份有限公司与深圳担保集团旗下深圳市中小企业融资担保有限公司、深圳市融资担保基金有限责任公司，创新开展线上"政银担"批量融资担保业务合作事宜。截至2021年10月，深圳融资担保基金共受理国任保险7批次"线上融资额度保险再担保"项目备案申请，累计撬动银行贷款75.95亿元，对应项目32045笔，扶持企业17658家，免收国任保险再担保费720万元。

数字信用信息平台，不同部门按照不同标准、各自建立中小企业融资信用平台，一些系统与"信用广东""中小融"平台在使用功能、信息归集内容上很类似。另外，粤九市缺乏统一的建设规划，各地区信息化建设水平也不平衡，大量信息系统和数据信息重叠，对中小企业信用数据的使用造成困扰，也增加基层上报部门工作人员的工作量，难以为信用信息的查询、使用提供便利，影响信用信息平台威信。

（二）信用信息覆盖不全面、存在行业制约性

在国家尚未出台统一的信用信息目录前提下，政府部门掌握大量信用信息资源，存在着征信数据信息壁垒和信息孤岛，粤港澳大湾区内银行业金融机构无法快捷获取政府归集的信用信息。中小企业信用信息库与央行征信系统建设也相对独立，不同信用信息平台的联合使用度不高，难以融合不同平台之间的信用信息，粤九市面临信用信息垄断造成的信息分割、信息不全面、闲置或重复统计的情况，资源归集存在浪费，导致数字化信用信息平台发展不均衡，信用信息数据未能实现行业共享。在不同行业信用评价标准不同的背景下，中小企业信用信息分析结果可能出现不一致现象，无法全面、准确、客观反映粤九市中小企业信用主体的信用状况，难以制定准确措施来规范市场信用的发展。

（三）信用信息联合奖惩机制有待完善

粤九市已经初步建立跨部门、跨领域的失信联合奖惩工作机制，一些部门、领域的联合奖惩工作向纵深开展，但作为一项涉及多部门、多领域、多措施的新型监管制度，信用联合奖惩工作在推动和实践过程中还有一些问题和短板。针对一个领域的信用主体，需要参与联合奖惩的部门多达数十个，信息归集、奖惩措施也较多，在缺乏守信和惩戒具体操作和实施细则清单的情况下，存在信息覆盖范围不广、应用方式不多、共享范围狭窄、缺乏行业规范和权威性等问题，尚未完全构建新型信用奖励约束机制。

（四）信用信息的商业价值，有待进一步挖掘

具有足够的可担保的资产是中小企业获得融资的主要保障，粤九市多数中小企业尤其是高新中小企业，普遍缺乏可用于抵押担保的厂房、机器、设备等固定资产，无法以信用等无形资产直接获取银行业等金融机构的贷款。目前，粤九市开展中小企业信用融资项目，仍多采取传统银企征信模式，信用信息的可信度不高、信息平台之间缺乏联系、服务能力不足、数字化信用信息向资本转化的路径不通畅、信用评价结果的使用率不高、信用服务中介市场不健全、直接以信用获得融资的中小企业仍占少数，对信用信息产品的需求尚未完全激发。在缺乏足够担保物品和创新型信用产品不足的情况下，粤九市中小企业融资仍面临较大困难，亟须挖掘信用信息的商业属性。

三　完善粤港澳大湾区数字化信用信息系统的建议

随着经济的发展，社会信用信息随之产生，可以反映信用主体在市场经济活动中的信用记录。西方国家对信用理论的研究已经进入成熟阶段，普遍建立了征信制度、征信系统、信用评估制度和评估体系，通过电子信息系统对企业信用资料和个人信用资料进行管理，随时向社会提供有关的信用信息服务。[1] 需借鉴国外及先进地区的建设经验，注重和国际化接轨，根据粤九市经济社会发展实际情况，总结国家级信用试点经验，建设"一体化"信用信息平台，完善信用信息联合奖惩机制，探索创新信用信息融资途径，破解中小企业融资难题。

（一）采取"政府主导"发展模式

当前国外主要形成了三种信用系统发展模式：美国私营征信系统模式、

---

[1] 李新庚：《社会信用体系运行机制研究》，中国社会出版社，2017。

欧洲国家公共征信模式和日本并存征信模式。① 我国信用体系与西方国家具有差异性，并非只针对金融服务，而是大规模综合机制。② 我国信用体系具有强烈的"政策推动、行政主导"的特点，③ 从粤九市国家级信用试点经验看，其建设需注重和国际接轨，并要根据本土经济社会发展实际情况，把握时代性和适应性特点，构建以"政府推动建设为主、社会多方参与为辅"的具有本土特色的公开化、市场化的发展模式。

（二）政府统筹信用信息平台建设

数字化信用信息体系的建立是政府部门之间、不同行业之间互相联动协调、内部复杂的巨大工程，需要发挥政府统筹引导推动作用。为解决信用体系创建中职能分散的问题，应加强不同部门和不同领域之间的沟通，在数字政府建设框架下，对"信用广东"平台升级改造。以政府联席会议的形式，研究信用体系创建中的新经验和新方法，联席会议可由相关部门负责领导担任召集人，譬如发展改革局、政务服务数据管理局、中国人民银行等主导单位担任召集人，在民主的基础上充分发挥政府主导作用，建立部门之间信息互通互联制度，指导信用信息体系的创建。

（三）建设"一体化"数据信用平台

首先，完善信用信息资源库数据标准。中小企业融资信用平台之间的数据标准不同，不利于平台之间的数据交换和数据共享。在发展的初期，粤九市没有必要单独建立信用信息系统，应当依托广东省内成熟的信息平台，统一省内数据标准，落实区域间信息共享查询机制，推动区域间信用信息的共

---

① 美国私营征信系统模式以完全市场化运作为基础，征信服务机构独立于政府之外，并可以向社会公开出售信用信息记录报告；欧洲国家公共征信模式以中央银行建设的中央信贷登记系统为主体，征信管理机构是非营利性的，建立全国数据库和征信系统，信用信息仅供内部查询使用；日本并存征信模式由非营利性、会员制、全国性银行信用征信中心为主导，与商业性征信机构并存，会员银行可以自由选择是否加入信用信息系统。
② 虞青松：《算法行政：社会信用体系治理范式及其法治化》，《法学论坛》2020 年第 2 期。
③ 张丽丽、章政：《新时代社会信用体系建设》，《新视野》2020 年第 4 期。

享和数据标准的统一,加强信用数字信息的实用性,构建粤九市区域间共同建设、共享服务和使用畅通的共享格局。其次,要以市场应用需求为导向,按照相同标准、一体化建设的原则,重点解决不同政府数据系统和不同行业平台之间中小企业信用数据对接,引导各地成立信用工作协调推进机构,制定信用信息资源统一目录和信息共享清单,将其纳入省政务信息资源共享平台,并与"全国融资信用服务平台""广东省公共信用信息管理系统"在不同部门、不同行业间实现信用数据互联共享。例如,深圳市作为改革开放先行示范区,结合最新数字技术,建立"深信"数字系统平台,首创国内数字化信息制度,将中小企业商业信用、企业产品质量信用及政府对中小企业政府服务相结合,为中小企业、银行业金融机构提供精准化的信用信息服务。最后,要注重信用信息收集的广度,充分利用现代化的技术,完善数据信息,形成具有权威性的信息资源库,为信用信息管理和信用服务提供必要支撑,以应用为导向,扩展省、市、县、镇四级畅通的网络支撑体系,实现信用业务系统的对接。

(四)完善信息联合奖惩机制

要根据实际情况,制定守信激励清单和信用惩戒清单,明确清单实施对象、实施方式、实施主体等具体内容,以增强信息奖惩制度的可操作性。[①] 要开展大湾区信用联合,在跨区域信用信息互通互查、数据共享基础上,根

---

① 根据《广东省社会信用条例》的规定,守信激励措施清单可以从下列范围内确定:(一)在行政许可等工作中,予以容缺受理、优先办理等便利措施;(二)在公共资源交易中,予以信用加分、提升信用等次;(三)参与政府投资或者政府与社会资本合作的建设项目,予以减免保证金;(四)在行政检查中,优化检查方式、检查频次;(五)在政府优惠政策实施中,同等条件下列为优先选择对象或者予以重点支持;(六)在信用门户网站或者相关媒体上进行宣传推介;(七)国家和本省规定的其他措施。失信惩戒措施补充清单应当限制在下列范围内:(一)约谈;(二)在行政许可等工作中,不适用信用承诺制等便利措施;(三)在日常监督管理中,列为重点监管对象;(四)在公共资源交易中,予以信用减分、降低信用等次;(五)参与政府投资或者政府与社会资本合作的建设项目,予以提高保证金比例;(六)限制享受政府优惠政策支持,限制申请财政性资金项目;(七)限制参与表彰奖励,取消参加评先评优资格,撤销相关荣誉;(八)法律、法规和国家规定的其他措施。

据守信激励措施和限制措施清单，建立常态化联合奖惩机制，为粤九市经济协调发展提供支持。要注重发挥市场作用，鼓励多方力量，参与社会信用信息创建，加强数字化信息资源在不同部门、行业之间的整合利用，打破信用行业市场壁垒，打破信用信息孤岛效应。通过相关部门之间的信用信息的互联共享，建立起常态化、规范化的联合奖惩机制。

（五）创新信用融资新机制

一是建立"政银担企"融资对接机制。要依托广东省内公共信用信息数据信息系统的数据优势，完善"全国中小企业融资综合信用服务平台（广东站）"建设，在全省信用信息平台基础上，嵌入建立"中小企业融资服务平台"，开展金融服务与监管一体化运作。通过融资服务平台，中小企业可以享受高效融资，缓解新时期中小企业面临的融资困境，延长担保业务链条，创新担保产品，探索"担保+保险"合作模式，降低融资担保公司信用风险，为粤九市中小企业的融资提供制度支持。

二是创新"无抵押"融资新方式。要以中小企业融资平台为依托，通过探索信用数据资产化，在信用信息平台大数据支持下，完善数字化信用平台使用的规章制度，推动信用数据朝向资产化发展。要根据粤九市中小企业制造业突出的特点，扩展信用信息平台的业务，在中小企业信用查询的基础上，通过融资平台，在不需要抵押担保物品的情况下，可以为信用记录良好的中小企业，提供应收账款融资、中小企业订单融资等新型融资产品。

三是开展"供应链金融"平台服务。数字信息技术的应用发展，创新供应链金融新模式，将银行业金融机构、中小企业扩展到平台服务商、互联网金融企业。供应链金融是一整套为中小企业优化融资的方案，随着大湾区数字化平台的整合应用，区块链技术下的供应链金融将是区域内中小企业融资的发展趋势。中小企业信用信息平台成为供应链金融的融资路径，为融资双方提供大量交易信息，并通过互联网金融和其他非银行金融机构资金，为中小微企业提供信贷支持。大湾区广州、深圳等首批试点城市，要继续积极探索供应链金融新模式,以中小企业信用为担保,在采购、运输、制造、库存、销售等方面,畅通中小企业供应链条,为信用良好的中小企业提供低成本、多样化的金融服务,从而降低中小企业融资成本。在此基础上,开展"供应链金融+担保"的模式,服务更多供应链上的中小企业,并探索建立中小微企业网络贷款、网络公证等新形式。

四 结语

中小企业在粤港澳大湾区经济发展中具有重要的地位。在经济快速发展的同时,诚信缺失问题也越来越需要高度重视,社会诚信缺失已影响经济发展和社会治理效果,政府以行政权介入信用信息体制的建设成为制度选择的必然。信用体系建设的主要目标是促进社会诚信水平的提高,反哺社会信用体系建设,使其在社会信用的文化软环境中进一步发挥社会治理作用。[1] 在大数据背景下,需要在政府引导、推动下整合大湾区多方数据平台资源,减弱或消除信息不对称、征信不完善,构建一体化征信系统;同时,改善和优化融资征信平台业务功能,探索创新信用融资新方式、新路径,确保信用融资产品能满足中小企业的发展,缓解中小企业融资难题。信用体系的创建是一个复杂的制度设计,不仅需要理论支撑,更需要实践证成。大湾区内国家信用试点城市的工作取得一定成效,促进了大湾区经济发展,并逐渐形成守信的良好氛围,为其他区域中小企业信用体系的建设提供了范式参考,也为下一步构建粤九市和港澳之间统一化、互联互通的信用信息平台打下坚实的基础。

粤港澳大湾区创建信用信息系统的经验表明,在我国"十四五"时期,社会信用体系建设面临新挑战,政府应当作为信用体系建设的示范者,发挥积极的主导、推动作用;在数字经济新常态环境下,重点要加强信用系统多

---

[1] 谭波、刘昭辰:《习近平法治思想对社会信用体系的理论支撑及指引》,《河南财经政法大学学报》2021年第3期。

元化电子化平台建设，强化信用信息合理使用和集中查询功能。社会信用体系建设的最终目的不是规制和约束，而是通过制度引领，让公众认知信用的价值和作用，将守信从一种外在的规制行为变成内生的习惯，使得诚信和信任再度恢复。良好的社会诚信环境是社会信用体系建设的归宿，信用平台的建设应突出本土化、实用性和可操作性。

B.22
广州市民数字技术应用体验与期望调查报告[*]

梁 居[**]

摘 要： 人工智能和数字经济的发展，促使越来越多的生活场景从线下走上"云端"，为人们提供更现代化、多样化的生活方式。对广州市民的数字技术应用体验和期望情况进行的入户调查显示，当前广州的智能化产品和智能技术普及率高，数字经济背景下，不同年龄层次的市民对智能化产品和技术应用都有较高的接纳度。同时，近半数60岁及以上的受访者表示，在智能技术应用方面有困难，面临"数字鸿沟"，操作程序复杂是主要问题，希望能开发出更多易学实用、适用性高的智能化产品，以满足社会的需求。

关键词： 智能化 数字经济 特殊人群 数字鸿沟

一 研究背景与目的

（一）研究背景

近年来数字经济持续快速增长，人工智能成为数字经济七大产业之一，

---

[*] 本文为"广州市统计局万户居民调查课题组"研究成果。
[**] 梁居，广州市统计普查中心一级主任科员，研究方向为监所管理、法学。

对数字经济核心产业增加值有重要推动作用。据广州市"十四五"规划发展要求，广州市加快数字化发展，把建成"国际一流智慧城市"列入发展目标计划。人工智能与智慧城市建设将成为广州"建设数字经济引领型城市"和"加快数字社会建设步伐"目标下数字经济的重要发展方向。[1]

随着现代科技的进步，人工智能产业蓬勃发展，智能化产品进入千家万户。人们越来越多地接触到智能化产品，享受智能化生活的便利，如智能家居、智能医疗产品、智能教育平台、智能交通导航设备等。人工智能产业在教育、医疗、公安、大数据等方面开展应用，促进创新链与产业链融合[2]，广州市民逐步走入智慧生活。人工智能技术发展与技术成果转化将不断刷新城市智慧生活的面貌。

数字经济和人工智能技术在数字时代是一把双刃剑，它提高了城市生活的效率和质量，但不可避免地产生"数字隔阂"。不同主体对智能化生活方式的适应差异不断拉大这种隔阂，甚至形成鸿沟。本文我们着重研究的是特殊群体对于智能化产品的使用体验和感受，了解他们对智能化生活方式的建议和期望。

中国互联网络信息中心（CNNIC）发布的第48次《中国互联网络发展状况统计报告》显示，截至2021年6月，我国网民规模达10.11亿。其中50岁及以上网民占比为28.0%，较2020年6月增长5.2个百分点。第七次全国人口普查数据显示，60岁及以上人口占全部人口的比重是18.7%，中国社会已进入老龄化阶段。老年人已经成为不可忽视的信息化和智能化产品的用户群体。数字化时代的全新生活方式与人口老龄化问题双向交织出巨大的数字鸿沟。

人工智能技术与数字经济融合，成果转化要与市场和生活接轨。众多智能产品的产生，满足了人民的物质文化需求，但在技术适用性方面对于少数

---

[1] 广东省发展和改革委员会：《广州市国民经济和社会发展第十四个五年规划和2035年远景目标纲要》，广东省发展和改革委员会网站，http://drc.gd.gov.cn/attachment/0/419/419508/3269937.pdf。

[2] 《广州市人工智能产业发展情况及招商重点》。

普通人群及特殊群体而言在流畅使用和良好体验上仍存在一定程度的"数字鸿沟"。如何解决技术应用、市场和社会效益三者关系矛盾，消除数字技术带来的负面影响，对提高智能化产品的适用效能，带动市民生活环境改善、生活品质提升十分重要。

（二）研究目的

人工智能目前还处在发展初期阶段，在技术研究、成果转化、市场拓展、产品应用等方面还需要持续进步。目前在智能化技术满足市民实际需求、市民对智能化技术应用的看法和期待方面的研究较少，本文从智能化技术应用与市民生活融合情况及与特殊群体的适用程度方面切入，重点对市民对智能化生活需求、智能化产品的应用状况、市民的智能化生活期待等进行研究分析，以期更好地为政府反映市民心声，为数字化经济暨技术发展方向在满足市民生活需求方面提供有价值的参考建议。

二 调查前期准备及说明

（一）抽样建网

为倾听市民心声，畅通政府与市民的沟通渠道，广州市政府于1998年4月发文组建广州市万户居民调查网。23年来，万户居民调查工作已完成6次全面换户，累计形成调查报告两百余篇。广州历届市委市政府领导高度重视通过调查收集的社情民意信息，多次对万户居民调查报告做出批示，或批转相关部门跟进处理，万户居民调查网已成为市民表达意愿的有效渠道。

在样本选取方面，万户居民调查网通过整群随机抽样方法确定调查户，在全市11个行政区41条行政街200个社区居委中抽取5000户常住居民户作为调查样本户，具有样本量大、抽样科学、代表性好的突出优势。本文以2021年的入户调查数据为基础，撰写调查分析报告。

（二）调查内容

调查内容主要包括以下几个方面：智能化产品在市民生活中的应用情况；市民使用智能化产品存在的问题；市民对智慧化生活的看法与期待。

（三）调查方法

采用调查员入户访问的方式进行调查。

（四）抽样方法与调查户条件

本次调查根据2017年广州市常住人口数据资料，按广州市各辖区常住家庭户①的分布比例进行抽样，各区样本分布如表1所示。

表1 样本数量的分布

地区	样本（户）	街道（个）	社区居委（个）
合计	5000	41	200
荔湾	500	4	20
越秀	625	5	25
海珠	750	5	30
天河	750	5	30
白云	750	5	30
黄埔	400	4	16
番禺	400	4	16
花都	225	3	9
南沙	200	2	8
从化	150	2	6
增城	250	2	10

---

① 调查户需满足以下条件：1. 在广州市居住半年以上的常住家庭户，且一年内无搬迁意向；2. 家庭中有能独立完成调查、年龄在18~65岁之间且思维清晰、语言表达清楚的成员；3. 剔除住宅区内（包括街巷）的商铺、公司、士多、美容店、发廊、家庭旅馆等；剔除空置的民居和集体户。

（五）质量控制与样本基本情况

1. 质量控制

为确保万户居民调查资料、数据的准确性和真实性，调查质量控制贯穿于抽样建网、入户调查、数据资料录入的全过程。

抽样建网阶段，质量控制的重点是确保中选社区辖区内全部符合调查户基本条件的常住家庭户纳入抽样框，严格按照抽样步骤要求进行规范抽样。

入户调查阶段，质量控制的重点是加强对调查员入户环节的核查，确保调查问卷是被调查对象真实填答；调查过程中，在各中选街道派驻督导员，负责本街道质量监控和业务指导。

数据资料录入阶段，质量控制的重点是问卷数据的准确录入，确保数据资料的准确性，主要通过全面交叉复核防止录入差错。

2. 样本基本情况

从样本性别构成来看，男性2205人，占比为44.1%，女性2795人，占比为55.9%（见表2）。

表2 样本性别构成情况

单位：%

性别	比例
男	44.1
女	55.9
合计	100.0

从样本受教育程度来看，高中/中专/职高/技校的样本占比最高，为26.9%；本科和大专样本的占比较高，分别为26.7%和24.3%（见表3）。

从样本就业状况来看，在岗的样本占比最高，为61.5%；离退休人员样本的占比次之，为21.1%（见表4）。

表3 样本受教育程度状况

单位：%

受教育程度	比例
小学及以下	2.6
初中	16.0
高中/中专/职高/技校	26.9
大专	24.3
本科	26.7
研究生及以上	3.5
合计	100.0

表4 样本就业状况

单位：%

就业状况	比例
在岗	61.5
离退休人员	21.1
打短工或散工	4.4
待业	6.2
料理家务	6.8
合计	100.0

从样本年龄构成来看，40~49岁、50~59岁及60岁及以上三个年龄段的占比均超两成，分别为27.1%、24.3%和26.7%（见表5）。

表5 样本年龄构成情况

单位：%

年龄	比例
29岁及以下	3.0
30~39岁	18.9
40~49岁	27.1
50~59岁	24.3
60岁及以上	26.7
合计	100.0

三 调查结果

（一）智能化产品呈现种类丰富、内容多样的特征，市民最关注安全与操作方面的应用

1. 绝大多数市民家庭拥有智能化产品，智能学习产品普及率最高

随着信息技术的发展，智能化产品普及率不断提高，调查结果显示，94.6%的市民家庭拥有智能化产品，居民家庭智能化产品种类丰富。其中，最为普及的是电脑、平板等智能学习产品，拥有率超过七成；六成以上的市民家庭还配备智能家电产品；智能穿戴产品的拥有率接近五成；智能医疗产品和智能安防产品的拥有率均在三成左右（见表6）。

表6 市民家庭智能化产品或设备的拥有情况

单位：%

家庭智能化产品或设备类型	比例
智能学习产品（如电脑/平板等）	77.4
智能家电产品（如扫地机器人、互联网电视等）	63.7
智能穿戴产品（如智能手环/手表、智能眼镜等）	49.8
智能医疗产品（如智能血压计/血糖仪等）	34.1
智能安防产品（如智能监控/门锁等）	29.6
智能家具产品（如智能沙发、智能照明系统等）	12.9

受教育程度越高的受访者家庭，智能学习设备和穿戴设备拥有率越高，尤其是智能学习设备的拥有率差异较大，受教育程度在研究生及以上的市民，智能学习设备拥有率（91.0%）大幅高出受教育程度在小学及以下的市民（48.4%）42.6个百分点（见图1）。从年龄分组来看，年龄越大的市民智能医疗设备拥有率越高，而智能穿戴设备拥有率越低。

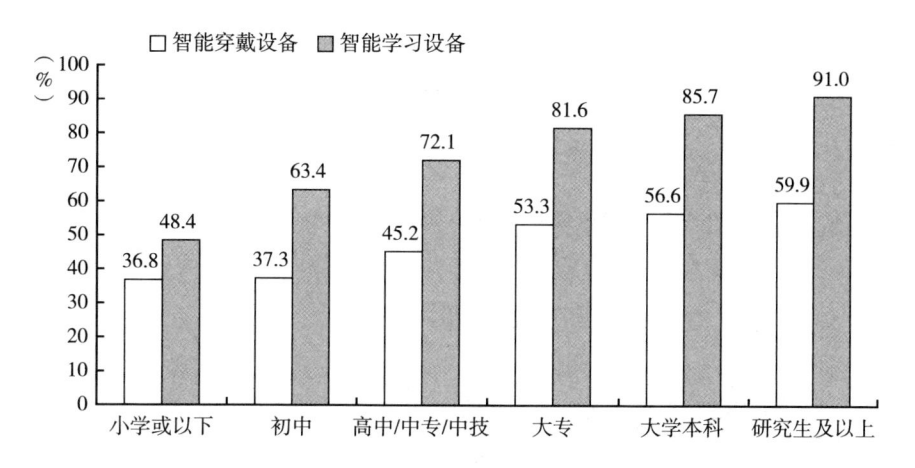

图1 不同受教育程度市民智能穿戴、智能学习设备拥有率

不同受教育程度市民智能穿戴设备和智能学习设备拥有率如下：
- 小学或以下：智能穿戴设备36.8%，智能学习设备48.4%
- 初中：智能穿戴设备37.3%，智能学习设备63.4%
- 高中/中专/中技：智能穿戴设备45.2%，智能学习设备72.1%
- 大专：智能穿戴设备53.3%，智能学习设备81.6%
- 大学本科：智能穿戴设备56.6%，智能学习设备85.7%
- 研究生及以上：智能穿戴设备59.9%，智能学习设备91.0%

2. 市民智能技术应用广泛，不同年龄群体通过智能技术进行"文化娱乐"和"购物就餐"的频率差异较大

智能技术应用已融入市民生活的点滴，调查数据显示，64.9%的调查对象表示"经常"使用购物就餐的智能技术；超五成的调查对象"经常"使用"交通出行"（59.0%）、"就医看病"（57.0%）和"文化娱乐"（50.4%）的智能技术应用；"经常"使用"政务服务"和"学习教育"智能技术应用的调查对象占比均超四成，分别为48.3%和44.3%（见表7）。

表7 市民智能技术应用的使用情况

单位：%

智能技术应用的使用情况	比例				
	经常	偶尔	很少	从不	说不清
购物就餐（手机下单、付款等）	64.9	21.6	8.2	4.4	0.9
交通出行（扫码乘车、叫车、购票等）	59.0	25.6	10.8	3.9	0.7
就医看病（手机挂号、缴费、查询报告等）	57.0	28.2	11.0	3.0	0.8
文化娱乐（网上订票、参观等）	50.4	25.9	14.2	8.2	1.3
政务服务（网上预约、办理事项等）	48.3	30.7	14.9	5.0	1.1
学习教育（网络课堂、网上作业等）	44.3	25.6	15.7	12.5	1.9

分年龄情况来看，普遍而言，年龄大的市民，智能技术应用率更低，其中"文化娱乐"和"购物就餐"差异较大，60岁及以上的市民使用率比18~29岁的市民分别低47.3和40.2个百分点（见图2）。

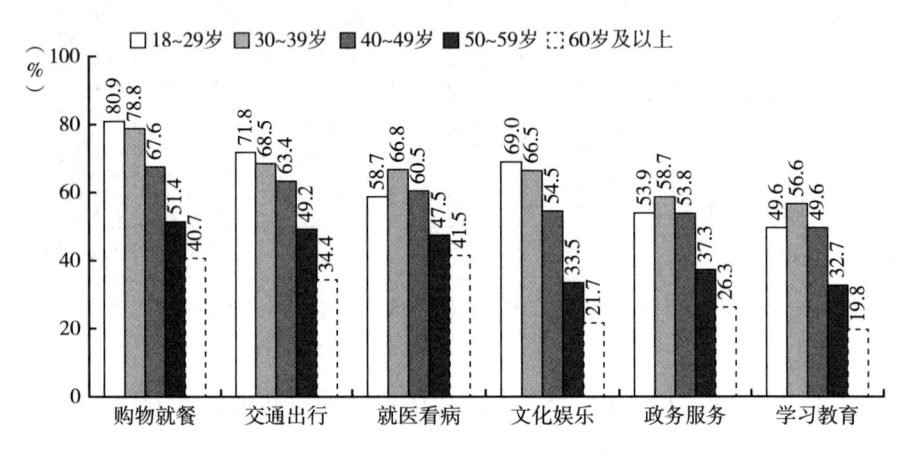

图2　不同年龄市民智能技术应用情况

3. 市民最关注的智能技术应用特质："安全可靠"与"操作简便"

就当前市民在智能技术应用方面的关注点来看，"安全可靠"和"操作简便"最受关注，中选率分别为83.6%和81.5%，远远高于其他方面；"功能明确"（51.4%）、"价格实惠"（41.6%）、"体验良好"（40.9%）和"数据共享"（30.2%）等方面的关注比例各有差异（见图3）。年轻人对智能技术应用更为关注，在列出的7个方面中，18~29岁的市民平均选择3.62个，而60岁及以上的市民平均选择2.99个。

4. 市民体验生物识别技术情况：大部分市民体验过，八成市民认可出台条例对保护个人信息安全的作用

当前，人脸识别、瞳孔识别等生物识别技术应用范围不断扩大，92.7%的调查对象体验过生物识别技术，仅有5.2%的调查对象表示没有体验过，另有1.2%的调查对象选择"说不清"。

为加强个人信息安全保护，广东省出台《广东省社会信用条例》，明确禁止采集疾病、生物识别等自然人信息，83.9%的调查对象认为此举对

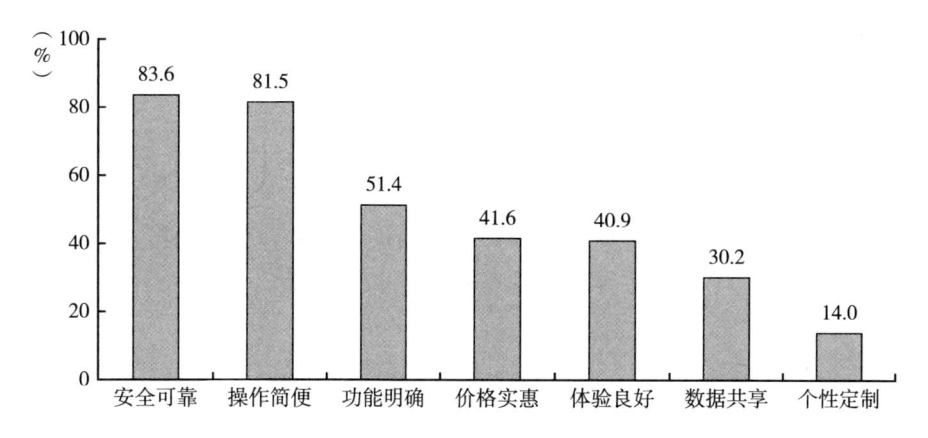

图中数据(柱状图)：
- 安全可靠 83.6
- 操作简便 81.5
- 功能明确 51.4
- 价格实惠 41.6
- 体验良好 40.9
- 数据共享 30.2
- 个性定制 14.0

图3　市民关注的智能技术应用特质

保护个人信息安全有作用（"作用很大"和"作用较大"比例之和，下同），8.9%的调查对象认为"作用不大"，还有1.0%的调查对象表示"没有作用"，另有6.2%的调查对象选择"说不清"。体验过该技术的调查对象表示其有作用的比例为86.1%，高于没有体验过（58.7%）的调查对象27.4个百分点。

（二）"数字鸿沟"集中表现在智能技术操作方面，八成市民认可专项政策对缓解"数字鸿沟"有作用

1."数字"仍有鸿沟：不同年龄、不同受教育程度群体使用难度差异大

调查数据显示，62.2%的市民认为自己在智能技术应用方面没有困难，但仍有22.7%的市民表示自己在智能技术应用方面有困难，另有15.1%的调查对象选择"说不清"。智能技术日新月异，年龄越大、受教育程度越低的人群，在使用过程中遇到的困难越大，其中年龄在60岁及以上和50~59岁的市民在智能技术应用方面有困难的比例分别为46.8%和33.8%，远远高于年龄在18~39岁市民有困难的比例（12.6%），受教育程度在小学及以下的市民有困难的比例（53.6%），也远远高于受教育程度为研究生及以上的市民有困难的比例（8.7%）。

在遇到困难的人群中，反映最为突出的是"操作程序复杂"，占比为

77.7%;"操作指引不清晰"、"缺乏操作培训讲解"和"页面显示不简洁"所占的比例较高,分别为55.7%、40.1%和39.4%;选择"产品或设备反应慢"(28.1%)和"产品或设备频繁更新影响使用"(23.8%)的比例均超两成(见图4)。年龄越大、受教育程度越低的市民,对"操作程序复杂"感受越明显,其中年龄在60岁及以上的市民和受教育程度为小学及以下的市民遇到此类困难的占比分别为83.7%和85.1%。

项目	比例(%)
操作程序复杂	77.7
操作指引不清晰	55.7
缺乏操作培训讲解	40.1
页面显示不简洁	39.4
产品或设备反应慢	28.1
产品或设备频繁更新影响使用	23.8
不同型号设备无法兼容	17.9
产品或设备的质量无保障	13.4

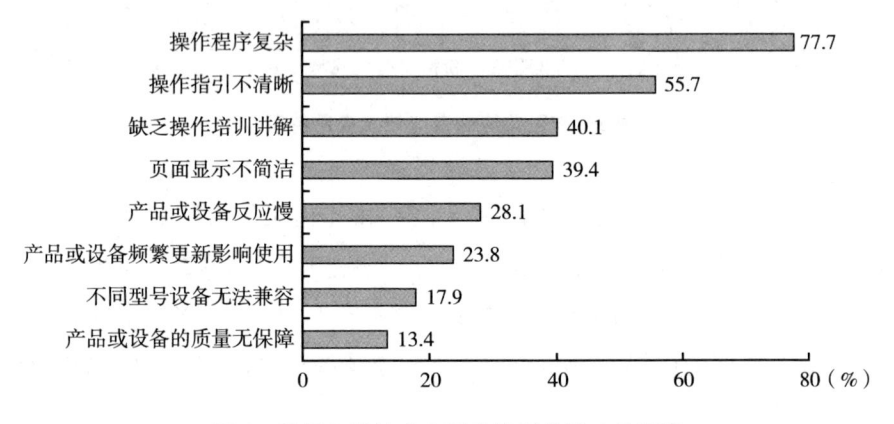

图4 使用智能技术有困难的群体反映的问题

2."数字鸿沟"待跨越:市民认可"创新多种信息读取方式"和"设置服务'专线''专窗''专员'"

为解决特殊群体在智能技术应用方面的困难,市民希望"创新多种信息读取方式(如身份证识别、读取健康码)"和"设置服务'专线''专窗''专员'"的比例最高,分别为67.6%和64.7%;超半数的市民认可"针对特殊人群进行上门服务"和"保留日常传统办事方式",分别为59.6%和51.6%;还有部分调查对象赞同"简化网上操作流程"(49.6%)、"提供详细流程指引"(41.5%)和"鼓励开发针对特殊人群的智能应用"(39.5%)(见图5)。跨越"数字鸿沟",既需要社会关爱,也要靠技术创新,而对于通过技术创新跨越"数字鸿沟",不同年龄和受教育程度的群体认可度差异较大,其中年龄在18~29岁和受教育程度在研究生及以上的市民期待"创新多种信息读取方式"的占比分别为77.1%和78.1%，远远高于年龄在60岁及以上（57.1%）和受教育程度为小学及以下（42.4%）的市民期待技术创新的比例。

措施	比例（%）
创新多种信息读取方式	67.6
设置服务"专线""专窗""专员"	64.7
针对特殊人群进行上门服务	59.6
保留日常传统办事方式	51.6
简化网上操作流程	49.6
提供详细流程指引	41.5
鼓励开发针对特殊人群的智能应用	39.5
加大培训力度	18.1

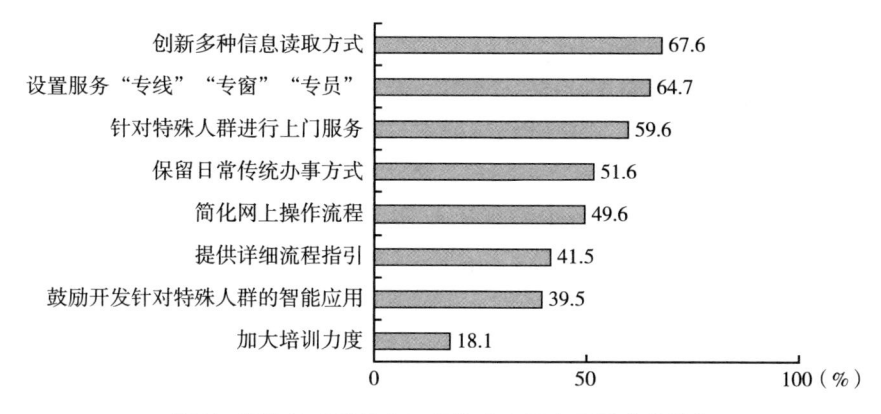

图5　解决特殊群体在智能技术应用方面困难的措施

3. 政策体现温度：八成市民认为出台专项政策对便利老年人日常生活有帮助

为防止智能技术应用给老年人日常生活造成障碍，让老年人感受到城市的温度，广州市出台了不得强制老年人使用智能手机、网络预约等智能技术的政策，得到了市民的普遍认可，81.5%的调查对象认为出台该政策对便利老年人日常生活有帮助（"帮助很大"和"帮助较大"比例之和），12.0%的调查对象认为"帮助不大"，选择"没有帮助"的比例较少，为1.4%，另有5.0%的调查对象表示"说不清"。

（三）九成市民期待智能化改善生活质量，最期盼在医疗卫生和政务服务领域推广应用

1. 智能化改善生活：期待智能化改善生活质量的市民超九成

90.8%的调查对象表示期待通过智能化改善生活质量（"非常期待"和"比较期待"比例之和），表示"不太期待"和"不期待"的比例分别为5.5%和0.8%，另有2.9%的调查对象选择"说不清"。

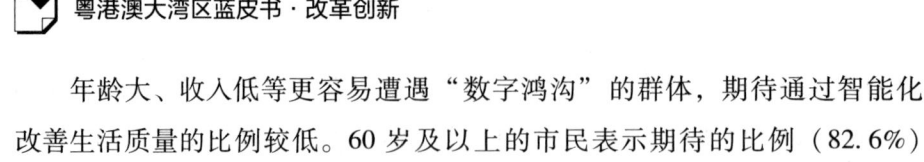

年龄大、收入低等更容易遭遇"数字鸿沟"的群体,期待通过智能化改善生活质量的比例较低。60岁及以上的市民表示期待的比例(82.6%)低于18~29岁的市民(93.4%)和30~39岁的市民(94.8%)期待的比例,而家庭月收入在7000元以下(85.8%)的调查对象表示期待的比例低于家庭月收入在30000元以上(96.2%)10.4个百分点。

2. 智能化带来便利:市民最期盼推动"医疗卫生"和"政务服务"领域的智能技术应用

广州市民认为智能化技术为日常生活带来便利,"医疗卫生"方面智能化便民成效最为明显,71.8%的市民认为该方面智能化方便了日常生活;其次是"政务服务"方面,认可度也接近六成;其他依次为"交通建设"(34.6%)、"学习教育"(31.2%)、"居家生活"(29.4%)、"城市管理"(27.5%)、"文化娱乐"(26.2%)和"生产建设"(3.5%)。

得益于"医疗卫生"和"政务服务"两个领域智能化便民成效明显,未来两年,市民也最期待在这两方面进一步推动智能技术应用,占比分别为69.8%和52.9%;选择"城市管理"的比例超四成,为41.1%;其他依次为"交通建设"(33.0%)、"居家生活"(28.9%)、"学习教育"(28.5%)、"文化娱乐"(17.7%)和"生产建设"(8.7%)(见表8)。

表8 智能化技术应用带来便利以及未来进一步推动应用的情况

单位:%

内容	认为带来便利的市民占比	期待进一步推动应用的市民占比
医疗卫生	71.8	69.8
政务服务	58.3	52.9
交通建设	34.6	33.0
学习教育	31.2	28.5
居家生活	29.4	28.9
城市管理	27.5	41.1
文化娱乐	26.2	17.7
生产建设	3.5	8.7

3. 推动智能技术应用：市民最希望"加强隐私安全保护"、"保障用户权益"和"对智能化产品合理定价"

要推动智能技术应用，六成左右的调查对象看好"加强隐私安全保护"、"保障用户权益"和"合理定价"的作用；半数左右的市民期待"出台激励政策或措施"和"提高智能产品或设备质量"，中选率分别为57.9%和48.0%；三成以上的市民认可"简化产品操作"（33.0%）和"提高产品个性化需求定制水平"（31.1%），还有27.0%的调查对象表示"加大相关产品宣传"会推动其使用智能技术（见图6）。

项目	比例（%）
保障用户权益	60.3
合理定价	60.1
加强隐私安全保护	59.6
出台激励政策或措施	57.9
提高智能产品或设备质量	48.0
简化产品操作	33.0
提高产品个性化需求定制水平	31.1
加大相关产品宣传	27.0

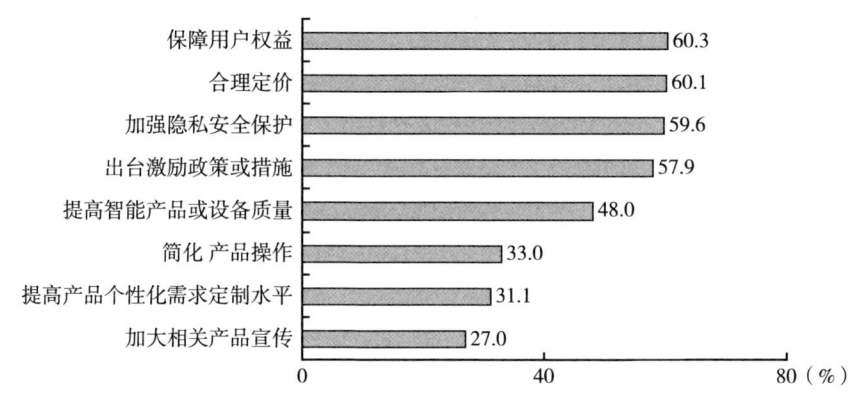

图6 推动市民使用智能技术应用的措施

四 结论与意见建议

（一）主要结论

1. 广州智能化产品和智能技术普及率高。94.6%的广州市民家庭有智能化产品，其中电脑、平板等智能学习产品普及率最高（77.4%）。六成左右市民经常使用智能技术应用进行"购物就餐"（64.9%）、"交通出行"（59.0%）及"就医看病"（57.0%）。

2. 广州市民最关注的智能技术应用特质是"安全可靠"（83.6%）和

"操作简便"（81.5%）。九成广州市民体验过人脸识别等生物识别技术，83.9%的市民认可近期广东省关于禁止采集自然人的生物识别信息规定的作用。

3. 特殊人群面临"数字鸿沟"，操作程序复杂是主要困难，市民对跨越"数字鸿沟"有期待。近半数的60岁及以上的受访者表示在智能技术应用方面有困难，具体表现在"操作程序复杂"（77.7%）。解决"数字鸿沟"问题，广州市民最希望的方式是通过"创新多种信息读取方式"（67.6%）和"设置服务'专线''专窗''专员'"（64.7%）。

4. 广州市民期待智能化改善生活质量。未来，市民最期待进一步推动智能技术在"医疗卫生"（69.8%）领域的应用；希望通过"加强隐私安全保护"（59.6%）、"保障用户权益"（60.3%）和"合理定价"（60.1%）等措施推动智能技术应用。

（二）意见建议

人工智能和数字经济发展是大势所趋，未来智能技术应用领域将不断拓展。结合调查数据来看，当前广州市民生活智能化程度较高，认可和期待智能化产品和技术提升生活品质，但部分人群，尤其是年龄大、受教育程度低的群体一定程度上遭遇着"数字鸿沟"带来的不便。

要有效采取措施消弭"数字鸿沟"，让市民畅享智慧生活：一是鼓励适老化、简易化的智能产品研发和创新。简化产品操作步骤，增加智能技术应用与身份证、交通卡等传统载体的结合，降低智能技术使用门槛。设置"适老化、简易版应用商店"，方便特殊群体下载使用；二是加强智能技术使用培训。在社区志愿活动中融入智能化产品使用教学，同时鼓励社会力量参与特殊群体培训服务，多范围多层次覆盖智能技术教育培训工作，推动智能技术教育培训进街道、进社区、进家门；三是要适当保留线下服务方式。在推动数字化应用的同时，保留人工服务、现金支付、现场就医挂号等传统服务方式，让特殊群体在数字技术面前不再尴尬，深刻感受到城市的温度。

科技创新篇

Science and Technology Innovation

B.23 粤港澳大湾区城市高新技术产业国际竞争力研究

——以广深为例

刘 胜 纪佳敏*

摘 要： 在新发展格局下，高新技术产业成为推动现代城市经济转型升级和高质量发展的重要力量，因而对其如何更好地提升国际竞争力进行系统研究也成了当前学界研究的热点问题。本研究立足粤港澳大湾区建设的情境，以广州、深圳为例，结合其高新技术产业发展现状和现实情况，对其高新技术产业国际竞争力进行比较、分析与评价，进而找出制约粤港澳大湾区城市高新技术产业高质量发展的瓶颈和短板，并据此就下一阶段如何更好地支撑粤港澳大湾区城市的高新技术产业竞争力升级给出针对性的政策含义。

---

* 刘胜，广东外语外贸大学粤港澳大湾区研究院副教授；纪佳敏，广东外语外贸大学经贸学院研究助理。

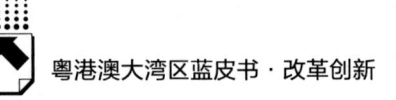

关键词： 粤港澳大湾区　高新技术产业　国际竞争力

一　广深高新技术产业发展现状

广州和深圳的产业结构极为相似，2020年广州三次产业结构比例为1.56∶26.34∶72.51，第三产业占比超过七成，总量规模居全国城市第三；深圳三次产业结构比例为0.1∶37.8∶62.10。近年来，广州和深圳的第一产业占比变化不大，第三产业占比上升伴随着第二产业占比的下降，二者均是有着雄厚的工业基础，以服务业为主导的城市。

创新是广州高质量发展的强大动能。图1显示，广州规模以上工业高新技术产业总产值稳步上升，由2010年的5328亿元增长到2020年的9499亿元，占规模以上工业总产值的比重提高到46.77%，为广州市经济高质量发展提供强有力的动力和支撑，表明广州市高新技术产业发展态势良好，科技发展资金充足，规模不断扩大，实力不断增强。

创新是深圳经济发展的动力源泉，高新技术产业已逐渐成为深圳的第一大支柱产业和第一经济增长点。高新技术产业是深圳第二产业的第一推动力，2019年深圳实现高新技术产业总产值达26277.98亿元，同比增长10.08%。从图2来看，高新技术产品增加值从2010年的3058.85亿元增长至2020年的9747亿元，占GDP比重为35.23%，由此表明，深圳高新技术产业保持快速增长，对产业发展的贡献很大。

（一）高新技术产业研发投入与产出现状

一是企业R&D经费投入逐年增加。2020年广州和深圳分别达到了774.84亿元和1510.81亿元，居于广东省第二和第一的水平，同比增长了14.33%和13.74%。二是参与R&D人员和规模以上工业有R&D活动的企业个数也在逐步增加。R&D人员是科技创新资源的核心，广州和深圳投入R&D活动的科技

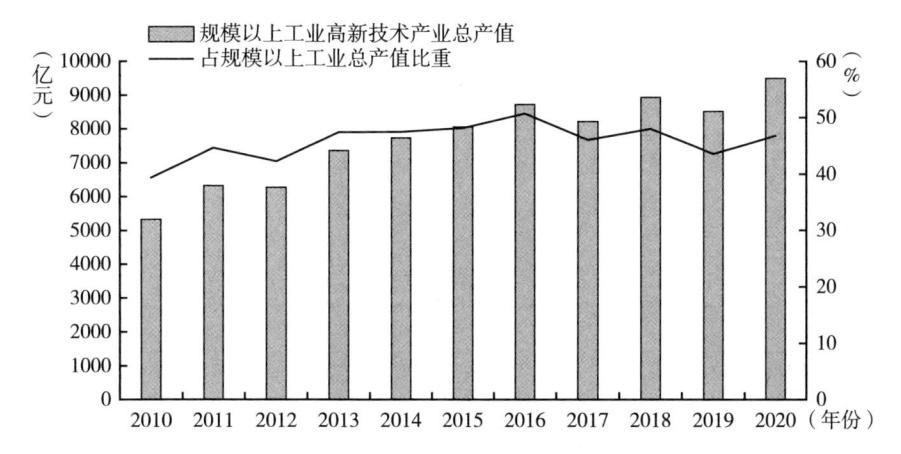

图1 2010~2020年广州规模以上工业高新技术产业总产值及其比重

数据来源：《广州市统计年鉴2021》。

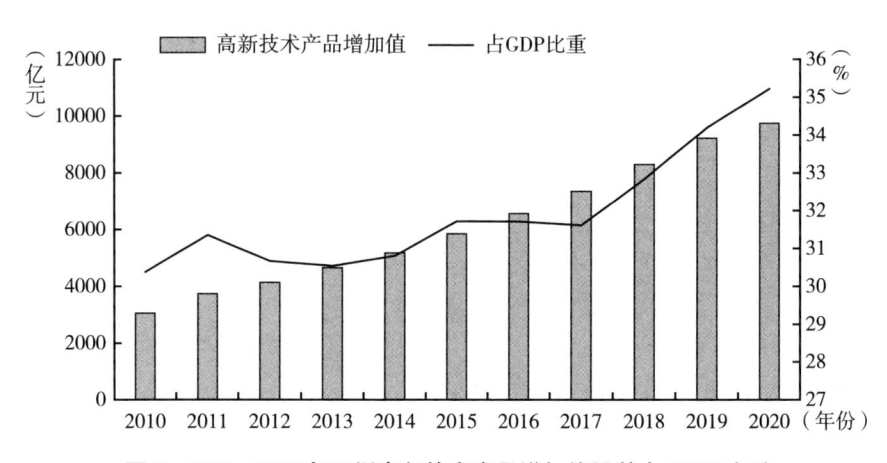

图2 2010~2020年深圳高新技术产品增加值及其占GDP比重

数据来源：《深圳市统计年鉴2021》。

人员明显增加，到2020年分别达到23.93万人和42.85万人。2018年广州和深圳的企业个数均有所减少，但是R&D产出情况仍然可观。三是研发强度稳定上升。研发强度即全社会R&D经费投入占地方生产总值的比重，是体现科技投入力度的重要指标。2015~2020年，广州的研发强度从2.10%上升至3.10%，深圳的研发强度从3.97%上升至5.46%，并且深圳的研发强度居广东省之首，高于平均水平的 2.32%。四是专利申请量和专利授权量稳步上升。广州和深圳的专利授权量在 2020 年分别达到了 155835 个和 222412 个，同比增长了 48.68% 和 33.49%（见表 1）。此外，深圳研发成果转化力度增强，2020 年实现新产品销售收入 14871.74 亿元，同比增长 1.45%。

表 1　2015~2020 年广州和深圳研发投入与产出各项指标

城市	指标	2015 年	2016 年	2017 年	2018 年	2019 年	2020 年
广州	R&D 经费投入（亿元）	380.13	457.46	532.41	600.17	677.74	774.84
	R&D 人员（万人）	16.57	16.27	19.57	20.36	22.9	23.93
	规模以上工业有 R&D 活动企业数（个）	1338	1738	2122	1865	2349	2769
	研发强度（%）	2.10	2.31	2.48	2.63	2.87	3.10
	专利授权量（个）	39834	48313	60201	89826	104813	155835
深圳	R&D 经费投入（亿元）	732.39	842.97	976.94	1163.54	1328.28	1510.81
	R&D 人员（万人）	20.63	23.39	28.14	35.66	37.79	42.85
	规模以上工业有 R&D 活动企业数（个）	1304	2117	3507	3489	4987	5893
	研发强度（%）	3.97	4.08	4.20	4.61	4.92	5.46
	专利授权量（个）	72120	75043	94250	140202	166609	222412

数据来源：《广州统计年鉴 2021》《深圳统计年鉴 2021》。

（二）高新技术产品进出口现状

从进口来看，近年来广州高新技术产品进口增速显著上升，并且高新技术进口产品主要集中在医药制造、运输设备制造和化学品制造等重点行业，而到了 2020 年增速明显下降，与 2019 年相比减少了 27.80% 的产品进口；高新技术产品进口占总进口的比重一直在 28% 左右波动，2019 年高达 32%，而 2020 年随着进口增速减缓，占总进口比重下降至 26%。深圳高新技术产品进口增速逐渐下降，表明对高新技术产品进口的依赖正在逐渐减弱；2020 年高新技术产品进口占总进口比例约为 50%，反映出在很多高新技术产品产出方面仍离不开国外的技术资源。

从出口来看，广州高新技术产品出口增速呈下滑趋势，说明广州在高新技术出口上仍不具有足够的竞争优势；高新技术产品出口占总出口比重也同样在下滑，说明广州的高新技术产业结构和转型升级还有待进一步调整，在技术创新方面仍要稳抓发展。深圳高新技术产品出口增速有一定的波动，表明在国际形势复杂的环境下，其产品优势还不够突出；而出口占总出口比例在2020年高达72%，说明深圳的高新技术产业发展规模有一定实力，其研发投入增加有一定的正向反馈作用，技术创新效果正在显著体现（见表2）。

表2 2015~2020年广州和深圳高新技术产品进出口情况

单位：%

年份	广州				深圳			
	高新技术产品进口增速	高新技术产品出口增速	高新技术产品进口占总进口比例	高新技术产品出口占总出口比例	高新技术产品进口增速	高新技术产品出口增速	高新技术产品进口占总进口比例	高新技术产品出口占总出口比例
2015	4.86	5.75	28.8026	16.9701	2.73	2.63	43.1416	78.6563
2016	-3.65	8.73	26.8439	18.0070	-6.86	-13.39	44.6657	75.5431
2017	18.28	6.92	27.3741	17.1467	7.02	-6.04	46.4703	67.2614
2018	10.87	-13.06	28.3219	15.3981	26.94	9.11	58.5860	59.9974
2019	25.54	-3.57	31.5174	15.8336	-7.94	-5.97	54.8087	61.8756
2020	-27.80	-6.31	26.2683	14.3839	-7.98	19.69	49.7786	71.7315

数据来源：《广州市统计年鉴2021》《广州市统计公报2021》《深圳市统计年鉴2021》。

二 广深高新技术产业发展存在的问题

广州和深圳作为广东省内两座最具有创新活力的城市，高新技术产业发展水平高、规模大，但也应客观地看到，在复杂的国内外形势下，随着《粤港澳大湾区发展规划纲要》的实施和当前日趋激烈的竞争环境，广州和深圳在推动高新技术产业高质量发展和提升产业国际竞争力方面仍存在不少问题。具体分析如下。

（一）高新技术产业增长缓慢，内部发展不平衡

在大力发展高新技术产业的进程中，广州累计认定的高新技术企业有11610家，它们大多都集中于大数据、云计算和智能制造等领域，然而多数高新技术企业规模较小，技术水平较低，自主创新能力较弱，使得高新技术产品生产受限，产业发展增长缓慢，并且大部分企业都生产低附加值的高新技术产品，缺乏关键核心技术，科技成果转化率低。深圳已形成了以电子信息行业为主导的高新技术产业，其中部分行业也同样存在以上问题。深圳始终将电子信息行业作为创新发展的重点，集聚了华为、中兴通讯、腾讯和长城计算机等电子信息百强企业，但是多数小微企业仍处于中低技术行列，还集中在信息化和自动化升级阶段。近年来，广州规模以上工业产值有所下降，2020年增速为3.86%，其中高新技术制造业增加值同比增长从2019年的21%减少至2020年的6.30%；深圳规模以上工业增加值增速也有所减缓，其中高新技术产业增加值增速从2018年的12.73%逐渐下降，到2020年下降至5.59%，高新技术制造业增加值同比增长从2019年的5.90%降到2020年的2.30%。

从产业结构看，广州高新技术产业主要集中在电子及通信设备制造业，占高新技术产业总产值比重达66.73%，医药制造业以13.82%的占比仅随其后，而六大行业中排在最后的航天航空及设备制造业仅占1.14%。深圳工业总产值主要集中于计算机、通信和其他电子设备制造业，占比高达61.36%，电子信息产业发展迅猛，可见高新技术产业过于集中在电子行业，如果不改变行业集中现状，优化产业结构，将不利于其他产业向高新技术发展，尤其不利于传统产业的转型升级。

从区域分布看，广州黄埔区的高新技术产业总产值占比高达70.49%，具有极大的高新技术产业发展优势，而其他十个区中最少的仅有0.01%，这种地域分布上的高度集中将减弱其他区发展高技术产业的优势，不利于其他区的高新技术产业发展，也不利于城市全面协调发展。深圳高新技术产业的重点发展区域主要集中在南山区、福田区和龙岗区，这些区有着得天独厚

的发展优势，通过加大科技投入和配套设施建设，建立高新科技园区，实施以创新为主要引领的发展战略，能够为高新技术产业发展提供强有力的动能。高新技术产业对经济发展起着重要作用，但现阶段仍存在行业规模差距大，地域分布不均，区域间协调能力差等问题，对高新技术产业的进一步发展产生阻力。

（二）高新技术产业服务化水平欠佳

高新技术产业服务化是推动经济发展的重要力量，是提高综合国力和增强国际竞争力的重要途径。广州高新技术产业在工业上稳步发展，而在服务业中进程缓慢，并且还有衰减的趋势，2019年和2020年规模以上服务业产品销售收入占高新技术产业总额的比例还不到10%。除此之外，由于新冠肺炎疫情影响，规模以上服务业企业中的高新技术企业在2020年有所减少（见表3）。规模以上服务业高新技术企业以中小企业为主，均面临着高新技术产业服务化水平低、技术人才短缺、缺少龙头企业引领以及产品技术含量低和附加值低等问题。广州高新技术产业发展速度较快，目前大多数高新技术都集中于第二产业，已经形成了以高新技术产业为主导的工业格局。虽然高新技术产业服务化规模有上升趋势，但是其发展还面临一定的阻力，如对高新技术服务化不够重视、生产性服务业存在短板、创新能力匮乏、缺乏高端人才、产业支撑不足。深圳的服务业规模巨大，但与其他城市相比，仍落后于北京、广州、上海等地，高新技术产业虽然是深圳的支柱产业，但是高新技术产业服务化进程缓慢，在推进高新技术企业实现数字化升级上还存在一定的阻碍。

表3 广州规模以上工业和服务业高新技术企业各项指标

各项指标		2015年	2019年	2020年
工业	企业数（个）	953	1928	2176
	产品数（个）	2381	6407	6676
	总产值（万元）	80525200	85198518	94993365
	产品销售收入（万元）	74387696	82890377	94376600

续表

各项指标		2015年	2019年	2020年
服务业	企业数（个）	461	961	858
	产品数（个）	1617	3419	3017
	总产值（万元）	3081611	—	—
	产品销售收入（万元）	3049038	9584425	8468289

数据来源：《广州市统计年鉴2021》。

（三）高新技术产业研发投入不足

广州市政府和深圳市政府对企业研发投入极为重视，鼓励企业持续加大研发经费投入并给予补助措施，不断加大科研资金投入，提高财政科技专项经费投入。尽管研发投入力度持续加大，但是在发展高新技术产业上还存在一些短板，创新驱动能力并未显著发挥作用。第一，企业研发投入对技术创新产出没有显著促进作用，也不会对其成长能力产生显著影响，但能提高企业的盈利能力。因此，对于提高企业产品的国际竞争力影响微弱。技术创新重点在于企业自身发展要合理运用资源配置，提高投入产出效率。同时，政府补助对企业研发行为虽然有一定的促进效果，但还需要避免企业搭便车行为，将补助等同于其他非研发行为。第二，高新技术产业是以高新技术为基础，其中关键技术开发难度大，企业获得高效益的同时也面临着高风险，易造成研发投入回报率低。第三，高新技术企业的数量在稳步上升，但中小型企业的技术水平普遍低下，大多数高新技术垄断在大型企业手中，研发投入严重不足，无法有效促进产业间协同发展。

在表4和表5中，R&D经费投入方面，深圳2020年达到1500多亿元，居广东省第一，广州以774.84亿元仅随其后；研发强度方面，深圳仍以5.46%的高比例居省内第一，而广州研发强度还不到全省3.14%的平均水平。与其他高新技术产业密集区相比，如长江三角洲地区的上海、江苏、浙江和环渤海地区的北京、天津，反映出广州和深圳研发经费投入不足，科研资金匮乏，攻克核心技术难等问题。除此之外，研发投入方面的不平衡也制约着研发产出的效率。

R&D 经费投入按活动类型分为基础研究、应用研究和试验发展三类，如表6所示，广州和深圳均存在基础研究投入不足，不重视基础研究的问题，把更多经费用于应用研究和试验发展。基础研究经费投入严重不足，企业原创能力薄弱，缺乏基础型研究人才，广州和深圳以高质量技术和高质量创新推动产业结构转型升级，引领广东省经济发展，却只体现在技术创新量的发展，这无法推进科技创新能力实现质的飞跃，对长期高新技术产业的发展有不利影响。

表4 2020年广东省部分城市 R&D 经费投入与研发强度

地区	R&D 经费投入（亿元）	研发强度（%）
全省	3479.88	3.14
广州	774.84	3.10
深圳	1510.81	5.46
珠海	113.52	3.26
佛山	288.56	2.67
惠州	126.52	3.00
东莞	342.09	3.54
中山	73.97	2.35
江门	78.57	2.45
肇庆	24.94	1.08

数据来源：2020年《广东省国民经济与社会发展统计公报》。

表5 部分省份和城市的 R&D 经费投入与研发强度

地区	2016年		2020年	
	R&D 经费投入（亿元）	研发强度（%）	R&D 经费投入（亿元）	研发强度（%）
广州	457.46	2.31	774.84	3.10
深圳	842.97	4.08	1510.81	5.46
上海	1049.32	3.51	1600.00	4.10

续表

地区	2016年		2020年	
	R&D经费投入（亿元）	研发强度（%）	R&D经费投入（亿元）	研发强度（%）
浙江	1130.63	2.39	1858.59	2.88
江苏	2026.87	2.62	3005.93	2.93
北京	1484.60	5.49	2326.60	6.44
天津	537.32	4.68	485.01	3.44

数据来源：各省份与城市统计年鉴。

表6 广州和深圳研发经费投入按活动类型分

	广州		深圳	
	2019年	2020年	2019年	2020年
基础研究（万元）	941610	1099800	343968	728909
应用研究（万元）	1091120	1117400	1008391	1589940
试验发展（万元）	4742880	5530200	11930470	12789238

数据来源：《2020年广州市主要科技活动情况公报》《深圳市统计年鉴2021》。

（四）高新技术产品竞争力较弱

表7的数据显示，从2017年起，广州高新技术产品进出口贸易一直处于逆差的形势，进口额呈现缓慢增长趋势，出口却一直呈现下降趋势，2020年进口额和出口额均出现大幅度下滑，导致进出口总额比2019年减少了468亿元，总额接近2016年的水平。深圳高新技术产品进出口总额相比广州明显更多，有更大的竞争优势。近年来，深圳高新技术产品进出口总额缓慢上升，2019年有小幅度下降，2020年达到2623.45亿美元，由逆差转为顺差。从贸易竞争优势指数来看，近些年来广州高新技术产品贸易竞争指数基本为负数，深圳高新技术产品贸易竞争指数在正数和负数间波动，2020年广州和深圳竞争指数分别为-16.09%和6.91%，说明广州国际竞争力处于微弱竞争劣势，深圳存在微弱优势。

自改革开放以来,经过不断的资本和技术积累,广州高新技术产业已形成了一定的规模,但诸如企业规模偏小、产业集聚度低、企业发展环境受限等问题亟待解决。深圳作为我国经济国际化程度最高的城市之一,形成了外向型经济发展模式,积累了雄厚的资本,但是在出口方面,尤其是高新技术产品的出口仍存在诸多不足。高新技术产品出口结构不合理,过于依赖电子信息产品,其他产品在出口中还处于比较弱势的地位;企业出口的大部分高新技术产品科技含量和附加值较低,技术依赖性强,基本上都是以价格优势获取利润,不利于高新技术产业的转型升级。总体上,广州和深圳高新技术产品的国际竞争力较弱,由于没有核心技术的支撑,自主创新能力差,在高新技术产品对外贸易方面还有待提高。

表7 2016~2020年广州和深圳高新技术产品进出口情况

年份	广州				深圳			
	进出口总额(亿元)	进口额(亿元)	出口额(亿元)	竞争指数(%)	进出口总额(亿美元)	进口额(亿美元)	出口额(亿美元)	竞争指数(%)
2016	1836.87	907.93	928.94	1.14	2276.45	1061.02	1215.43	6.78
2017	2067.12	1073.91	993.21	-3.90	2277.56	1135.54	1142.02	0.28
2018	2054.13	1190.68	863.45	-15.93	2687.53	1441.46	1246.07	-7.27
2019	2327.36	1494.77	832.59	-28.45	2498.67	1327.05	1171.62	-6.22
2020	1859.34	1079.25	780.09	-16.09	2623.45	1221.12	1402.33	6.91

数据来源:2016~2020年《广州市国民经济与社会发展统计公报》和《深圳统计年鉴2021》。

(五)高新技术产业双循环格局未形成

当前,广州和深圳高新技术产业的发展仍面临诸多挑战,从高新技术产业整体发展水平来看,还没有发展出核心技术、核心品牌,自身竞争力很大程度上仍依赖低成本优势。在国内国际双循环中,"卡脖子"问题是关键,近年来发达国家凭借技术创新优势,垄断大量高新技术成果,拥有大量高新技术产品和高端人才。面对严峻复杂的国际形势,高新技术产业链和供应链

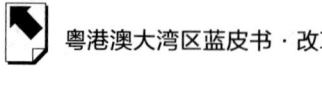

暴露出许多弊端，在如何补齐短板和未来发展方面，广州和深圳的高新技术产业仍将面临很大的挑战。

三 提升广深高新技术产业国际竞争力的对策建议

（一）以创新为动力推进产业平稳发展

在新时代经济高质量发展阶段，广州和深圳应依托高新技术产业园区和平台，集聚更多优质创新资源，深入推进广深科技创新走廊建设，利用"一廊十核多节点"的创新发展格局，携手粤港澳大湾区城市形成协同创新体系，加快建设面向全球的国际创新园区。

广州依托产业政策和园区建设，拥有良好的创新资源和创新环境，如开发区作为比较先进的现代综合经济园区，实行"五区合一"的管理体制，有效地实现了政策资源的整合；高新区知识密集，人才荟萃，形成了"一区多园"的新格局，其中还有省重点发展的广州科学城。整合广州乃至大湾区创新资源，形成"一核、一廊、三翼、多极驱动"产业布局，通过构建一体化创新体系，培育多功能创新平台和节点，提升各区各园协同创新发展能力，加强产学研资源结合，促进科技链与产业链融合发展，进一步实现高新区、经济技术开发区、知识城联动发展，探索创新发展新模式，促进区域间经济资源共享、合作互补，使创新资源效用最大化，提供更优质的创新发展环境。深圳在创新资源和环境上的优势远大于广州，为了进一步扩大和增强深圳高新技术产业规模和产品国际竞争力，应抓住粤港澳大湾区建设的重要机遇，深化粤港澳创新合作，在"双区驱动"下，充分利用深圳经济特区的技术、政策等资源，衔接好地方市场、国内市场与国际市场在产业链上下端的重要地位，衔接好高等院校、科研机构、企业等在创新链和产业链相关环节发挥的重要作用，以技术创新能力的提升促进重要产业迈向全球价值链中高端，推进科技创新实现量的提升和质的飞跃。

此外，广州和深圳各行政区在自身创新发展时，应结合地方特有传统产业和传统品牌，融合高新技术产业，协调各区发展，缩小产业差距、技术水平差距，积极以科技创新为动力，发挥区域发展潜力，推进高新技术企业规模化，培育自己的"独角兽"企业。如海珠区在推进琶洲互联网创新集聚区开发建设时，应注重协调周边各区联动，主动链接国际市场，发挥主导产业和技术优势，推动高新技术产业集聚，优化高新技术产业集聚的管理体制机制。

广州和深圳作为广东省乃至全国引领科技创新的重要城市，应加强关键核心技术攻关，极力突破产业高端化发展中的"卡脖子"问题，把握新一轮科技革命、"互联网+"和创新驱动发展战略等重大机遇，推进产业结构优化和升级，在重点领域展开技术开发和产业化示范。

同时，为了进一步提升技术创新水平，应协调好高新技术产业集聚与高新技术人才需求的关系，为高新技术企业发展提供优质的环境，鼓励高新技术企业增加技术创新的研发投入并给予财政补贴，推进高新技术企业规模化，打造先进世界级产业集群；加大创新人才培养，加强人才引进和激励政策，持续完善配套政策和优化人才政策。在高质量发展阶段，广州和深圳要敢于竞争与合作，善于竞争与合作，提高市场地位，立足于国内国外市场，实现高新技术产业平稳发展，提升高新技术产业国际竞争力。

（二）推进产业融合驱动高新技术产业服务化发展

"十四五"规划明确提出"提高服务效率和服务品质，构建优质高效、结构优化、竞争力强的服务产业新体系"。面对广州和深圳高新技术产业服务化水平欠佳与整体产业服务化水平不足的问题，推动高新技术产业与服务业融合，通过数字技术赋能高新技术产业的服务化发展，对于实现高质量发展、完善现代产业体系具有重要意义。

1. 促进服务理念融入高新技术产业

完善服务业领域的体制机制，尤其是生产性服务业的金融服务、科技研发服务、标准服务、公共服务等。第一，形成较为完整的科技创新投融资体系，强化科技金融"创、投、贷、融"服务链。第二，推动企业研发机构建立，推进创新载体和平台等建设，强化科技服务支撑。第三，构建新型标准体系，提升产业标准创新能力，充分发挥标准化在基础保障、创新驱动和技术引领等领域的作用。第四，推动"互联网+"高新技术，构建更多的服务平台。加大高新技术企业服务投入，降低高新技术产业服务化成本，构建高新技术产业在上游和下游各环节服务化的产业服务链，强调服务业的核心地位，夯实技术基础，增强技术创新在服务化过程中的动力提升，实现高新技术产业服务化。

2. 培育高新技术企业服务化平台

为高新技术企业发展提供专业的服务化平台，通过服务化平台，为企业发展提供科技服务支撑，连接高新技术研发的产业链。由政府牵头继续深化建设面向科技型中小微企业的公共创新服务平台，探索建设集技术研发、成果转化及孵化、人才培养与引进等功能于一体的开放式创新型科研实体和公共服务平台，以产学研一体的创新孵化服务和人才引培机制，吸引高端人才和团队扎根。以"产业+互联网+金融资本"为核心构建全球性平台，积极搭建境外投资一站式综合服务平台，形成面向全球的贸易、生产、服务和投融资网络，让企业走得出、走得好、走得稳。

3. 数字化渗透高新技术产业服务化发展新模式

构建数字经济发展新格局，着力探索数字技术赋能高新技术产业与高新技术产业服务化融合发展的新路径，广州和深圳应以"互联网+产业"为主，推动产业数字化和数字产业化。第一，加快推进5G、大数据中心、人工智能等信息基础设施建设，推进工业园区信息基础设备改造提升。第二，大力发展数字经济背景下新一代信息技术与现代信息服务业，为高新技术产业提供数字化保障和服务保障。第三，促进数字化、网络化、智能化技术在各行各业各领域的应用，推动高新技术产业数字化发展，营造数字经济营商环境，大力支持数字经济领域创新创业创造、发展壮大数字经济市场主体等举措。

（三）合理配置研发投入提高技术创新成果转化效率

研发投入是持续提升企业技术创新能力从而增强核心竞争力的重要源

泉，是高新技术企业持续发展的后劲动力。广州和深圳当前研发投入稳步增加，研发强度进一步增强，但与其他经济高度开放地区的城市甚至是发达国家的城市相比，广州和深圳的研发投入效益仍有待进一步提高。

第一，企业是科技创新主体。应鼓励规模以下企业加大研发投入，提升技术水平，利用技术创新成果实现营业收入增加；激励规模以上企业建立研发机构，合理利用研发费用，积极与高校、科研机构等开展创新项目，提高科研成果转化效率，从而扩大高新技术企业规模，迸发出创新激情和市场活力。加强国有企业在科技研发上的投入，发挥国有企业在国民经济中的引领作用。

第二，稳定高校的研发投入，充分发挥高等院校的基础研究投入作用，减轻初期的研发费用负担，提供良好的教学设备与创新环境，创造有利于人才培养的环境，注重基础型人才的培养计划，加强专业科目的基础教育，稳抓基础应用投入加以试验，提升社会知识的储备，培养更多国内高尖精人才。

第三，科研机构应合理配置研发过程的资金投入和人员投入，吸引国内高尖精人才和引进国外高端人才相结合，增加人力资本优势，建立特有目的的核心团队、攻坚核心技术。建立新型研发机构，坚持以政府投入为主、社会多渠道投入的机制，加大基础研究方面的投入。

第四，政府作为创新资源的调控主体，应提高财政科技创新支出，制定中长期研发投入计划与目标，定期检验研发产出成果；稳抓中小型企业创新发展，加大扶持力度，同时巩固大型企业地位，打造推进区域经济发展的自主创新品牌；监管各研发主体的实际研发活动，防止部分主体缺乏创新激情，滥用研发经费等。

第五，加强产学研结合，发挥各主体的优势，利用各主体拥有的资源，合作互补，为技术创新提供多元化的发展途径，提高技术成果的转化效率。以企业为主，高校和科研机构为辅，突破关键核心的民用技术；以国家重点研发机构为主，突破关键核心的国家发展重点技术。政府在连接产业、教育、企业等中微观主体上发挥调控作用，在制定技术创新相关政策和加强技术创新上具有宏观调控地位，对推进产学研深入合作有着不容忽视的核心作用。同时，用户在创新进程中具有的特殊地位也在进一步凸显。因此，以"产学研"为基础，进一步促进"政产学研用"相互结合，紧密联系各个创新主体，争取不让任何一部分创新技术环节脱节。

（四）打造优质产品与品牌，培养竞争优势

1. 技术改造产品品质，提高产品价值

虽然在某些领域广州和深圳已经做到世界顶级，但是高新技术产业大部分产品附加值低，缺乏创新技术，现有的产品大多以价格优势制胜，一直以来，这都是发展的一大痛点。广州在高新技术产业的国际市场上还不具有明显优势的地位，因此首先，应以价格优势为支撑，实现高新技术产品的效益。其次，大力发展加工贸易，利用劳动力资源充分发挥比较优势。再次，培养重点高新技术产品的竞争优势，着重于重点产品的技术创新，实现产品多样化、差异化，赋予产品更多元化的价值。最后，推陈出新，及时提高产品更新迭代的效率，巩固原有市场的同时开拓新的市场，吸引更多客户，增强产品的国际竞争力。深圳的技术创新能力不仅在全国具有优势，在全球也有一定的优势，但是深圳在高新技术产品的进出口领域仍然有待加强。首先，创新作为发展的第一动力，深圳必须把握时代机遇，做好产品整体品质提升，从产品入手，由内而外建立更大的比较优势，以创新革新产品，在技术上和成本上都要有进一步的改善，加速产品改造升级，使产品更加符合市场需求和客户的多元化需求，这都需要以技术为保障支撑。其次，积极调整高新技术企业产品出口结构。深圳出口贸易结构不平衡，导致过于集中在某一领域的企业，不利于提高产品的国际竞争力，要注重培养更多高新技术领域的多样化产品，增强企业应对国内外市场变化风险的能力。最后，攻关关键核心技术，研究独有专利，以垄断性技术的产品争占国际市场，增强国际竞争力。

2. 加大知识产权保护力度

加大对高新技术研发成果的保护力度，制定相应的知识产权奖惩制度，对有科研成果的企业或个人加以奖励，激活创新热情，同时高额的专利支付

费用在一定程度上也有利于促进企业自主创新,提高原始创新能力。

3. 提升企业的国际竞争力,打造知名品牌

广州和深圳尽管高新技术企业规模庞大,但是许多企业还处于中小型阶段,为了解决中小型企业发展困难的问题,不仅企业本身要付出努力,政府和市场都要进行一定的干预。首先,为高新技术企业提供投融资的便利通道,健全投融资体制机制,竭力解决企业资金短缺问题,加快中小型企业的规模化发展,加入国际市场竞争。其次,增强营销能力和品牌观念,融合广州和深圳的地区发展特色,定位目标市场,增强营销能力,建立个性化品牌,通过加强区域合作提高自身地位,增强在国内市场中的地位,进而提高在国际市场上的竞争力。最后,政府对中小型企业的发展加大扶持力度,完善创新激励机制和人才激励机制,确保人才资源能够满足企业的创新需求。

(五)以双循环战略打造高质量合作先行区

助力高新技术产业发展,广州和深圳既要对内发挥产业集聚效应,对外发挥窗口作用,还要在任何生产模式下贯彻新发展理念,坚持"走出去"和"引进来"相结合,持续加大对外开放力度,把握在国内市场的重要战略地位,深入连接国内外产业链、创新链和价值链,将高标准高价值的高新产品与技术带向国际市场,提升广州和深圳高新技术产业的区域核心竞争力。

1. 以各区产业集群推动区域产业差异化发展

广州和深圳应做好各区的战略发展定位及方向侧重,引导各区的特色产业发展,激发各区的发展潜力,通过各区的产业辐射作用,促进广州和深圳高新技术产业的良性发展。例如,广州黄埔区主要定位于信息技术领域,重点发展电子信息和生物医药等;海珠区主要定位于创新与生态文化发展,重点发展科技服务、人工智能等;荔湾区重点定位于服务型制造,重点发展科技服务、电子商务、现代物流等;花都区主要在新能源、新材料领域加大投入,作为重点战略产业发展;等等。深圳南山区重点发展通信、电子、软件、医疗器械、生物医药等领域;福田区以创新型发展为主,重点发展电子信息行业;龙岗以现代物流和先进制造业为主;光明区重点发展新能源;等等。

2. 加强广州和深圳高新技术产业集聚区与大湾区其他城市的深度合作

广州和深圳应主动融入开放性、区域性的协同创新体系建设，积极服务于国家发展战略，推进建设国家科技创新载体。广州和深圳携手大湾区城市共建特别合作示范区，加强广州-深圳双核驱动，完善产业协同发展机制，强化双方龙头企业合作，推进两市产业共赢发展。广州应发挥与大湾区城市的合作优势，更加主动地对接其他城市的技术创新资源，充分发挥广州在创新合作方面的重要作用，积极参与在各个产业项目和社会发展中的合作。如广州与香港共建的粤港深度合作区，广州和佛山共建的广佛合作试验区，还有与深圳、东莞等市共建珠江东岸高端电子信息制造产业带，与佛山、珠海、中山等市共建珠江西岸先进装备制造产业带。深圳在粤港澳大湾区的协同发展中，应利用其在世界经济发展中具有的一定地位，结合国内国外创新资源，带动大湾区城市合作共赢。

参考文献

[1] 王韵霏、隋艳颖：《广东高新技术产业发展现状、问题和对策》，《科技创新发展战略研究》2020年第4期。

[2] 刘胜、李文秀、陈秀英：《生产性服务业与制造业协同集聚对企业创新的影响》，《广东财经大学学报》2019年第3期。

[3] 孙超、王燕：《高新技术产业与生产性服务业协同集聚对区域创新效率的影响》，《科技管理研究》2020年第22期。

[4] 朱兰亭、杨蓉：《研发投入、技术创新产出与企业国际竞争力——基于我国高新技术企业的实证研究》，《云南财经大学学报》2019年第7期。

[5] 杜勇、鄢波、陈建英：《研发投入对高新技术企业经营绩效的影响研究》，《科技进步与对策》2014年第2期。

[6] 姬会英、陈奕诺：《深圳市高新技术产品出口问题及对策研究》，《当代经济》2021年第1期。

[7] 张馨月、刘钊：《深圳市高新技术企业出口贸易发展问题及对策研究》，《营销界》2020年第35期。

B.24
粤港澳大湾区背景下中山市东部环湾创新发展带建设研究

中山市经济研究院课题组*

摘　要： 高水平建设中山市东部环湾创新发展带，对于中山市实施"东承"战略，坚定不移推动城市环湾布局向东发展、奋力实现广东省委赋予的"三个定位"意义重大。本文明确了粤港澳大湾区背景下中山市东部环湾创新发展带建设的内涵和意义，分析了中山市东部环湾创新发展带建设基础和存在的问题，在借鉴国内外典型产业创新带建设经验的基础上，提出粤港澳大湾区背景下中山市东部环湾创新发展带建设的战略思路、空间布局和若干建议，为中山市加快打造粤港澳大湾区国际科技创新中心重要承载区和科技成果转化基地提供有力支撑。

关键词： 粤港澳大湾区　环湾创新发展带　中山市

《中山市国民经济和社会发展第十四个五年规划和2035年远景目标纲要》提出，坚定不移实施城市环湾布局向东发展战略，构建"三核两带一轴多支点"城市发展新格局，"两带"之一即做强东部环湾创新发展带。中山市第十五次党代会报告提出，坚定不移实施"东承、西接、南联、北融"

---

* 课题组组长：梁士伦，广州市粤港澳大湾区（南沙）改革创新研究院高级研究员，广东省区域发展蓝皮书研究会副会长，电子科技大学中山学院教授，中山经济研究院院长，中山市改革发展研究会会长、课题组成员；丘书俊，中山市经济研究院副院长，经济师；梁爽，中山市经济研究院助理研究员；马国华，中山市经济研究院助理研究员。

一体化融合发展大战略，奋力建设珠江口东西两岸融合发展支撑点，强调要强化"东承"功能，凝心聚力、坚定不移向东发展。随着"双区驱动"、横琴和前海"两个合作区"建设深入推进，深圳大力实施"西协"战略，并开展前海与中山翠亨及东莞滨海湾联动开发建设方案研究，中山市东部环湾创新发展带作为对接粤港澳大湾区主阵地和深圳先行示范区建设第一方阵的战略支撑地位日益凸显。

一 粤港澳大湾区背景下中山市东部环湾创新发展带建设内涵和意义

（一）建设内涵

根据国内外相关研究成果，科创走廊、创新带是通过集聚创新要素、改革创新制度而打造形成的创新要素高度集聚、高端人才资源汇集、新兴产业创业密集、能够对创新发展发挥支撑引领作用的重点发展区域。粤港澳大湾区背景下中山市东部环湾创新发展带的建设内涵为：一是科技创新集聚带。从创新发展方向看，既是原始创新和核心技术攻关，也是创新成果产业化、规模化发展，打造集创新资源要素集聚、科技研发、企业孵化、加速成果转化与推广等于一体的科技创新集聚带；二是产业创新示范带。从创新发展内容看，创新带重在发展高新技术产业、战略性新兴产业和知识技术密集型产业，打造创新型产业集群，牵引中山产业整体创新发展和转型升级；三是创新平台承载带。从创新发展的载体看，重在推动创新平台提质增量，有效促进高端创新资源集聚、企业融通创新和科技产业创新发展，形成中山创新发展的"强磁场"；四是协同创新拓展带。从创新发展的范畴和能级看，既是中山本土自主创新发展，也是融合珠江东西两岸、对接深圳都市圈的协同创新发展，既是中山东部的创新发展，也是以轴带拓展支撑大湾区整体的创新发展，串联构建环珠江口（内湾）科技创新环带枢纽节点，北衔广州、南接珠澳、东联深港，打造具有国际影响力的东部环湾创新发展带。

（二）建设意义

粤港澳大湾区背景下中山市建设东部环湾创新发展带，对于积极推动城市环湾布局向东发展，更好地参与粤港澳大湾区国际科技创新中心建设，加快中山高质量发展具有重要意义。一是从国际发展趋势看，是环湾拥湾发展、培育创新发展新动能的迫切需要。二是从国家发展大局看，是融入双循环新发展格局、提升竞争新优势的战略选择。三是从全省发展方向看，是融入全省发展战略布局、建设具有全球影响力的科技和产业创新高地的重要途径。四是从湾区发展重点看，是抢抓"双区驱动"、"两个合作区"和深中通道重大历史机遇、更好地参与国际科技创新中心建设的重大举措。五是从中山发展需要看，是推动中山经济高质量发展、加快实现省委赋予中山建设珠江东西两岸融合发展的支撑点、沿海经济带的枢纽城市、粤港澳大湾区的重要一极"三个定位"的必然要求。

二 粤港澳大湾区背景下中山市东部环湾创新发展带建设基础和存在的问题

根据《中山市国民经济和社会发展第十四个五年规划和2035年远景目标纲要》，东部环湾创新发展带范围包括火炬开发区、翠亨新区、民众、南朗、三角、黄圃镇等镇街。

（一）基础和优势

近年来，中山立足世界湾区发展规律和中山发展实际，提出了环湾布局向东发展的战略部署，推动中山的发展重心向东延伸，从江河时代真正走向湾区时代。从科技创新看，中山推动创新资源向东部环湾创新发展带集聚，创新体系不断完善，科技创新能力不断增强，主要创新指标明显高于全市平均水平。从产业发展看，带内产业基础坚实，初步形成以先进装备制造、新一代信息技术、生物医药等战略性新兴产业、现代服务业为主体的产业体系，高技术制造业、先进制造业、装备制造业增加值占比处于全市领先地位。从对外合作看，东部环湾创新发展带临湾面海、毗邻广深港澳，是中山市乃至珠江西岸的开放门户。从企业发展看，带内涌现出了明阳智能、联合光电、康方生物等龙头骨干企业，总部企业占全市的40%以上，企业创新能力较强。

发展优势有以下三点。一是交通区位优势。中山市东部环湾创新发展带位于珠三角核心区和沿海经济带交汇（内湾）的中间地带，海陆空铁交通便利，是串联珠江口东西两岸的桥头堡，在大湾区中承东启西、贯通南北的交通区位优势不断凸显。二是科创基础和潜力优势。带内集聚了全市唯一的国家级高新区，50%以上的地方财政科技投入，40%以上的新型研发机构、高新技术企业、高端科研机构等科创资源，是珠江西岸离深圳最近的创新发展带，是中山最有条件打造成为创新高地的地区。三是相对的成本优势。相较于广深、东莞等科创走廊（创新带），中山东部环湾创新发展带生产生活成本较低。四是开放型经济优势。中山东部环湾创新发展带是中山市乃至珠江西岸的开放门户，拥有翠亨新区、粤澳全面合作示范区等重大合作平台，同时还是著名侨乡，是湾区时代引领中山开放型经济发展的战略高地。表1为中山市东部环湾创新发展带主要经济指标情况。

表1 2016~2020年中山市东部环湾创新发展带主要经济指标

单位：%

年份	R&D经费投入占地区生产总值的比重	高技术制造业增加值占全市比重	先进制造业增加值占全市比重	出口总额占全市比重	实际利用外资占全市比重
2016	—	—	—	41.94	49.72
2017	3.16	—	—	41.5	29.74
2018	2.57	66.4	43.9	40.68	40.99
2019	3.36	63.9	44.2	36.2	39.4
2020	4.3	61.2	48.3	—	60.0

注：2016~2020年中山市R&D经费投入占地区生产总值的比重分别为2.33%、2.31%、1.68%、2.09%、2.35%。

（二）问题和挑战

存在问题主要有以下四个方面。一是高端创新资源要素汇聚效应有待增强。与珠江东岸城市科创走廊（创新带）相比，中山东部环湾创新发展带高端科研机构、优质高校资源等创新要素资源集聚能力不强，高层次的国家重点实验室、省实验室、大科学基础装置等科研平台缺乏，高端创新人才紧缺。二是科技创新支撑体系有待优化升级。创新型领军企业太少，技术研发力量不足，产业关键核心技术攻关能力不强，原始创新能力薄弱，科技服务业发展滞后。三是创新型产业集群发展有待加快。高新技术产业、战略性新兴产业总体实力不强、竞争优势不明显，拥有自主知识产权和自主品牌、核心竞争力强的龙头企业不多。四是核心创新区域带动作用有待提升。与广州、深圳、佛山、东莞等高新区相比，火炬开发区国家级创新平台、重点实验室、高端研发机构缺乏，创新带动作用有待提升；翠亨新区与前海、南沙、横琴、东莞滨海湾新区相比，发展速度及引领力有待增强。

中山东部环湾创新发展带建设也面临挑战。世界处于百年未有之大变局中，国际经贸规则面临重大变化，贸易保护主义等逆全球化思潮暗流涌动，新冠肺炎疫情影响广泛深远，中美矛盾加剧，东部环湾创新发展带经济外向度高，面临更大的发展压力。"双区驱动"背景下，珠三角以及周边城市对重大平台载体、创新资源要素的争夺更趋激烈，随着广深港、广珠澳科技创新走廊的加快推进，在带来"溢出效应"的同时，也会对中山创新资源要素产生"虹吸效应"。中山市亟须站在粤港澳大湾区整体区域格局层面进行布局谋划，打造产业联动、空间联结、功能贯穿的具有国际影响力的东部环湾创新发展带。

三 国内外典型产业创新带建设的经验借鉴

通过梳理旧金山硅谷走廊、波士顿地区走廊、广深科技创新走廊、东莞环深创新资源融合发展带、嘉兴G60科创走廊的建设做法（见表2），中山建设东部环湾创新发展带可借鉴经验包括以下五个方面。

一是注重优化创新带空间布局。既包括高度集聚创新和产业高端资源的创新极核，也包括为高端产业发展提供支撑的创新节点，整合和激活城市各类创新资源，形成密集的创新网络效应。

二是注重创新引领产业高质量升级。把创新作为引领发展的第一动力，布局建设重大创新平台，开展基础和应用研究、技术研发、成果转化，以技术为核、人才为本、市场为基、资本为要，打造具有全球竞争力的创新型产业集群。

三是注重统筹协调和区域协同联动。成立专门机构推动创新带建设，统筹协调重大产业政策、科技政策、招商政策等，推进区域间科技资源开放共享、创新要素高效流动，构建协同创新体系。

四是注重构建全要素支撑保障体系。推动土地、人才、资金等要素向创新带倾斜，提升全要素供给能力。

五是注重营造一流的创新发展环境。提升政府服务科技产业创新的能力，进一步完善创新带软硬件配套建设，营造国际一流的创新创业环境。

表2　国内外典型科创走廊、产业创新带建设的经验做法

典型科创走廊、产业创新带	主要经验做法
旧金山硅谷走廊、波士顿地区走廊（128公路创新带）	依托大学和科研机构，形成强大的原始创新能力；依托龙头创新企业，培育具有国际竞争力的特色产业集群；依托优质创新创业服务体系，构建世界一流企业孵育生态；依托国际化创新网络，链接全球高端创新资源；依托政府作用，为区域创新发展提供完善的基础设施和公共服务配套环境
广深科技创新走廊	构建"一廊十核多节点"发展格局，重点打造十大核心创新平台和具有一定创新基础、发挥示范效应、推动区域发展的创新节点，为全国实施创新驱动发展战略提供重要支撑
东莞环深创新资源融合发展带	以松山湖、滨海湾新区为核心，打造具有全球影响力的中试验证和成果转化基地、面向全球的高水平对外开放高地；以南部环深镇街为重要节点，打造莞深深度融合发展先锋、制造业高质量示范、城市品质提升标杆、共建共治共享典范

续表

典型科创走廊、产业创新带	主要经验做法
嘉兴 G60 科创走廊	以嘉兴科技城、嘉兴秀洲高新技术产业开发区、嘉兴高新技术产业园区三大科创平台为依托,打造嘉兴主城区的创新引领高地;东翼充分释放临沪区位优势,承接上海科技成果转化与产业化及中高端先进制造业协作转移,引领带动浙沪融合发展,西翼联动杭州城西创新走廊和城东智造走廊,承接杭州的数字经济、先进制造业、科教资源等产业资源溢出;依托高能级创新策源载体、高科技产业特色小镇、高科技产业合作园区等创新网络节点,打造多层次科创载体富集、多类型科创要素集聚、多维度科创主体充分流动的创新网络

四　粤港澳大湾区背景下中山市东部环湾创新发展带建设的战略思路

(一) 总体思路

全面贯彻党的十九大和十九届中央历次全会精神和习近平总书记对广东重要讲话和重要指示批示精神,立足新发展阶段,贯彻新发展理念,融入新发展格局,抢抓"双区驱动"、"两个合作区"和深中通道重大历史机遇,主动对接广深港科技创新走廊,共建广珠澳科技创新走廊,紧密衔接深圳-中山产业拓展走廊和粤港澳大湾区(珠西)高端产业集聚发展区建设,集聚创新资源要素,打造具有高能级和引领示范作用的东部环湾创新发展带,促进创新要素高效自由流动,营造良好的创新生态,率先形成以创新为主要引领和支撑的现代经济体系和发展模式,为中山推动城市环湾布局向东发展、建设粤港澳大湾区国际科技创新中心重要承载区和科技成果转化基地提供强大支撑。

(二) 战略定位

依托东部环湾创新发展带地处大湾区内环关键位置、良好的创新发展基础和潜力,积极承接大湾区核心城市创新资源要素辐射外溢,成为引领中山创新驱动发展、推进粤港澳大湾区国际科技创新中心建设的战略支点，打造中山城市环湾布局向东发展的战略引领区、中山市协同推进粤港澳大湾区国际科技创新中心建设的示范区、具有全球影响力的产业创新高地、珠江东西两岸融合发展主阵地、高水平对外开放门户枢纽。

1. **中山城市环湾布局向东发展的战略引领区**

建设东部环湾创新发展带，从地理相近的东部环湾片区作为切入点，推进产业空间格局重构优化，加强创新资源统筹，增强集聚珠江东岸高端要素的能力，打造中山城市环湾布局向东发展的战略引领区，助推中山高质量发展，加快建设国际化现代化创新型城市，奋力实现省委赋予中山的"三个定位"。

2. **中山市协同推进粤港澳大湾区国际科技创新中心建设的示范区**

主动对接广深港科技创新走廊，共建广珠澳科技创新走廊，加强重点产业、重大平台、重大项目、重大战略等合作，积极承接大湾区核心城市的高端要素资源外溢，围绕产业链部署创新链，围绕创新链布局产业链，建设开放创新、协作紧密、竞争力强的创新型产业体系，优化创新制度和政策环境，着力提升科技成果转化能力，培育创新发展新动能，打造成为中山市协同推进粤港澳大湾区国际科技创新中心建设的示范区。

3. **具有国际影响力的产业创新高地**

瞄准高新科技、先进制造、战略性新兴产业等重点领域，汇聚技术水平高、投入强度大、辐射带动能力强的创新型企业和项目，加强产业链与创新链的对接与协同，建设世界级创新型产业集群，在新兴产业、特色优势产业、未来产业等领域实现一批关键技术突破，推动产业基础高级化和产业链现代化，打造全球影响力的产业创新高地。

4. **珠江东西两岸融合发展主阵地**

强化与深圳、香港等珠江东岸城市在产业转移、人才引进、创新资源对接等领域的合作，主动对接深圳"西协"战略，以超常规力度拓展现代产业发展空间，以体制机制创新和城市品质提升助推产业高质量发展，促进创新成果落地转化和产业化，打造珠江东西两岸融合发展主阵地。

5.高水平对外开放门户枢纽

以国际化现代化的视野,高标准建设国际化现代化滨海开放门户,加强与港澳在科技金融、现代服务、平台打造、文化旅游等领域的合作,形成高水平开放合作网络,在融入双循环新发展格局中走在前列、发挥引领示范作用,打造高水平对外开放门户枢纽。

五 粤港澳大湾区背景下中山市东部环湾创新发展带建设的空间布局

借鉴科创走廊、创新带典型空间格局模式,构建核心区、拓展区、联动区的统筹发展格局,带动沿线具有创新基础和潜力的节点,拉开创新带整体框架,打造"极核引领、平台联动、多点支撑"的功能布局,形成一个政策协同、要素融合、产业联动、功能贯穿的高能级创新发展带。

1."极核引领"

指东部环湾和沿海片区,以火炬开发区和翠亨新区为主体,深入落实城市环湾布局向东发展战略,主动对接广深港科技创新走廊,共建广珠澳科技创新走廊,紧密衔接深圳-中山产业拓展走廊,做强创新极核,打造高水平科技创新平台,增强创新发展的引领力、辐射带动力、影响力和竞争力,打造湾区创新高地。

2."平台联动"

指火炬国家高技术开发区、翠亨新区、岐江新城、中山北部产业园、中山科学城(科技创新园)等重大产业平台联动发展,优化创新资源配置,主动承接珠江东岸高端、创新要素外溢,打造各具特色的功能区块,形成协同创新空间格局。

3."多点支撑"

是具有一定创新基础和潜力、推动区域发展的创新节点,包括湾区未来科技城、康方湾区科技园、中深科技创新产业园及重大产业平台周边具有创新潜力的节点,为创新发展提供研发制造、科创服务、成果转化等支撑,形成科创载体富集、科创要素集聚、科创主体充分流动的创新网络。

六 粤港澳大湾区背景下中山市东部环湾创新发展带建设的若干建议

（一）提升创新发展能级，打造高水平区域创新体系

1. 加快重大创新平台建设

积极参与粤港澳大湾区国际科技创新中心建设，加快推进中科院药物创新研究院中山研究院、西湾重大仪器科学园、湾区未来科技园等建设，谋划建设生物医药国家实验室中山基地，争取国家级实验室、省实验室、粤港澳联合实验室、科学装置、研发总部或区域研发中心、高水平创新研究院落户。加强与深圳国家基因库、国家超级计算深圳中心等大科学装置以及5G、人工智能、网络空间科技、生命信息与生物医药实验室等重大创新平台对接合作。

2. 加强重点领域关键技术攻关和成果转化

制定产业链关键卡点攻关项目清单，探索"科技悬赏"机制，加快突破关键元器件、核心设备、基础软件等领域"卡脖子"技术，促进产业基础高级化发展。发挥光子科学中心、先进低温技术研究院、中科院药物创新研究院等牵引带动作用，开展激光技术、光子科学、先进低温技术、新药创制等领域的基础性、前沿性、创新性研究，实现引领性原创成果重大突破。整合国内外高校、科研院所的技术创新、基础研究、行业领军企业的应用研究及产业化资源，培育专业化技术转移转化机构，构建技术研发到产业化和配套服务一条龙的产业链条，促进先进技术及高新项目的转移与嫁接，打造粤港澳大湾区科技转化中心。

3. 构建融通创新企业群

实施创新主体倍增计划，招引重点领域竞争力强的龙头企业，大力引进总部企业、产业链链主企业落户，鼓励重点企业导入总部功能，立足中山开展产业链投资布局，建设企业总部、研发中心、核心制造基地。培育高成长性企业，引导企业走"专精特新"发展道路，打造一批专注于细分市场，

拥有关键技术、材料和零部件，市场占有率高的"隐形冠军"。建立"潜在独角兽"和"准独角兽"企业的遴选发现机制，通过技术输出、资源共享、供应商管理等方式，带动产业链上下游企业协同发展。

4. 构筑创新人才集聚高地

加快中山科技大学建设，构建支撑重点技术研究领域的一流学科体系，培养基础研究和应用创新等各类人才，共建世界级科教湾区。加强与广深港澳地区人才政策衔接，积极争取复制粤港澳人才合作示范区优惠政策。加快推进国家双创示范基地建设，开展产教融合型企业建设。充分利用国家、省、市重大人才工程，大力培养引进创新创业团队、领军人才以及海内外博士，支持科技人员携带科技成果前来创新创业，探索实施产业精准引才、全球柔性引才等人才引进新模式。

5. 协力打造大湾区内湾科技创新环带

发挥东部环湾创新发展带区位优势，促进湾带结合，协力推进中山（东部环湾创新发展带）-广州（南沙）-东莞（滨海湾新区）-深圳（前海）创新环带建设，充分发挥横琴、前海"两个合作区"和"三大自贸片区"创新要素集聚优势，建设高能级"U"形内湾科技创新环带，在更高层次上优化创新链空间布局，打造世界级科技创新谷。谋划环湾创新联盟，推进重大科技基础设施和大型科研仪器设备共建共享，推动科技政策创新突破和一体覆盖，淡化城市地域观念，促进创新资源要素便捷流通，实现更高水平的创新"一体化"发展。

（二）推动产业高质量发展，打造世界级产业集群

1. 加快打造新兴产业链

围绕新一代信息技术、装备制造、生物医药、新能源、光电、智能终端等领域，强化具有突出优势的核心部分，做长"长板"，打造标志性特色产业链。实施"一链一策"，开展强链补链延链拓链工作，制定重点产业链发展技术路线图、核心企业库和招商图谱，加强产业链头部企业和薄弱环节靶向招商，推进产业链就近延伸布局，促进跨区域优势产业链联动发展，提高

产业链供应链稳定性、安全性和竞争力，成为中山产业链现代化样板区。

2. 推动数字赋能产业创新发展

完善东部环湾创新发展带数字化基础设施体系，开展数字产业化、产业数字化、数据价值化、数字园区建设试点，打造"云上创新带"，共建数据要素流通顺畅的数字大湾区。瞄准数字经济核心关键领域，培育发展5G、大数据、工业互联网、人工智能等产业，高标准建设火炬大数据产业园、湾西智谷，以翠亨新区为载体打造人工智能与数字经济试验区。推动制造业、传统产业企业走好数字化转型之路，建设智能生产线、智能车间（数字化车间）、智能工厂（无人工厂、未来工厂）、智慧园区，加强金融、商贸、文化、旅游等领域数字应用场景建设，打造一批数字化智能化转型示范企业或项目，成为大湾区数字经济发展高地。

3. 提升产业平台承载能力

坚持陆海统筹、区域协调、产城融合、一体开发原则，推进东部环湾创新发展带内空间资源统筹配置、重大平台协同规划建设，拓展现代产业发展空间。加强闲置土地和低效用地整治，大力推动土地历史遗留问题处理、新型产业用地使用、镇村低效工业园区改造，加快推动传统工业园区向现代化产业园区、产城融合的新型产业社区转变。探索建立"产业园区+孵化器加速器+产业基金+产业联盟"一体化推进模式，打造一批示范园区。整合现有产业发展平台，积极申报创建省产业园和省级特色产业园。把握省大型产业集聚区政策红利，高标准推进园区建设，提升产业承载能力。

4. 共建世界级产业集群

主动对接珠江东岸电子信息产业带，积极参与粤港澳大湾区（珠西）高端产业集聚发展区建设，加快建设生物医药科技国际合作创新区，打造高品质战略性新兴产业集聚区。吸引和承接核心城市及国内外优质服务业外溢，优先发展金融、会展、文化旅游等现代服务业，着力发展研发和科技服务、检验检测、数字创意、健康服务等新兴业态，支持高端商贸、现代物流和供应链发展。组织实施未来产业孵化与加速计划，围绕量子科技、未来网络、前沿新材料、氢能等领域前瞻布局发展未来产业，谋划前沿应用技术研发和产业化进程，建设未来产业先导区。围绕重点产业集群，每个产业集群组建一个公共技术服务平台、一个专业孵化器、一个产业园、一个产业投资基金、一个产业研究院，构建产业集群创新服务综合体，协力打造创新链、产业链、价值链自主可控的世界级产业集群。

（三）强化对接合作，打造开放发展新格局

1. 打造高水平开放平台

推动火炬开发区统筹民众街道高水平打造综保区和高端产业园等新平台，建设珠江东西两岸融合发展产业平台主阵地，再造一个新火炬，一体化打造中山经济发展主引擎、深中深度合作的示范区、创新发展的标杆、对外开放的窗口。在翠亨新区谋划建设深中融合一体化发展示范区，探索在完善政策衔接联动、创新区域合作机制、深化粤港澳合作等方面示范引领深中一体化发展，打造珠江口东西两岸融合互动发展示范区、粤港澳产业融合发展的新载体，争创广东自贸区联动发展区，积极争取国家级战略平台。

2. 加强与广深港澳的对接合作

主动对接广深港澳科技创新资源，围绕重点领域和关键环节实施产业链招商、强链补链招商、以商引商，引进一批技术领先、附加值高、引领带动性强的优质产业项目。加快深圳-中山产业拓展走廊建设，主动对接深圳"西协"战略，与深圳共建深中融合发展示范区、新兴产业集聚区、深中合作创新区。加强与深圳前海、宝安、南山、光明和东莞松山湖等邻近片区的产业互动和深度合作，逐步建立起"总部+基地""研发+生产"的创新链、产业链分工协作体系，打造前承深圳高新区和前海、后接中山东部环湾创新发展带的横贯珠三角东西两岸的"创新轴"。向北对接广州高校、科研院所等创新资源，加强与南沙新区战略合作，深化与佛山（顺德）跨区域全产业链协作，向南加强与珠海、澳门的合作，促进产业链优化布局和一体化协同发展。

3. 强化境内外市场拓展

鼓励龙头骨干企业按产业链布局需要建设境内外生产基地、境外展销平台、运营中心，在融入双循环新发展格局中走在前列。优化贸易结构，做强

一般贸易，持续推动加工贸易转型升级，推进服务贸易创新发展，帮助有条件的企业出口转内销，支持更多市场主体开展跨境电商业务，促进内外贸一体化发展。推动数字技术与流通产业的深度融合，加快发展数字贸易新业态，打造粤港澳大湾区数字贸易示范区。

（四）建设互联互通交通网络，打造高效便捷的一体化"交通圈"

1. 构建承东启西、南北贯通交通网络，助推中山打造湾区西部重要综合交通枢纽

加快深中通道、深茂铁路、中开高速、东部外环高速等项目建设，谋划东部外环高速向北对接东新高速、南沙港快速，向南与广澳高速、西部沿海高速连接，并与珠海路网衔接。积极融入湾区轨道交通网，推动广中珠澳高铁、深中城际、环湾城际、广州地铁18号线、深圳地铁33号线等延伸建设，积极争取更多的国家铁路和城际铁路途经，形成环湾"一小时通行圈"。统筹推进创新带内枢纽升级改造，谋划建设中山东站，建成中山港新客运码头，打通镇街间断头路、瓶颈路，提升道路通行能力。加强中心城区与东部沿海片区互联互通，推动博爱路、中山路向东延伸，打通岐江新城和翠亨新区的交通联系，完善火炬开发区到民众街道的过江通道，加快推进民众快线、南朗快线、火炬快线等建设，打通环湾片区南北向交通联系。

2. 以交通同城化、智慧化加快融入大湾区一体化发展

以强化内湾高效连接、重要节点快捷联系为重点，开通跨江跨海城市公交线路，增强翠亨新区、火炬开发区等重要节点与深圳前海、东莞滨海湾、广州南沙、珠海横琴等重要节点联系，开通直达航线，实现"同城化"互联互通。构建环湾智慧交通系统，建设智慧公路、智慧港口、智慧综合客运枢纽，打造智慧交通示范区，促进人流、物流、资金流、技术流、信息流快速融通汇聚，使东部环湾创新发展带成为资源配置与衔接转换的"超级枢纽"，加快融入大湾区一体化发展。

（五）全面提升功能品质，打造滨海临湾城市标杆

1. 推进高品质城市建设

制定和实施东部环湾创新带基础设施和公共配套设施提升计划，结合城市更新完善教育、文旅等设施配置，培育区域公共服务中心，配套商业、居住、休闲娱乐等功能，提升城市品位。围绕人文湾区、休闲湾区，建设一批世界级的博物馆、科学馆、美术馆、图书馆、音乐厅、体育中心等现代化标志性公服设施，聚焦中山文化兴城，建设大湾区人文地标城市，打造具有独特文化特征、多元交融的人文地标。用好滨海岸线资源，与珠海共建具有浓郁风情的湾西情侣路，打造集生态、景观、休闲于一体的滨海活力长廊，串联起前海、滨海湾、南沙、翠亨新区、横琴国家湿地公园，共建世界级醉美湾区。加强风貌管控，延续历史文脉，突出地域特色，打造世界水准的系列标志性建筑群、优美的滨海天际线和特色鲜明的滨海城市颜值形象，融合粤港澳大湾区内湾一体化，形成海、港、湾、城、山等一元共生的世界超级滨海湾区。

2. 打造湾区公共服务高地

对接粤港澳大湾区和深圳先行示范区，建设高端化公共服务体系，在重点产业片区打造高品质公共服务设施节点，引进高水平国际学校、教育机构和优质高端医疗机构。高水准建设一批生活便利、智慧互联、绿色低碳的"未来社区""邻里中心"，配套人才住房、高端人才公寓，推动高端要素高度集聚、综合功能配套完善、产城一体深度融合，打造市场化、国际化、现代化临湾滨海城市标杆。

（六）先行先试深化改革，协同打造一流营商环境

1. 深化科技创新体制机制改革

深入推进科技创新领域"放管服"改革，探索大型科学仪器等科技公共资源开放共享机制。实施创新产品政府首购和首台套、首批次、首版次的应用示范，打造新技术新产品率先应用推广高地。鼓励创新带内的企业和高

校院所联合开展项目合作，突破行政区划束缚。积极争取参与大湾区国家科学中心建设，推动创新极核、重大产业平台、重要创新节点纳入省重大创新平台载体，争取广深港、广珠澳科技创新走廊等优惠政策向东部环湾创新带倾斜，形成紧密联动的区域创新共同体。

2. 推进改革创新政策先行先试

协同推进改革创新试验，用好用足深圳社会主义先行示范区以及横琴、前海、南沙各种先行先试的政策红利，促进改革创新试点示范成果在东部环湾创新带复制推广。在市场准入、要素市场化配置以及市场化、法治化、国际化营商环境建设等方面积极开展先行先试，加速推进与港澳规则、标准的全面对接，增强在全球范围内集聚和配置各类资源要素的能力，营造更加协同、自由的营商环境，加快构建对标国际、开放包容、政策规则同质的大湾区。

3. 打造一流营商环境

对标先进产业创新带和科创走廊，推动营商环境综合改革，大力提升贸易投资环境、企业经营环境、人才发展环境、政务环境和法治环境。瞄准重点产业链关键环节开展"大招商、招大商、招好商"，坚持引进项目与优化结构相结合、招商引资与招才引智相结合，提升招商引资的竞争力，同时高效服务好本土优质企业增资扩产。对标珠江东岸城市最优标准，提供趋同化的精准服务，积极构建一流营商环境，让企业家放心投资、安心创业、顺心发展。

参考文献

[1] 史欣向：《坚持协调发展理念深度推进广深港澳科技创新走廊》，《广东经济》2020年第2期。

[2] 国子健：《协同创新视角下的区域创新走廊——构建逻辑与要素配置》，《城市发展研究》2020年第2期。

[3] 周振江、石义寿：《世界知名创新走廊的发展经验与启示》，《科技创新发展战

略研究》2020年第2期。
［4］王子丹、袁永:《长三角G60科创走廊节点城市创新发展经验对中山的启示》,《科技创新发展战略研究》2020年第2期。
［5］王明荣:《相关城市打造"科创走廊"的主要做法及对宁波的启示》,《三江论坛》2017年第6期。

B.25
落实"前海方案"促进深港创新链对接联通的建议

郭万达*

摘 要： 建设高水平对外开放的门户枢纽是前海承担国家使命的重要战略定位，创新链枢纽是其中的重要战略功能。要落实"前海方案"，促进深港科技合作和创新链对接联通，就需要建立前海创新科技合作管理体制，大力发展新型研发机构；对接香港的规则标准，促进科技资源的跨境要素流动；支持新技术新产业在前海发展，逐步打造审慎包容的监管环境，并且支持在前海和香港设立科技"双总部"。

关键词： 创新链 科技合作 对接联通 前海

2021年9月6日，中共中央、国务院正式公布《全面深化前海深港现代服务业合作区改革开放方案》（以下简称"前海方案"）。"前海方案"聚焦"扩区"和"改革开放"两个重点，明确了"一个平台、一个枢纽"的战略定位，即全面深化改革创新试验平台和建设高水平对外开放门户枢纽，确立了对接联通香港创新链，建成全球资源配置能力强、创新策源能力强、协同发展能力强的高质量发展引擎的战略目标。如何深化深港的科技合作？如何推动全球创新资源和创新要素在前海集聚？如何建设高水平对外开放的门户枢纽？这就是本文要回答的主要问题。

---

* 郭万达，全国港澳研究会副会长，中国（深圳）综合开发研究院常务副院长。

一 前海的创新链枢纽战略定位

在国家对外开放的总体部署和战略平台中，对前海的战略定位是"对外开放的门户枢纽"，和横琴"高水平开放的新体系"、海南"重要的开放门户"以及浦东"改革开放的开路先锋"是国家新时代高水平对外开放的四个"轮子"，形成引领全国制度型开放的新格局。

前海承担了重大的国家战略使命。"前海方案"确定前海的战略定位是："在'一国两制'框架下先行先试，推进与港澳规则衔接、机制对接，丰富协同协调发展模式，打造粤港澳大湾区全面深化改革创新试验平台，建设高水平对外开放门户枢纽。"2021年9月公布的《横琴粤澳深度合作区建设总体方案》确定横琴的战略定位是："以更加有力的开放举措统筹推进粤澳深度合作，大力发展促进澳门经济适度多元的新产业，加快建设便利澳门居民生活就业的新家园，着力构建与澳门一体化高水平开放的新体系。"2021年4月公布的《支持浦东新区高水平改革开放打造社会主义现代化建设引领区的意见》确定浦东的战略定位是："努力成为更高水平改革开放的开路先锋。"2020年6月公布的《海南自由贸易港建设总体方案》确定海南的战略定位是："将海南自由贸易港打造成为引领我国新时代对外开放的鲜明旗帜和重要开放门户。"

前海对外开放门户枢纽的战略定位，构建高水平对外开放的体制机制，要加强与香港的对接与联通，率先对港澳开放。香港是国际金融中心、贸易中心、航运中心，是国际著名的自由港，国际化程度高，营商环境世界一流。设立前海合作区的初心使命就是"依托香港、服务内地、面向世界"，提升深港合作的水平，丰富"一国两制"实践，促进香港融入粤港澳大湾区建设，支持香港经济社会发展，为香港发展提供新空间，增强香港同胞对祖国的向心力。

当前，深港进入"融合发展"新阶段，前海是深港融合发展最重要的平台和载体。前海原有规划的"一城一场六镇双港"，是吸引港资、港企、港人的重要战略平台，目前仍在推进建设。"前海方案"公布后，前海与香港合作的平台载体从15平方公里扩大到120平方公里，为前海实现国家战略任务创造了更好的空间载体和产业基础。深圳市政府规划供应港资港企的土地不低于三分之一，并提出可以规划一个片区和香港特区政府深度合作，为香港企业的发展提供更多的机会。

前海对外开放门户枢纽，主要的功能有四个：一是金融开放枢纽，二是国际贸易枢纽，三是创新链枢纽，四是人才枢纽。其中创新链枢纽是重要的战略功能，和金融枢纽、人才枢纽紧密相连。前海创新链枢纽的战略重点，是通过对接联通深港创新链、产业链、供应链、人才链，汇聚全球科技创新资源，形成全球资源配置能力强、创新策源能力强的重要引擎。深港科技创新合作，体现了"国家所需，香港所长，湾区所向，深圳所优"，特别是在人工智能、大数据、移动互联网、生物科技、新材料、新能源、海洋科技等战略新兴产业，都是抢占全球科技创新制高点和争做科技创新策源地的重要领域。

二 深港科技合作和创新链对接联通存在的问题

当前，加强重大基础研究是国家科技自立自强的重要战略。深港高校之间、校企之间已经开展了一些合作研究，但总体来说，问题很多，成效有限，需要深化合作，取得突破。深港科技合作的难点是"要素流动，规则衔接"，标准、法律、体制机制不同，既是改革问题，也是开放问题，既涉及边境开放，也涉及边境内开放。"要素流动，规则衔接"的问题不解决好，就容易变成创新链对接联通的痛点、堵点，影响创新枢纽的形成。

（一）深港科技创新对接联通的体制问题

1. 深港科研体系联通度不同

香港与内地的科研体系总体上处于割裂状态，从顶层的科研发展规划到具体的科研项目、设备、人才、技术等，都没有形成统一的机制或者通道规范,也没有有效联通。此外,尽管香港有多个国家重点实验室和国家工程技术中心分中心,但国家重大科技技术设施在香港布局较少。深港科研管理体系不一致、科技资源无法共享、科研成果难以融通。

2. 深港科技创新发展环境不平衡

深港在基础科学研究能力、应用技术研发能力、产品化效率等方面的发展基础差异较大。深圳的研发投入占 GDP 的 4.9%,香港只有 0.8%。深圳企业的研发投入很大,香港主要靠政府。在深港科技创新合作中,尽管香港社会对发展科技创新产业已经有一些共识,但对如何推进、如何开发、如何落实等环节与深圳可能存在不同看法。

3. 深港互补优势未得到充分发挥

香港高校基础科学研究能力强,但所能供给的知识难以直接产品化。科技成果转化效率低,教授缺乏实际经验及市场敏感度,且高校项目脱离市场竞争,大批好项目被抹杀。深圳产业化能力强,但基础研究相对薄弱,深港的互补优势需要通过深化合作来发挥。

(二)深港科技创新对接联通的跨境流动问题

1. 前海的协同一体化程度低

深港已在金融市场开放、商事制度改革、从业资格互认等领域开展了卓有成效的合作,但商品、服务、资本和人才在前海和香港间自由流动仍受到服务业市场准入、资本项目管制、基础设施互联互通不畅以及外籍人士特殊管理模式等诸多因素制约,两地协同发展仍然面临不少困难。

2. 前海的科研资金跨境使用仍存在障碍

中央支持科研资金在大湾区跨境使用,但现在仍存在诸多障碍。以前海科研资金跨境使用为例,当前就存在一系列问题,如适用主体受限大,在港科技企业无法受惠;没有出台具体"过河"细则,科研、创业、PE/VC 等资金跨境流动管理不够灵活;跨境电子支付市场分化较为不便等。

3. 在前海的港人发展便利性不足

港澳居民在前海工作生活还不够便利等问题普遍存在,民生领域的制度创新工作亟待压茬推进。涉及执业资格、个人所得税、社保、就业流程、身份证件、同等待遇、配套措施等问题，政策清单仍需细化，便利港人在前海发展。

4. 港企在前海投资的国民待遇有待进一步落实

由于开放领域的相关行业法律法规未能及时调整，企业准入设立完公司主体后，仍然无法获得后续的准入经营资质许可，"大门开，小门不开，企业准入不准营"的情况仍较严重。

三　落实"前海方案"促进深港科技合作和创新链对接联通的有关建议

"前海方案"强调与港澳在现代服务业发展体制机制、科技创新体制机制、跨境政务服务便利化、服务贸易便利化、金融市场和金融开放等五个方面的联通，这五个联通对于前海对外开放枢纽形成，加快深港创新链的对接，提升深港合作水平，都很重要，都要具体落实。

（一）创新科技合作管理体制，大力发展新型研发机构

1. 在前海联合共建国家实验室

建设大湾区综合性国家科学中心，加快开展深港基础研究，加速集聚高端科技创新资源。在前海探索深港联合共建国家实验室，发挥深港互补优势，积极承担国家重大科研任务。加快科创基础设施建立，吸引企业进驻，共同运营大型实验室。

2. 在前海设立深港高校基础科学研发合作专项

利用香港高校优势带动深圳高校基础研发能力提升，借鉴大疆科技和商汤科技"香港培养、港澳教授参与、内地产业化"模式，鼓励"在港孵化、在深成长"的深港科技合作企业在前海发展。设立"香港高校+深圳民间"应用研发合作专项项目，重点加强应用研发合作，利用深圳大型科技创新企业市场运营优势推动应用科学研发产品化。

3. 在前海形成深港科技成果转化创新的高地

开展产学研合作，推动香港高校、科研机构尖端成熟科研成果产业化，助力香港发展战略性新兴产业和未来产业，为香港经济社会发展增添新方向、注入新动能，为香港融入国家发展大局提供新支撑。围绕产业链部署创新链、围绕创新链布局产业链，培育发展未来产业，发展数字经济，全面推进智慧前海建设，打造未来城市。将前海打造为"港资汇聚地、港企植根地、港人首选地"。

（二）对接香港的规则标准，促进科技资源的跨境要素流动

1. 在前海探索深港科技创新要素高效便捷流动的体制机制

在科创领域率先向港澳单边开放，探索深港科技创新要素自由流动。在前海率先形成深港科技市场一体化，包括数据市场、算力市场、技术转移市场、知识产权市场、风险投资市场等。

2. 在前海建立深港科技数据中心

在保障网络信息安全的前提下，争取尽快建立国际通信专用网络，采用"专区、专群、专网"及 eID 等安全认证方式，允许区内特定企业员工使用国际通信专用网络，创造与国际"无速差"的工作和生活通信环境。逐步建立数据备案和"白名单"管理制度，鼓励和吸引更多企业利用和发展专网。

3. 在前海试行企业科研物资进口"白名单"

会同海关、市场监管等部门，编制企业"白名单"，对安全风险管控良好、未发生过风险事件的科技企业，加快海关对所需科研物资进口验放速度，加强对进口材料的编码追溯与事中事后监管。对科技研发设备入境免征关税并免于强制性产品认证证明。

4. 在前海加速形成"世界科技人才中心"

加大科学、技术、工程和数学（STEM）人才引进，优化境外科技人才入区工作许可和工作类居留许可审批流程，对符合条件的外籍专业人士颁发"科技人才绿卡"。制定支持高层次人才参与项目开发、成果转化、知识创

新、产业培育和管理咨询的特殊政策。单向认可港澳科技人员取得的执业资格和执业经历，允许在前海备案执业。鼓励深圳企业开放职位给香港教授及科研人员，同时培养一批可为企业所用的潜在科创人才。

（三）支持新技术新产业在前海发展，逐步打造审慎包容的监管环境

1. 在前海前瞻布局战略性新兴产业

把生物科技（人工智能和大数据的应用）作为深港科技市场一体化的"小切口"。生物科技是当今世界最具发展潜力的产业之一，也是两地各具优势、两地政府共同重视的发展方向。香港基础研究优势显著，而香港交易所是全球第二大生物科技融资中心。在前海探索最有效的跨境合作模式和最先进的生物科技政策。前海生物科技的合作领域，主要包括药物及疫苗、基因检测及诊疗、高端医疗器械、人工智能在生物科技的应用等。

2. 在前海设立"国际医疗先行区"，发展生命健康医疗产业

前海与香港共建跨境医疗联合体，形成医疗机构的集群（cluster），类似的如得州医学中心，吸引全球医疗人才。建议按照瑞典卡罗林斯卡医学院的模式来合作，即"香港机构+海外机构+前海"的三方合作模式，吸引境外的医疗机构到前海来。建议在前海放宽干细胞、基因诊断与治疗就外资的准入限制，吸引合同研发外包（CRO）机构与合同研发生产（CDMO）机构，承担医药企业的部分研发流程，提升医疗机构临床试验技术能力和质量管理水平。在前海探索医疗的标准国际化，包括管理的国际化。

3. 在前海探索金融科技产业，促进金融业的发展

金融开放不仅需要管道式的金融联通，还需要平台式的金融开放，包括开放算力，形成算力市场；开放支付，方便跨境支付，加大数字人民币跨境应用场景建设；开放风险投资进入，形成风险投资市场联通。建立金融风险防范的机制和体系，在前海试行科技资金"沙盒监管"，采用"沙盒监管"模式，区内科技项目资金参照港澳或者国外科研资金管理办法，实行单位事先承诺，商务、科技、税务部门事后并联监管。试行一定额度内科技资金外汇自由结算，推行本外币一体化监管，支持核准范围内的科技类企业设立跨

境资金池。对用于科研的中央财政资金、地方政府扶持资金、企业风投基金等实行特殊资金管理模式。

4. 支持在前海和香港设立科技"双总部"

支持全球的大学、跨国公司、上市公司、"独角兽"公司到前海设"研发总部",同时鼓励其在香港设"研发总部",形成深圳+香港"双总部"的合作模式。香港是全球的"总部基地",有全球总部的优势,深圳是全球的高科技总部,"双总部"形成强强联合。以"深港科创与研发双总部"为基地开展金融、数据、人员和货物等要素流动的试验,进行大湾区开放压力测试,为大湾区协同发展探索经验。

金融专题篇
Special Topics on Finance

B.26
粤港澳大湾区碳排放权交易市场建设思路研究

陈向阳 陈昊*

摘 要： 我国已经在七个省市开展碳排放权交易试点，本文以上海、北京、广东和湖北碳交易市场2019年6月至2021年6月的碳交易数据，进行有效性检验。序列相关性检验的结果表明，湖北和上海碳市场是弱有效的，而北京和广东碳市场无效；随机游程检验的结果也表明湖北和上海碳市场是弱有效的；单位根ADF检验和KPSS检验的结果也同样支持上述结论；而GARCH模型检验的结果则认为广东、北京和湖北碳市场都是无效的市场。碳市场的有效性受到流动性、制度环境、经济环境、社会环境和能源市场联动性等因素的影响，对七个试点省市差异化的制度设计进行政策效果的评估与反馈，能为探索粤港澳大湾区碳排放权交易市场提供建设思路。

---

* 陈向阳，经济学博士，广州大学经济与统计学院副教授，研究方向为环境经济与金融经济学；陈昊，广州大学经济与统计学院在读硕士研究生。

关键词： 碳交易市场　市场有效性　碳金融　粤港澳大湾区

我国提出了在2030年前实现碳达峰、努力争取2060年前实现碳中和的目标，而现实情况与这一目标尚有一定距离。粤港澳大湾区经济发达，在率先实现"双碳"目标方面，有着义不容辞的责任。为推动全球应对气候变化和碳减排工作，我国于2011年批准广东、深圳、北京、天津、上海、重庆、湖北试点运行碳排放权交易市场，于2013年开始全面试点启动碳排放权交易。经过8年的积极探索，截至2021年6月，这些试点省市的碳排放权交易市场累计配额成交量达到4.8亿吨二氧化碳当量，完成成交额大约114亿元。各试点碳交易市场都积累了一些有益的市场经验，形成了各具特色的市场形态。如广东采取配额有偿发放的模式，北京采取跨区域的碳交易，上海配额一次发放三年，湖北未经交易配额不得存续，重庆实行企业配额自主申报的配发模式等。各试点碳交易市场不断探索与创新，为全国统一碳交易市场建设积累了丰富的经验与教训。2021年7月，全国碳排放权交易正式在上海环境能源交易所启动。粤港澳大湾区要实现绿色发展，推动形成绿色低碳的生产生活方式和城市建设运营模式，有必要引入市场机制来优化配置碳排放空间资源，为排放实体的碳减排提供经济激励，从而引导优势低碳产业落户大湾区，促进大湾区产业结构低碳转型。目前粤港澳大湾区的碳市场存在规模相对较小、市场相互分割、市场流动性较低等问题，难以满足大湾区可持续发展的要求。在这一背景下，研究碳市场有效性及其影响因素，对建设粤港澳大湾区碳排放权交易市场具有现实意义。

一　碳市场的有效性实证检验

（一）数据选取与描述性统计

本文选取2019年6月至2021年6月北京、上海、广东和湖北四个碳排放权交易市场每天的碳配额交易数据,对这些碳排放权交易市场的有效性进行分析。每个交易所选取的样本容量为 500 个,并得到它们的对数价格序列和对数收益率。数据来源于易碳家网站上自各碳交易所获取的数据。

根据收益率的计算方法,碳资产的收益率指标 R_t 的定义为:

$$R_t = \ln P_t - \ln P_{t-1} \tag{1}$$

其中,P_t 表示 t 时期的碳价;P_{t-1} 表示滞后一期的碳价。取对数是为了方便对碳价格数据进行处理,使数据降阶,保证数据的平滑性,各交易所碳价和碳资产收益率的描述性统计如表 1 和表 2 所示。

表 1 各交易所碳价的描述性统计

	平均值	中位数	标准差	偏度	峰度
北京	51.43	51	3.44	-0.79	6.99
上海	33.11	33.50	4.12	-0.30	-0.88
湖北	15.52	15.51	2.06	0.30	-0.43
广东	14.04	13.73	1.50	0.90	0.93

表 2 各交易所碳资产收益率的描述性统计

	平均值	中位数	标准差	偏度	峰度
北京	-0.0029	0	0.0757	-3.0969	44.0654
上海	0.0017	0	0.0450	0.2009	1.0116
湖北	0.0011	-0.0006	0.0693	0.0410	0.1767
广东	0.0006	0	0.0432	-0.1191	0.4595

直观上看,这些交易所的碳价和碳资产收益率序列严格来说都不满足正态分布。由各交易所碳价的描述性统计可见:北京碳价分布稍微向右偏,且具有较厚的尾部,上海碳价分布呈稍微向右偏的扁峰分布,湖北碳价分布呈稍微向左偏的扁峰分布,广东碳价分布呈稍微向右偏的扁峰分布,各交易所的偏度都不高。由各交易所碳资产收益率的描述性统计可见:除北京碳资产

收益率的偏度和峰度数值较大外，其他交易所的偏度和峰度较小，北京碳交易所市场呈现出比较显著的尖峰和厚尾的特征。

（二）序列相关性检验

使用各个碳交易所的碳资产收益率序列作为研究对象研究序列的相关性，最大滞后期数选择为 Eviews 里默认的 12 阶，检验的结果 Q 统计量分别为（查 χ^2 分布表，自由度为 12 时，在 0.05 的显著性水平下，其临界值为 21.0）：北京 66.2、湖北 20.37、上海 20.76 和广东 28.36。北京和广东的碳资产收益率序列自相关检验的 Q 值均大于在置信水平为 0.05 时的临界值 21.0，且北京 Q 统计量的值明显过大，拒绝其收益率不存在自相关性的原假设，说明北京和广东碳市场还未达到弱式有效，而湖北和上海碳市场的检验结果则支持弱式有效。

（三）游程检验

对于湖北碳交易所，经过统计可知，在所选取的样本区间内，价格变化为正的天数 $n_1 = 252$，价格变化为负的天数 $n_2 = 247$，统计得到真实的游程数 $s = 265$，计算得到：

$$m = \frac{2n_1 n_2}{N} + 1 = 249.98 \tag{2}$$

$$\sigma_m = \left[\frac{2n_1 n_2 (2n_1 n_2 - n_1 - n_2)}{N^2(N-1)}\right]^{\frac{1}{2}} = 11.19 \tag{3}$$

所构造的统计量为：

$$z = \frac{s - m}{\sigma_m} = \frac{265 - 249.98}{11.19} = 1.34 \tag{4}$$

在假设显著性水平 $\alpha = 0.05$ 时，按公式计算的 z 统计量为 1.34，没有超出临界值 ±1.96 的范围。因此，应该接受原假设，说明湖北碳交易市场每日的交易价格是随机的，并且采用每日的碳资产收益率序列做游程检验仍得到相同的结论，湖北碳交易所的碳资产收益率和碳价的时间序列与随机游程的基本假设相符合，碳价和碳资产收益率每天的波动满足随机游走模型所要求的基本条件，表明湖北碳交易市场已达到弱式有效。

对于北京碳交易所，经过统计可知，在所选取的样本区间内，价格变化为正的天数 $n_1 = 264$，价格变化为负的天数 $n_2 = 235$，统计得到真实的游程数 $s = 206$，计算得到：$m = 248.16$，$\sigma_m = 11.087$。所构造的统计量为：$z = \dfrac{206 - 248.16}{11.087} = -3.80$。

在假设显著性水平 $\alpha = 0.05$ 时，z 统计量为 -3.80，超出临界值 ± 1.96 的范围。因此，应该拒绝原假设，说明北京碳交易市场每日的交易价格是非随机的，并且采用每日的碳资产收益率序列做游程检验仍得到相同的结论，北京碳交易所的碳资产收益率和碳价的时间序列与随机游程的基本假设不相符合，碳价的波动并不是随机的，与过去的历史价格有一定的相关性。表明北京碳交易市场无效。

对于上海碳交易所，经过统计可知，在所选取的样本区间内，价格变化为正的天数 $n_1 = 273$，价格变化为负的天数 $n_2 = 226$，统计得到真实的游程数 $s = 264$，计算得到：$m = 247.79$，$\sigma_m = 11.025$。所构造的统计量为：$z = \dfrac{264 - 247.79}{11.025} = 1.47$。

在假设显著性水平 $\alpha = 0.05$ 时，z 统计量为 1.47，没有超出临界值 ± 1.96 的范围。因此，应该接受原假设，说明上海碳交易市场每日的交易价格是随机的，并且采用每日的碳资产收益率序列做游程检验仍得到相同的结论，上海碳交易所的碳资产收益率和碳价的时间序列与随机游程的基本假设相符合，碳价和碳资产收益率每天的波动满足随机游走模型所要求的基本条件，表明上海碳交易市场已达到弱式有效。

对于广东碳交易所，经过统计可知，在所选取的样本区间内，价格变化为正的天数 $n_1 = 253$，价格变化为负的天数 $n_2 = 246$，统计得到真实的游程数 $s = 285$，计算得到：$m = 249.95$，$\sigma_m = 11.122$。所构造的统计量为：$z =$

$$\frac{285 - 249.95}{11.122} = 3.1514。$$

在假设显著性水平 $\alpha = 0.05$ 时，z 统计量为 3.1514，超出临界值 ± 1.96 的范围。因此，应该拒绝原假设，说明广东碳交易市场每日的交易价格是非随机的，并且采用每日的碳资产收益率序列做游程检验仍得到相同的结论，广东碳交易所的碳资产收益率和碳价的时间序列与随机游程的基本假设不相符，碳价的波动并不是随机的，与过去的历史价格有一定的相关性。表明广东碳交易市场没有达到弱式有效。

（四）单位根检验

对四个碳交易市场的碳价格序列进行单位根检验，其 ADF 检验和 KPSS 检验的结果如表 3 和表 4 所示。

表 3 碳价格序列的 ADF 检验结果

	ADF 统计值	1%临界值	5%临界值	10%临界值	结论
湖北碳价格	-2.388	-3.443	-2.867	-2.569	不平稳
广东碳价格	-3.665	-3.443	-2.867	-2.569	平稳
北京碳价格	-4.525	-3.443	-2.867	-2.569	平稳
上海碳价格	-1.398	-3.976	-3.419	-3.132	不平稳

表 4 碳价格序列的 KPSS 检验

	KPSS 统计值	1%临界值	5%临界值	10%临界值	结论
湖北碳价格	1.186	0.739	0.463	0.347	不平稳
广东碳价格	0.171	0.739	0.463	0.347	平稳
北京碳价格	0.088	0.216	0.146	0.119	平稳
上海碳价格	0.455	0.216	0.146	0.119	不平稳

表 3 描述了 ADF 检验的结果。在 5%的显著性水平下，湖北和上海碳市场价格序列的 ADF 统计值均小于 $\alpha = 0.05$ 时的临界值，故接受原假设，碳价格序列存在单位根，说明这两个碳市场的价格序列不平稳，满足随机游走

模型，市场是弱式有效的。相反，广东和北京的碳价格序列拒绝存在单位根的假设，这两个碳市场价格不满足随机游走模型的基本特征，即碳价格不是随机的，市场不是弱式有效的。由表4的KPSS检验结果可知，拒绝域取LM统计值5%水平下的临界值，湖北和上海碳市场的价格序列拒绝平稳性的原假设，碳价波动是随机的，满足弱式有效市场的基本条件，而广东和北京碳市场的结论相反，不是有效的市场。综上所述，单位根检验的结果表明湖北和上海碳市场弱式有效，而广东和北京碳市场无效。

（五）GARCH模型检验结果

1. 湖北碳市场收益率检验

用Eviews画出湖北碳市场的收益率时序图，如图1所示，从中可以看出：湖北碳市场的收益率序列具有比较明显的波动聚集性，碳资产收益率水平在一段时间内持续偏高，而有时又持续偏低，受市场波动的影响比较大，初步判断湖北碳交易市场的收益率序列不满足随机游走模型的基本假定，因此认为湖北碳市场是无效的。

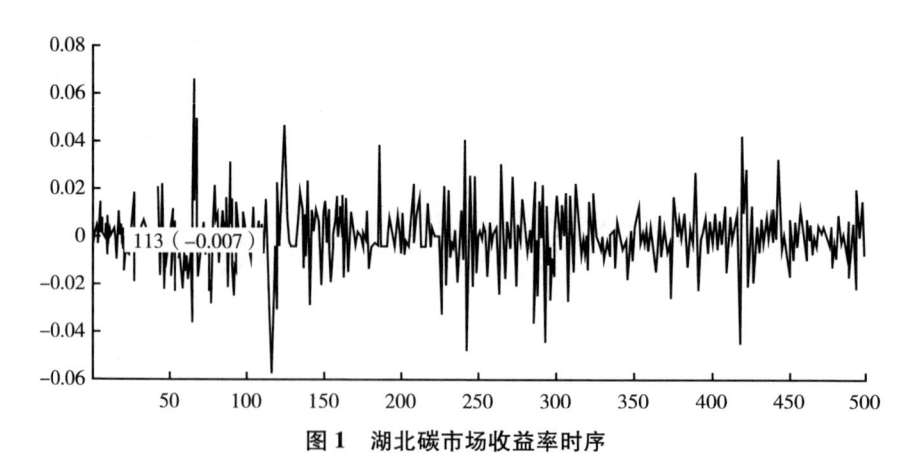

图1 湖北碳市场收益率时序

在应用GARCH模型对其收益率序列进行分析之前，必须要保证序列是平稳的，否则模型得到的结果可能有较大的偏差，因此需要先进行单位根检验。对收益率序列进行ADF检验的结果：t统计量为-22.29，远小于

$\alpha=0.05$ 时的置信水平 -2.867,同时对应的 p 值较接近于 0,说明在 $\alpha=0.05$ 的置信水平下,能够认为此收益率序列是平稳的。

再对收益率序列进行序列自相关和偏自相关性检验,检验的结果如表 5 所示。AC 和 PAC 的数值有一部分较明显地偏离 0,所有的 prob 值都为 0,因此可以认为在 0.05 的置信水平下,湖北碳资产收益率序列有着较为明显的自相关性,且从表 5 中可以看出是一阶相关的。

表 5 湖北碳收益率序列的相关性检验结果

Autocorrelation	Partial Correlation		AC	PAC	Q-Stat	Prob
		1	-0.305	-0.305	25.190	0.000
		2	-0.002	-0.106	25.191	0.000
		3	0.000	-0.037	25.191	0.000
		4	0.078	0.075	26.867	0.000
		5	-0.122	-0.082	30.947	0.000
		6	0.037	-0.022	31.328	0.000
		7	-0.058	-0.072	32.244	0.000
		8	-0.066	-0.124	33.462	0.000
		9	0.074	0.024	34.973	0.000
		10	-0.021	-0.009	35.103	0.000
		11	0.017	0.026	35.185	0.000
		12	0.032	0.047	35.475	0.000

为了验证湖北碳市场收益率序列是否具有 ARCH 效应,我们可以检验它的残差序列以及残差平方序列是否具有较强的自相关性,如果自相关性较为显著则说明其存在 ARCH 效应,用 ARCH 模型来拟合其收益率序列是合理可行的。应用 Eviews 对其进行检验的结果如表 6 所示。从表 6 中可以看出,湖北碳资产收益率序列的残差平方序列具有较强的自相关性,且一阶相关性比较显著,由此可以得出结论:湖北的碳资产收益率序列存在着较明显的 ARCH 效应,可以应用 ARCH 类的模型来拟合。

GARCH 模型作为对 ARCH 模型的拓展,一般情况下具有更广的适用范围,我们首先尝试建立一个 GARCH(1,1)模型来模拟湖北碳资产收益率序列,所建立的方程的基本形式为:

表6 湖北碳市场收益率序列的残差平方相关性检验结果

Autocorrelation	Partial Correlation		AC	PAC	Q-Stat	Prob
		1	0.394	0.394	41.863	0.000
		2	0.154	-0.001	48.313	0.000
		3	0.088	0.032	50.401	0.000
		4	0.090	0.053	52.593	0.000
		5	0.088	0.037	54.706	0.000
		6	0.060	0.006	55.682	0.000
		7	0.100	0.078	58.438	0.000
		8	-0.025	-0.117	58.614	0.000
		9	-0.032	0.001	58.905	0.000
		10	-0.071	-0.069	60.318	0.000
		11	-0.021	0.029	60.448	0.000
		12	-0.067	-0.077	61.698	0.000

$$r_t = \alpha r_{t-1} + \mu_t \tag{5}$$

$$\sigma_t^2 = \beta_0 + \beta_1 \mu_{t-1}^2 + \beta_3 \sigma_{t-1}^2 \tag{6}$$

应用Eviews8.0软件对湖北碳市场碳资产收益率序列建立GARCH模型，进行回归分析，得到的结果为：

$$r_t = -0.158 r_{t-1} + \mu_t \tag{7}$$

$$\sigma_t^2 = 5.86 \times 10^{-5} + 0.475 \mu_{t-1}^2 + 0.185 \sigma_{t-1}^2 \tag{8}$$

继续用GARCH（2,1）和GARCH（1,2）模型进行拟合后对比发现，AIC和SC的值并没有明显的下降，说明引入更高的阶数对模型的完善效果不是十分显著，最后采用GARCH（1,1）模型。

为了保证回归得到的方程是合理的，还应该对得到的模型进行ARCH-LM检验，看ARCH效应是否已经消除，其检验结果如表7所示。

表7 ARCH-LM检验结果

F统计量	0.0101	概率值（p值）	0.9199
$T \times R^2$统计量	0.0102	概率值（p值）	0.9195

由表7可以看出，该模型的F统计量和R^2统计量的值均较小，且对应的p值比较大，说明可以接受原来的假设，所得到的残差序列已经不具有ARCH效应，采用的GARCH模型已经明显地消除了ARCH效应，该模型的选择是合理的。

再对残差平方的相关性进行检验，检验模型的显著性，Eviews检验的结果如表8所示。

表8 湖北碳收益率序列残差平方相关性

Autocorrelation	Partial Correlation		AC	PAC	Q-Stat	Prob
		1	0.006	0.006	0.0104	0.919
		2	−0.011	−0.011	0.0443	0.978
		3	−0.060	−0.060	1.0200	0.796
		4	−0.014	−0.014	1.0765	0.898
		5	0.013	0.012	1.1218	0.952
		6	−0.014	−0.018	1.1758	0.978
		7	0.084	0.083	3.1376	0.872
		8	0.023	0.023	3.2873	0.915
		9	−0.016	−0.016	3.3604	0.948
		10	−0.055	−0.045	4.1965	0.938
		11	0.033	0.038	4.4957	0.953
		12	−0.055	−0.061	5.3449	0.945

由表8可知，该模型的AC和PAC值都比较接近于0，且Q统计量与之前相比有明显的减小，对应的Prob增大，说明可以接受原来的假设，用GARCH模型拟合后的残差序列已经不存在ARCH效应，该GARCH模型的结果是合理的。且方程中的ARCH项系数和GARCH项系数均大于0，两者之和为0.660，小于1，满足GARCH模型平稳的基本条件，两者之和的数值越接近于1，说明市场的波动性越持久，市场会受到价格波动的持续影响，因而认为湖北碳市场是无效的。

2. 广东、北京、上海碳市场收益率检验

运用上述分析步骤和方法对广东、北京、上海碳交易所的数据进行相同的建模和检验，发现广东和北京的碳收益率序列都存在异方差，满足

GARCH 模型的条件,对这两个市场建立 GARCH 模型得到的结果如表9所示。

表9 广东和北京的碳收益率 GARCH 模型结果

	α	β_0	β_1	β_2
北京	-0.273	7.77×10^{-5}	0.104	0.803
广东	-0.202	0	0.367	0.521

再对这两个市场的模型进行 ARCH-LM 检验和残差平方相关性检验,发现其 ARCH 效应已经很大程度上被消除了,该模型的合理性和显著性得到满足。观察方程结果可以发现这两个市场的系数和分别为0.907和0.888,非常接近于1,说明其市场的波动性持续的时间比较长,且这两个市场不是弱有效的。

然而,在对上海碳市场的收益率序列进行 ARCH 效应的检验时,发现不存在 ARCH 效应,检验的 p 值太大,说明其残差序列不存在 ARCH 效应,异方差不显著,上海碳市场的交易情况不能很好地用 ARCH 类模型来描述,应该引入新的解释变量,或者改用新的模型来进行拟合。值得注意的是,未通过 ARCH 效应检验不能说明上海的碳收益率不存在异方差,因而上海碳市场是有效的;只能说明上海碳市场不存在 ARCH 类模型所要求的异方差,至于是否存在其他形式的异方差还需要通过深入检验才能得出结论,GARCH 模型并不能对上海碳市场的有效性做出准确的判断。

二 影响我国碳交易市场有效性的因素分析

通过上述对四个交易所碳价和碳资产收益率序列的分析,可得出结论:湖北和上海碳排放权交易市场是弱有效的,而北京和广东碳市场是无效的。序列相关性检验、游程检验、单位根的 ADF 检验和 KPSS 检验都支持湖北和上海碳市场弱有效、北京和广东碳市场无效的结论，而且通过 GARCH 模型的拟合可以发现，北京和广东碳市场的碳价受以往的价格波动影响比较大，存在比较明显的波动聚集性，大的波动之后一般跟随着比较大的波动，明显不是有效的市场。这种有效性差异主要来源于各试点碳市场交易制度设计的差异性，以下分析影响碳市场的因素。

（一）制度环境

要成功运行碳市场，需要强力度的法律保障，由于碳排放权交易市场是基于人为控制碳排放量而设计的市场，为了有效执行以及对未履约企业进行可能的处罚，需要强有力的法律威慑力。在试点阶段，各碳市场的试点管理办法、配额分配方法和国家核证自愿减排量的交易和使用限制，都是由各地方发改委负责制定，而这些都直接影响试点碳市场的交易规则、配额总量和供求关系，对碳市场的有效运行和碳价的维持都十分重要。一个良好的制度和法规能更好地保护市场主体的利益，有力地监管与惩罚未履约企业，提高市场的流动性和有效性，否则碳市场会面临碳价崩溃等问题。例如上海按照各行业配额分配的方法，一次性分配给试点企业年度碳排放配额；湖北根据"十二五"期间国家下达的单位生产总值二氧化碳排放下降 17% 的目标和 2014~2020 年湖北省经济增长趋势的预测，确定年度碳排放配额总量；北京根据配额分配和核定方法确定；而广东在全国率先实行了一级市场拍卖的有偿分配机制。广东探索实行以免费分配为主的渐进混合模式，拍卖的配额均来自企业配额。以湖北、深圳和上海为代表的拍卖配额来源于政府预留配额，并且仅开展过一次。因此，只有广东真正意义上开展过一级市场配额拍卖。

（二）宏观经济环境

碳排放权交易市场的有效运行受到经济环境变化的影响，包括经济周期、能源市场建设、环保投入和研发力度等。碳市场会随经济周期产生同向的变化，宏观经济通过对生产的影响来改变碳市场的供需均衡，从而影响碳资产价格，但是其影响程度与碳交易机制设计有关。如果碳市场根据历史数据来确定配额总量和分配方法，经济衰退生产量下降，意味着碳排放量减少，尽管这不是因减排技术创新与应用所致，但同样可使排放量低于根据历史高排放量分配的配额，碳资产需求将会疲软，碳价面临崩溃的危险。同时，由于环保投入需要付出成本，经济衰退时，减排投入不是企业的最优选择，碳市场主体的参与积极性下降。相反，经济的繁荣也会带来碳市场的繁荣。近年来由于我国经济进入新常态，整体经济的下行给各试点市场带来的压力非常显著，尤其是采用历史数据分配配额的市场，如上海。

（三）社会环境以及与能源市场的联动性

社会对碳交易或碳市场的态度影响社会对碳市场的重视程度，以及碳交易对资本的吸引力，从而决定社会资本进入碳市场的规模和交易主体的多样化程度，这些不仅能提高碳市场的流动性，而且能在碳市场初期信息透明度不高的环境下提高市场效率。从减排的效果来看，市场手段成为各国各地区有效控制温室气体排放的重要选项，它不仅能为企业提供经济的控排手段，而且能带动控排企业实现节能减碳技术改造和投资，实现碳强度下降。有关研究表明，由非技术层面或社会行为的改变带来的减排会为中国减排约7亿吨。以广东为例，2021年机构投资者成为二级市场的主力，成交量为1953万吨，占比55.62%，个人投资者成交量为328万吨，占比9.34%，这说明了社会对碳市场的需求和重视程度。

在理想的状态下，碳市场必须要与能源市场相关联，从而使碳价或排放成本体现在能源成本中，通过排放成本内部化来影响企业的生产和排放决策。现阶段各试点市场与能源市场的互动性还比较低，影响了市场有效性。其原因一是配额分配还是以免费发放为主，有偿发放的比例有限，碳配额有资产属性，但对最终产品价格的影响十分有限；二是在碳减排压力下电力行业仍没有一个开放的电力交易市场，管制的电价无法将碳价传导到终端，电力企业也无法通过出售电力远期合约在碳市场提前对冲未来的排放需求。

（四）交易规模与流动性

市场化的定价机制更能发挥市场的联动效应，因而避免过多的行政价格指导，探索有效的市场化定价机制是增强碳市场的有效性、扩大交易规模的必要条件。市场流动性是二级市场有效运行的重要体现，流动性始终是一个困扰市场正常发展的隐患。二级市场流动性的缺乏会使交易者无法顺利地买卖碳资产，只能以流动性折价买卖，会迫使部分交易者退出市场交易，使市场陷入"价格下跌—流动性丧失"恶性循环的陷阱。根据2021年的数据，二级市场成交金额中深圳占23.36%、广东占17.99%、北京占17.86%、上海占17.54%、湖北占16.64%，天津和重庆交易量较少，分别占0.78%和1.27%。从流动性来看，各试点市场的换手率均逐年提高，其中深圳、北京和上海是流动性最高的三个碳市场。各试点市场交易密集与价格寻底现象明显。除湖北和天津外，各试点市场均表现出第二季度交易量大涨，第三季度交易大幅回落，交易密集于第二季度，并且在成交量上涨的同时成交均价下跌。除上海和重庆外，大部分试点市场成交均价都在履约期间出现了下跌，表现出了价格寻底的趋势。

三 建设粤港澳大湾区碳排放权交易市场的思路

粤港澳在碳排放权交易市场方面有共同需求，深圳、广州、中山先后被列入国家级低碳试点城市，香港也发布了"气候行动蓝图2050"，明确减碳中期目标，力争在2035年前把香港碳排放量从2005年的水平减半。建立一个具备有效性、流动性和稳定性的粤港澳大湾区统一碳市场，拥有规模化的交易主体、市场化的交易产品和透明化的交易规则，有利于发现真实的减排边际成本和边际收益，推动粤港澳大湾区率先实现"碳达峰""碳中和"。目前，广东碳市场的交易量及交易额均居全国首位，广东和深圳碳市场已经具有较强的国际影响力和一定的流动性，已具备了联通港澳的基础，建设以广东和深圳碳市场为主体的粤港澳大湾区碳市场，建立碳排放权跨境交易机制，推动港澳投资者参与广东碳市场交易，将为港澳融入国家和大湾区"碳达峰""碳中和"战略目标体系提供有力抓手，促进大湾区在应对全球气候变化中发挥区域性引领作用。

前面的研究发现，我国试点碳市场的有效程度是有差异的，部分碳市场有效，而碳市场的有效性受到流动性、制度环境、经济环境、社会环境和与能源市场联动性等因素的影响，因而构建粤港澳大湾区统一碳市场、提高碳排放权交易市场的有效性，更好地实现节能减排的目标，应关注以下几方面。

1. 碳市场参与主体的多样化

2021年7月，全国碳排放交易市场正式启动，电力行业被纳入全国碳排放交易市场，而在广东碳市场规模中电力行业的规模大概占到49%，这就使广东碳市场的规模缩小很多。推动粤港澳大湾区碳市场建设，需要扩大碳市场行业，同时要考虑降低碳市场纳入的门槛，将粤港澳三地更多高耗能高排放的企业纳入碳交易市场，推动小微企业、社区家庭和个人碳普惠行为或开发自愿减排项目汇集的碳减排量纳入碳市场。逐步扩大覆盖交易的控排企业和新建项目，允许个人、机构等更多投资者直接参与碳排放权交易，发挥机构投资者在价格稳定和资金配置方面的作用，吸引个人投资者参与交易并做好投资者教育，向境外投资者开放碳交易。通过交易主体多元化、参与主体的差异化，来提高碳市场的流动性和成交活跃度。参与者在进入市场进行交易业务时，应做到信息的公开透明，披露碳市场的非诚信行为，降低碳市场的信息不对称。

2. 完善粤港澳大湾区碳排放权交易市场基础设施

首先，需要整合广东和深圳试点碳交易资源，协调粤港澳三地政府，在立法层面上构建统一的交易制度、交易规则、排放配额、分配方式以及违约处理方式等市场规则。其次，应建设和完善大湾区的碳排放数据报送系统、碳市场配套的账户注册登记系统、交易系统、托管清算和结算系统等交易基础设施，并健全现有的以排放配额分配制度、排放核算报告和核查制度、碳交易监督管理制度为主的制度体系，明确碳市场交易主体、交易平台和交易产品等，为参与主体入市提供便利。最后，粤港澳大湾区要开展碳标签互认机制和碳交易标准的研究和应用示范，构建内地碳市场与境外碳市场的联通机制。

3. 探索有效的市场化定价机制，规避行政式价格指导

对标大湾区"碳达峰""碳中和"目标，强化减排政策效果，遵循适度从紧的原则确定碳配额总量，合理确定免费分配与有偿分配比例，利用科学的且可复制、可推广的排放核算标准及配额分配方案，确保形成合理碳价。坚持碳配额的有偿发放和一级市场竞价参考二级市场价格决定，增强一、二级市场价格联动性，发挥市场的定价功能和资源配置作用，有效提高二级市场的交易效率，提高碳市场的流动性；二级市场交易价格方面，在参考证券交易的基础上，根据碳市场的实际运行情况，实行价格涨跌幅限制制度；优化交易机制，增强一级市场与二级市场的联动性，收窄二级市场价格的波动幅度，增加交易量。

4. 综合采用项目激励、金融激励和荣誉奖励相结合的办法，引导企业按时履行遵约义务

对积极履约的企业给予更多的政策支持；对未完成履约的企业加大惩罚力度，除行政处罚外，还可把违约信息录入社会信用系统和中国人民银行征信系统。通过奖罚的不同角度激励企业参加碳交易，以经济手段和最小成本实现社会减排总目标，从而有利于保障参与碳市场的投资者的利益，增强市场信息透明度，提高碳市场有效性。

5. 采取多种方法改善二级市场的流动性

一是优化碳配额总量的设定和分配机制，通过优化存量和控制增量，进一步完善有偿发放配额的机制。二是采取有效措施提高控排企业和投资者的碳资产管理意识，通过减免交易费用、简化开户手续和加强交易风险管理等优惠措施，促进减排企业和投资机构积极参与碳交易，提高市场的碳交易活跃度。三是创新碳金融产品，形成一个丰富的碳金融产品体系。这样既有利于满足市场参与者的多样化需求，又能充分发挥碳市场在引导资金融通、价格发现、风险管理、资产配置等方面功能。四是粤港澳三地制定统一碳金融标准，逐步推出抵押融资和远期交易，延伸业务范围至绿色金融领域，开发绿色金融产品，设计推出绿色债券指数，通过流动性提供者的金融机构参与碳交易、金融工具的规范和绿色金融体系的深化，来帮助市场主体规避风险的同时提高碳市场流动性，撬动一个更大的市场，带动更大规模的配额交易量。五是合理完善协议转让、挂牌竞价等交易规则，制定发布碳交易风险管理细则和明确国家层面的中国核证自愿减排量（CCER）交易规则。

6. 运用金融思维和理念推动粤港澳大湾区碳市场的发展

碳排放权具有资产性、可储存性、稀缺性和流动性，在同一碳市场中又具有完全同质和可标准化的特点，能够为投资者提供保值、增值和资金融通的功能，具有明显的金融属性，加载碳市场金融功能并强化金融属性，才能有效盘活碳资源和做大做强碳市场。碳金融产品的设计应以形成透明的市场价格信号、提高市场交易的流动性和风险管理为目标，产品设计要满足多元化的市场需求，向化解市场信息不对称、资产定价和风险管理三个方向发展。一是利用广州期货交易所成立发展的契机，打通碳期货交易通道，国际经验表明90%的碳市场流动性由碳期货市场提供，适时推出碳期货、碳掉期、碳期权等碳金融衍生产品，大力推动碳质押、碳回购、碳托管等融资业务发展交易方式向期货交易靠拢，通过期货交易实现套期保值和发现价格的功能，并开发以配额和CCER为基础的多样化衍生金融产品，使投资者在增加收益的同时对冲风险。二是以区块链为基础，将碳资产上链实现碳资产数字化，发展数字碳金融，使碳交易信息透明、安全、便捷。三是探索设立"碳市通"，搭建和铺设碳市场的境内外交易渠道，吸引全球资金参与交易，就碳排放交易相关金融产品，港交所与广州期货交易所可以开展合作，考虑将香港发展成为区域碳交易中心。

参考文献

［1］Charles A., Darne O., Fouilloux J., "Testing the MartingaleDifference Hypothesis

in Emission Allowances," *Economic Modelling*, 2011, 28 (1): 27-35.
[2] Daskalakis G., Markellos R. N., "Are the European CarbonMarkets Efficient?," *Review of Futures Markets*, 2008, 17 (2): 103-128.
[3] MontagnoliA., De Vries F. P., "Carbon Trading Thicknessand Market," *Efficiency Energy Economics*, 2010, 32 (6): 1331-1336.
[4] Suzanne G. M. Fifield, Juliana Jetty, "Further Evidence on the Efficiency of the Chinese Stock Markets – A note," *Research in International Business and Finance*, 2008, 22: 351-361.
[5] Seifert J., Uhrig-Homburg M., Wagner M., "Dynamic Behaviorof Spot Prices," *Journal of Environmental Economics and Management*, 2008, 56 (2): 180-194.
[6] Xindan Li, Bing Zhang, "Has Split Share Structure Reform Improved the Efficiency of the Chinese Stock Market?," *Applied Economics Letters*, 2011, (18): 1061-1064.
[7] 陈向阳:《环境成本内部化下的经济增长研究》,社会科学文献出版社,2017。
[8] 田穗、刘小小:《欧洲碳排放权现货市场有效性研究——基于 GARCH 模型》,《杭州电子科技大学学报》2015 年第 2 期。
[9] 王倩、王硕:《中国碳排放交易市场的有效性研究》,《社会科学》2014 年第 6 期。
[10] 徐铭皓:《深圳碳排放交易市场有效性研究》,《中外能源》2017 年第 7 期。

B.27
关于广州打造"风投之都"和"低碳绿谷"的建议*

谭苑芳 温洋**

摘 要： 广州的金融产业存在风投、创投机制和创新金融产业链有待完善，高校自主创新能力有待加强和碳排放期货交易所的作用有待充分发挥等问题，与深圳、上海、香港相比差距明显。建议广州转变观念，借助广深联动发展的"双区"战略，借鉴深圳和合肥市的经验，做强国资公司投资平台，建设高校公平公正的创新机制，积极培育上市公司，完善绿色金融体系，打造世界一流的金融生态圈，把广州建设成为充满活力的"风投之都"和低碳发展的"绿谷"。

关键词： 双区战略 风投之都 低碳绿谷 广州

一 广州发展壮大风投、创投金融服务体系的必要性与紧迫性

《粤港澳大湾区发展规划纲要》明确提出要"充分发挥香港、澳门、

---

* 本文为广东省高校人文社科重点基地广州大学粤港澳大湾区（南沙）改革创新研究院、广州市首批新型智库广州大学广州发展研究院的研究成果。
** 谭苑芳，博士，广州大学广州发展研究院副院长、教授，广州市粤港澳大湾区（南沙）改革创新研究院理事长；温洋，广州市粤港澳大湾区（南沙）改革创新研究院高级研究员，广东省人民政府原参事。

深圳、广州等资本市场和金融服务功能，合作构建多元化、国际化、跨区域的科技创新投融资体系。大力拓展直接融资渠道，依托区域性股权交易市场，建设科技创新金融支持平台"。粤港澳大湾区发展优势明显，人力资源丰富，产业链和创新链相对完整并有良好的支持政策，优化创新金融生态圈，促进大湾区金融资本与科技创新的深度融合，是粤港澳大湾区加快建成全球科技创新高地和新兴产业重要策源地的基础保证与重要前提。所谓创新金融生态圈，就是要在粤港澳大湾区打造创新金融链条完整、市场机制完善、金融功能齐全、区域布局合理、与股民共建共享的金融体系。

20 世纪 80 年代末，中国决定建立两个证券交易所，一个是上海证券交易所，一个是深圳证券交易所。据说，当时广州担心稳定问题，最终在深圳建立证券交易所。90 年代，全国兴起发展金融中心，广州也提出了建设华南金融中心的愿景。广州成立了广州期货交易所，后来合并成为广东联合期货交易所。在 1993 年的整顿中，广东联合期货交易所成为全国保留下来的 15 家期货交易所之一。可惜的是，1996 年开始第二次整顿，到 1998 年全国只保留了上海、郑州和大连三家期货交易所，广东联合期货交易所被关闭。目前广州没有中小企业板和创业板，只有广东股权交易中心和南沙的碳排放期货交易所。深圳经济特区自成立以来，在金融创新方面积极进取，在拥有深圳证券交易所的基础上，于 2004 年 6 月推出中小板，2009 年 10 月推出创业板，牢牢把住科技创新的龙头地位。2021 年创业板公司超过 400 家，深圳本地企业就超过 44 家。目前中国最具创新力的华为、中兴、腾讯、比亚迪、迅雷、顺丰快递等公司都诞生于深圳。此外，深圳市 2019 年战略性新兴产业增加值合计 10155.51 亿元，比上年增长 8.8%，占地区生产总值比重 37.7%。

香港经济主要依靠金融产业。香港证券交易所在 2019 年恒生指数低迷的情况下仍表现强势，这是由于美国对在美上市的中国公司的各种限制、审查以及威胁，致使大量的中国股票回到香港上市。据上证报中国证券网讯，2020 年 2 月 26 日午间，港交所发布的年度业绩报告显示，2019 年港交所实现营业收入 163.11 亿港元，同比增长 3%；净利润 93.91 亿港元，同比增长 1%。

表1 广州、深圳、上海和香港财政、金融和工业等指标的比较（2021年）

	广州	深圳	香港	上海
常住人口（万人）	1867.66	1756.01	739.5	2487.09
GDP（万亿元）	2.82	3.07	2.68	4.32
一般公共预算收入（亿元）	1842.0	4257.76	4799.7	7771.8
工业增加值（亿元）	7722.67	11338.59	现代服务业为主	11449.32
证券公司市值（万亿元）	4.0	37.19	34.56	51.97
上市公司数（家）	212	2455	2597	2037

数据来源：中国统计信息网及各证交所网站。表格中的计量货币为人民币。（香港交易所的收入由现货、股本证券及金融衍生产品、商品、交易后业务、科技、公司项目这六大部分组成）。

由表1可以看出，广州由于没有证券交易所，在GDP、工业增加值和一般公共预算收入等方面都落后于深沪，香港虽然工业产值不多，但是GDP和一般财政预算收入均高于广州，说明证交所对地方经济的拉动很大。深圳已有证交所、创业板和创新金融产业链，只要不断有新股发行、有大量投资者交易，交易所就能源源不断地从中获利，并为科技创新和社会建设提供充足的资金。

同时，目前粤港澳大湾区的金融服务体系还存在一些问题。一是现有的传统金融服务与华东、华北地区和上海、北京两市有一定的差距。据全球资本市场研究报告显示，各区域2021年IPO融资总额排名依次为华东（1631.18亿元）、华北（1112.82亿元）、华南（704.76亿元）、西南（203.79亿元）、西北（82.27亿元）和东北（33.59亿元），省区市排名为北京（967.98亿元）、上海（518.36亿元）、广东（497.29亿元）、浙江（438.52亿元）、江苏（300.06亿元）。二是高校自主创新能力不强。目前，广州有36所本科院校，48所专科院校，总计84所高校，数量位居全省第一。深圳则有10所高校，数量虽然是全省第二，但是还不到广州的1/8。然而，广州的自主创新能力却远不如深圳市。说明自主创新能力的强弱不取决于大学和科研院所数量，而在于营造有利于创新的制度和宽松的氛围。三是深圳的创业板与上海的科创板相比还有一定的差距。科创板和创业板二者的区别在于投资门槛和交易规则不同，开通科创板权限要求前20个交易日证券账户及资金账户内的资产日均不低于人民币50万元，而创业板则为日均不低于人民币10万元，科创板的个股单笔买入申报数量应当不小于200股，超过200股的部分，可以1股为单位递增，而创业板股则必须是100股的整数倍。据普华永道的数据，2021年上半年，上海科创板和深圳创业板的IPO数量分别为86宗和85宗，位列第一和第二位。从融资金额来看，上海主板的融资额最高，为741亿元；深圳创业板的融资额为527亿。四是广州还没有完善的创新金融产业链。早在2019年，广州就提出争取3年时间新增广州市境内外上市公司30家，这意味着广州上市公司数量将突破200家，上创业板的公司数量发展潜力很大，亟待完善自己的风险投资机制，推动更多的企业上市融资。五是还没有形成推动可持续发展的绿色金融和生态价值实现的产品及市场机制。

二 广州打造风投、创投金融服务体系的具体建议

粤港澳大湾区内城市的体制、法律和货币各不相同。广州应该结合本地的情况，打造出有自身特色的风投、创投金融服务体系，推动更多高科技企业上市。

（一）转变观念，坚定不移地推进科技与金融的结合

与实体经济不同，股票、期货及产权交易都属于虚拟经济的范畴，具有重要意义。一是用得好，可以充分调动民间资本，为科技创新和实体经济提供有力的金融支持。二是为创新项目提供一个公正评价的市场化平台，由投资方决定对项目的投资与否及数额，避免了行政对创新项目评价的干预。三是有利于调动中小企业科技创新的积极性。科创板为中小企业提供了一个风险共担、利益共享的融资平台。2019年3月2日，证监会发布的《科创板首次公开发行股票注册管理办法（试行）》和《科创板上市公司持续监管办法（试行）》为中小企业上市融资提供了新的机遇，必须及时抓住，乘势而上，推动广州乃至全省科创型企业的上市以及转型升级。四是可以提高

城乡居民的人均收入。2019年国内居民存款总额是82.14万亿元，居民人均存款6.4万元。在目前国家对房地产行业采取宏观调控，防止房价过度上涨的形势下，应该引导居民通过投资理财，持有优质公司的股票、基金、保险和债券等理财产品，增加居民收入的来源和创业就业渠道，实现"十四五"规划提出的"到2035年人均收入翻一番"的目标。五是有利于实现资本双循环，充分利用外汇及国际资本为国内经济发展服务。

（二）"双区"合作，把广州建设成为"风投、创投之都"

"双区"战略是习近平总书记亲自谋划、亲自部署、亲自推动的国家战略，旨在推动广深两市优势互补，共同发展。广州市应借鉴深圳建设金融创新链的经验，培养中小企业源源不断地到深圳、上海和香港的证交所上市。一是要设立"粤港澳大湾区科创基金"。借鉴国家亚投行的做法，设立"粤港澳大湾区科创基金"，资金来源可由"地方财政+证交所利润+土地出让金"三部分组成。主要用于资助大科学装置、前沿基础研究项目的运作和科研成果的转化。二是学习、借鉴深圳市的天使和风险投资基金管理经验，完善广州市的天使和风险投资基金管理机制。三是培育和引进天使投资基金，帮助初创的小微企业。2017年11月，深圳市人民政府投资发起设立了100亿的天使投资引导基金，主要用于培育种子期、初创期的企业。深圳市政府还对天使基金承诺40%的投资风险担保比例。四是加强对企业上市的组织领导和培训工作。工业和信息化部最近公示的第三批专精特新"小巨人"企业名单中，全国共有2930家企业上榜，深圳企业达134家，其中约九成企业是非上市企业，说明深圳上市公司的后劲很足。除了利用广州和深圳各大高校的培训资源外，还可引进北京、上海和深圳的企业上市辅导中介机构，政府可以出资解决企业的上市培训费用。五是统筹规划，支持上市的中小企业外溢到周边的城市，拉动区域经济的发展。

（三）借鉴合肥经验，以国资投资平台建设股权投资基金

抢抓新一轮科技革命和产业变革的历史机遇，助推广州科技创新从量的

积累到质的飞跃，需要充分释放新型举国体制优势和广州市国有资产和土地资源的优势，特别要充分发挥国有企业在科技创新中的主体作用。与深圳市相比，广州市的地方财政实力并不具优势。合肥市2020年地方一般公共预算收入为762.90亿元，尚不及广州市2020年地方一般公共预算收入（1720亿元），更比不上深圳市（3857亿元），但是合肥市近年来发展迅速，被新华社报道为"最牛风投城市"，跻身"GDP万亿元俱乐部"，建成并发展了高科技产业集群，其经验和做法值得广州借鉴。合肥市的经验包括：组建了以合肥建投、合肥产投和兴泰控股为主的三大国资平台，建立了"引导性股权投资+社会化投资+天使投资+投资基金+基金管理"的多元化科技投融资体系，形成了创新资本生成能力，构建保值增值长效机制。国资平台的产业投资模式是：项目投资前即筹划退出方案，项目投资后注重管理运作，与被投资企业共成长，抓住最佳时间窗口完成股权退出，形成了借助资本市场运作，"找准产业方向—尊重产业规律—通过国有资本引导社会资本—实现国有资本有序退出和保值增值—投向下一个产业"的良性循环。合肥建投、合肥产投以"芯屏器合""集终生智"产业主线为切入点和发力点，成功落地京东方系列项目，实现了合肥市大规模集成电路制造项目零的突破；助力落地长鑫项目，打造国内dram存储器行业领军者；建设运营"中国声谷"，成功打造了人工智能产业集群。

（四）探索建设高校公平公正的竞争机制，让创新成果和青年人才脱颖而出

高校和科研单位是原始创新和人才培养的源头。建议广州和各大学要更加开放、创新。一是广州要加强与深港澳和省属高校、科研单位以及企业的研发机构组成创新联盟。深圳市90%的技术创新成果来自企业。高校应借助企业力量设立战略性新兴产业的课程，在芯片、光刻机、半导体新材料等"卡脖子"技术上联合攻关，取得突破。要共建共享暗物质、超算中心、冷泉生态系统、散裂中子源、中微子等大科学装置，在基础理论研究上取得新成果，吸引和培养更多创新人才。二是应该借鉴港澳及发达国家办大学的经

验，完善大学的创新机制，专门设立面向青年人才的交叉研究基金，打破"唯帽子"论，把青年科研人员分成三个梯度来培养，鼓励思想特别活跃、颇具创造力的年轻人组建自己的创新创业团队。三是在研发课题选择、教材编写和人才培养等方面加强与企业的合作，鼓励校内外组团，鼓励医工结合、医理结合、理工结合、文理医结合等，让他们碰撞迸发出思想的火花。四是普及理财知识，提高全民理财水平和投资意识。2015年，广州36所中小学已经开设了金融理财知识课。政府应在健全市场管理制度、规范各类理财公司的基础上，在粤港澳大湾区的所有中小学校、党政机关和企事业单位中率先普及理财知识，建立一个理财信息网，为居民学习理财相关知识提供一个平台，推动政府治理能力的现代化，让改革开放的成果惠及广大人民群众。

（五）打造粤港澳大湾区的"低碳绿谷"

建设绿色金融体系，完善生态产品的价值实现机制。生态产品的价值实现有三个途径。一是发展绿色金融。可以扩大广州市花都区绿色金融的试点范围，通过创新性金融制度安排，鼓励社会资本投入绿色产业，同时抑制污染性投资，为绿色企业提供绿色评级、授信、货款和债券等金融服务。二是建设和完善生态产品交易市场。2020年5月14日，中国人民银行、银保监会、证监会、外汇局联合发布《关于金融支持粤港澳大湾区建设的意见》中称："充分发挥广州碳排放交易所的平台功能，搭建粤港澳大湾区环境权益交易与金融服务平台。研究设立广州期货交易所。"到2019年，全省碳市场累计成交碳排放配额1.39亿吨，成交额27.15亿元，位居全国第一。未来应逐步将建筑业、交通运输、餐饮酒店和零售业等能耗和排放较为集中的服务业，以及大型公共建筑纳入碳市场。三是大力发展环境和社会治理型企业（ESG）。据普华永道2021年的IPO市场报告显示，在A股市场，仅上半年就有21家ESG相关公司上市，占IPO数量的9%。碳中和将成为推动我国经济未来40年可持续发展的重要驱动力，预计为年均GDP增长贡献将超过2%；能源系统将需要超过120万亿元投资，并带动相关领域投资高达

400万亿元。广州今后应把氢能源、碳捕获和可燃冰等绿色低碳企业作为投资的重点，发展绿色产业集群。

参考文献

[1] 陈印政：《粤港澳大湾区实施创新驱动发展的战略思考》，《智库理论与实践》2019年第6期。

[2] 吴东方：《粤港澳大湾区特色金融服务发展研究》，《合作经济与科技》2019年第21期。

[3] 李锋：《科创板与创业板的比较研究》，《启迪》2019年第4期。

[4] 雍腾：《我国证券交易所制度的改革》，《商情》2014年第2期。

[5] 兰昌贤：《绿色金融研究与发展现状》，《合作经济与科技》2018年第3期。

[6] 张俊雄：《生态产品价值实现机制研究》，《知识经济》2019年第12期。

[7] 《深圳市委书记：要包容天使投资失败，政府最高承担40%风险》，腾讯网，2020年10月16日，https://new.qq.com/omn/20201016/20201016V0A8PZ00.html。

[8] 《激活民间资本绿色效应4000亿碳交易市场正当时》，碳排放交易网，2016年9月22日，http://www.tanpaifang.com/tanjiaoyi/2016/0923/56611.html。

[9] 《逆光看合肥："最牛风投城市"的产业投资故事》，新华社新媒体，2021年5月26日，https://baijiahao.baidu.com/s?id=17007961455568598597&wfr=spider&for=pc。

B.28
湛江融入粤港澳大湾区构建省域副中心金融体系的对策探讨

廖 东*

摘　要： 金融是现代经济的核心，是经济崛起的重要支撑和助推器。建设广东省域副中心是湛江"十四五"发展的主要目标。本文从探讨湛江融入粤港澳大湾区构建省域副中心金融体系的必要性和可行性切入，客观分析大湾区金融发展的突出优势和湛江构建省域副中心金融体系的有利条件及不足，并结合湛江发展规划及金融发展状况提出了对策建议。

关键词： 粤港澳大湾区　湛江　省域副中心　金融体系

一 湛江融入大湾区构建省域副中心金融体系的重要意义

金融是现代市场经济的核心，其本质是实现资本的优化配置，提高投融资水平和效率，吸引优秀人才，促进经济增长。一个先进有效的金融体系，能推动区域经济的加速发展。因此，湛江融入大湾区构建省域副中心格局的金融体系，具有十分重要的意义。

（一）落实广东区域协调发展战略，促进湛江加速发展的重要支撑

广东省经济总量连续三十多年居全国之首，但区域发展不平衡、不协调

---

* 廖东，广州市粤港澳大湾区（南沙）改革创新研究院高级研究员，广东省区域发展蓝皮书研究会副会长，湛江市哲学政治经济学学会会长，曾任国家级湛江经济技术开发区管委副主任。

是明显的短板。以湛江为例，2020年人均GDP为4.21万元，而深圳的人均GDP超20万元，是湛江的将近5倍，严重不平衡。湛江建设省域副中心，是广东省委实施区域协调发展战略的一个重大举措。湛江要建设成为广东省域副中心城市，金融产业的发展是重要支撑。湛江主动接受大湾区金融体系的引领和辐射，构建与省域副中心城市格局相匹配的金融体系，就能更好地提高投融资水平和效率，更快地提升湛江的发展能级，有效地聚集人流、物流、资金流、信息流和产业流，带动整个粤西区域的经济加快发展，缩小粤西与珠三角地区的发展差距。

（二）发挥大湾区金融引领辐射功能，实现高质量发展的重要抓手

随着大湾区金融合作取得系列突破性进展，其金融的引领和辐射功能越来越凸显。湛江凭借其区位、物产资源和自然条件等优势，被定位为广东省域副中心城市。但湛江目前离省域副中心城市功能的要求差距还很大，尤其是金融产业的发展还相对滞后，使湛江的一些比较优势发挥不出来。湛江融入大湾区，构建起省域副中心功能的金融体系，就能促使湛江的潜在优势转化成为现实优势，湛江的区位、港口、资源、产业承载力、环境等比较优势就会充分显示，在全省范围内，特别是在与大湾区各城市之间实行资源整合、优化配置、优势互补的机会和合作发展的空间就更大，这就为广东高质量发展走在全国前列创造了有利条件。

（三）促进经济梯度扩散转移，加快湛江建设省域副中心的重要保证

湛江要建成省域副中心，首要任务是要把经济体量做大。在发展经济学理论中，美国著名经济学家罗斯托提出经济发展有6个阶段。从主要经济增长指标来分析，湛江整体上比珠三角地区要落后1~2个阶段。根据梯度发展理论，珠三角地区与湛江分别处在高低两个不同的经济梯度。高梯度发达地区的经济对低梯度地区形成扩散和转移的趋势，这是经济发展的客观规律，但扩散转移的地点和时间都是有条件的。湛江融入大湾区，构建起具有

省域副中心功能的金融体系，能够大大增强处在低梯度的湛江对高梯度的珠三角经济扩散和转移的吸引力，达到促进经济梯度发展，把湛江经济体量做大的目的。一方面，先进有效的金融体系，能够提高投融资水平和效率，可以增加要素总量，形成要素的集聚效应；另一方面，又可以通过资本的优化配置，促进技术进步和吸引优秀人才，加速经济增长，成为推动湛江加快建设省域副中心的重要保证。

二 湛江构建省域副中心金融体系的主要有利条件与不足

（一）主要有利条件

1. 前所未有的发展机遇

习近平总书记赋予湛江"打造现代化沿海经济带重要发展极"和"与海南相向而行"的时代使命。广东省委、省政府赋予湛江"省域副中心"的重要战略定位。为了支持湛江加快建设省域副中心城市，打造现代化沿海经济带重要发展极，专门出台了量身定制的包括发展金融业在内的扶持政策，推动湛江加快发展。随着高铁的"五龙入湛"、40万吨级航道、湛江吴川机场等一批重大交通基础设施的建成使用或加快推进，极大地拉近了湛江与全国各中心城市，尤其是大湾区核心城市的时空距离，已成为双区、两个合作区、海南自贸港、西部陆海新通道和北部湾城市群等一系列国家战略的交汇点。湛江的发展定位空前提升，后发赶超势能空前凸显，必将使湛江金融业的发展前景空前广阔。

2. 产业发展的良好势头

湛江依托海洋、港口和丰富的资源优势，初步形成了具有区域特色的钢铁、重化、造纸、近海油气开发、电力、农海产品加工、饲料、小家电制造业等产业基地。近五年，全市累计完成固定资产投资6063亿元，是前五年的1.7倍，产业园区总产值年均增长11%，湛江进入了改革开放以来完成投资额最大、产业集聚效应最高的时期。随着宝钢湛江钢铁、中科炼化一体化、巴斯夫一体化、廉江清洁能源等四个投资超百亿美元的重大项目建成投产或加速推进，广东湛江大型产业集聚区启动规划建设，总面积达620平方公里，已吸引了一批世界500强企业相继落户。滨海旅游业发展势头喜人，湛江上榜全国"十大新兴海岸休闲城市"。特色优势农业加快发展，全国名优特新产品增至40个，农业龙头企业达214家。金融发展与产业升级息息相关。湛江产业的迅猛发展，给湛江金融业的做大做强提供了强大的动力。

3. 海洋经济的丰富资源

湛江是海洋大市，三面临海，各县（市、区）均毗邻海洋，全市海岸线总长2043公里，占全省的49.7%，海域面积1419平方公里，常年捕捞的近海渔场面积15万平方公里，对虾养殖产量占全国的1/4，海养珍珠产量占全国的2/3，已探明的矿产能源总储量高达525万吨。湛江又是港口强市，湛江港是全国港口的主枢纽之一。随着40万吨级深水航道的竣工，凸显现代化的港口优势，入选全国2021年可持续发展港口"十强"。近年来，湛江以建设国家级海洋经济发展示范区为中心，深入实施海洋强市发展战略，形成了初具规模的海洋产业体系。全市规模以上海洋企业500多家，海洋战略性新兴产业规模以上企业360多家，海洋经济总量在全省位居第三。丰富的海洋经济资源，为湛江发展区域特色的海洋金融奠定了坚实的基础。

4. 金融规模有一定基础

湛江共有银行机构24家，其中国有大型银行分行6家，股份制银行分行6家，政策性银行分行、外资银行支行、城商行分行各1家，地方性法人银行机构9家。湛江的保险机构共47家，其中产险机构25家，寿险机构22家。此外，专业中介代理机构49家，网点数331家。2020年，湛江市金融业增加值约149亿元，居粤东西北12市之首（见图1）。

2021年，湛江银行业各项贷款余额突破3000亿元大关，全省排名第八，居粤东西北地区第一。各项存款余额突破4000亿元大关，全省排名第

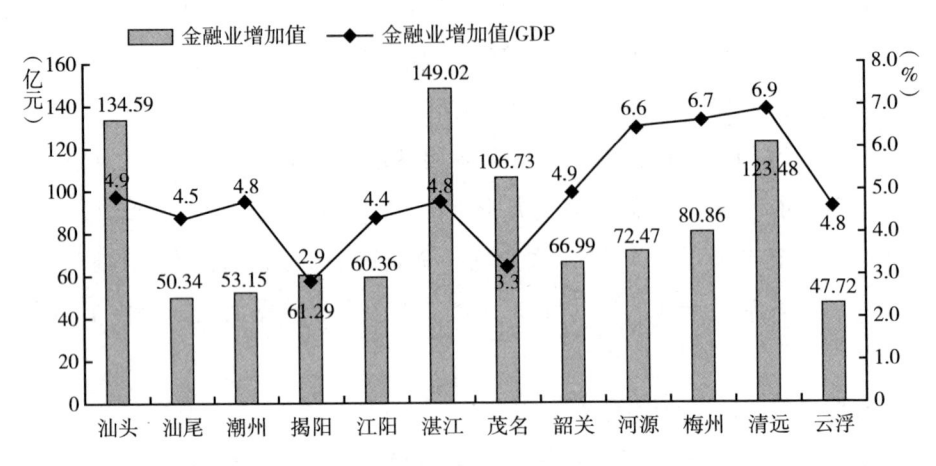

图例:金融业增加值 ◆ 金融业增加值/GDP

数据(亿元):汕头 134.59;汕尾 50.34;潮州 53.15;揭阳 61.29;江阳 60.36;湛江 149.02;茂名 106.73;韶关 66.99;河源 72.47;梅州 80.86;清远 123.48;云浮 47.72

金融业增加值/GDP(%):汕头 4.9;汕尾 4.5;潮州 4.8;揭阳 2.9;江阳 4.4;湛江 4.8;茂名 3.3;韶关 4.9;河源 6.6;梅州 6.7;清远 6.9;云浮 4.8

图1 2020年粤东西北地区金融业增加值对比

九,居粤西地区第一。金融业增加值168.02亿元。实现净利润48.51亿,保险保费收入104.40亿元。保险业为全社会提供的风险保障金额达到8.69万亿元,同比增长91.84%。湛江金融业在粤西地区是龙头,无论是机构总量,还是贷款、存款的规模都排在第一位(见表1)。

表1 2021年粤西地区各市金融业对比情况

地区	银行机构(个)	保险机构(个)	各项贷款余额(亿元)	各项存款余额(亿元)	保险保费收入(亿元)
湛江市	24	47	3155.98	4130.18	104.40
茂名市	16	43	2126.25	3332.68	95.66
阳江市	13	26	1522.11	1728.96	49.21

5. 金融服务效能明显提升

成立了中科中广湛江南方海谷股权投资基金、湛江市联合科技信贷风险准备金;成立了风险补偿资金,开展"互保金"贷款业务;建立了对银行普惠型小微企业贷款的风险补偿机制,农村普惠金融"村村通"试点工作顺利完成;深入推进了"两权"抵押贷款金融创新试点,累计发放额10.62

亿元，妇女小额担保财政补贴贷款金额 1.08 亿元，扶贫贷款 1.64 亿元。出台了湛江市农业政银保项目实施方案。在 2021 年各项贷款中，投向实体经济的贷款额占比为 62.59%。

（二）主要差距与不足

1. 金融业的整体规模不够大，发展的速度不够快

虽然目前湛江金融业的整体规模在粤西居首位，但离省域副中心金融体系的要求还有较大的差距，金融业对经济发展的引领和促进功能还没充分发挥，在支持经济发展的力度和贡献率方面还远远不足。例如，2020 年湛江市金融业增加值仅占 GDP 比重的 4.81%，而珠海市（省域副中心）是 11.57%，差距较大。从发展速度看，"十三五"期间广东省贷款增速平均为 15.39%，珠海市 20.76%，超出平均值 5.37 个百分点，而湛江市只有 13.32%，低于平均增速 2.07 个百分点。

2. 金融机构的实力不够强，组织体系不够完善

湛江各类金融机构个数有 120 家，但大多数为二三级分支机构，实力不够强，对地方金融业的带动功能很难凸显。2020 年年末，湛江法人银行机构总的资产规模只有 3406 亿元，而珠海（省域副中心城市）为 4147 亿元，汕头（省域副中心城市）为 6266 亿元。从组织体系看，湛江的法人金融机构明显不足，证券、期货、保险、类金融等金融组织的发展滞后，也不如珠海和汕头。

3. 资本市场发展滞后，与省域副中心城市地位不匹配

资本市场是筹集资金的重要渠道和资源合理配置的有效场所，也是一个城市金融业引领和促进经济发展能力及效率的重要标志。湛江在这方面还相对滞后，与珠海、汕头两个省域副中心城市差距较大。以 2020 年为例，珠海市企业直接融资额达 362 亿元，汕头市为 51 亿元，湛江只有 17 亿元。珠海市有境内 A 股上市公司 28 家，汕头市有 32 家，而湛江只有两家（见表 2）。

表2　2020年湛江、珠海、汕头资本市场情况对比

项目	湛江市	珠海市	汕头市
境内A股上市公司（家）	2	28	32
新三板上市公司（家）	1	58	28
企业直接融资（亿元）	17	362	51

注：直接融资为辖区非金融企业当年通过发债、上市（含增发）等方式筹得资金。

4. 金融集聚效应低，特色金融成效不明显

湛江市的海洋资源丰富，发展海洋经济是湛江加快发展的一个重要途径。广东省委、省政府要求湛江大力发展海洋金融，以促进湛江加快建设省域副中心。目前湛江在发展海洋金融方面，改革缺乏力度，创新的手段也不足，还没能真正形成富有区域特色的海洋金融集聚效应，截至2020年年末，湛江海洋经济贷款余额只有163.48亿元，占贷款比重仅为5.58%。

5. 金融生态环境仍不够理想

信用环境是突出的薄弱环节。在金融方面，不良贷款额偏高，超过了全省的平均水平，在保险方面仍存在"黑产"现象。生态环境不完善也增加了金融业的信用风险，导致市场基金难以进入。

三　湛江融入大湾区构建省域副中心金融体系的对策建议

（一）融入大湾区，突出金融产业对接，以"上规模、增速度"为发展重点，提升湛江金融业的发展能级

第一，要在全面融入大湾区，做好思路决策、规划、交通、产业、项目等多方面的对接当中，突出金融产业的对接。要对标大湾区金融发展的先进城市，学习借鉴大湾区金融发展的先进理念和成功经验，高度重视金融产业的发展。不光把金融产业当作服务经济的工具，更要做强做大金融产业，发挥其对经济发展的引领和促进功能。要按"十四五"规划金融发展的任务

和目标，统筹规划好构建省域副中心金融体系的发展格局。

第二，加强与大湾区的金融合作，借助大湾区发达的金融资源，带动湛江金融市场的发展。尤其是要充分利用广州对口帮扶湛江的机会，全面深化与广州的金融合作。争取广州多推荐项目到湛江，并鼓励各专业银行做好项目对接和客户延伸。加快引进广州的银行、保险、证券等机构入湛。通过整合两地金融资源和航空、航运行业的金融服务需求，借助南沙自贸区的金融政策优势，促进两地航空、航运行业协同发展。

第三，强化金融激励政策，实施金融招商。以聘请招商顾问、设立招商工作站、招商代表处等多种方式，建立常态化的工作机制，大力开展金融招商活动。积极引入大湾区实力雄厚的城商行、证券、保险、信托、基金、租赁等金融机构在湛江设立分支机构，积极引入全国性的金融机构，如民生银行、华夏银行、浦发银行等，以及区域性金融机构，如北部湾银行、海南银行等入驻湛江，打造金融机构集聚区。

第四，对接大湾区，争取广州的重点扶持，推动产业发展。在"三化"（工业化、生态化、数据化）带动"三大"（大园区、大文旅、大数据）的战略引导下，积极推动临港工业、高新技术产业、现代服务业、特色农业和滨海旅游业等产业的优化升级，特别是要大力发展钢铁、石化、造纸、能源、新能源汽车五大先进制造业集群，构建具有湛江特色的现代产业体系，为湛江金融业的发展夯实经济基础。

第五，制定提高金融增加值的发展规划和行动方案，采取强有力的措施，狠抓人民币贷款余额和保险保费收入这两个主要发力点。银行系统积极协助发改部门做好重大项目的引进对接；协助工信部门积极推动中小企业的融资对接；协助财政部门做好相关奖励政策的落实。保险系统采取切实措施扩大承保范围，增加承保数量，提高承保质量。积极推动湛江金融增加值的提升和贷款余额增速的加快。

（二）借鉴广州、珠海等湾区城市的金融发展经验，加快构建省域副中心金融组织体系，大力支持实体经济的发展

第一，做大做强地方法人金融机构，大力发展地方金融组织。积极推动

广东南粤银行通过增资扩股、创新服务模式、加强金融科技的应用等手段，发展成为湛江构建省域副中心金融体系的领头军。鼓励湛江农商银行深化普惠金融转型创新，发挥推动乡村振兴的农业金融主力军作用。积极推动湛江法人金融机构在周边地区布局分支机构，形成有效的金融辐射半径。积极推进全市的小额贷款、融资担保、融资租赁、商业保理等行业的地方金融组织健康发展。

第二，推动湛江金融分支机构增强实力，高质量发展。要重视关心和大力支持湛江金融分支机构的优化升级，协调解决发展障碍。市内各级党委、政府要主动加强与各金融机构总行（总部）业务联络，争取总行（总部）对湛江的业务指导和资源、资金投入的倾斜。动员湛江金融机构的分支机构利用业务渠道优势，积极争取总行（总部）加大对湛江发展的支持力度。鼓励现有银行分支机构加快布局普惠金融，在各县（市、区）广泛设立网点，健全基层金融服务体系。

第三，积极争取国家金融监管部门的支持，加快在湛江设立地方金融投资公司、资产管理公司、基金管理公司、融资租赁公司，争取设立法人证券机构、法人保险机构等组织。创造条件加快成立金融控股有限公司。

第四，健全金融中介服务体系。推动信用评级产业发展，大力引进各类信用服务机构，打造一批具有较高公信力和市场影响力的信用征信与评级机构。鼓励会计师事务所、律师事务所、投资咨询、保险代理、IT信息等金融中介服务机构到湛江开设业务，引导其突出业务特色，提供专业化中介服务，促进金融产业的发展。

第五，加大金融支持实体经济的力度。推动湛江银行机构加强与市外银行机构合作，利用银团贷款等多种信贷工具，加大对湛江海洋产业，先进制造业、战略性新兴产业、交通及城市基础设施、乡村振兴项目和重点国有企业的信贷投放。鼓励金融机构在经营业务方面大胆创新，推动资金快速有效流动到经济实体。运用全国跨境电商综合试验区平台，加快提升跨境金融服务水平和能力。

（三）落实省委、省政府关于大力发展海洋金融的部署，明确目标，深化金融业改革创新，着力打造海洋特色金融

第一，围绕发展目标制定创品牌的行动计划。金融管理部门和金融机构要学习借鉴广州、深圳、珠海等湾区城市打造特色金融的成功经验。根据湛江海洋产业这一优势产业的具体情况，量身定制金融支持产业发展的具体目标和创品牌的发展计划，实施"金融倍增工程"。要优化海洋金融发展布局，补齐海洋金融发展的短板，推动产融深度结合，以形成富具区域特色的海洋金融亮丽品牌。

第二，完善海洋金融服务体系，提升金融服务海洋经济的效能。推动广东南粤银行和农商行成立服务海洋经济的专营机构，开辟海洋金融信贷授信审批专项通道。加快引进国内外知名金融机构在湛江设立服务海洋经济的各类专业化金融机构。加快海洋金融服务平台建设，推动南方国际水产交易中心发挥仓储物流、交易结算、信息发布、数据分析、金融链供应链金融等功能，并创新金融平台，建立海产品大宗期货市场。积极创造条件，在"南方海谷"启动区创建国家级海洋金融小镇，全面发展以海洋科技金融为重点的金融新业态。

第三，改革创新，拓宽海洋产业融资渠道。加强与大湾区，特别是广州市在海洋金融方面的合作，鼓励两地有条件的企业共设海洋产业投资基金，并鼓励两地企业挂牌融资。鼓励银行业围绕全市海洋经济发展的规划加大信贷投放。大力推动符合条件的涉海企业上市挂牌融资，支持条件成熟的涉海企业发行企业债、公司债和非金融企业债务融资。把风险投资资金引入现代海洋渔业、滨海旅游业、海洋文化产业和海洋战略性新兴产业。在海洋基础设施建设和海洋大型工程建设等领域，积极创造条件采用PPP模式进行融资。

第四，加大金融扶持海洋经济的力度。鼓励银行机构采用银团贷款、组合贷款、联合授信等方式支持构建现代化临港工业体系，特别是加大对海洋高端装备制造业、海洋生物、海洋新能源等战略性高新技术产业的金融支

持。积极争取国家专项资金的支持，运用经济杠杆带动涉海项目的投资。积极运用互联网金融和供应链金融助推海洋产业升级。支持海洋企业在线进行商务资金运作和生意管理，将海产品线上交易服务延伸到线下实体。

第五，促进海洋保险业务的发展，提升海洋经济保险保障功能。根据海洋战略性新兴产业的特点，发展各类政策性保险机构和保险业务，设立专业性的海洋保险机构，创新符合湛江实际的保险品种，为海洋进出口企业提供投资、运营、用工等方面的保险服务；为融资主体提供信用征集和风险分散服务，大力发展再保险业务；推动互助性担保机构和商业性担保机构的发展，完善海洋产业的保障体系。

（四）学习大湾区发展资本市场的成功经验，大力发展多层次的资本市场，积极推动企业上市融资，增强经济发展的新动能

第一，制定发展资本市场的行动方案。湛江金融发展"十四五"规划提出，要拥有境内外上市公司10家的发展目标，在冠豪高新、国联水产、欢乐家食品的基础上，今年又新增了在深交所主板上市的粤海饲料等4家上市公司，要学习广州、珠海等湾区城市的经验，按"培育一批、股改一批、辅导一批、申报一批、挂牌一批、上市一批、做强一批"的梯度推进模式，坚持"量质双升"的原则，从数量、覆盖面、质量以及后备资源等方面制定科学的行动方案，加强政策引导，推动湛江资本市场跨越式发展。

第二，大力推进企业上市工作。坚持市场导向、企业为主、政府推动、分阶段、分步骤推进企业的股份制改造，对照上市条件和要求精选20家左右企业进行重点培育、重点推进。

第三，做好企业上市金融综合服务。加强以沪、深、港交易所和广东股权交易中心的合作交流，争取大湾区的证券公司、财务公司、基金管理公司入湛开展投融资顾问业务。利用2022年2月深交所湛江基地揭牌成立的机会，积极推动企业多角度、多层次地对接资本市场，并引导中介服务机构创新业务产品和服务模式，推动企业上市。坚持培育与引进相结合，建设一批高素质的证券、会计、法律咨询等企业上市专业化的服务队伍。

（五）对标大湾区，优化金融生态环境，推进金融业高质量发展，更好地发挥引领和促进经济发展的功能

第一，加强社会信用体系的建设。以香港、广州、深圳等湾区城市为榜样，牢固树立"加强金融生态环境建设就是提升城市竞争力"的理念，积极推进市公共信用信息平台一体化建设，引导行业主管部门建立完善信用分级分类管理制度，对市场主体实施差异化监管。加大对失信企业和个人惩戒的力度，加大诚信教育和宣传工作力度，营造诚实守信的良好风尚。

第二，加快完善金融法治体系，推动金融业依法合规健康发展。支持湛江市法院设立金融审判庭，专门负责银行、证券、保险、信托等金融商事案件的审理工作。完善金融仲裁制度，提高金融纠纷解决的效率。建立金融司法联动机制，加大金融债权执行力度，提高金融债权案件的执结率，积极化解银行不良贷款。支持司法和公安部门严厉打击各类恶意逃废金融债务、非法集资和"保险黑产"等犯罪活动。

第三，努力提升金融服务的便利度。采取建立联络员制度、召开政银企座谈会、建立银企交流工作群和深入企业开展对接调研等多种方式，多层次提升企业融资的对接服务。通过创新金融服务，采取有效措施降低企业融资成本，为企业发展提供优质、低成本的信贷支持。建立常态化的企业融资回访机制，及时设法为企业的融资发展排忧解难。

第四，加强金融监管部门及机构的建设，完善政府部门与国家金融监管部门之间的沟通协调机制，强化对金融机构和地方金融机构的监管。通过完善合规性、评级监管、早期预警等方面的监管制度，提升非现场监管的威慑力，强化现场检查的尖刀利剑功能，保持行政处罚高压态势。加强对依法监管的科技支撑，不断提高监管数据化、智能化水平。

第五，主动防范化解金融风险。不断完善属性风险评价体系和信贷资产动态监测体系，提高风险预警水平，"一企一策"化解风险。提高信贷资产风险管控能力，灵活采取核销、重组、转让、债转股、不良资产证券化等多种方式，切实提高金融机构的资产质量。大力整治非法集资、互联网金融乱

象、企业债券违约等突出问题。推动金融科技在金融安全领域发挥监测预警功能。建立健全重大金融风险突发事件的应急处置机制，确保金融市场的大局稳定。

参考文献

[1] 广东省委省政府：《中共广东省委、广东省人民政府〈支持湛江加快建设省域副中心城市、打造现代化沿海经济带重要发展极的意见〉》，广东省人民政府网站，2021年3月29日，http：//www.gol.gov.cn/gdyndt/gdyw/content/post_3250516.html。

[2] 涂成林等主编《中国粤港澳大湾区改革创新报告（2021）》，社会科学文献出版社，2021。

[3] 逯新红：《粤港澳大湾区金融合作背景和战略意义》，《金融与经济》2017年第7期。

[4] 王鹏飞：《金融支持海洋经济发展的若干问题与建议》，《区域经济研究》2019年第11期。

[5] 冯涛：《营商环境、金融发展与企业技术创新》，《科技进步与对策》2020年第1期。

[6] 《湛江市金融改革发展"十四五"规划》，湛江市金融局官方网站，2021年8月30日，https：//www.zhanjiang.gov.cn/jrj/attachment/0/70/70629/1490770.pdf。

Abstract

"Guangdong-Hong Kong-Macao Greater Bay Area Reform and Innovation Report (2022)" is co-edited by the Guangdong-Hong Kong-Macao (Nansha) Reform and Innovation Research Institute, the Guangdong Provincial Regional Development Blue Book Research Association, and the Guangzhou Development Research Institute of Guangzhou University. The report is divided into seven parts: general report, system integration, industrial coordination, regional development, scientific and technological innovation, cultural ecosystem, and financial topics. It gathers the latest results of the research and creation team of high-end experts in the Guangdong-Hong Kong-Macao Greater Bay Area. It is an important reference material for the economic and social operation of the Guangdong-Hong Kong-Macao Greater Bay Area and related special analysis and expectations.

In 2021, facing complex and changing environment, the people of the Greater Bay Area have overcome the spread of Covid-19, and achieved a sizable economic growth that the economic aggregate has reached 12 trillion RMB. Investment, consumption and exports have all maintained well, the year-on-year growth rate of public revenue has accelerated, and public expenditure has dropped significantly in spite of the excess expenditure in response to the epidemic in 2020. The balance of deposits and loans increased steadily that the proportion of them of the nine cities in the entire Greater Bay Area increased slightly, and the importance of the mainland financial industry in the Greater Bay Area has once again increased.

Looking forward to 2022, the Greater Bay Area will still face multiple opportunities and challenges. The impact of the Covid-19 epidemic on the economy of the Greater Bay Area cannot be ignored. The world's record high inflation rate will be transmitted to the Greater Bay Area through international commodity prices, causing imported inflationary pressures, restricting consumer demand and impacting the profitability of enterprises in the Greater Bay Area. It is recommended that the Guangdong-Hong Kong-Macao Greater Bay Area further improve the regional cooperation and coordination mechanism, strengthen the joint prevention and control of the epidemic, promote the transformation and development under the framework of the Greater Bay Area through technological innovation, digital transformation and green infrastructure construction.

Keywords: the Guangdong-Hong Kong-Macao Greater Bay Area; Cooperated Development; Digital Transformation; Low-carbon

Contents

I General Report

B.1 Macroeconomic Analysis of Guangdong-Hong Kong-Macao
Greater Bay Area in 2021 and the Outlook in 2022
*Research Group of Guangzhou Guangdong-Hong Kong-Macao
Greater Bay Area (Nansha) Reform and Innovation
Research Institute* / 001

Abstract: In 2021, facing complex and changing environment, the people of the Greater Bay Area have overcome the spread of Covid-19, and achieved a sizable economic growth that the economic aggregate has reached 12 trillion RMB. The economic aggregate stood at the 12 trillion RMB mark, and achieved a rapid growth of 7.7%. Investment, consumption and export has maintained good levels, the financial situation of cities has improved significantly, and the financial industry has achieved steady development. The Greater Bay Area will still face multiple opportunities and challenges in 2022. The impact of Covid-19 on the economy can not be ignored. The record high inflation level will influence the economy in many ways. It is recommended that the Guangdong-Hong Kong-Macao Greater Bay Area further improve the regional cooperation and coordination mechanism, strengthen the joint prevention and control of the epidemic, promote the transformation and development under the framework of the Greater Bay Area through technological innovation, digital transformation and green infrastructure construction.

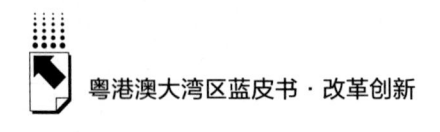

Keywords: the Guangdong-Hong Kong-Macao Greater Bay Area; Macro-economy; Green Development

II System Integration

B.2 Research Report on Regional Coordination and Convergence of Social Assistance Policies in the Guangdong-Hong Kong-Macao Greater Bay Area

Yue Jinglun, Chen Qin / 032

Abstract: Since the launch of the construction of the Guangdong-Hong Kong-Macao Greater Bay Area, the Greater Bay Area has played a leading role in key cities, reformed service supply methods, strengthened information technology, built exchange platforms, carried out specific assistance and attempted to extend the in-depth cooperation in social assistance among the nine cities to synergize cross-border social assistance among Guangdong, Hong Kong and Macao. However, such efforts to coordinate regional policies have been affected by factors such as wide differences in social assistance systems between cities, low levels of welfare portability, different financial burdens, barriers to information sharing and constraints on the development of social organizations. Therefore, a cooperation platform should be established to promote welfare portability, explore information sharing, optimize the financial burden mechanism and actively play the role of social organizations, so as to realize the regional coordination of social assistance policies in the Guangdong-Hong Kong-Macao Greater Bay Area.

Keywords: the Guangdong-Hong Kong-Macao Greater Bay Area; Social Assistance; Integrated Coordination; Cross-border Portability

B . 3 Exploration and Research on New Models of Cross-border Insurance Services in the Guangdong-Hong Kong-Macao Greater Bay Area

Joint research group of Dongguan Institute of Social and Economic Development and Guangzhou Guangdong-Hong Kong-Macao Greater Bay Area (Nansha) Reform and Innovation Research Institute / 051

Abstract: The insurance industry is an economic booster and a social stabilizer. Exploring a new model of cross-border insurance services in the Guangdong-Hong Kong-Macao Greater Bay Area can actively implement the practical measures of the national strategic deployment, effectively strengthen the foreign exchange management of cross-border premiums, and at the same time promote the better integration of Hong Kong and Macao compatriots into the needs of the development of the Bay Area. This kind of service can effectively curb the development of "illegal insurance" and accelerate the in-depth integration of Guangdong, Hong Kong and Macao, which is of great value and significance. In order to better protect the rights and benefits of policyholders and minimize risks, cross-border insurance services are recommended to gradually expand the scope of pilot projects, to operate closed capital channels and at the same time to construct perfect audit mechanism.

Keywords: Cross-border Insurance Service; New Model; the Guangdong-Hong Kong-Macao Greater Bay Area; Guangzhou Nansha

B . 4 Existing Issues and Countermeasures on the Application of Hong Kong and Macao Laws to Maritime Disputes in Hengqin and Qianhai Double Cooperation Zones *Tan Guojian / 061*

Abstract: The proper use of Hong Kong and Macao laws and arbitration rules in maritime disputes has an exploratory role in the construction of a multi-dimensional maritime dispute resolution platform and mechanism in the Hengqin and Qianhai double cooperation zones, and at the same time helps to build an open and innovative bay area industrial system. This paper proposes to actively improve the diversified resolution mechanism for maritime disputes involving Hong Kong and Macao, and strengthen the cooperation between the Hengqin and Qianhai double cooperation zones and the Hong Kong and Macao Special Administrative Region in maritime dispute resolution, so as to better defend the legitimate rights and interests of maritime entities, promote the integrated development of the diversified resolution mechanism for maritime disputes and improve the market economic system as well as the modern social legal management environment.

Keywords: Hengqin and Qianhai Double Cooperation Zones; Maritime Disputes; Hong Kong and Macao Arbitration Rules

B.5 A Typical Case Study on How Guangzhou Nansha Promotes the Connection with Hong Kong and Macao Rules

Research Group of Guangzhou Guangdong-Hong Kong-Macao Greater Bay Area (Nansha) Reform and Innovation Research Institute / 070

Abstract: The convergence of rules is the key and major difficulty of the construction of the Guangdong-Hong Kong-Macao Greater Bay Area. The "*Development Outline for the Guangdong-Hong Kong-Macao Greater Bay Area*" major cooperation platforms such as Guangzhou Nansha should give full play to their experimental and demonstration roles in further deepening reforms, expanding opening up, and promoting cooperation, and at the same time lead and drive comprehensive cooperation between Guangdong, Hong Kong and Macao. This paper analyzes and researches ten typical cases of Guangzhou Nansha in promoting reform and innovation in connection with Hong Kong and Macao rules, and explores the innovative ideas, key measures and reform results. It is hoped that through the pilot demonstration effect of Guangzhou Nansha, Guangdong, Hong Kong and Macao will comprehensively deepen practical cooperation, and promote the flow of cross-border factors in the Greater Bay Area to be more convenient and efficient.

Keywords: Rule Convergence; Typical Case; the Guangdong-Hong Kong-Macao Greater Bay Area; Guangzhou Nansha

Ⅲ Interactive Development

B.6 Strategic Conception of Building Shenzhen-Hong Kong High-Tech Industrial Cooperation Zone

Li Luoli / 081

Abstract: It is a major strategy for Shenzhen-Hong Kong cooperation to build a Shenzhen-Hong Kong industrial economic zone dominated by high-tech manufacturing industries. The most fundamental significance of this strategy is to bring the manufacturing industry back to Hong Kong, which is also of great significance to the national dual-cycle strategy in the new era. There are strong feasibility to build a Shenzhen-Hong Kong high-tech industrial zone in cooperation at the Shenzhen-Hong Kong border: first, it is conducive to the low-cost operation of enterprises; second, it helps the import and export of products of mainland enterprises and improves their international competitiveness; Third, it promotes foreign enterprises to enter the domestic market.

Keywords: Shenzhen-Hong Kong Industrial Economic zone, Cooperation Zone , Shenzhen-Hong Kong International Metropolitan Circle

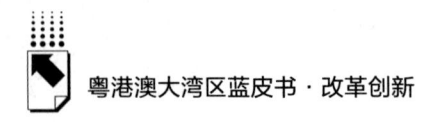

B.7 Suggestions on Building Guangzhou-Shenzhen Industrial Cooperation Park in Nansha

Joint Research Group of Guangzhou Guangdong-Hong Kong-Macao Greater Bay Area (Nansha) Reform and Innovation Research Institute / 088

Abstract: The regional industrial cooperation zone is not only a new carrier to undertake the industrial spillover of the "Two Cities", but also a hub chain for gathering high-quality resources of the "Two Cities" and expanding and strengthening the regional strategic emerging industries, and a pilot demonstration to guide the industrial linkage of the "Two Cities". The "Two Cities Linkage" of Guangzhou and Shenzhen should take industrial linkage as the first step to accelerate the construction of the "Guangzhou-Shenzhen Industrial Cooperation Park". Guangzhou Nansha has prominent comprehensive advantages including location, space and environment, which makes it the preferred area for the construction of the first phase of the "Guangzhou-Shenzhen Industrial Cooperation Park" project.

Keywords: Guangzhou-Shenzhen Industrial Cooperation Park; Industry Interaction; Guangzhou Nansha

B.8 Research on the Integrated Development Strategy of Guangzhou and Dongguan under the Integration Trend of "Three Cities" *Wang Jingwen, Xia Lingling / 098*

Abstract: From the "two cities" linkage of Guangzhou-Shenzhen to the "three cities" linkage of Guangzhou-Dongguan-Shenzhen "three-city", it is an inevitable trend from the "jumping" cooperation of two relatively separated regions to the integrated development of three closely connected urban complexes. In the context of the construction of "two districts", the linkage of "two cities" and the integrated trend of "three cities" in Guangzhou, Dongguan and Shenzhen, the development strategy of Guangzhou-Dongguan integration and the discussion on the impact of the linkage between Guangzhou and Shenzhen on the integration of Guangzhou and Shenzhen, the high-quality development of the two cities and the construction of the Greater Bay Area are of great and far-reaching significance.

Keywords: Interaction of Two Cities; Integration of Three Cities; Integrative Development of Guangzhou and Dongguan

B.9 Research on the Green Development of the Guangdong-Hong Kong-Macao Greater Bay Area Based on the Spatial Function Division of Urban Agglomerations

Research Group of Guangzhou Guangdong-Hong Kong-Macao Greater Bay Area (Nansha) Reform and Innovation Research Institute / 112

Abstract: At present, the urban agglomeration shows a spatial function division pattern in which the central city leads the research and development, and the peripheral cities lead the processing and manufacturing. Exploring the relationship between the evolution of this division of labor and green and high-quality development is of great significance for the Guangdong-Hong Kong-Macao Greater Bay Area to achieve green development and "dual carbon" goals. This report takes the three mature urban agglomerations of Beijing-Tianjin-Hebei, the Yangtze River Delta and the Pearl River Delta as examples, and comprehensively uses multi-dimensional data analysis to describe the characteristics and facts of the division of spatial functions and green high-quality development, and points out that the deepening of the division of spatial functions plays an important role in promoting green development. At the same time, it also exacerbated the gap between central cities and peripheral cities, and put forward countermeasures and suggestions for the optimization of industrial layout and green and high-quality development in the Guangdong-Hong Kong-Macao Greater Bay Area.

Keywords: the Guangdong-Hong Kong-Macao Greater Bay Area; Green and High-quality Development; Division of Spatial Functions

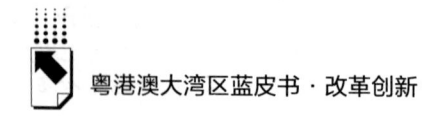

B.10 Research on the Current Status and Development Path of Shenzhen's Integration into the Domestic and International Dual Cycle
　　　　　　　　　　　Zhang Meng, Min Jing and Chen Jinjin / 137

Abstract: The adjustment of the national development pattern will have a corresponding significant impact on different regions. In 2020, the central government established a new pattern of "domestic circulation as the main body, domestic and international dual circulation promotion", bringing major development opportunities for China's development. Shenzhen should deeply analyze the major changes in the regional economy and industrial structure under the dual cycle, take advantage of its own market mechanism, relatively abundant capital, and strong high-tech enterprises to further emancipate people's mind, take the initiative to make corresponding adjustments, and actively carry out industrial upgrading. In addition, Shenzhen should therefore make up for the shortcomings of the internal circulation, deepen the social reform, promote the construction of the Guangdong-Hong Kong-Macao Greater Bay Area, integrate into the dual circulation, and better utilise the role of the pilot demonstration area.

Keywords: Domestic and International Dual Circulation; Shenzhen; Spatial Reconstruction; Development Path

B.11 Research on the Countermeasures for the Joint Construction of a High-quality Living Circle by Zhuhai and Macao in Zhongshan's "Southern Link"
　　　　　　　　　Research Group of Zhongshan Economic Research Institute / 150

Abstract: Zhongshan relates to Zhuhai and Macao both geographically and culturally that they share similar folk customs, and complementary advantages, which leads to prominent advantages to jointly construct the area of "Zhuhai-

Zhongshan-Macao" with Zhuhai and Macao. Since the release of the Outline Development Plan for the Guangdong-Hong Kong-Macao Greater Bay Area, Guangdong, Hong Kong and Macao have entered a new stage of comprehensive and in-depth integrated development. Zhongshan should focus on transportation, people's livelihood, public services, cultural tourism and other aspects to promote the construction of a high-quality living circle in Zhuhai, China and Macao, so as to promote the integration of people's hearts in the Guangdong-Hong Kong-Macao Greater Bay Area.

Keywords: High-quality Living Circle; Zhuhai Zhongshan and Macao; Integrated Development

B.12 Research on International Prior Experience of Regional Coordinated Development *Huang Jianhui / 161*

Abstract: The regional coordinated development experience of world's developedeconomiescan provide various inspirations for the development of the Guangdong-Hong Kong-Macao Greater Bay Area. This paper summarizes the development experience of metropolitan area of Tokyo in Japan, of Paris in France, of London in the United Kingdom and of Tel Aviv in Israel. This paper believes that the following practices are worth learning from the Guangdong-Hong Kong-Macao Greater Bay Area: the Tokyo metropolitan area in Japan sets quantitative assessment and monitoring standards; the Paris metropolitan area in France breaks through the spatial constraints of the old urban area to build sub-centers and satellite cities on a larger scale and collaborate with secondary and tertiary industries; The London metropolitan area is guaranteed by scientific and reasonable planning and design, efficient legislation and flexible operating mechanisms; there is also a service-oriented government in Tel Aviv, Israel, which encourages innovation and entrepreneurship and tolerates failure.

Keywords: Regional Coordinated Development; International Prior Experience Reference; Global Developed Economies

Ⅳ Industry Synergy

B.13 Development Status and Trend of Immersive Industry in Guangdong-Hong Kong-Macao Greater Bay Area

Xu Yinzhou, Gong Siying / 176

Abstract: Immersive industry has become one of the key development directions of digital economy in Guangdong-Hong Kong-Macao Greater Bay Area. The immersive industry aims to promote the high-quality development of digital economy, which focuses on three fields: entertainment, cultural tourism and education. The development of immersion industry is in the beginning stage, its industrial system has begun to take shape and key enterprises are mainly concentrated in the upstream sector of the industry. New business formats and new product are constantly emerging, which accelerates its market development. The growing consumption of immersive experience create demand and shape a new consumption market. The immersive industry is the result of multiple factors. The great bay area provides the industry with competitive advantages in policy, digitization, scientific and technological innovation, immersive technology, creative design, culture and so on. The development strategy of immersion industry in the great bay area is embodied in three strategies: scientific and technological innovation, cultural innovation and marketing innovation. The overall scale of immersive industry will continue to expand, and the cross-border innovation of science, technology and art will become the main axis of development. Catching up with and surpassing the international level is the main trend of its development.

Keywords: the Guangdong-Hong Kong-Macao Greater Bay Area; Immersive Industry; Business Format

Contents

B.14 Suggestions on Shenzhen's Leading Promotion of
"Double Chain Integration"
Le Zheng / 193

Abstract: The "14th Five-Year" Plan proposes to "accelerate the construction of a new development pattern with the domestic cycle as the main body and the domestic and international dual cycles to promote each other". This decision is not only a strategic response to changes in the global economy, but also a major adjustment to China's medium and long-term development strategy. Based on the maturity of the external circulation supply chain, Shenzhen may achieve a breakthrough in the construction of the internal circulation digital supply chain, and transform itself into a supply chain hub serving China's economic dual cycle. Shenzhen is one of the few cities in the world that has the advantage of "double-chain aggregation". It should explore the way for China's "double-chain" integration and development in the new development pattern of "dual circulation". It is suggested that Shenzhen should give full play to its own advantages and focus on the breakthrough of "dual-chain integration" in the two major fields of digital economy and smart city, and promote the leading development of "dual-chain integration" in these fields.

Keywords: Supply Chain; Double-Chain Integration; Pilot; Shenzhen

B.15 Research on Guangdong-Hong Kong-Macao Cultural Industry Cooperative Development under the New Development Pattern
Chen Xiaoming, Tian Feng / 200

Abstract: The cooperative development of cultural industries in the Guangdong-Hong Kong-Macao Greater Bay Area is of great significance for building a new development pattern and realizing a virtuous circle of the national economy. The cultural industry cooperation projects and platforms in the Guangdong-Hong Kong-Macao Greater Bay Area have gradually increased, and great achievements have been made in the development of industrial cooperation. At the same time, the Greater Bay Area is also facing many challenges, such as institutional obstacles, the revival of Lingnan characteristics, and unbalanced development. The Hong Kong-Macao Greater Bay Area has a solid foundation for the cooperative development of cultural industries. Under the new development pattern, the Guangdong-Hong Kong-Macao Greater Bay Area should give full play to the comparative advantages of the three places and take the road of coordinated development of the cultural industry. The Bay Area should focus on collaboration of five areas, including digital content, park construction, Lingnan culture, exhibition planning, and cultural tourism, to jointly build a world cultural industry innovation center.

Keywords: New Development Framework; Guangdong-Hong Kong-Macao Greater Bay Area; Cultural Industry Cooperation

B.16 Suggestions on Supporting Zhongshan to Build an Office Furniture Industry Cluster in the Guangdong-Hong Kong-Macao Greater Bay Area

Research Group of Guangzhou Guangdong-Hong Kong-Macao Greater Bay Area (Nansha) Reform and Innovation Research Institute / 215

Abstract: Building a high-quality development demonstration park of office furniture industry clusters in the Guangdong-Hong Kong-Macao Greater Bay Area is not only an urgent need to promote the construction of the national strategy of the Guangdong-Hong Kong-Macao Greater Bay Area and achieve high-quality development and high-level opening, but also a need to build a modern industrial system with complementation, innovation and upgrading, to promote the rapid development of the west side of the Pearl River and to achieve the goal of common prosperity. This paper recommends that Zhongshan fully support the innovation and upgrades of the cluster of office furniture industry from the aspects of industrial planning and policy support, innovation of industrial space supply methods, optimization of upstream, mid-stream and downstream industrial chain support, establishment of multiple financing channels, and support for the establishment of various industry service platforms.

Keywords: Office Furniture; Industry Cluster; the Guangdong-Hong Kong-Macao Greater Bay Area; Zhongshan

B.17 Suggestions on Deepening Tourism Cooperation in Macao and Hengqin in the Post-Pandemic Era
Yuan Chao, Liu Zhangyang / 225

Abstract: leisure tourism industry of Macao, affected by the outbreak Covid-19 and the normalized prevention and control of the epidemic, has slumped, and the diversified development of the industry has been seriously hindered. From the perspective of regional cooperation, this paper makes an in-depth analysis of the current situation of Macao's tourism development in the "post-epidemic" era and the potentials of tourism in the cooperation zone. Under the context of jointly operating the industry, creating good environment, and building a tourism brand of Macao and Hengqin, this paper puts forward to suggestions for accelerating the embedded integration development of the two places in the field of leisure tourism industry.

Keywords: Tourism Cooperation; Coordinated Development; Macao; Hengqin

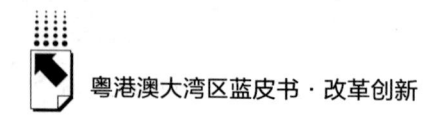

B.18 Research on the High-quality Development of Zhongshan's Health and Pharmaceutical Industry in Guangdong-Hong Kong-Macao Greater Bay Area　　*Liang Shilun, Guo Puyi* / 239

Abstract: The health and pharmaceutical industry is one of the key strategic emerging industries in the Guangdong-Hong Kong-Macao Greater Bay Area. Zhongshan is located in the geometric center of the Guangdong-Hong Kong-Macao Greater Bay Area, with a solid foundation for the development of the health and pharmaceutical industry, which plays an important supporting role in the health and pharmaceutical industry of the Guangdong-Hong Kong-Macao Greater Bay Area. This paper analyzes the development status and existing problems of Zhongshan's health and pharmaceutical industry, and analyzes the opportunities and challenges of the development of Zhongshan's health and pharmaceutical industry in the context of the Guangdong-Hong Kong-Macao Greater Bay Area. On the basis of learning from the experience of developing the health and pharmaceutical industry in other regions, the idea and focus of the high-quality development of the health and pharmaceutical industry in Zhongshan City in the context of the Guangdong-Hong Kong-Macao Greater Bay Area are clarified, and countermeasures and suggestions for promoting the high-quality development of the health and pharmaceutical industry in Zhongshan are put forward.

Keywords: Health and Pharmaceutical Industry; the Guangdong-Hong Kong-Macao Greater Bay Area; Zhongshan City

V　Digital Bay Area

B.19 Suggestions on Promoting the Construction of the Digital Talent Pool in the Guangdong-Hong Kong-Macao Greater Bay Area　　*Ge Chunmian, Lin Binger and Jiang Junhui* / 254

Abstract: It is an inevitable trend of China's economic development to promote industrial integration with data resources and information technology, and to deepen the application of digital economy in industrial construction, upgrading and transformation. Digital talents are the core driving force for the digital upgrading and transformation of enterprises. Building a digital talent team is conducive to alleviating the constraints of talent elements and constructing a new ecology of the digital economy. Focusing on the core issue of how to build a digital talent team and promote the development of the digital industry in the Guangdong-Hong Kong-Macao Greater Bay Area, this article summarizes the current development status of the digital talent team, analyzes the existing problems in the construction of the digital talent team in Greater Bay Area and puts forward corresponding policy recommendations.

Keywords: the Guangdong-Hong Kong-Macao Greater Bay Area; Digitalization; Talent Development; Talent Introduction

B.20 Research on Innovative Practice of Digital Governance in the Guangdong-Hong Kong-Macao Greater Bay Area

Guangdong-Hong Kong-Macao Greater Bay Area Digital

Governance Research Group / 276

Abstract: Entering the digital age, digital governance based on, oriented to and process through data is becoming the strongest engine of global digital transformation. The Guangdong-Hong Kong-Macao Greater Bay Area is the most open and dynamic urban agglomeration in China, with a high degree of market and economic activity, which puts forward higher requirements for social governance and government services, and therefore formation of digital governance is imminent. Cities in the Bay Area have flourished in innovations and explorations around the digital economy, digital society and digital government, and have produced a number of nationally leading, typical and replicable practice cases, forming the characteristics and experience of the Bay Area in digital governance.

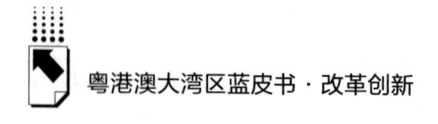

Keywords: Data Sharing; Central Management; Governance Network; Regional Collaboration

B.21 The Construction Path of the Digital Credit Information System for Small and Medium-Sized Enterprises in the Guangdong-Hong Kong-Macao Greater Bay Area

Zang Bo / 287

Abstract: Small and medium-sized enterprises in the Greater Bay Area are the main channels for creating wealth and employment opportunities, but the phenomenon of difficult and expensive financing for small and medium-sized enterprises is prominent. The core of the establishment of the medium-sized enterprises' credit information system in the Greater Bay Area is to fully integrate the medium-sized enterprises' credit information data on the basis of the integrated credit system, improve the system's reward and punishment mechanism, explore new means of financing, and improve utilization rate of information resources to provides a path for solving the financing difficulties of small and medium-sized enterprises.

Keywords: Small and Medium-sized Enterprises; Digital Credit; Information System; the Guangdong-Hong Kong-Macao Greater Bay Area

B.22 Survey Report on Guangzhou Citizens' Experience and Expectations of Digital Technology Application

Liang Ju / 300

Abstract: The development of artificial intelligence and digital economy has promoted more and more life scenes to "cloud", providing people with a more modern and diversified way of life style. However, the elderly, children and other special groups that have difficulties in using intelligent products and equipment often encounter the inconvenience caused by the "digital divide". To meet the needs of special groups, and provide more thoughtful intelligent services, represent a inclusive heart of a city. In order to understand the public's experience and expectation for the application of digital economy technology and improve the access of digital technology, Guangzhou Bureau Statistics recently conducted a survey 5000 permanent residents aged 18-65 in 200 communities of 41 sub-districts and 11 districts of the city through of 10000 household the survey network.

 The survey results show that the penetration rate of intelligent products and intelligent technology is high. Under the background of digital economy, citizens of different ages generally accept the application of intelligent products and technologies, and the use of intelligent products is simple to operate, safe and reliable. Respondents more humanized intelligent technology According to the survey, nearly half of the respondents aged 60 and above admitted they had difficulties in using intelligent technology and hoped more easy to learn, practical and applicable to be developed to meet the needs. Citizens have put forward higher requirements for intelligent development and digital economy in various areas of life needs, reflecting the urgent desire to eliminate the "digital divide" and enjoy the smart life freely.

 Keywords: Intelligent; Digital Economy; Special Population; Digital Divide

Ⅵ Science and Technology Innovation

B.23 Research on the International Competitiveness of High-tech Industries in Guangdong-Hong Kong-Macao Greater Bay Area
—*Take Guangzhou and Shenzhen as examples*
Liu Sheng, Ji Jiamin / 315

 Abstract: Under the new development pattern, the high-tech industry has become an important force to promote the transformation and upgrading of modern urban economy and high-quality development. Therefore, systematic research on how to better enhance international competitiveness has also become a hot issue in current academic research. Based on the situation of the construction of the Guangdong-Hong Kong-Macao Greater Bay Area, this study takes Guangzhou and Shenzhen as examples, and combines the development status and reality of their high-tech industries to compare, analyze and evaluate the international competitiveness of their high-tech industries. This paper further finds out the bottlenecks and shortcomings of the high-quality development of high-tech industries in Guangdong-Hong Kong-Macao Greater Bay Area cities, and based on this, gives suggestions on how to better support the competitiveness upgrade of high-tech industries in Guangdong-Hong Kong-Macao Greater Bay Area cities in the next stage.

Keywords: the Guangdong-Hong Kong-Macao Greater Bay Area; High-tech Industry; International Competitiveness

B.24 Research on the Construction of the Innovative Development Belt around the Bay in the East of Zhongshan City in the Context of the Guangdong-Hong Kong-Macao Greater Bay Area

Research Group of Zhongshan Economic Research Institute / 333

Abstract: The high-level construction of the innovative development belt around the bay in the east of Zhongshan City is of great significance for Zhongshan City to implement the "East Inheritance" strategy, to unswervingly promote the eastward development of the city's bay-circle layout, and to strive to achieve the "three orientations" given by the Guangdong Provincial Party Committee. This paper clarifies the connotation and significance of the construction of the innovative development belt in the east of Zhongshan City in the context of the Guangdong-

Hong Kong-Macao Greater Bay Area, analyzes the foundation and existing problems of the construction of the innovative development belt in the east of Zhongshan City, and draws on the construction of typical industrial innovation belts at home and abroad. Based on the experience, this paper puts forward the strategic thinking, spatial layout and several suggestions for the construction of the innovative development belt around the east of Zhongshan City under the background of the Guangdong-Hong Kong-Macao Greater Bay Area. It will further provide strong support for Zhongshan City to accelerate the construction of an important bearing area and a base for the transformation of scientific and technological achievements in the Guangdong-Hong Kong-Macao Greater Bay Area International Science and Technology Innovation Center.

Keywords: the Guangdong-Hong Kong-Macao Greater Bay Area; the Innovative Development Belt; Zhongshan

B.25 Suggestions on Implementing the "Qianhai Plan" to Promote the the Connectivity of Shenzhen-Hong Kong Innovation Chains *Guo Wanda* / 350

Abstract: The construction of a high-level gateway hub for opening to the outside world is an important strategic position for Qianhai to undertake the national mission, and the innovation chain hub is an important strategic function. To implement the "Qianhai Plan" and promote Shenzhen-Hong Kong scientific and technological cooperation and the connection of innovation chains, it is necessary to implement the Qianhai innovation and technology cooperation management system and vigorously develop new R&D institutions. it is necessary to embrace Hong Kong's rules and standards to promote the cross-border flow of science and technology resources, support the development of new technologies and new industries in Qianhai, gradually create a prudent and inclusive regulatory environment, and promote the establishment of technology "dual headquarters" in

Qianhai and Hong Kong.

Keywords: Innovation Chain; Science and Technology Cooperation; Connectivity; Qianhai

Ⅶ Special Topics on Finance

B.26 Effectiveness of Carbon Market and Construction of Carbon Emission Trading Market in Guangdong-Hong Kong-Macao Greater Bay Area

Chen Xiangyang, Chen Hao / 358

Abstract: Pilot carbon emission trading projects have been carried out in five cities as well as two provinces in China. Shanghai, Beijing, Guangdong, Hubei carbon emissions trading were selected for cases study of efficiency analysis, based on the carbon trading data from June, 2019 to June, 2021. After performing the serial correlation test, it is concluded that the carbon market is consistent with weak form efficiency in Hubei and Shanghai, Beijing and Guangdong carbon market is invalid. Run test is also performed and it shows that Hubei and Shanghai carbon market are weak efficient, the above conclusion is also supported by ADF and KPSS unit root test. The regressive results of the GARCH model reveal that Guangdong, Beijing and Hubei carbon markets are invalid. The effectiveness of the carbon market is influenced by the factors such as liquidity, institutional environment, economic environment, social environment and the linkage of the energy market. To explore on the construction of carbon emission trading market in Guangdong-Hong Kong-Macao Greater Bay Area, we should evaluate and feedback the policy effect of the system design of the seven pilot carbon emission trading projects.

Keywords: Carbon Emission Trading Market; Market Effectiveness; Carbon Finance; the Guangdong-Hong Kong-Macao Greater Bay Area

Contents

B.27 Suggestions for Guangzhou to Build a "Venture Capital Capital" and a "Low-Carbon Green Valley"
Tan Yuanfang, Wen Yang / 376

Abstract: Guangzhou's financial industry, relatively insufficient compared with those of Shenzhen, Shanghai and Hongkong, has problems such as the need to improve the venture capital, venture capital mechanism and innovative financial industry chain, the need to strengthen the independent innovation capability of colleges and universities, and the need to give full play to the role of carbon emission futures exchanges. It is suggested that Guangzhou should change its concept, take advantage of the "dual district" strategy of Guangzhou-Shenzhen joint development, learn from the experience of Shenzhen and Hefei, strengthen the investment platform of state-owned companies, build a fair and just innovation mechanism for colleges and universities, actively cultivate listed companies, and improve the green financial system in order to construct a world-class financial ecosystem and transform Guangzhou into a vibrant "capital of venture capital and venture capital" and a "green valley" for low-carbon development.

Keywords: Dual-Zone Strategy; Capital of Venture Capital; Low-Carbon Green Valley; Guangzhou

B.28 Discussion on the Countermeasures of Zhanjiang's Integration into the Greater Bay Area to Build a Provincial Sub-center Financial System
Liao Dong / 384

Abstract: Finance is the core of modern economy and an important support and booster for economic rise. The construction of Guangdong provincial sub-center is the main goal of Zhanjiang's "14th Five-Year Plan" development. This paper starts from the discussion of the necessity and feasibility of Zhanjiang's integration into the Guangdong-Hong Kong-Macao Greater Bay Area to build a provincial sub-center financial system, objectively analyzes the outstanding advantages of financial development in the Greater Bay Area and the favorable conditions and shortcomings of Zhanjiang's construction of a provincial sub-center financial system and puts forward countermeasures and suggestions combined with Zhanjiang's development plan and financial development status.

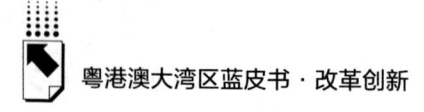

Keywords: the Guangdong-Hong Kong-Macao Greater Bay Area; Zhanjiang; Provincial Sub-center; Financial System

社会科学文献出版社

皮 书
智库成果出版与传播平台

❖ 皮书定义 ❖

皮书是对中国与世界发展状况和热点问题进行年度监测，以专业的角度、专家的视野和实证研究方法，针对某一领域或区域现状与发展态势展开分析和预测，具备前沿性、原创性、实证性、连续性、时效性等特点的公开出版物，由一系列权威研究报告组成。

❖ 皮书作者 ❖

皮书系列报告作者以国内外一流研究机构、知名高校等重点智库的研究人员为主，多为相关领域一流专家学者，他们的观点代表了当下学界对中国与世界的现实和未来最高水平的解读与分析。截至2021年底，皮书研创机构逾千家，报告作者累计超过10万人。

❖ 皮书荣誉 ❖

皮书作为中国社会科学院基础理论研究与应用对策研究融合发展的代表性成果，不仅是哲学社会科学工作者服务中国特色社会主义现代化建设的重要成果，更是助力中国特色新型智库建设、构建中国特色哲学社会科学"三大体系"的重要平台。皮书系列先后被列入"十二五""十三五""十四五"时期国家重点出版物出版专项规划项目；2013~2022年，重点皮书列入中国社会科学院国家哲学社会科学创新工程项目。

皮书网

（网址：www.pishu.cn）

发布皮书研创资讯，传播皮书精彩内容
引领皮书出版潮流，打造皮书服务平台

栏目设置

◆ 关于皮书
何谓皮书、皮书分类、皮书大事记、
皮书荣誉、皮书出版第一人、皮书编辑部

◆ 最新资讯
通知公告、新闻动态、媒体聚焦、
网站专题、视频直播、下载专区

◆ 皮书研创
皮书规范、皮书选题、皮书出版、
皮书研究、研创团队

◆ 皮书评奖评价
指标体系、皮书评价、皮书评奖

◆ 皮书研究院理事会
理事会章程、理事单位、个人理事、高级
研究员、理事会秘书处、入会指南

所获荣誉

◆ 2008年、2011年、2014年，皮书网均
在全国新闻出版业网站荣誉评选中获得
"最具商业价值网站"称号；

◆ 2012年，获得"出版业网站百强"称号。

网库合一

2014年，皮书网与皮书数据库端口合
一，实现资源共享，搭建智库成果融合创
新平台。

皮书网　　"皮书说"微信公众号　　皮书微博

权威报告·连续出版·独家资源

皮书数据库
ANNUAL REPORT(YEARBOOK) DATABASE

分析解读当下中国发展变迁的高端智库平台

所获荣誉

- 2020年，入选全国新闻出版深度融合发展创新案例
- 2019年，入选国家新闻出版署数字出版精品遴选推荐计划
- 2016年，入选"十三五"国家重点电子出版物出版规划骨干工程
- 2013年，荣获"中国出版政府奖·网络出版物奖"提名奖
- 连续多年荣获中国数字出版博览会"数字出版·优秀品牌"奖

皮书数据库　　"社科数托邦"微信公众号

成为会员

登录网址www.pishu.com.cn访问皮书数据库网站或下载皮书数据库APP，通过手机号码验证或邮箱验证即可成为皮书数据库会员。

会员福利

- 已注册用户购书后可免费获赠100元皮书数据库充值卡。刮开充值卡涂层获取充值密码，登录并进入"会员中心"—"在线充值"—"充值卡充值"，充值成功即可购买和查看数据库内容。
- 会员福利最终解释权归社会科学文献出版社所有。

数据库服务热线：400-008-6695
数据库服务QQ：2475522410
数据库服务邮箱：database@ssap.cn
图书销售热线：010-59367070/7028
图书服务QQ：1265056568
图书服务邮箱：duzhe@ssap.cn

社会科学文献出版社 皮书系列
卡号：325266986978
密码：

S 基本子库
SUB DATABASE

中国社会发展数据库（下设 12 个专题子库）

紧扣人口、政治、外交、法律、教育、医疗卫生、资源环境等 12 个社会发展领域的前沿和热点，全面整合专业著作、智库报告、学术资讯、调研数据等类型资源，帮助用户追踪中国社会发展动态、研究社会发展战略与政策、了解社会热点问题、分析社会发展趋势。

中国经济发展数据库（下设 12 专题子库）

内容涵盖宏观经济、产业经济、工业经济、农业经济、财政金融、房地产经济、城市经济、商业贸易等 12 个重点经济领域，为把握经济运行态势、洞察经济发展规律、研判经济发展趋势、进行经济调控决策提供参考和依据。

中国行业发展数据库（下设 17 个专题子库）

以中国国民经济行业分类为依据，覆盖金融业、旅游业、交通运输业、能源矿产业、制造业等 100 多个行业，跟踪分析国民经济相关行业市场运行状况和政策导向，汇集行业发展前沿资讯，为投资、从业及各种经济决策提供理论支撑和实践指导。

中国区域发展数据库（下设 4 个专题子库）

对中国特定区域内的经济、社会、文化等领域现状与发展情况进行深度分析和预测，涉及省级行政区、城市群、城市、农村等不同维度，研究层级至县及县以下行政区，为学者研究地方经济社会宏观态势、经验模式、发展案例提供支撑，为地方政府决策提供参考。

中国文化传媒数据库（下设 18 个专题子库）

内容覆盖文化产业、新闻传播、电影娱乐、文学艺术、群众文化、图书情报等 18 个重点研究领域，聚焦文化传媒领域发展前沿、热点话题、行业实践，服务用户的教学科研、文化投资、企业规划等需要。

世界经济与国际关系数据库（下设 6 个专题子库）

整合世界经济、国际政治、世界文化与科技、全球性问题、国际组织与国际法、区域研究 6 大领域研究成果，对世界经济形势、国际形势进行连续性深度分析，对年度热点问题进行专题解读，为研判全球发展趋势提供事实和数据支持。

法律声明

"皮书系列"(含蓝皮书、绿皮书、黄皮书)之品牌由社会科学文献出版社最早使用并持续至今,现已被中国图书行业所熟知。"皮书系列"的相关商标已在国家商标管理部门商标局注册,包括但不限于LOGO( )、皮书、Pishu、经济蓝皮书、社会蓝皮书等。"皮书系列"图书的注册商标专用权及封面设计、版式设计的著作权均为社会科学文献出版社所有。未经社会科学文献出版社书面授权许可,任何使用与"皮书系列"图书注册商标、封面设计、版式设计相同或者近似的文字、图形或其组合的行为均系侵权行为。

经作者授权,本书的专有出版权及信息网络传播权等为社会科学文献出版社享有。未经社会科学文献出版社书面授权许可,任何就本书内容的复制、发行或以数字形式进行网络传播的行为均系侵权行为。

社会科学文献出版社将通过法律途径追究上述侵权行为的法律责任,维护自身合法权益。

欢迎社会各界人士对侵犯社会科学文献出版社上述权利的侵权行为进行举报。电话:010-59367121,电子邮箱:fawubu@ssap.cn。

社会科学文献出版社